军工复合体：
美国的支柱与噩梦

The Military-Industrial Complex:
Pillars and Nightmare of the United States

苑基荣 著

中国社会科学出版社

图书在版编目（CIP）数据

军工复合体：美国的支柱与噩梦 / 苑基荣著 . —北京：中国社会科学出版社，2020.1（2024.9 重印）

（中国社会科学博士后文库）

ISBN 978-7-5203-5836-1

Ⅰ.①军… Ⅱ.①苑… Ⅲ.①军界—工业集团—研究—美国 Ⅳ.①D771.2

中国版本图书馆 CIP 数据核字（2019）第 296681 号

出 版 人	赵剑英
责任编辑	张　浩
责任校对	杨　林
责任印制	李寡寡

出　　版	中国社会科学出版社
社　　址	北京鼓楼西大街甲 158 号
邮　　编	100720
网　　址	http://www.csspw.cn
发 行 部	010-84083685
门 市 部	010-84029450
经　　销	新华书店及其他书店
印　　刷	北京君升印刷有限公司
装　　订	廊坊市广阳区广增装订厂
版　　次	2020 年 1 月第 1 版
印　　次	2024 年 9 月第 2 次印刷
开　　本	710×1000　1/16
印　　张	22.5
字　　数	351 千字
定　　价	98.00 元

凡购买中国社会科学出版社图书，如有质量问题请与本社营销中心联系调换
电话：010-84083683
版权所有　侵权必究

第八批《中国社会科学博士后文库》编委会及编辑部成员名单

（一）编委会
主　任：王京清
副主任：崔建民　马　援　俞家栋　夏文峰
秘书长：邱春雷
成　员（按姓氏笔画排序）：
　　　　卜宪群　王立胜　王建朗　方　勇　史　丹
　　　　邢广程　朱恒鹏　刘丹青　刘跃进　孙壮志
　　　　李　平　李向阳　李新烽　杨世伟　杨伯江
　　　　吴白乙　何德旭　汪朝光　张车伟　张宇燕
　　　　张树华　张　翼　陈众议　陈星灿　陈　甦
　　　　武　力　郑筱筠　赵天晓　赵剑英　胡　滨
　　　　袁东振　黄　平　朝戈金　谢寿光　樊建新
　　　　潘家华　冀祥德　穆林霞　魏后凯

（二）编辑部（按姓氏笔画排序）：
主　任：崔建民
副主任：曲建君　李晓琳　陈　颖　薛万里
成　员：王　芳　王　琪　刘　杰　孙大伟　宋　娜
　　　　张　昊　苑淑娅　姚冬梅　梅　玫　黎　元

序 言

博士后制度在我国落地生根已逾 30 年，已经成为国家人才体系建设中的重要一环。30 多年来，博士后制度对推动我国人事人才体制机制改革、促进科技创新和经济社会发展发挥了重要的作用，也培养了一批国家急需的高层次创新型人才。

自 1986 年 1 月开始招收第一名博士后研究人员起，截至目前，国家已累计招收 14 万余名博士后研究人员，已经出站的博士后大多成为各领域的科研骨干和学术带头人。这其中，已有 50 余位博士后当选两院院士；众多博士后入选各类人才计划，其中，国家百千万人才工程年入选率达 34.36%，国家杰出青年科学基金入选率平均达 21.04%，教育部"长江学者"入选率平均达 10% 左右。

2015 年年底，国务院办公厅出台《关于改革完善博士后制度的意见》，要求各地各部门各设站单位按照党中央、国务院决策部署，牢固树立并切实贯彻创新、协调、绿色、开放、共享的发展理念，深入实施创新驱动发展战略和人才优先发展战略，完善体制机制，健全服务体系，推动博士后事业科学发展。这为我国博士后事业的进一步发展指明了方向，也为哲学社会科学领域博士后工作提出了新的研究方向。

习近平总书记在 2016 年 5 月 17 日全国哲学社会科学工作座谈会上发表重要讲话指出：一个国家的发展水平，既取决于自然科学发展水平，也取决于哲学社会科学发展水平。一个没有发达的自然科学的国家不可能走在世界前列，一个没有繁荣的哲学社会科学的国家也不可能走在世界前列。坚持和发展中国特色社会主义，需要不断在实践和理论上进行探索、用发展着的理论指导发展着的实践。在这个过程中，哲学社会科学具有不可替代的重要地位，哲学社会科学工作者具有不可替代的重要作用。这是党和国家领导人对包括哲学社会科学博士后在内的所有哲学社会科学领域的研究者、工作者提出的殷切希望！

中国社会科学院是中央直属的国家哲学社会科学研究机构，在哲学社会科学博士后工作领域处于领军地位。为充分调动哲学社会科学博士后研究人员科研创新积极性，展示哲学社会科学领域博士后优秀成果，提高我国哲学社会科学发展整体水平，中国社会科学院和全国博士后管理委员会于2012年联合推出了《中国社会科学博士后文库》（以下简称《文库》），每年在全国范围内择优出版博士后成果。经过多年的发展，《文库》已经成为集中、系统、全面反映我国哲学社会科学博士后优秀成果的高端学术平台，学术影响力和社会影响力逐年提高。

下一步，做好哲学社会科学博士后工作，做好《文库》工作，要认真学习领会习近平总书记系列重要讲话精神，自觉肩负起新的时代使命，锐意创新、发奋进取。为此，需做到以下几点：

第一，始终坚持马克思主义的指导地位。哲学社会科学研究离不开正确的世界观、方法论的指导。习近平总书记深刻指出：坚持以马克思主义为指导，是当代中国哲学社会科学区别于其他哲学社会科学的根本标志，必须旗帜鲜明加以坚持。马克思主义揭示了事物的本质、内在联系及发展规律，是"伟大的认识工具"，是人们观察世界、分析问题的有力思想武器。马克思主义尽管诞生在一个半多世纪之前，但在当今时代，马克思主义与新的时代实践结合起来，越来越显示出更加强大的生命力。哲学社会科学博士后研究人员应该更加自觉坚持马克思主义在科研工作中的指导地位，继续推进马克思主义中国化、时代化、大众化，继续发展21世纪马克思主义、当代中国马克思主义。要继续把《文库》建设成为马克思主义中国化最新理论成果的宣传、展示、交流的平台，为中国特色社会主义建设提供强有力的理论支撑。

第二，逐步树立智库意识和品牌意识。哲学社会科学肩负着回答时代命题、规划未来道路的使命。当前中央对哲学社会科学愈发重视，尤其是提出要发挥哲学社会科学在治国理政、提高改革决策水平、推进国家治理体系和治理能力现代化中的作用。从2015年开始，中央已启动了国家高端智库的建设，这对哲学社会科学博士后工作提出了更高的针对性要求，也为哲学社会科学博士后研究提供了更为广阔的应用空间。《文库》依托中国社会科学院，面向全国哲学社会科学领域博士后科研流动站、工作站的博士后征集优秀成果，入选出版的著作也代表了哲学社会科学博士后最高的学术研究水平。因此，要善于把中国社会科学院服务党和国家决策的大智库功能与《文库》的小智库功能结合起来，进而以智库意识推动品牌意识建设，最终树立《文库》的智库意识和品牌意识。

第三，积极推动中国特色哲学社会科学学术体系和话语体系建设。改革开放30多年来，我国在经济建设、政治建设、文化建设、社会建设、生态文明建设和党的建设各个领域都取得了举世瞩目的成就，比历史上任何时期都更接近中华民族伟大复兴的目标。但正如习近平总书记所指出的那样：在解读中国实践、构建中国理论上，我们应该最有发言权，但实际上我国哲学社会科学在国际上的声音还比较小，还处于有理说不出、说了传不开的境地。这里问题的实质，就是中国特色、中国特质的哲学社会科学学术体系和话语体系的缺失和建设问题。具有中国特色、中国特质的学术体系和话语体系必然是由具有中国特色、中国特质的概念、范畴和学科等组成。这一切不是凭空想象得来的,而是在中国化的马克思主义指导下,在参考我国民族特质、历史智慧的基础上再创造出来的。在这一过程中,积极吸纳儒、释、道、墨、名、法、农、杂、兵等各家学说的精髓,无疑是保持中国特色、中国特质的重要保证。换言之,不能站在历史、文化虚无主义立场搞研究。要通过《文库》积极引导哲学社会科学博士后研究人员:一方面,要积极吸收古今中外各种学术资源,坚持古为今用、洋为中用;另一方面,要以中国自己的实践为研究定位,围绕中国自己的问题,坚持问题导向,努力探索具备中国特色、中国特质的概念、范畴与理论体系,在体现继承性和民族性,体现原创性和时代性,体现系统性和专业性方面,不断加强和深化中国特色学术体系和话语体系建设。

新形势下,我国哲学社会科学地位更加重要、任务更加繁重。衷心希望广大哲学社会科学博士后工作者和博士后们,以《文库》系列著作的出版为契机,以习近平总书记在全国哲学社会科学座谈会上的讲话为根本遵循,将自身的研究工作与时代的需求结合起来,将自身的研究工作与国家和人民的召唤结合起来,以深厚的学识修养赢得尊重,以高尚的人格魅力引领风气,在为祖国、为人民立德立功立言中,在实现中华民族伟大复兴中国梦征程中,成就自我、实现价值。

是为序。

中国社会科学院副院长
中国社会科学院博士后管理委员会主任
2016 年 12 月 1 日

摘　要

　　军工复合体是以国防美元为核心，以国家安全部门、军工企业及与国家安全相关的科研机构和国会中与国家安全相关的主要委员会为主体的，拥有共同政治、商业、心理、道德和物质利益的正式或非正式的不断变化的复合体。复合体还包括城市官员、固定资产投资者、产业工人、与国防相关的股民及其相关的商业利益集团，比如媒体、银行、足球队和大学等地区国防支持者。它有别于传统商业模式，是美国全球扩张的产物，也是美国传统政治文化和政治实践演化的结果。

　　军工复合体作为美国社会一股特殊的经济、政治势力兴起于冷战时期，其对美国的内政外交产生了独特而深刻的影响，对这一特殊利益集团进行深入研究对于我们了解美国当代民主政治运作、深入认识美国的对外政策具有重要意义。鉴于这一超级利益集团与美国社会盘根错节的关系以及与敏感的武器生产和采购相关联而产生的隐秘性，它对美国内政外交所产生的影响既是实实在在的，又是若隐若现的。即使在美国国内对这一问题的研究也有各种各样的阻力。

　　本书对军工复合体政治、经济、科技与外交关系进行了全面的分析，将美国社会中这一神秘力量及政治社会关系展现出来，揭示了这一力量在美国如何呼风唤雨，推动"二战"后的美国如何染上日益浓重的军事色彩，并如何在美国的政治制度框架中制造出国内民主与所谓国家安全之间的紧张关系。使其既成为帝国运行的支柱之一，又是帝国走向衰落的因子之一。

　　军工复合体的兴起既是冷战作用的结果，也是美国民主体制演化的产物，其中还夹杂着公众对政治、经济和军事力量崛起及其结合的恐惧。自"二战"以来，作为美国社会中一个超级利益集团，军工复合体已经发展成一个大社会，美国社会就是一个军工复合体。军工复合体通过各种渠道从国会和行政部门获取信息和情报以满足自己的需求，利用民主参政各种途径对选举、立法乃至整个政治体系和决策过程施加影响达到其目的。这些渠道和途径包括：各种顾问咨询委员会、金融机构网络、政治行动委员会、高层人员流动、草根运动、华盛顿办事处、广告、娱乐、制定国家战略、军售、军事援助、军事研发以及各种行业协会等。

美国社会中民主秩序的稳定有赖于冲突与共识之间适度的平衡。民主政治不但承认和允许分歧与冲突的存在，而且认为合法的分歧有助于社会和组织的团结，有利于保持民主体制的活力。但是，分歧和冲突必须以共识来制衡，不论这种分歧、冲突是存在于社会不同利益集团之间，还是存在于国家与社会之间。民主秩序应具有异中求同、同中存异的度量和机制，善于从分歧中寻求共识，并用以缓和与化解冲突。换句话说，保持冲突与共识的平衡，才能维护体制的合法性，从而维护政治与社会的稳定和发展。

从这个命题出发可以发现，军工复合体对美国民主秩序形成了极大消极作用：第一，迎合了进步时代和新政以来的联邦集权化趋势，成为这一趋势的代表。军工复合体形成的一定程度上的垄断不利于社会冲突在民主秩序下解决，形成与个人自由主义的对立，对民主秩序构成威胁和冲击。第二，形成了一个垄断国家安全和武器采购的紧密小集团，排斥公众参与和可替代选择，混淆了公私界限，侵蚀和动摇了民主的根基。第三，军工复合体在安全上的军国主义倾向成为美国国内和国际暴力与不稳定的根源之一，不同时间和不同地域危及国内安全和国际安全，国内走向了民主秩序的对立面，威胁到民主秩序的稳定和发展；国际上对全球安全秩序、民主秩序和全球治理带来诸多挑战。第四，研究显示，军工复合体是造成美国贫富差距急剧拉大的首要因素，也是21世纪以来美国社会和政治极化的根本性原因之一，对美国民主造成严重冲击。

同时，我们可以看到军工复合体又是美国民主秩序稳定的根基之一：首先，美国军工复合体以国家安全名义，在全球范围内维护美国民主秩序的繁荣与稳定。其次，从参政渠道和途径来看，军工复合体支持美国民主秩序，支持美国宪政制度，基本在民主秩序内运行，其本身是美国社会内各种利益集团之一，只不过其能量要大得多。美国民主秩序的稳定关系到帝国的生死存亡，因此，军工复合体在成为帝国支柱之一的同时也成为帝国破坏性力量之一，成为帝国走向坟墓的因子。

关键词：军工复合体；铁三角；旋转门

Abstract

The military-industrial complex is defined as an changing coalition of groups, formal or informal, with vested psychological, moral, political and material interest centering around defense dollar. The groups include diverse members as Congressmen, officials, labor leaders, corporate executives, the executive officers, church spokespersons, university professors, and professional soldiers, along with a host of followers and families dependent upon them. The core of the complex is the unique relationship among national security departments, Congress, academic institutes and military industrial companies. It's different from the traditional business model. It is the product of the global expansion of US and the result of the evolution of American traditional political culture and political practice.

As a special political and economic force in American society, military-industrial complex emerged in the Cold War and has been playing a particular and profound role in American domestic politics and foreign policy. It helps us understand the policy-making process and the operation of contemporary American democratic politics to study the special interest group. The impacts of military-industrial complex upon American domestic politics and foreign policy is real, yet, indistinct because of its deep-rooted relations from top to bottom in American society and the secrecy of the sensitive weapon production and procurement system. For some reasons, there is a variety of resistance to such study in America.

This research centers on military-industrial complex's government relations, intending to unfold how the political and social relationship dominate other forces, shape the limited states to be increasingly military-style since the Second World War, as well as how it creates tension between domestic democracies and so called national security in American political framework. As a result, the military-industrial complex is not only one of the pillars of the American empire, but also one of the contributing factors for its ruin.

The military-industrial complex is the result of the Cold War as well as the evolution of American democratic system, in combination with the general public's fear towards the rise of political, economic and military forces and their collusion. The military-industrial complex as a super interest group has become such a big society that American society itself becomes a military-industrial complex. The military-industrial complex gets information and intelligence from Congress and the Executive branches and exerts its political influences through diverse channels under the democratic political framework, including various committee networks, financial institutions, political action committees, personal transfers, grass-roots movements, offices in Washington D. C. , advertising, entertainment, national strategy, weapon sales, military aids, military research and development, and various industry associations, etc.

The stability of American democratic order depends on the balance between conflicts and consensus. A stable democracy requires relatively moderate tension among the contending political forces. And political moderation is facilitated by the capacity of a system to resolve key dividing issues before new ones arise. However, differences and tension must be balanced by consensus regardless of whether they exist between different interest groups in society or between the state and society. A democratic order should have a mechanisms for seeking common ground from divisive issues and be good at finding consensus from differences, and using it to ease and resolve differences and conflicts. In other words, maintaining a balance between conflicts and consensus is the way to maintain the legitimacy of the system and maintain the development of politics and society.

The proposition leads to the finding that the military-industrial complex has a hugely negative impact on American democracy: first, it encourages the centralization of state power at the federal level, which is not conducive to the resolution of social conflicts within the democratic order. It also causes serious confrontation between liberalism and individualism, and poses threats to stable democracy. Second, it forms a close clique which excludes public participation and alternative perspectives. It monopolizes the debate on national security and weapon procurement, and confuses the boundaries between the public and private domains, thus eroding and shaking the foundation of democracy. Third, the military-industrial complex is becoming the root cause of violence at home and aboard which are threatening the stability and development of international democracy, international security order and global governance. Fourth, The research shows that the military-industrial complex is one of the primary factors causing the sharply widening gap between rich and poor. It is also one of the fundamental causes of social and political polarization in the United States since the 21st century, and has had a serious impact on American democracy.

However, the military-industrial complex has two sides like a coin. It is one of the pillars of the stable democracy. On the one hand, the military-industrial complex, in the name of so called national security, maintains the stability and development of American democratic order in the world. On the other hand, the military-industrial complex supports American constitutional system and democratic order through all of the legal political channels. It operates within the democratic order and is in itself one of the interest groups within the society. The survival of the American Empire depends on the stability of American democracy; therefore, the military-industrial complex is not only one of the pillars of the Empire, but also one of the catalysts to its ruin.

Key words: Military-Industrial Complex; The Iron Triangle; Revolving Door

目　录

绪　论 ……………………………………………………………（1）

　第一节　研究对象与选题意义 ………………………………（1）
　第二节　文献综述 ……………………………………………（3）
　　一　军工复合体研究文献来源 ……………………………（3）
　　二　军工复合体研究现状 …………………………………（5）
　第三节　研究方法及其创新与不足 …………………………（26）
　　一　研究方法 ………………………………………………（26）
　　二　创新点及不足 …………………………………………（27）
　第四节　主要内容和框架 ……………………………………（28）

第一章　军工复合体的特征、产生原因及其演化 …………（30）

　第一节　军工复合体的概念与特征 …………………………（30）
　　一　本书理论假定和概念 …………………………………（30）
　　二　军工复合体的特征 ……………………………………（36）
　第二节　军工复合体产生的原因 ……………………………（43）
　　一　反集权、反国家主义的传统 …………………………（43）
　　二　"二战"和冷战的根源 ………………………………（47）
　　三　进步时代和罗斯福新政的遗产 ………………………（48）
　第三节　军工复合体的演变 …………………………………（51）
　　一　进步时代和"一战"：军工复合体的萌芽 …………（52）
　　二　两次世界大战间：美国军工复合体的休眠期 ………（59）
　　三　"二战"与冷战：军工复合体的建立与发展 ………（65）
　　四　冷战后：军工复合体的新高潮 ………………………（78）

第二章　军工复合体的政治关系网络 …………………… (88)

第一节　军工复合体的政治关系 ………………………… (88)
  一　军工复合体政治关系的平台 ………………………… (88)
  二　军工复合体政治关系的内容 ………………………… (90)
  三　军工复合体政治关系的主体 ………………………… (92)

第二节　军工复合体的高层"旋转门" …………………… (97)
  一　政府高级官员和公司高管间的相互流动 …………… (97)
  二　军工企业与国防部门间雇员流动 ………………… (102)
  三　军工复合体政治关系：研发 ……………………… (109)
  四　金融机构与审计员 ………………………………… (113)

第三节　军工复合体政治关系的黏合剂：协会、委员会和娱乐 ……………………………………………………… (120)
  一　军工企业行业协会及其作用 ……………………… (121)
  二　国防部门顾问委员会及其作用 …………………… (125)
  三　军工复合体政治关系的黏合剂：娱乐 …………… (130)

第三章　军工复合体的政治影响 ………………………… (133)

第一节　军工复合体与立法 ……………………………… (133)
  一　军工企业华盛顿办事处 …………………………… (133)
  二　军工企业华盛顿办事处与立法 …………………… (135)
  三　军工企业华盛顿办事处实例 ……………………… (140)

第二节　军工复合体与选举 ……………………………… (142)
  一　政治行动委员会的产生和发展 …………………… (143)
  二　军工企业政治行动委员会与选举 ………………… (145)
  三　格鲁曼政治行动委员会 …………………………… (150)

第三节　军工复合体的地方关系 ………………………… (151)
  一　军工企业推动公众的力量：广告和草根运动 …… (151)
  二　罗克韦尔国际为 B-1 轰炸机项目发动草根运动 … (155)

第四章　军工复合体与美国经济 ………………………… (160)

第一节　军工复合体与美国国民经济 …………………… (160)

一　战争与经济关系 …………………………………………（160）
　　二　军工复合体对美国经济发展的影响 ………………………（163）
第二节　军工复合体促使美国国民经济军事化 ………………………（168）
　　一　军费开支占国民经济比重大 ………………………………（168）
　　二　军事活动雇员占全美就业人数比重加大 …………………（169）
　　三　各工业部门几乎都直接或间接卷入军事生产 ……………（171）
　　四　军事采购占据了联邦政府开支的大部分 …………………（175）
　　五　国民经济军事化的影响 ……………………………………（177）
第三节　军工复合体重塑了美国经济地理版图 ………………………（180）
　　一　军工复合体与美国新月武器带 ……………………………（180）
　　二　国防主合同与新月武器带 …………………………………（184）
　　三　武器系统与新月武器带 ……………………………………（188）
　　四　国防雇员的地理分布变迁 …………………………………（192）
第四节　军工复合体影响经济的根源 …………………………………（197）
　　一　战略任务和军种角色 ………………………………………（198）
　　二　各军种的传统和竞争 ………………………………………（201）
　　三　新的地方化产业中心效应 …………………………………（202）
　　四　军工企业落户条件因素 ……………………………………（203）

第五章　军工复合体与美国科技发展 ……………………………（210）

第一节　冷战时期美国科研政策与体系 ………………………………（210）
　　一　美国联邦科技政策的演变 …………………………………（210）
　　二　美国科技发展体系 …………………………………………（216）
第二节　企业与大学科研的军事化 ……………………………………（220）
　　一　企业科技发展的军事化 ……………………………………（220）
　　二　大学科技发展的军事化 ……………………………………（223）
　　三　军工复合体内科技军事化的特征、作用和问题 …………（227）
第三节　冷战时期大学军事承包商两大巨头 …………………………（229）
　　一　非国防产业的最大科研承包商
　　　　——麻省理工学院 …………………………………………（231）
　　二　电子学的尖塔——斯坦福大学 ……………………………（236）
第四节　军工复合体与科技发展 ………………………………………（240）

一　斯坦福大学与洛克希德的航天技术……………………(241)
　　二　麻省理工学院和斯坦福大学与核技术………………(246)
　　三　麻省理工学院和斯坦福大学与材料科学……………(250)

第六章　军工复合体与美国外交……………………………(263)

第一节　军工复合体与美国外交军事化…………………(263)
　　一　军人阶层在美国外交地位的演变……………………(263)
　　二　美国外交政策军事化…………………………………(267)
　　三　影响外交决策的主要力量……………………………(276)

第二节　军工企业与美国外交政策………………………(277)
　　一　军工企业与美国对外决策过程………………………(277)
　　二　军援、军售与地区热点冲突…………………………(279)
　　三　美国军工企业与国际冲突……………………………(288)

结　论……………………………………………………………(292)

参考文献…………………………………………………………(309)

索　引……………………………………………………………(322)

后　记……………………………………………………………(332)

Contents

Preface ··· (1)

0.1 The Purpose of Research ··· (1)
0.2 Review ·· (3)
0.3 Research Mathod ··· (26)
0.4 Research Contents ·· (28)

Chapter 1 The Character, Reason, and Evolution of
Military-Industries Complex ·· (30)

1.1 Concept and Character ·· (30)
1.2 Reasons ··· (43)
1.3 Evolution ··· (51)

Chapter 2 Policitical Internet of Military-Industries
Complex ·· (88)

2.1 Policitical Internet ·· (88)
2.2 Evolving Door ··· (97)
2.3 Adhesive: Association, Committee and
Entertainment ·· (120)

Chapter 3 Political Impacts of Military-Industries
Complex ·· (133)

3.1 Legislation and Military-Industries Complex ····················· (133)
3.2 Election and Military-Industries Complex ························ (142)
3.3 Grass Roots and Military-Industries Complex ··················· (151)

Chaper 4　Amercan Economy and Military-Industries Complex ·············· (160)

4.1　War and National Economy ············· (160)
4.2　National Eonomy Militrization ············· (168)
4.3　Shaping Economical Map ············· (180)
4.4　Reason of Influences ············· (197)

Chapter 5　Developmen of Science and Technology ············· (210)

5.1　Policy and System of Reserach ············· (210)
5.2　Research Militrization ············· (220)
5.3　Massachusetts Institute of Technology and Stanford ········ (229)
5.4　Technology Development ············· (240)

Chapter 6　Diplomacy and Military-Industries Complex ············ (263)

6.1　Diplomacy Militrization ············· (263)
6.2　Defense Industry Enterprise and Diplomacy ············· (277)

Conclusion ············· (292)

Reference ············· (309)

Index ············· (322)

Postscript ············· (332)

表目录

表2—1	1970—1979年公司销售和合同情况	（94）
表2—2	1970—1979年政府合同	（95）
表2—3	依赖政府和对外合同与销售（占全部公司销售比重）（以销售比重衡量）	（96）
表2—4	国防工业公司董事兼任情况	（99）
表2—5	国防部1971—1979年、NASA 1974—1979年人员流动情况	（104）
表2—6	国防部1971—1979年、NASA 1974—1979年人员流动情况	（107）
表2—7	国防部1971—1979年、NASA 1974—1979年各机构人员情况（双向）	（108）
表2—8	研发人员的流动情况	（108）
表2—9	1973—1978年国防部独立研发资金情况	（111）
表2—10	公司负债情况	（116）
表2—11	1976—1978年联邦顾问委员会成员情况	（127）
表3—1	八家军工企业华盛顿办事处基本情况	（140）
表3—2	政治行动委员会政治捐款情况	（147）
表3—3	参议院军事委员会（括号中为竞选年份）	（149）
表3—4	参议院国防拨款委员会	（149）
表3—5	众议院武装力量委员会	（149）
表3—6	众议院国防拨款委员会	（150）
表4—1	依靠国防部经费就业人数估计	（170）
表4—2	国防开支经济部门估计（按1958年生产价格计算）	（171）
表4—3	美国私营企业靠国防部开支而雇佣的职工人数估计	（173）

表4—4	军事开支占联邦商品和劳务采购比重 ……………………	(176)
表4—5	1945—1982年享受国防主合同份额前10个州分布 ………	(184)
表4—6	国防导向的船舶制造业：1965年与1983年的国防主合同与分包合同分布 ………………………………	(187)
表4—7	各军种占全部国防主合同百分比 ……………………………	(189)
表4—8	1962—1984年主要武器系统的国防主合同占全部合同比重 ………………………………………………	(190)
表4—9	美国1977年、1980年和1985年国防就业人数 ……………	(193)
表4—10	1977—1985年主要工业国防就业人数的份额与增长 ……	(194)
表4—11	1967年、1977年、1983年国防和制造业就业人数所占百分比 ………………………………………	(195)
表5—1	冷战期间美国全国研发开支来源和目标 ……………………	(219)
表6—1	16家军火承包商的总体财务数字 …………………………	(280)
表6—2	美国国内军事采购总值和美国国外军售总值 ………………	(283)
表6—3	按项目类型和财政分类划分的美国武器出口构成（年度平均）……………………………………………	(285)
表6—4	地区武器进口（年均）………………………………………	(286)

绪　论

第一节　研究对象与选题意义

冷战是美苏之间围绕着意识形态展开的政治、经济、外交、军事和文化等的全面对抗、冲突和竞争。这是美国历史上第一次大规模全面持久地介入国际事务，也是美国历史上第一次外部因素占据美国政策的核心议程，即国家安全成为美国核心议题，这种威胁结束了美国历史上东西两大洋，四周无强邻带来的"自由安全"与国家无生存之忧的局面。美苏的全面对抗、冲突和竞争使美国将生存提高到了最高议事日程，国家安全成为国家战略的首位，动员一切力量维护美国战后的国家安全和全球地位，遏制苏联成为美国核心决策的重中之重。这对美国社会各个层面产生了深远的影响，其中对国家安全最直接的影响就是产生了一个特殊利益集团——军工复合体（Military-Industrial Complex）。进入 21 世纪，"9·11"恐怖袭击和 2018 年以来的中美战略竞争两件大事对美国军工复合体产生了更大的影响。"9·11"推动美国调整安全战略，将反恐战争列为全球战略的首要任务。随后，中美战略竞争让美国战略重回传统大国竞争的轨道。这两者都重塑了美国军工复合体，让其达到新的历史高潮。

本书的研究对象就是军工复合体。通过考察美国军工复合体产生的特征、原因和演化，笔者将焦点集中于军工复合体的政治关系、经济关系、科技影响和外交影响，从政治社会学角度分析军工复合体对美国民主稳定的作用和影响，试图揭示美国民主政治运作机制及其未来走向。因此，研究美国军工复合体具有重要的理论意义。

以美国为首的西方民主的稳定有赖于多种因素。美国政治学家和社会学家西摩·马丁·李普赛特（Seymour Martin Lipset）认为，从政治社会学角度来看，稳定的民主主要依赖经济发展和政治合法性。①实际上这是在回答托克维尔提出的民主的社会必要条件与后果这一问题。本书主要聚焦于美国政治合法性，即在一个民主社会中稳定的民主政治需要冲突和共识的适度平衡。

政治合法性是指一个政治体制保持其现存政治机构最符合社会需要的能力。维护政治体制的合法性，与对待政治冲突的手段和方法有关。分歧和冲突是社会发展的必然现象，民主政治不但承认分歧并允许冲突的存在，而且认为合法的分歧有助于社会和组织的团结，有利于保持民主体制的活力。但是，分歧和冲突必须以共识制衡，不论这种分歧、冲突是存在于社会不同利益集团之间，还是存在于国家与社会之间。民主体制应具有异中求同、同中存异的度量和机制，善于从分歧中寻求共识，并用以缓和和化解冲突。换句话说，保持冲突与共识的平衡，才能维护政治体制的合法性，从而维护政治与社会的稳定和发展。

美国军工复合体作为一个超级利益集团，与其他利益集团相比，它以国家安全的名义渗透进美国社会各个角落，触角伸向政府各个机构，在很大程度上垄断了国家安全政策制定和武器研发与生产的话语权，成为国家决策的主导性力量之一。在社会中形成的垄断性力量和决策中的主导性对美国民主制度中的冲突与共识产生了重大影响，在一些领域已经成为民主体制的破坏性力量，对美国民主体制构成了威胁。军工复合体对美国民主政治的稳定构成了哪些威胁、程度如何、威胁的途径是什么等，具有重要的理论和现实意义。

军工复合体是观察美国的一个视角。从一定意义上看，它是冷战期间美苏竞争的产物，是外部安全对美国国内政治施加影响的产物，但从美国国内政治来看，它又是美国民主制度自身发展和演化的产物。鉴于这一超级利益集团与美国社会盘根错节的关系以及与敏感的武器生产而带有的特殊的隐秘性，它对美国内政外交所产生的影响既是实实在在的，又是若隐若现的。即使在美国国内对这一问题的研究也面临各种各样的阻力。因此，作为美国介入国际事务和国内民主体制演化的特殊产物，军工复合体

---

① Seymour Martin Lipset, "Some Social Requisites of Democracy: Economic Development and Political Legitimacy", *The American Political Science Review*, Vol. 53, No. 1, March 1959, pp. 69–105.

的产生根源、特征、原因和演化引起人们强烈关注，其政治关系、运行机制和途径备受瞩目，其对美国内政和外交的影响重大。对这一特殊利益集团进行深入研究对于我们了解美国当代政治、深入认识美国的对外政策具有重要现实意义。

第二节 文献综述

一 军工复合体研究文献来源

在研究之前，我们需要建立一套数据范畴，这些数据表明国防承包商在联邦政策允许下的各种活动和税收情况，包括政府关系和基本公司数据、联邦和地方相关政策等，具体如下：

公司国防合同的范围，特别是研发方面；主要国防生产和工作地区；承包商使用政府所有的厂房和设备情况；公司的分包商及其工作地区；公司和主要联邦机构人员流动情况；公司对国会候选人的选举捐献情况；公司在贸易协会和顾问委员会中的参与情况；公司为政府高官建设的娱乐设施情况；广告和草根动员情况；有问题的销售。

建立起一个合理全面的信息数据有助于甄别政府关系，本书主要从各种公共资源中搜集数据：媒体报道的公司活动、公司年度报告和美国证券交易委员会（SEC）披露的信息、从国会图书馆到国防部等各种联邦机构提供的数据。

公司的财务信息来自股东的年度报告和美国证券交易委员会的数据，政府合同的信息来自国防部和国家航空航天局。为了对比一个地区的产品，有时不得不合并公司、国防部和媒体的数据。这些信息来源渠道都非常正规，比如商业资源、证券交易委员会和专著等，这些信息渠道包括会计、法律顾问、广告机构、银行等。从以上渠道搜集一个公司合同的历史，再加上媒体和出版社的档案使军工企业数据更加准确、翔实。公司使用美国联邦政府拥有的厂房设备数据来自各个军种保留的年度文件。合同研发和开支数据依靠的是美国国防部合同信息。

公司委员会信息来自一些公司的自传、公司代理声明和经过详细调查的公司历史。公司拥有的国防部合同信息来自国防部。人员流动信息依靠政府严格的年度审查报告，这些人从国防部或国家航空航天局流动到国防承包商，反之亦然。国防部在年度报告中提到一小部分，国家航空航天局有时候也愿意用邮件把报告全文发给研究者。政治行动委员会信息的收集来自华盛顿的联邦竞选委员会（FEC）。国会关键成员和公司工厂所在选区候选人的数据来自《国会明录》（The Congressional Directory）和《美国政治年鉴》（The Almanac of American Politics）。

公司华盛顿办事处的信息来源多元。每个季度的《国会记录》（The Congressional Record）和《国会季刊》（Congressional Quarterly）会提供一系列的说客档案材料，包括顾客的名字、收入与开支。媒体有时候也讨论国防承包商在华盛顿的活动。华盛顿代表也提供进一步的信息。顾问委员会的数据来自三个方面：小组委员会准备的三个连续年度成员资格数据报告，参议院政府工作委员会（Senate Government Operations Committee）（1979年中止）的财务与管理报告，美国总务管理局（General Services Administration）关于顾问委员会的年度报告和国会图书馆（Library of Congress）的委员会年度报告。

娱乐活动的数据主要来自媒体报道、报告和国防生产联合委员会（Joint Committee on Defense Production）的听证会。有问题的海外报酬信息主要来自美国证券交易委员会的披露和新闻报道。随着国防合同跨地域的扩展，草根网络对这些公司的政府关系战略至关重要，但这些数据很难获得。国防承包商没有系统地公布，国防部的数据也少得可怜。但可以从有关于草根运动的新闻报道以及后来他人研究成果中获得一些，还有众议院商业、消费和货币事务小组委员会（House Subcommittee on Commerce, Consumer and Monetary Affairs）会披露的一些公司信息。

依据各部分内容不同，本书各部分选取不同时期不同阶段及不同公司的内容加以论证，有时书中不同部分内容和数据会不同，但主要来自冷战期间前100名国防承包商及其公司业务和活动。比如，在政治部分本书选出了8个国防部依赖的和主要合同来自政府的公司，外交部分选取了16个公司论证国防承包商与美国外交之间的关系。这些公司与国防部的关系是共生的（symbiotic）：不仅国防部在重要国防合同中依赖这些承包商，而且这些承包商在公司大批业务上也依赖国防部和国家航空航天局等。

将各种数据信息分解成各种合适的类型：合同数据、合同历史、研发、董事、人员流动、政治行动委员会、贸易协会和顾问委员会、娱乐设施和有问题的报酬。每个系列数据代表一个问题领域。

二 军工复合体研究现状

(一) 国外文献综述

美国对军工复合体的关注和研究实际上从20世纪30年代就开始了。到目前为止,笔者找到研究军工复合体的相关著作超过百部,论文数千篇。作者涉及国际关系学者、政治学家、社会学家、经济学家、记者、小说家,甚至还有物理学家。内容涉及军工复合体政治、经济、科技、社会、外交等各个层面。这些研究既有理论研究也有实用研究,既有体系层次研究,也有次体系的问题领域研究。理论研究多从利益集团、国家理论和多元主义等角度分析其弊端,实用研究多是从各个问题领域寻找军工复合体对美国造成的破坏性影响。

20世纪30年代富兰克林·罗斯福总统就提出了军工关系负面影响问题。在一个参议院调查军需工业的前夕,罗斯福总统很直白地讲,军备竞赛是"一个巨大威胁……除了全国人民共识行动以外,几乎没有什么办法来约束那些企业家的活动和具有毁灭性力量的商人们"。[①] 与此同时,国会成立以杰拉德·P. 奈为首的委员会开始调查"一战"以来的军工关系。

杰拉德·P. 奈委员会调查的范畴包括"一战"的经济动员,两次世界大战期间的军事采购计划和工业动员计划,揭露了正在兴起的"军工复合体"的动力。例如,1917年美国驻英国大使告诉威尔逊总统,"维护我国优越的贸易地位和摆脱恐慌的唯一道路就是对德宣战"[②]。杰拉德·P. 奈委员会清楚地指出,工业化战争为国家创造了一个新的问题,为了赢得现代化战争,甚至准备一场现代化战争,这会侵蚀公与私和民用与军事机构间的界限,[③] 以军事采购为轴心形成了一个社会各界参与的完整利益链条。此外,杰拉德·P. 奈委员会还发现了他们之间的人事网络。杰拉德·P. 奈委员会指出,"一战"经济动员带来巨大浪费,造成战后通货膨胀、

[①] Jack Raymond, *Power at the Pentagon*, New York: Harper & Row, 1964, p. 262.
[②] Jack Raymond, *Power at the Pentagon*, p. 264.
[③] Wayne S. Cole, *Senator Gerald P. Nye and American Foreign Relations*, Minneapolis: University of Minnesota Press, 1962, pp. 79 – 81.

债务和经济权力的集中。经过杰拉德·P.奈委员会的调查后，美国对这个战争政治经济复合体有了更多的了解。

除了政治层面的关注外，20世纪30年代美国还出现许多学术著作研究军工的经济问题。其中非常受欢迎的有达文波特（Davenport）的《扎哈罗夫，战争的高级牧师》[1]，恩格尔布雷希特（Engelbrecht）、哈尼根（Haneghen）的《商人之死》[2]和塞尔迪斯（Seldes）的《铁、血和利润》。[3] 这三本书揭示了20世纪30年代及以前的军工关系，不过主要着眼点集中在军事部门与经济之间的关系。

引起人们强烈关注和展开全面研究还是在20世纪60年代以后。在此之前，虽然担忧没有消除，但冷战的紧张局势没有使人们充分认识到这个问题，这种情况从1945年以后一直持续了至少10年，而此时保守分子正在用宪法第二十二条修正案对总统的长期疑虑制度化，左派关于国内"战争贩子"的不安论调此时主要集中在武装力量身上。哈罗德·拉斯韦尔的概念是那个时代的代表，其正式称谓是"军事监狱国家"（garrison-prison state）和"军事警察国家"（garrison-police state）。[4] 类似的称谓和担忧充斥于大量的评论和文章中，他们悲叹国防权势集团逐渐上升的威望，拥有公众和国会以及高层决策中的影响力。"军队正在长出他们的牙齿"，1947年汉森·鲍德温坚称，"相当多的证据表明他们的目标是在和平时期进行绝对的战备，这个目标使国家走向军事化，最终破产和毁灭"。[5] 5年后，最高法院大法官威廉·O.道格拉斯认为对民主最大的威胁在于"那些慢慢渗透进政府并扩大其权力的军事集团"。[6]

---

[1] Guiles Davenport, *Zaharoff, High Priest Of War*, Boston: Lothrop, Lee and Shepard Company, 1934.

[2] H. C. Engelbrecht, F. C. Haneghen, *Merchants of Death: A Study of the International Armaments Industry*, New York: Dodd, Mead, 1934.

[3] George Seldes, *Iron, Blood and Profits: An Exposure of the World-wide Munitions Racket*, New York: Harper & brothers, 1934.

[4] Harold D. Lasswell, "The Garrison State", *American Journal of Sociology*, Volume 46, Number 4, Jan., 1941, pp. 455-468; Lasswell, "Does the Garrison State Threaten Civil Rights?", *The Annals*, CCLXXV, 1951, pp. 111-116; Lasswell, "The Garrison State Hypothesis Today", in Samuel P. Huntington, ed., *Changing Patterns of Military Politics*, New York: Free Press of Glencoe, 1962, pp. 51-70.

[5] Hanson W. Baldwin, "The Military Move In", *Harper's*, CXCV, 1947, pp. 481-489.

[6] William O. Douglas, "Should We Fear the Military?", *Look*, XVI, March 11, 1952, p. 34.

绪 论

20世纪50年代中期,朝鲜战争后美国非但没有降低反而急剧上升的军费再次引起人们的强烈关注和批评。马修·约瑟夫森在《民族》(Nation)上发表了一系列文章,即是这种变化的反映,引领了对这种利益结合的遣责。随后哥伦比亚大学社会学家怀特·米尔斯的《权力精英》成为在这个问题上的权威。米尔斯断言,"二战"后具有决定性政治意义的军事领导已经渗透到企业和政治小集团的上层,这些小集团一直主导着美国社会。"现在美国资本主义很大部分是军事资本主义。"[1]

自1956年以后,尤其是1961年艾森豪威尔发出著名的警告后,关注这个问题和认为这种利益结合对民主构成威胁的出版物稳定增长。当然,艾森豪威尔的论述与米尔斯不同,艾森豪威尔忽视了复合体的政府层面,很大程度上把它当作一个整体来看待,但很多人都是直接依据米尔斯的说法,包括弗雷德·G.库克的《战争国家》、欧文·苏奥的《美国超级促进器:极右和军工复合体》、维克托·珀洛(Victor Perlo)的《军国主义与工业:核时代的军队暴利》[2]、马库斯·拉斯金的《国家安全国家》[3]、胡安·博施的《五角大楼主义》(Pentagonism)[4]、理查德·J.巴尼特的《死亡经济》[5]、默里·韦登鲍姆的《防务空间复合体》[6]。这些著作认为美国的政治、军事和工业利益正在共谋长久制造危机,其主体是"复合体",这是冷战情境下的产物。相关描述反映了人们对这三方结合的恐惧。

相比这些著作表现出的精英主义和激进,其他著作更加平和一些,然而同样聚焦于政治、经济和军事的"合作":朱丽叶斯·杜沙的《武器、

---

[1] C. Wright Mills, *The Power Elite*, New York: Oxford Press, 1956, p. 276.
[2] Fred G. Cook, *The Warfare State*, New York: International Publishers, 1963; Irwin Suall, *The American Ultras: The Extreme Right and the Military-industrial Complex*, New York: New American, 1962; Victor Perlo, *Militarism and Industry: Arms Profiteering in the Missile Age*, New York: International Publishers, 1963.
[3] Marcus Raskin, "A National Security State," *The Progressive*, XXXIII, July 1969, pp. 5 – 6.
[4] Juan Bosch, *Pentagonism: A Substitute for Imperialism*, New York: Grove Press Inc., 1968.
[5] Richard J. Barnet, *The Economy of Death*, New York: Atheneum, 1969.
[6] Murray L. Weidenbaum, "The Defense-Space Complex: Impact on Whom?", *Challenge*, XIII, April 1965, pp. 43 – 46.

金钱和政治》、H. L. 尼布格的《科学的名义》、约翰·肯尼斯·加尔布雷斯的《新工业国家》《如何控制军事》和拉尔夫·拉普的《武器文化》。① 尼布格写道:"近三十年来军事需求支配了国家资源,在军事优先下政治和经济权力得到强化。最初紧急情况下的制度通过既得利益的阴谋被常规化……所谓的军工复合体不仅是个阴谋,而且还是这种历史趋势的高潮。这是现代公共生活的事实,它正在吞噬我们社会的核心,减少真正的经济和社会成长潜力,削弱民主多元主义的根基。"②

多元主义者也已经认识到军工复合体的危险,但认为它主要来源于社会的一个部分。例如,阿瑟·施莱辛格在其《信心危机:美国的理想、权力和暴力》中明显攻击的是"武士阶级"(warrior class)。③ 还有很多学者接受战争国家的描述,但他们认为这只是社会中居于主导地位的一个或另一个领导集团。比如杰克·雷蒙德在《五角大楼的权力》中就担忧华盛顿的"民间军国主义者",④ 而约翰·斯沃姆利在《军事权势集团》中更怀疑军事自身,⑤ 特里斯特姆·科芬在《武装社会:现代美国的军国主义》中和G. 威廉·多姆霍夫(G. William Domhoff)在《谁统治美国?》中认为将军们已经增补(co-opted)为企业财团(corporate rich)。⑥

此外,批评支持军工复合体的研究在"学术"或"科学"或"劳工"范畴内得到了扩展,⑦ 这弥补了艾森豪威尔告别警告中缺失的部分,并推动其向反美国社会方向前进。这在诸如马克·皮里萨克和托马斯·海登的

---

① Julius Duscha, *Arms, Money, and Politics*, New York: I. Washburn, 1964; H. L. Nieburg, *In the Name of Science*, Chicago: Quadrangle, 1966; John Kenneth Galbraith, *The New Industrial State*, Boston: Houghton Mifflin, 1967; Galbraith, *How to Control Military*, New York: Doubleday and Company, 1969; Ralph E. Lapp, *The Weapons Culture*, New York: W. W. Norton, 1968.
② H. L. Nieburg, *In the Name of Science*, pp. 380 – 381.
③ Arthur M. Schlesinger, Jr., *The Crisis of Confidence: Ideas, Power, and Violence in America*, Boston: Houghton Mifflin, 1969, pp. 165 – 174.
④ Jack Raymond, *Power at the Pentagon*, New York: Harper & Row, 1964, pp. 319 – 334.
⑤ John M. Swomley, *The Military Establishment*, Boston: Beacon Press, 1964; John M. Swomley, "Economic Basis of the Cold War," *Christian Century*, LXXXV, 1968, pp. 581 – 585.
⑥ Tristam Coffin, *The Passion of the Hawks: Militarism in Modern America*, New York: Macmillan, 1964 and *The Armed Society: Militarism in Modern America*, Maryland: Penguin Books, 1964; G. William Domhoff, *Who Rules America?*, Englewood Cliffs, N. J: Prentice-Hall, 1967, pp. 115 – 131.
⑦ Sidney Lens, *The Military-Industrial Complex*, Philadelphia: Pilgrim Press, 1970; Michael T. Klare, "Science for the Pentagon: The Secret Thinkers," *Nation*, CCVI, 1968, pp. 503 – 504.

文章《存在保卫和平的军工复合体吗?》和佚名的《来自铁山的报告：和平的可能性和有利条件》中给予了详细的阐述。① 同时还有几位乐观的自由人士，例如肯尼斯·博尔丁，这位经济学家认为裁军能解决这些问题，几乎没有证据表明"战争工业的私人部门以任何方式主导了国防决策"。② 而那些数量颇多的保守主义者们承认军工联系存在，但否认它们联姻，并认为这些关系是"国家生存的基本要素"。③ 甚至还有作者认为，在冷战与苏联的对抗中军工复合体是国际进步的表现。④

总体来看，从冷战开始到20世纪60年代末，军工复合体成为人们警觉和批判的对象，人们从各个问题领域对其进行研究。研究的主要着眼点集中在概念的界定、军工复合体的起源与演化、军工复合体理论和事实的澄清。换句话说，研究焦点集中在军工复合体的问题领域。作为一个特殊利益集团，人们认为军工复合体将美国带入战争的边缘。同时人们在寻求解决之道，有人提倡用多元主义，有人认为用其他利益集团进行平衡，等等。

进入20世纪70年代以后，由于越战带来的巨大影响，人们对军工复合体更加重视，研究的深度和广度得到进一步深化和拓展，有些著作也更加理性，并且研究更多侧重于对政治及经济体系层面的影响，同时更加重视对细节的研究，比如军工复合体的运行网络、"军工研"的结合等，不过总的基调还是以批判为主。这期间有三本比较详细的论文集。

亚当·亚蒙林斯克的《权势集团及其对美国社会的影响》，论述了军事权势集团的崛起及其范围和规模，军事权势集团在联邦行政部门、国会以及军工产业的影响，军事权势集团在国内的公众关系网络和维护社会秩序的作用，军事权势集团在政治、经济、社会、文化、种族、技术研发和

---

① Marc Pilisuk, Thomas Hayden, "Is There a Military Industrial Complex Which Prevents Peace? Consensus and Countervailing Power in Pluralistic System," *Journal of Social Issues*, XXI, January 1965, pp. 67 – 117; Anonymous, *Report from Iron Mountain: On the Possibility and Desirability of Peace*, New York: The Dial Press, 1967.

② Kenneth Boulding, "The Role of the War Industry in International Conflict," *Journal of Social Issues*, XXII, January 1967, pp. 54 – 55.

③ J. B. Colwell, "Nation Needs Military Industrial Link to Survive," *Los Angeles Times*, July 20, 1969, p. 3.

④ William Hyland and Richard Shryock, *The Fall of Khrushchev*, New York: Funk & Wagnalls, 1968; Richard Armstrong, "Military Industrial Complex: Russian Style," *Fortune*, LXXX, August 1, 1969, pp. 84 – 87, 122 – 126.

社会价值观等诸多层面的作用和影响。亚蒙林斯克认为军事权势集团是与美国政府相结合的美国社会最大的制度性复合体，其他政府机构与它相比是小巫见大巫，并且存在得更持久，其影响几乎渗透进美国的每个社区。这个复合体影响来自其庞大的规模及与其他重要公共部门的关系网络。最后作者认为，"如果美国想要避免变成一个军事化社会，公众及其代表们就必须在反革命和叛乱、战争与和平这些核心政治议题上拥有最终决定权"。①

卡罗尔·W. 珀塞尔主编的《军工复合体》论文集侧重军工复合体的理论和事实、起源和演化。以军工复合体是否存在及理由为出发点，阐述了军工复合体产生的根源及其演化历程，进而揭示军工复合体的网络关系及其对安全和种族的影响，最后评估军工复合体，寻求控制这个特殊利益集团的办法。珀塞尔认为军工复合体仅仅是自由企业国家的一个特殊侧面，其根源追溯到进步时代的改革和新政。"国内的福利政策和国外的冷战两大政策相互交织是其产生的温床。正是在这个背景下问题必须得到研究并希望得到解决。"②

萨姆·C. 萨克森主编的《军工复合体：再评估》，这本论文集主要集中在概念的澄清和实证研究上。除了军工间的联系外，这本论文集还探讨了在可选择战略和军控领域军事的潜在作用。其作者对军工复合体没有给出一个确切的答案，也不同意军事权势集团对美国社会影响的判断，他认为很难获得确切的数据来理解军工之间的联系及其在国内外的各种活动。不过这些作者还是批评了军工复合体。最后作者认为，"总之，复合体及其对美国的渗透不仅需要来自具体事物层面的批评，更要有来自政治体系属性的批评"。③

此外，还有一本关于军工复合体文件汇编性质的集子，即赫伯特·I. 席勒和约瑟夫·D. 菲利普斯主编的《超国家：解读军工复合体》。④ 书中

---

① Adam Yarmolinsky, *Establishment: It's Impacts on American Society*, New York: Harper & Row, Publishers, 1971, p. 420.
② Carroll W. Pursell, *The Military-Industrial Complex*, New York: Harper & Row, Publishers, 1972, p. 12.
③ Sam C. Sarkesian, *The Military-Industrial Complex: A Reassessment*, London: Sage Publications, 1972, p. Ⅶ.
④ Herbert I. Schiller and Joseph D. Phillips, *Super State: Readings in the Military-Industrial Complex*, Chicago: University of Illinois Press, 1972.

汇编了有关军工复合体的国会记录和总统演讲及关键书籍的内容，有很高的参考价值。本杰明·弗兰克林·库林在其主编的《战争、商业与美国社会：军工复合体的历史视角》中从历史发展的不同角度分析和解读了军工复合体。①

20世纪70年代以后，对军工复合体政治关系研究的经典著作是戈登·亚当斯的《国防合同的政治：铁三角》。这本书是目前研究军工复合体"铁三角"关系的权威著作，书中详细揭示了军工复合体国会议员、行政机构安全部门官员与军工企业之间的关系网络。作者还对军工复合体对美国联邦政治和地方政治的影响进行了深入的分析和研究。最后作者认为，"经过数十年发展，国防'铁三角'已经演变成一个紧密而又近亲繁殖的团体，垄断了有关国家安全及其所需武器系统的争论"。② 美国历史学家保罗·柯易斯丁内在《军工复合体：一种历史观点》中认为要从美国历史中去理解军工复合体理论。军工复合体是美国战时动员的结果，大致划分为三个阶段：前工业阶段、前工业阶段到工业阶段的过渡和工业阶段。作者认为"二战"促使军工复合体成熟，并经多年发展形成了"在社会中追求一个正式的、公认的、稳定的行为习惯制度"，同时军工复合体又是一个被接受的过程，这个过程中军队、商业和政府的互动为国家提供了战争的原动力。③ 怀斯和罗斯著的《无形政府》以中央情报局（CIA）为例挑战了多元主义的民主秩序的命题，作者认为中央情报局的实践与美国政策目标矛盾；中央情报局倾向于支持保守和反对改革的政府；中央情报局具有对美国政策施加影响的危险倾向，1960年中央情报局运用U-2侦察机干预美苏首脑会谈就是很好的例子。不过作者最终认为这个无形政府相对有形政府来说还构不成实质性威胁，"还在国会和行政机构的掌握控制下"。④

1974年查理·奥尔雷德·坎农的博士学位论文《美国政治中的军工复合体》认为军工复合体概念涵盖五个部分：分别是拥有公共利益的松散集

---

① Benjamin Franklin Cooling, *War, Business, and American Society: Historical Perspectives on the Military-Industrial Complex*, New York: Kennikat Press, 1977.

② Gordon Adams, *The Politics of Defense Contracting: The Iron Triangle*, New York: New Brunswick, 1982, p. 216.

③ Paul A. C. Koistinen, *The Military-Industrial Complex: A Historical Perspective*, New York: Praeger Publisher, 1980, p. 99.

④ David Wise and Thomas Ross, *The Invisible Government*, New York: Vintage Books, 1974. Reprint of the 1964 Random House edition, p. 352.

团；官僚结构；一群权力精英；统治阶级的工具；现代美国社会拥有共同价值、信仰和制度特色的一体模式。① 论文分析了军工复合体与国会、公众、政府和反破坏力量的关系。理查德·K. 贝茨的《士兵、政治家和冷战危机》分析了冷战期间使用武力决策军事建议及其影响。② 马克思·L. 斯塔克豪斯的《墓地的伦理：军工复合体随笔和对公正和平的探索》③ 分析了军工复合体各种概念的得失，随后进一步指出军工复合体不仅是对政党政治的回应，更是对大政府的恐惧。不过作者只注重逻辑分析不注重研究，提出很多问题但都没有给出答案，而且具有伦理中心主义的倾向。

此外，斯蒂芬·罗森主编的《测试军工复合体理论》④、西德尼·伦斯的《军工复合体》⑤、鲍姆加特纳和约翰·斯坦利（John Stanley）的《孤独的武士：军工复合体案例》⑥、詹姆斯·L. 克罗特费尔特的《美国政治中的军事》⑦、约翰·C. 多诺万（John C. Donovan）的《冷战卫士：决策精英》(The Cold Warriors: A Policy-Making Elite)⑧ 等对军事在美国政治中的作用给予了详细的分析和评价，表现出对美国政治体系挑战的担忧。而与军工复合体政治相关的论文浩如烟海，本书不一一介绍。

20 世纪 70 年代以来，对军工复合体经济关系进行研究的著作增多，几乎涵盖经济的各个方面，研究得也比较透彻。这些研究中持消极态度的主要有：福克斯·J. 罗纳德（Fox J. Ronald）的《武装中的美国：美国如何买武器》，本书以武器买卖的全过程为线索勾勒出了美国军工复合体利益链条上的各个角色和关系以及对美国的影响，结论是这个武器购买体系

---

① Charles Allred Cannon, *The Military-Industrial Complex in American Politics*, 1953 – 1970, Dissertation, 1974.
② Richard K. Betts, *Soldiers, Statesmen, and Cold War Crises*, Cambridge: Harvard University Press, 1977.
③ Max L. Stackhouse, *The Ethics of Necropolis: An Essay on the Military-Industrial Complex and the Quest for a Just Peace*, Boston, Mass: Beacon Press, 1971.
④ Steven Rosen, *Testing the Theory of the Military-Industrial Complex*, Lexington, MA: Lexington Books, 1973.
⑤ Sidney Lens, *The Military-Industrial Complex*, Philadelphia: Pilgrim Press, 1970.
⑥ Baumgartner and John Stanley, *The Lonely Warriors: Case for the Military-Industrial Complex*, Los Angeles: Nash Publishing, 1970.
⑦ James L. Clotfelter, *The Military in American Politics*, New York: Harper & Row, 1973.
⑧ John C. Donovan, *The Cold Warriors: A Policy-Making Elite*, Lexington, Mass.: D. C. Heath, 1974.

是"管理无效,生产浪费"的,"需要重构这个体系"①。安·马库森和乔尔·尤德金在《剖析冷战经济》中分析了冷战导致了以美国军工复合体为中心的国民经济,它们在航天、通信和电子等特定领域取得了巨大进步,重塑了美国经济版图,为地方和国家经济作出了重要贡献,但军事大规模开支难以为继。当遇到军事开支缩减时,与国防有关的承包商、国会选区议员、国防工厂所在地区的工人等都会受到影响并诉诸国会或行政部门要求停止或减缓这种削减。这个过程的循环将造成"潜在的毁灭"②。国防的关键经济部门并不适合经济竞争,只有通过削减国防预算和重新规划国家资源才能解决,这又是政治家忌讳的地方,其结果就是美国的相对优势日益集中在武器系统及其高科技衍生品上。最后作者建议,在21世纪,美国必须对基本的经济、社会和环境问题进行大胆的革新,为此联邦政府必须起到领导作用,与各种利益集团密切合作,动员必要的各种资源。

詹姆斯·L·克莱顿在《冷战的经济影响:资料和解读》中认为军工复合体是冷战的遗产。在作者看来,冷战创造了一个有赖于意识形态冲突产生恐惧而形成的庞大世界工业。"军工权势集团是美国历史上一个新的社会现象,并且迅速改变了我们经济的基本结构……毫无疑问军工复合体的崛起把经济推向了一个新高峰,但是利益分配却不均衡……政治、工业和大学等这些既得利益者不断推高国防开支,而更多的无权无势者只是付出辛勤的劳作。"③ 罗伯特·W.德格拉斯的《军事扩张,经济衰落:美国经济成就中的军事开支影响》指出军事过度扩张会影响美国经济正常运行。作者认为里根政府的军备重建严重损害了美国应对挑战的能力,失去了国外市场,削弱了世界上的技术领先地位。"美国肯定能承受为自己的安全付出任何代价,但同时像许多国家一样,美国必须对军事开支进行限制。原因很简单,就是为了保证在未来经济中我们拥有充足的剩余力量来

---

① Fox J. Ronald, *Arming American: How the U. S. Buys Weapons*, Boston: Harvard University, 1974, p. 10.
② Ann Markusen and Joel Yudken, *Dismantling the Cold War Economy*, New York: Basic Books, 1992, p. XⅥ.
③ James L. Clayton, ed., *The Economy Impact of the Cold War: Sources and Readings*, New York: Harcounrt, Brace & World, Inc., 1970, p. 281.

投资。"①

持积极看法的有安·马库森（Ann Markusen）和彼得·霍尔（Peter Hall）合著的《武器带的崛起：军事重塑了美国工业版图》对战后美国经济版图变迁中的军事工业因素进行了详细的分析和叙述。作者认为冷战期间美国经济版图的重塑和变迁与美国军事工业的变迁紧密相关。"二战和冷战期间，军事开支已经成为经济繁荣与衰退的一个决定性因素。所有新兴工业和一系列依赖国防的公司都与新的主管军事部门——国防部紧密相关。"②格雷戈里·麦克尔·胡克斯在《塑造中的军工复合体：二战的波托马克战斗》一书中挑战了传统以社会为中心解释军工复合体的理论，这种传统理论认为，国防工业只是一个消费性行业，不是一个产出行业。胡克斯认为，航天和电子工业案例证据表明，作为霸权国家的美国建立起了一种新的国家与企业关系。"冷战军事霸权推动着美国政府在与私人企业关系上超越了'盈亏平衡点'（tipping point）。战后美国发展部门的规划不仅关注战略政策，还关注科技发展、就业和贸易平衡。"③国防部门的积极规划没有削弱民用产业中垄断部门的自治权和利益，冷战中国防部成为联邦政府最重要的经济调控工具。

默顿·J. 佩克和弗雷德里克·M. 谢勒合著的《武器采购过程：一种经济分析》中也同样运用经济学方法通过武器采购过程分析武器采购链条上各种经济活动及其产生的影响。作者分析了武器采购过程的非市场特色、工业结构、经济标准和相互关系等方面。最后作者认为，由于武器采购过程中技术的独特性和战略环境因素，其参与者必然创造出新的机构和实践，结果形成新的政府与商业关系。"这就是社会学家一直诟病的制度滞后，然而这种调整和创新过程仍然是一个重要部分。如果经济需要技术快速更新换代，那么武器采购过程可能是提供有价值的经验和理念的源泉。"④托马斯·凯利在《通向军工复合体之路：国防与联邦高速公路》

---

① Robert W. DeGrasse Jr., *Military Expansion, Economic Decline: The Impact of Military Spending on U. S. Economic Performance*, Armonk, New York: M. E. Sharpe, 1983, p. 160.
② Ann Markusen, Peter Hall, *The Rise of the Gunbelt: The Military Remapping of Industrial America*, New York: Oxford University Press, 1991. p. 3.
③ Gregory Michael Hooks, *Forging the Military-Industrial Complex: World War II's Battle of the Potomac*, Chicago: University of Illinois Press, 1991, pp. 263 - 264.
④ Merton J. Peck and Frederic M. Scherer, *The Weapons Acquisition Process: An Economic Analysis*, Boston: Harvard University, 1962, p. 595.

中揭示了军工复合体对美国国防高速公路产生的巨大影响。为了冷战需要，军事大大影响了美国交通运输业的发展，进而影响了石油、橡胶等行业的发展，这都成为军工复合体发展的组成部分。①

此外，肯尼思·R. 迈耶（Kenneth R. Mayer）在《国防合同的政治经济学》中分析了武器采购过程中国会的影响和作用。作者认为国会在武器采购过程中的政治策略大同小异，这包括合同的分配，拥有政治行动委员会充足资金支持和合同奖励。这种政治策略是获得联邦机构注意力的有效手段，但若缺少公众支持，这种手段也会打折扣。② 还有约翰·弗朗西斯·戈戈尔的《军工公司：实际理论和模式》等有关军工复合体对经济影响和作用的著作和论文，从各个问题领域对其进行了论述。

军工复合体对美国科技的影响一般都归结到对经济影响里面，在上述很多著作中都体现了对科技的影响，但也有几本专门论述军工复合体对美国科技影响的著作。斯图尔特·W. 莱斯莉在《冷战与美国科技：在麻省理工和斯坦福的军工研复合体》中以麻省理工学院和斯坦福大学为例，对军工复合体对美国科技的积极作用和消极作用进行了仔细分析，并列举了声波、核、物理学和材料科学等领域进行实证分析。作者从麻省理工学院和斯坦福大学两所学校与国防的关系对比中得出结论，国防资金促进了与国防相关领域科技的巨大发展，但同时也干扰和主导了美国的学术自由。③ 梅里特·罗·史密斯主编的《军事企业与技术变迁：美国经验的视角》以美国为例分析了战争与技术之间的演化关系。作者认为战争和技术两者在历史上有很多共同特征，两者相互影响、相互促进，但又有所不同。④ 此外，还有大卫·迪克森的《科学的新政治》⑤ 等。

有关军工复合体对美国外交影响方面的著作主要有斯蒂芬·阿奇博尔

---

① Thomas E. Kelly, "The Concrete Road to MIC: National Defense and Federal Highways", in Benjamin Franklin Cooling, *War, Business, and American Society: Historical Perspectives on the Military-Industrial Complex*, National University Publications Kennikat Press, 1977, p. 133.

② Kenneth R. Mayer, *The Political Economy of Defense Contracting*, New Haven: Yale University Press, 1991, p. 224.

③ Stuart W. Leslie, *The Cold War and American Science: The Military-Industrial-Academic Complex at MIT and Stanford*, New York: Columbia University Press, 1993, p. 256.

④ Merritt Roe Smith, ed., *Military Enterprise and Technological Change: Perspectives on the American Experience*, Cambridge, Massachusetts: The MIT Press, 1985, p. 348.

⑤ David Dickson, *The New Politics of Science*, New York: Pantheon, 1984.

德·科布的博士学位论文《军工复合体与外交政策》。科布运用数据分析了国防开支在参众两院的投票记录。[1] 此外，亚当·亚蒙林斯克的《权势集团及其对美国社会的影响》和苏联科学院世界经济和国际关系研究所编的《美国对外政策的动力》部分章节对军工复合体对外交的影响有过阐述和分析。

冷战结束至"9·11"，美国军工复合体出现短暂的低潮，但并没有阻碍人们对军工复合体的深入研究。"9·11"后的反恐战争和2018年中美战略竞争改变了美国21世纪的安全态势和安全战略走向，叠加2014年克里米亚战争、2022年俄乌冲突、2023年哈以冲突等地区热点，让美国军工复合体重回历史巅峰。作为维护国内民主秩序和全球霸权的支柱，美国军工复合体再次获得发展动力，在庞大军费的推动下，军工企业在赚取巨额利润的同时，在美国内政和外交上施加着更加重要的作用。与此相呼应，美国各界人士对军工复合体影响的担忧也日甚一日，对军工复合体传统批判性研究更加深入，对21世纪军工复合体新转型做了开拓性研究。

冷战结束以来，部分研究继续深入探讨军工复合体的传统影响。詹姆斯·莱德贝特（James Ledbetter）在《影响过大：埃森豪威尔与军工复合体》（*Unwarranted Influence: Dwight D. Eisenhower and the Military-Industrial Complex*）中对美国军工与其经济关系进行了详细分析。该书是在埃森豪威尔军工复合体演说50周年之际出版。该书认为，50年来，军工复合体衍生出了手机、GPS、互联网和哈勃太空望远镜等先进技术和应用，但也引发了巨大问题，给美国国家安全造成威胁，其外交政策受到美国军事承包商利益的驱使。该书从正反两方面分析了军工与经济的关系。[2] 作者更倾向于军工复合体带来的负面影响，延续了传统批评的思路。

米切尔·斯旺森（Michael Swanson）的《战争国家：军工复合体的冷战起源与权力精英，1945－1963》（*The War State: The Cold War Origins of the Military-Industrial Complex and The Power Elite, 1945－1963*）从特定年代追溯军工复合体的起源与权力精英的关系，解构军工复合体与权力之间的联系。该书让人们了解了冷战最初20年里，美国如何从一个大陆民主共

---

[1] Stephen Archibald Cobb, *The Military-Industrial Complex and Foreign Policy*, Dissertation, 1971.
[2] James Ledbetter, *Unwarranted Influence: Dwight D. Eisenhower and the Military-Industrial Complex*, Yale University Press, 2011.

和国转变为一个全球超级帝国,当时美国几乎40%的联邦预算用于军事,如此庞大的开支损害了美国经济。这个后果在20世纪60年代末和70年代初逐渐显现,导致美国国力衰落。书中介绍了美国如何借助殖民主义衰落带来的真空创造了一个新的全球权力中心。美国联邦政府中安全官僚组成的权力精英如何"永久化",他们的权势有时甚至超过美国总统。[1]

S. 迈克·帕韦莱茨(S. Mike Pavelec)主编的《军工复合体与美国社会》(*The Military-Industrial Complex and American Society*)探讨了国防政治经济学及其影响这个主题的因素。该书试图从哈利伯顿(Haliburton)这家公私兼顾的企业入手,揭示军事、工业和政府的相互联系。其他一系列文章还探讨了媒体、智库、国防经济等与军工复合体的关系等主题。[2]

迈克尔·希尔茨克(Michael A. Hiltzik)的《大科学:欧内斯特·劳伦斯和军工复合体开创性故事》(*Big Science*:*Ernest Lawrence and the Invention That Launched the Military-Industrial Complex*)论述了科学技术在军工复合体形成中的巨大作用。迈克尔深入有趣地研究了90年前名为欧内斯特·奥兰多·劳伦斯的科学家,他发明了粒子加速器,改变了核物理,这是大科学的开端。这部书类似一部传记,一部分是对欧内斯特·劳伦斯思想影响的描述,一部分是核武器的简史。原子弹到登月都是大科学的结果,这也是政府、国防和公司合作推动大科学的结果,即军工复合体的产物。[3]

凯瑟琳·C. 爱泼斯坦(Katherine C. Epstein)的《鱼雷:美国和英国军工复合体的发明》(*Torpedo*:*Inventing the Military-Industrial Complex in the United States and Great Britain*)通过追溯第一次世界大战前美国和英国都在努力发明的一种新武器——鱼雷,大胆重新评估军工复合体,揭示了第一次世界大战前几十年军工复合体的起源。鱼雷是20世纪初地缘政治、全球化和工业化交汇的缩影。美国和英国都想通过先进武器改变海军强国间的微妙平衡,占据海战主动权。为此,资本、科学家、工程师、商人和海军军官密切合作,美国和英国海军还创建了一种新的采购模式,即开始投

---

[1] Michael Swanson, *The War State*:*The Cold War Origins of the Military-Industrial Complex and The Power Elite*, 1945–1963, CreateSpace Independent Publishing Platform, 2013.
[2] S. Mike Pavelec, *The Military-Industrial Complex and American Society*, ABC–CLIO, 2010.
[3] Michael A. Hiltzik, *Big Science*:*Ernest Lawrence and the Invention That Launched the Military-Industrial Complex*, Simon & Schuster, 2016.

资私营部门的研发，进而重塑了国家安全法。该书将军事、法律、商业与科技等融为一体，重塑了第一次世界大战前的海军力量，并揭示了现代国家安全与财产权的冲突。①

赫克托尔·特鲁洛夫（Hector Trulove）的《军工复合体的警告：战争背后的巨额资金》（*Military-Industrial Complex Warning*：*Big Money Behind War*）认为，军工复合体被视为影响公共利益的既得利益集团。该书描述了自富兰克林·罗斯福总统开始美国高级官员如何制定战略控制美国政府。作者还以肯尼迪总统为例，提出美国总统如果建议削减军事预算会有多么危险。②

美国海军作家菲利普·麦格道格尔（Philip MacDougall）的《查塔姆造船厂：军工复合体的兴衰》（*Chatham Dockyard*：*The Rise and Fall of a Military-Industrial Complex*）从查塔姆造船厂数百年历史中探寻了军工复合体的兴起与发展。查塔姆造船厂成立于1570年，很快成为修复和建造军舰的主要海军造船厂之一，并在接下来的400多年里保持着领先的地位。该造船厂位于梅德韦河畔，建造了从小船到战舰再到潜艇的500多艘舰艇。菲利普特别关注了该船厂最后200年的历史，关注他们建造舰艇方式的变化，从而探寻军工复合体的演变。③

海伦·布里（Helen Bury）的《埃森豪威尔和军备竞赛："开放天空"和军工复合体》（*Eisenhower and the Cold War Arms Race*："*Open Skies*" *and the Military-Industrial Complex*）重新审视了冷战期间军工复合体的发展，尤其是"开放天空"倡议。1955年，美国前总统埃森豪威尔在日内瓦峰会上向苏联、英国和法国提出"开放天空"倡议。尽管受到苏联等各国的反对，但艾森豪威尔一直推动该倡议。海伦对"开放天空"倡议进行了新的解读，认为该倡议是对杜勒斯"新面貌"防御战略的纠正，该战略依赖的是大规模报复战略。通过深入研究"开放天空"倡议，海伦旨在探讨军工复合体在美国内政外交上的日益强大，并寻求扩大军费开支，但也对维护

---

① Katherine C. Epstein, *Torpedo*: *Inventing the Military-Industrial Complex in the United States and Great Britain*, Harvard University Press, 2014.
② Hector Trulove, Military-Industrial Complex Warning: Big Money Behind War, December 4, 2021.
③ Philip MacDougall, *Chatham Dockyard*: *The Rise and Fall of a Military-Industrial Complex*, The History Press, 2012.

绪 论

美国经济实力发挥了重要作用。[1]

克里斯蒂安·索伦森（Christian Sorensen）的《理解战争工业》（Understanding the War Industry）研究和分析视角独特，揭示了军工如何控制安全国防和国会议员，并在此过程中消耗美国经济。该书揭示了庞大且不断扩散的军工企业如何利用金融和法律手段施加不良影响，拉拢国会议员和媒体等。克里斯蒂安深入探讨了企业董事会如何卷入军队、海外基地和战争，并一丝不苟地记录了这些企业如何通过战争获利。[2]

美国历史学者库尔特·哈默克（Kurt Hackemer）的《美国海军与军工复合体的起源》（U. S. Navy and Origins of Military-Industrial Complex）是第一本探讨19世纪中后期美国商业与美国海军发展关系的书。[3]

越来越多的著作聚焦冷战后美国军工复合体的转型和新变化，并加入了时代主题，如性别话题、网络空间、生物恐怖主义、神学、动物保护、女权主义等。亚历克斯·罗兰（Alex Roland）的《权力三角：军工复合体》介绍了冷战后军工复合体的变化，认为其影响力仍然很大，但与冷战期间相比，已经有所减弱。罗兰总结了1991年以来军工复合体30年的发展历程，从缺乏凝聚力、快速变化和历史偶然性等如何改变了美国军工复合体的军工机构和基础设施。罗兰从军民、工业与国家、政府间机构、科学与国家及科技与社会五组关系来论述军工复合体的转型。罗兰在追踪冷战结束后美国武器库的演变中总结认为，军工复合体仍对美国民主政治具有很大风险，但其继续发挥着美国维护民主社会的积极作用。[4]

罗兰还著有《军工复合体：技术的历史透视》（The Military-Industrial Complex: Shot Historical Perspectives on Technology）。这本小册子对20世纪末美国军工历史的一系列核心关系进行梳理和分析，概述了第一次世界大战到20世纪90年代美国工业与军事的关系，重点关注《权力三角：军工复合体》的五组关系。[5]

---

[1] Helen Bury, Eisenhower and the Cold War Arms Race: "Open Skies" and the Military-Industrial Complex, I. B. Tauris, 2013.
[2] Christian Sorensen, Understanding the War Industry, Clarity Press, 2020.
[3] Kurt Hackemer, U. S. Navy and Origins of Military-Industrial Complex, Naval Institute Press, 2001.
[4] Alex Roland, Delta of Power: The Military-Industrial Complex, Johns Hopkins University Press, 2021.
[5] Alex Roland, The Military-Industrial Complex: Shot Historical Perspectives on Technology, American Historical Association, 2001.

威廉姆·D. 哈特恩（William D Hartung）所著的《战争预言家：洛克希德·马丁与军工复合体的形成》从洛克希德·马丁公司发展历程出发阐述了美国军工复合体的形成。洛克希德·马丁空间系统公司（Lockheed Martin Space System Company，LMT）的前身是创建于1912年的洛克希德公司，是冷战期间美国航空航天制造商，也是一家美国大型军事承包商。1995年，随着冷战后美国军工复合体的合并浪潮，该公司与马丁·玛丽埃塔公司合并，更名为洛克希德·马丁公司，总部位于马里兰州蒙哥马利县的贝塞斯达。2016年12月，瑞典斯德哥尔摩国际和平研究所（SIPRI）发布的2015年度全球军工百强企业排行榜，洛克希德·马丁公司仍然保持世界第一武器生产商的地位。从飞机到弹药，从参与星球大战到监听电话和间谍卫星，该公司是一家全能的武器制造商，每年从五角大楼获得超过250亿美元的合同。其业务遍及美国国防和经济生活各领域。《战争预言家：洛克希德·马丁与军工复合体的形成》写法灵活，揭露了该公司如何演变成一个庞然大物，对美国内政外交拥有强大的权力和影响过程，内容极具爆炸性。[1]

菲姆·阮尹（Phiem Nguyen）在《军工复合体医疗工业综合体：生物技术恐怖组织》（Military Industrial Complex Medical Industrial Complex：Bio-Techno-Terrorist Eara）中提出，除了军工复合体和医疗工业综合体外，生物技术恐怖分子将对人类构成挑战。[2]

亨利·A. 吉鲁（Henry A. Giroux）的《链条上的大学：与军工复合体的对抗》（The University in Chains：Confronting the Military-Industrial-Academic Complex）主要论述了艾森豪威尔为什么把大学视为军工复合体的一部分。吉鲁详细描述了"9·11"后大学的军事化与公司化和右翼原教旨主义对大学的全面渗透，军工复合体越来越把批判性思想视为对主导政治秩序的威胁。在吉鲁看来，大学已经成为五角大楼和企业的侍从，彻底失去了独立性和批判权利，损害了其作为美国民主秩序重要支撑的功能。[3]

---

[1] William D. Hartung, *Prophets of War：Lockheed Martin and the Making of the Military-Industrial Complex*, Bold Type Books, 2012.

[2] Phiem Nguyen, *Military Industrial Complex Medical Industrial Complex：Bio-Techno-Terrorist Eara*, Tafford Publishing, 2019.

[3] Henry A. Giroux, *The University in Chains：Confronting the Military-Industrial-Academic Complex*, Routledge, 2007.

詹姆斯·麦卡蒂（James McCarty）等主编的《战争生意：军工复合体的神学与伦理学思考》（*The Business of War*: *Theological and Ethical Reflections on the Military-Industrial Complex*）探索了全球资本主义、美国军工复合体与战争间的联系，提供了基督教对 21 世纪战争事务道德问题的解释和回应，对军工复合体的神学、历史、经济和政治方面进行了深入分析，并对基督教在个人、教会、社会和政治生活中应对战争的方式给出了建议。该书深刻探讨了军工复合体的发展和当代意义，揭示了新自由主义经济学依靠战争发展的道德危险，并从基督教视角分析军工复合体，重新思考基督教伦理道德对战争生意的抵制与影响，开辟了一个新的研究视角。①

记者尼克·图尔斯（Nick Turse）撰写的《复合体：军队如何入侵我们的日常生活》（*The Complex*: *How the Military Invades Our Everyday lives*）认为，现代军工复合体是一个无处不在、成系统性地隐藏和渗透进人们生活的方方面面。从平板电脑到星巴克，再到奥克利太阳镜，尼克深入探讨和分析了五角大楼与现代美国企业之间的联系。这个复合体改变了人们对美国军事化的理解，人们远离军工复合体的道路还很遥远。②

长期关注美国现代战争的美国政治学家 P. W. 辛格（P. W. Singer）的《企业勇士：私有化军事工业的崛起》（*Corporate Warriors*: *The Rise of the Privatized Military Industry*）探讨了 21 世纪以来美国军工企业如何左右美国国家和国际冲突进程，代表了美国军工复合体 21 世纪最新发展趋势和特征。辛格认为，军工企业打破了传统雇佣兵的雇佣模式，21 世纪以来开始出售和拥有国家军队拥有的技能和服务，其服务从训练军队到为将军提供战略建议。"私有化军工"广泛参与美国全球各地的军事外交行动，成为美国军事外交活动的一个关键组成部分。但这样引发了利润驱动与民主、道德、人权和国家安全之间的冲突。③

玛丽·道格拉斯·瓦弗鲁斯（Mary Douglas Vavrus）所著的《后女权主义战争：媒体军工复合体中的女性》（*Postfeminist War*: *Women in the Media-Military-Industrial Complex*）从战争文化角度探讨和分析了军工复合

---

① James McCarty, Justin Bronson Barringer, Mattew Tapie, Editor, *The Business of War*: *Theological and Ethical Reflections on the Military-Industrial Complex*, Cascade Books, 2020.
② Nick Turse, *The Complex*: *How the Military Invades Our Everyday Lives*, Metropolitan Books, 2009.
③ P. W. Singer, *Corporate Warriors*: *The Rise of the Privatized Military Industry*, Cornell University Press, 2007.

体的影响。媒体在战争中的作用已经被人们所熟知，但该书则另辟蹊径，从媒体对军事人员的文化建构和如何在美国入侵伊拉克与阿富汗中描述战争。玛丽认为，所有这些身份认同和分类对理解战争的战斗者、拯救者和受害者都是不可或缺的。玛丽在书中思考了两个问题：媒体中性别、种族和阶级建构如何产生关于战争和军事生活的真相；这种建构如何可能加剧军国主义。通过分析"9·11"以来的新闻报道和纪录片，玛丽认为，包含女性在内的新闻叙事在性别平等叙事中选择性地使用女权主义，此类报道在推进女权主义的同时，也巧妙地推动了军事解决女性面临的一系列问题。[1]

美国跨性别学者艾瑞克·A.斯坦利（Eric A. Stanley）等编辑的《囚禁的性别：跨性别和监狱工业复合体（第二版）》从跨性别角度分析了美国监狱工业复合体。该书作者来自囚犯、社会活动家和学者，共同探讨了种族、性别、能力和性取向在监狱工业复合体下的新认识。其中包括从反对警察暴力到批评仇恨犯罪立法，再到囚犯要求获得艾滋病治疗等，这对普通民众认知上构成挑战，需要让更多人加入这场斗争中。[2]

美国动物学者安东尼·诺西拉（Anthony Nocella）等编著的《动物与战争：面对军事动物工业复合体》（Animals and War: Confronting the Military-Animal Industrial Complex）是第一本研究非人类动物如何被军队用于战争的书。该书是由顶尖级学者、活动家撰写，深入探讨了军事工业对动物的剥削，如测试武器造成动物的死亡、饥饿和无家可归等。[3] 这是通过军事工业与动物关系研究动物领域的重要著作。

沙恩·哈里斯（Shane Harris）的著作《@战争：军事-网络复合体的崛起》（@War: The Rise of the Military-Internet Complex）探讨了21世纪以来军工复合体的最新趋势——网络战争和网络展示的世界。该书内容丰富，详细讲述了企业、政府甚至个人如何迅速完善监控和破坏互联网基础设施的能力。未来战争已经打响，美国军方将网络空间视为战争的"第五域（陆、空、海、太空和网络）"。美国国防部、国家安全部和中央情报局

---

[1] Mary Douglas Vavrus, *Postfeminist War: Women in the Media-Military-Industrial Complex*, Rutgers University Press, 2018.
[2] Eric A. Stanley, Nat Smith, Editor, CeCe McDonald, Foreword, *Captive Genders: Trans Embodiment and the Prison Industrial Complex*, Second Edition, AK Press, 2015.
[3] Anthony J. Nocella II, Colin Salter, Judy K. C. Bentley, Editor, Ian Smith, Contributor, *Animals and War: Confronting the Military-Animal Industrial Complex*, Reprint Edition, Lexington Books, 2015.

都有自己的黑客团队，可以对对方目标发动计算机病毒攻击。美国政府机构正在与谷歌（Google）和脸谱（Facebook）等科技巨头合作，收集大量信息，军方还与科技和金融公司结成联盟来控制网络空间，这对全球网络空间和世界网络治理带来重大影响。[1]

提姆·莱诺（Tim Lenoir）和卢克·卡德韦尔（Luke Caldwell）合著的《军事－娱乐复合体》聚焦战争游戏类游戏在军事－娱乐复合体中发挥的作用，认为数字媒体舆论市场的资本属性推动了美国娱乐深度军事化倾向。在这过程中，商业型战争游戏企业逐渐成为军方的支持者和合作伙伴，双方共同打造了一个平台以传播军方价值观念，军事工业与娱乐产业相结合的军事－娱乐复合体崛起。该复合体维护了美国全球统治地位。[2]

美国国家工程院院士、国家公共管理科学院院士雅克·S. 甘斯勒（Jacques S. Gansler）曾担任美国国防部负责采购、技术和后勤的副部长，对军工复合体有着深刻的认识。受益于其工作经历，雅克写过多本国防工业的书籍。1980年出版的第一本《国防工业》（The Defense Industry）主要讲述了冷战时期的国防工业，该书时间点侧重越南战争至冷战结束之前的时期。[3] 第二本《国防开支》（Affording Defense）探讨了里根政府结束国防开支增长到1989年柏林墙倒塌时期的美国国防工业发展情况。[4] 第三本《国防转型》（Defense Conversion）概述了当时被称为"后冷战时期"的国防工业状况，当时国防开支处于低点，军工企业出现兼并浪潮，并向多元化方向发展，很多企业退出了国防领域，基本奠定了21世纪的国防工业格局。[5] 第四本《创建21世纪国防产业》（Creating a Twenty-First Century Defense Industry）（国内翻译为《美国军工产业研究》）聚焦21世纪第一个十年美国军工产业的巨大变迁，尤其是"9·11"后的阿富汗战争和伊拉克战争，美国国防预算再次飙升，工业和科技的全球化加速，推动美国重新审视未来的国家安全形态、保障性工业基础和国防转型。[6]

---

[1] Shane Harris, @ War: The Rise of the Military-Internet Complex, Eamon Dolan/Mariner Books, Reprint Edition, 2015.
[2] Tim Lenoir, Luke Caldwell, The Military-Entertainment Complex, Harvard University Press, 2018.
[3] Jacques S. Gansler, The Defense Industry, MIT Press, 1980.
[4] Jacques S. Gansler, Affording Defense, MIT Press, 1989.
[5] Jacques S. Gansler, Defense Conversion, MIT Press, 1995.
[6] Jacques S. Gansler, Creating a Twenty-First Century Defense Industry, MIT Press, 2011.

除了以上著作外，与军工复合体相关的著作和论文有数千篇之多。其中有戈登·亚当斯的《消除军事次政府》[1]、伊茨哈科·加努尔的《政府秘密：交易、仲裁者和中间人》[2]、马克·皮里萨克和托马斯·海登的《妨碍和平的军工复合体存在吗？多元体系下的共识和权力抵消》[3] 等对军工复合体进行了分析和介绍。进入 21 世纪，作为军工复合体的主要组成部分，美国军队自身的变化正在影响美国国家安全和民主，其中之一是美国军队政治化倾向。军人正在从政治支柱和政党政治的旁观者与中立者转变为参与者，其政党偏向和政党将军队意识形态化严重威胁美国国家安全和民主秩序。[4]

（二）国内文献综述

国内对军工复合体的研究不是太多，研究对象基本都集中在外交和军事战略的影响上，也有关注与国防经济的关系。在研究层次上，目前国内还没有有关美国军工复合体的专著，有几篇硕士学位论文和一些学者的学术论文。具体来说，中共中央党校硕士刘恩东在《军工复合体与冷战后美国的外交政策》中分析了军工复合体对美国外交政策的联系以及这种联系的机制和动因。作者认为集团利益是军工复合体影响外交的根本动机，其影响途径为"旋转门"。军工复合体成为美国推行其地缘战略的有效工具，也是巩固美国国防基础、保持技术优势的有效载体。[5] 同样研究军工复合体对美国外交政策制定的影响的还有吉林大学硕士李春梅，在其硕士学位论文《军工复合体与美国外交政策的制定》中分析了军工复合体对美国外交政策制定影响的动因和方式。[6] 其他学术性论文有《美国军工—思想库复合体与小布什对外政策》[7] 等。外交学院硕士郝海博《战后美国军工资本对日本的控制关系研究》探讨了美国军工对"二战"后日本的控制。冷

---

[1] Gordon Adams, "Disarming the Military Subgovernment," *Harvard Journal on Legislation*, 14, No. 3, April 1977.
[2] Itzhak Galnoor, "Government Secrecy: Exchanges, Intermediaries and Middlemen," *Public Administration Review*, 35: 1, January, 1975.
[3] Marc Pilisuk, Thomas Hayden, "Is There a Military Industrial Complex Which Prevents Peace? Consensus and Countervailing Power in Pluralistic System," *Journal of Social Issues*, XXI, January 1965.
[4] Risa Brooks, "The Creeping Politicization of the U. S. Military: How Republican's Loyalty Tests Erode National Security," *Foreign Affairs*, March 20, 2024.
[5] 刘恩东：《军工复合体与冷战后美国的外交政策》，硕士学位论文，中共中央党校，2008 年。
[6] 李春梅：《军工复合体与美国外交政策的制定》，硕士学位论文，吉林大学，2006 年。
[7] 朱文江：《美国军工—思想库复合体与小布什对外政策》，《国际资料信息》2008 年第 2 期。

战期间美国军工资本对日本进行全方位控制，在日本扶持亲美势力，为美国军工资本提供军事基地和军火消费市场，并为美元霸权"输血"。① 外交学院硕士杨桃飞《战后美国军工资本对菲律宾的控制》探讨了美国军工资本对菲律宾的控制。②

复旦大学硕士章节根在其硕士学位论文《美国军工复合体与美国的军控政策》中分析了军工复合体对美国军控政策的影响。作者指出，利益驱动是军工复合体积极参与和影响军控政策的主要原因。③ 河北师范大学硕士桑红在其硕士学位论文《当代美国军事经济与军事霸权的关系：兼论军工利益集团的影响》中指出了军事经济与军事霸权间的关系，并对军工复合体进行了初步的分析，指出军工利益集团对美国军事经济和军事霸权的影响，论述了美国军事霸权与军事经济形成的机制和利益基础。④ 厦门大学硕士韩宇在其硕士学位论文《冷战时期军工复合体对美国科学发展的影响》中分析了军工复合体的形成、发展及其运行方式，指出美苏争霸是军工复合体影响科学发展的推动原因，并指出军工复合体影响科学发展的三个部门：联邦政府、工业和大学。⑤

国内还有学者关注过美国国防工业转轨对军工复合体的影响和新经济发展中军工产业的作用等，如章嘉琳的《变化中的美国经济》⑥ 和佟福全的《新经济：美国经济长久不衰之奥秘》⑦ 等。

文章有《美国军工产业发展与加工业转移的主要做法及启示》⑧。还有文章集中介绍军工复合体的历史或现状，分析其影响和在美国霸权中的作用等。如《美国军工集团与中美关系》分析了军工复合体在美国对华政策制定中的影响。⑨《美国霸权战略与军工、石油垄断财团利益》分析指出小

---

① 郝海博：《战后美国军工资本对日本的控制关系研究》，硕士学位论文，外交学院，2022年。
② 杨桃飞：《战后美国军工资本对菲律宾的控制》，硕士学位论文，外交学院，2022年。
③ 章节根：《美国军工复合体与美国的军控政策》，硕士学位论文，复旦大学，2003年。
④ 桑红：《当代美国军事经济与军事霸权的关系：兼论军工利益集团的影响》，硕士学位论文，河北师范大学，2001年。
⑤ 韩宇：《冷战时期军工复合体对美国科学发展的影响》，硕士学位论文，厦门大学，2008年。
⑥ 章嘉琳：《变化中的美国经济》，学林出版社1987年版。
⑦ 佟福全：《新经济：美国经济长久不衰之奥秘》，中国经济出版社2001年版。
⑧ 阎晓杰、李文兴：《美国军工产业发展与加工业转移的主要做法及启示》，《北京交通大学学报》（社会科学版）2007年第3期。
⑨ 赵克尽：《美国军工集团与中美关系》，《和平与发展》2004年第3期。

· 25 ·

布什政府的 21 世纪美国新国家安全战略不是反恐产物，而是军工和石油集团追求经济利益、推动美国战略变化的产物。[1] 类似的还有《后冷战时期美国军事工业的重组、发展及其影响》[2]《军工产业在当代社会发展中的地位》[3]《美国国家安全战略决策中的军工"铁三角"》[4]《美国军工综合体与国家导弹防御系统》[5] 等，都对军工复合体作了不同程度的解读。还有作者探讨了军工复合体与全球首轮核禁试谈判的关系，认为军工集团造成全球首轮核禁试谈判失败。[6]

第三节　研究方法及其创新与不足

一　研究方法

本书主要的分析方法是案例分析法。案例分析法是对一个能代表某种更宏观现象的单元的深度研究，[7] 在研究过程中它有机地结合典型个案进行分析、综合，由具体到抽象得出概念、范畴和理论的研究式方法。格雷厄姆·阿利森、菲利普·泽利科所著《决策的本质——解释古巴导弹危机》一书中的古巴导弹危机就是国际关系史上的经典案例。

本书在考察民主稳定的合法性要件中，利用军工复合体作为案例分析命题——民主稳定有赖于一国国内冲突与共识的适度平衡。本书剖析军工复合体作为冷战产物和国内民主体制产物对美国民主秩序构成了哪些挑战，又有哪些支撑民主秩序因素，试图利用军工复合体全面认识美国民主秩序。在军工复合体政治关系中选取了冷战期间八个较为典型的

---

[1] 杨斌：《美国霸权战略与军工、石油垄断财团利益》，《开放导报》2006 年第 3 期。
[2] 宋玉华：《后冷战时期美国军事工业的重组、发展及其影响》，《世界经济与政治》2004 年第 9 期。
[3] 彭晓枫：《军工产业在当代社会发展中的地位》，《战略与管理》1999 年第 6 期。
[4] 杨明杰：《美国国家安全战略决策中的军工"铁三角"》，《现代国际关系》2002 年第 7 期。
[5] 张春燕：《美国军工综合体与国家导弹防御系统》，《云南社会科学》2002 年第 5 期。
[6] 温强：《试论美国军工复合体与首轮核禁试谈判的失败》，《首都师范大学学报》（哲学社会版）2014 年第 4 期。
[7] 孙哲：《美国国会与中美关系：案例研究与分析》，时事出版社 2004 年版，第 7 页。

军工企业作为案例进行分析。本书通过对这八个军工企业与政府关系的分析，全面揭示了军工复合体的政府关系网络、运行机理和对美国现行民主政治体制产生的影响和结果。在外交领域分析中，笔者也试图利用美国一些军工企业与中东地区冲突作为案例来分析这些军工复合体在美国外交上的作用、影响及后果。

二 创新点及不足

创新主要体现在以下几点：

第一，军工复合体不仅对美国民主秩序构成了挑战，成为破坏民主秩序的重要力量之一，它还是民主秩序的主要维护者，是民主秩序的产物，努力延续民主秩序，构成了帝国的支柱。从体系层面来看，它以维护国家安全的名义在全球范围内同民主秩序的反对力量作斗争，维护民主秩序在美国乃至全球的意识形态地位。从实践的次体系层面来看，军工复合体在美国基本政治框架下参与政治，维护民主秩序的合法性和共识，同时也是维护民主秩序稳定的基本条件。

第二，国际因素也会影响一个国家民主秩序的稳定。一个国家民主秩序的稳定依赖于经济发展和政权的合法性，当然还有其他国内因素，但国际因素也不可小觑。在美国看来，意识形态上的争夺关乎美国自由主义世界体系的生死存亡，为此必须动用各种力量维护"自由世界"，军工复合体正是这种博弈的产物。然而，这种努力的结果有点适得其反，本身是维护民主秩序主要力量的军工复合体在发展中却逐渐成为民主秩序的挑战者，这反映出民主体制自身的不足和局限，使我们认识到历史上任何成熟的制度都不是完美无缺的，它同样需要演进和发展。

第三，使我们充分认识到美国民主秩序的局限性，破除对其盲目崇拜。从军工复合体给美国民主带来的挑战可以看出，美国民主制度内部存在诸多不足和局限性，这种民主制度的维护需要很多条件，现阶段只有美国具备，且不一定适用于其他国家。正如托克维尔所说："美国的联邦宪法，好像能工巧匠创造的一件只能使发明人成名发财，而落到他人之手就变成一无用处的美丽艺术品。"[①]

[①] [法]托克维尔：《论美国的民主》（上），董国良译，商务印书馆1997年版，第186页。

同时，本书还存在诸多不足：首先，资料来源不足，多是二手资料，没有获得最新的解密的材料。这里既有现实原因，也有美国军工企业和政府不公布的原因。其次，鉴于笔者的理论水平有限，对美国民主的认识还有待于进一步深化，尤其是从军工复合体分析中体现出对美国民主秩序内部的缺陷和矛盾之处的认识还不全面。再次，缺乏军民融合分析。军工复合体是美国军民融合的典范，拥有丰富的经验和教训。这部分是未来需要补充的部分。最后，本书缺乏横向比较，没有运用比较法分析经济利益集团及其他利益集团与军工复合体这个利益集团对美国民主政治产生影响的相异之处，这是笔者的一大遗憾。

第四节　主要内容和框架

本书着重分析了军工复合体政治关系中的运行网络关系、参政途径和对美国现行政治体制提出的挑战、作用和影响，进而分析美国民主稳定的合法性问题。笔者首先提出了本书的命题假设并界定了书中涉及的概念，分析了军工复合体产生和演化的过程。重点分析了军工复合体的政治关系，这里面运用两章的篇幅分析了军工复合体搜集信息的政治关系网络和对政府决策施加的政治影响。随后分析了军工复合体对经济、科技和外交的影响，从而构成军工复合体对美国内政外交的全面认识。

除绪论和结论外，本书共分为六个部分。

第一部分主要提出了本书的命题，界定了书中涉及的概念，进一步分析了军工复合体的特征、产生原因和演化过程。第二部分和第三部分主要集中于对军工复合体的政治关系分析，第二部分分析了军工复合体在搜集信息中的政治关系网络，第三部分分析了军工复合体施加政治影响的途径和机制，从中透视军工复合体对美国民主秩序的挑战和影响。第四部分分析军工复合体与美国经济的关系，包括国民经济军事化和重塑美国经济版图。第五部分解析了军工复合体与美国科技发展的关系。这部分重点分析军工复合体如何塑造美国科研政策和体系、科研军事化，以麻省理工学院和斯坦福大学作为案例进行分析。第六部分则是着重分析了军工复合体对美国外交的影响，尤其是美国外交军事化倾向和军工复合体对外交议题的主导。结论部分对以上分析进行了总结，认为美国军工复合体不仅是美国民主秩序的破坏性力量，还是维护其稳定的支撑力量，并从中看到美国民主的内在矛盾和局限。军工复合体是美国民主稳定的双刃剑：限定在政治合法性的共识基础上的是积极因素，作为一个社会组织过度扩权超过这个冲突界限的则是消极因素。

第一章 军工复合体的特征、产生原因及其演化

第一节 军工复合体的概念与特征

一 本书理论假定和概念

1. 理论假定及其相关概念

本书的命题或假设是民主（本书主要指以美国为首的西方民主）的稳定有赖于一个国家社会冲突与共识的适当平衡。这是来自政治社会学的一个命题：形成民主的社会条件。在政治社会学看来，国家只是许多政治制度之一，而政治制度只是许多社会制度群之一。这个命题来自托克维尔提出的问题：民主的社会必要条件与后果，他认为民主可以在冲突与共识两种力量之间建立平衡。后在美国政治社会学家李普塞特论证基础上得出结论：民主的稳定有赖于一个国家社会冲突与共识的适当平衡。

民主的稳定与经济发展和政权稳定性相关。民主政治只有在稳定的经济发展环境中才可能健康成长，不仅如此，民主的稳定性也取决于政治体制的有效性和合法性。有效性指政绩，在现代社会，政绩的标志主要是能否保持经济的不断发展；合法性则涉及一个政治体制保持其现存政治机构最符合于社会需要的能力。

维护政治体制的合法性，与对待政治冲突的手段和方法有关。"稳定的民主确实需要冲突或争执，即允许争夺政治职位，对执政党挑战，更换执政党，但如缺乏共识——一种允许和平的'行使'权力的政治制度，在野党服从执政党所作的决定，而且执政党承认在野党的权力——即不可能

民主。因此，研究促成民主的条件，必须着眼于冲突与共识的根源。"[①]分歧和冲突是社会发展的必然现象，民主政治不但应该承认和允许分歧与冲突的存在，而且合法的分歧有助于社会和组织的团结，有利于保持民主体制的活力。但是，分歧和冲突必须制衡共识，不论这种分歧、冲突是存在于社会不同利益集团之间，还是存在于国家与社会之间。民主体制应具有异中求同、同中存异的度量和机制，善于从分歧中寻求共识，并用以缓和和化解冲突。换句话说，保持冲突与共识的平衡，才能维护体制的合法性，从而维护政治与社会的稳定和发展。

笔者主要集中于冷战期间美国民主稳定有赖于政治体制的合法性，以此作为假设命题，以军工复合体为案例来分析其使美国民主稳定的社会条件中的合法性。这里首先要澄清民主的概念，本书假定在复杂社会中，民主是一个提供可定期更换施政官员法定机会的政治体制，以及由公民中尽可能多的人通过竞争对竞选职位者的选择来影响重大决定的一种社会机制。这里只指美国民主秩序。这个定义来自熊彼特和马克斯·韦伯，后被李普塞特引用[②]。它包含许多具体条件：（1）指明何种制度——政党、新闻自由等——是合法（公众认为适当）的一套政治准则或一组信条；（2）一套在职的政治领导人制度；（3）一套或多套获得承认争取当选领导人制度。

2. 军工复合体的概念

军工复合体的概念来自美国总统德怀特·D. 艾森豪威尔（Dwight D. Eisenhower）的告别演说。他在告别演说中提到军工复合体有两层含义，一个层面是在军事与工商业和军事与科学技术精英中存在小团体，它们有图谋不顾美国人民的意愿来支配美国国家安全政策的倾向："我们必须警惕'军工复合体'有意或无意在政府各部门中获得不应有的影响。不应有的权力出现恶性增长的可能性已经存在并将持续下去。我们绝不能让这种力量危害到自由和民主秩序。我们不应心存侥幸。只有警觉而明智的美国公民才能强迫庞大的工业和国防机构与我们和平的手段和目标恰当匹配，以使安全和自由同获成功。近几十年的技术革命与我们工业—军事的巨大变化有相似之处，而

---

① [美] 西蒙·马丁·李普塞特：《政治人：政治的社会基础》，刘钢敏、聂蓉译，商务印书馆1993年版，第8页。

② [奥] 约瑟夫·熊彼特：《资本主义、社会主义与民主》，吴良健译，商务印书馆2004年版，第395—400页；[美] 西蒙·马丁·李普塞特：《政治人：政治的社会基础》，张绍宗译，上海人民出版社1997年版，第29页。

且对这种巨大变化起了很大作用。……我们应该尊重科学研究与探索,但同时我们必须对这一严重的负面危险保持警惕,即政府政策本身可能沦为科学—技术精英阶层的俘虏。"艾森豪威尔提醒人们警惕军事、工商业和科技精英对美国自由和民主秩序的威胁。

另一个层面是"军事权势集团是维护和平的关键因素……军事权势集团与大军事工业的结合是美国经历的新事物,其全部影响——政治的、经济的,甚至精神的——已经渗透进每个城市、每个家庭、每个联邦政府机构。我们知道这种发展的必要性。但我们不能忽视其重大的影响。它涉及我们的人力、资源、生活,乃至我们的社会结构"[1]。军工复合体涉及利益相关的美国社会各种实体,它们相互依赖,在美国内政外交中起着关键作用。在艾森豪威尔看来,一个私人和政府官僚机构的联合体是长期备战的必然结果,是遏制和威慑政策的具体体现。

以此为开端,军工复合体传播开来,并引起人们的广泛关注。实际上,军工复合体的雏形在"一战"以前就开始孕育,在"一战"后开始引起人们的关注。只是在名称上叫法不同,"军事监狱国家""军事警察国家"[2]"战争国家"[3]"国家安全国家""五角大楼主义""防务空间复合体""军人阶级"[4]"军工研复合体""军工研媒复合体",还有人称其为"军事—工业—官僚—贸易—协会和工会—学者—技术人员—学术—服务俱乐部—政治的复合体"[5] 等不一而足。当然最著名的还是艾森豪威尔总统的"军工复合体",本书就采用这一说法。

在其主要组成部分上也众说纷纭,有很多人接受战争国家的描述,但他

---

[1] Dwight D. Eisenhower's Farewell Address Delivered to the Nation, Washington, D. C., January 17, 1961, in Herbert I. Schiller, Joseph D. Phillips, *Super State: Readings in the Military-Industrial Complex*, Chicago: University of Illinois Press, pp. 31 – 32.

[2] Harold D. Lasswell, "The Garrison State," *American Journal of Sociology*, Volume 46, Number 4, 1941, pp. 455 – 468; Lasswell, "Does the Garrison State Threaten Civil Rights?", *The Annals*, CCLXXV, 1951, pp. 111 – 116; Lasswell, "The Garrison State Hypothesis Today," in Samuel P. Huntington, ed., *Changing Patterns of Military Politics*, New York: Free Press of Glencoe, 1962, pp. 51 – 70.

[3] Fred J. Cook, *The Warfare State*, New York: Macmillan Company, 1962.

[4] Arthur M. Schlesinger, Jr., *The Crisis of Confidence: Ideas, Power, and Violence in America*, Boston: Houghton Mifflin, 1969, pp. 165 – 174.

[5] William Proxmire, *Report form Wasteland: American's Military-Industrial Complex*, New York: Praeger Publishers, 1970, p. 9.

们认为这只是社会中居于主导地位的一个或另一领导集团。比如杰克·雷蒙德的《五角大楼的权力》就担忧华盛顿的"民间军国主义者",[1] 而约翰·斯沃姆利在《军事权势集团》中更怀疑军事自身,[2] 特里斯特姆·科芬在《武装社会》中和G.威廉·多姆霍夫在《谁统治美国?》中认为将军们已经增补(co-opted)为企业财团(corporate rich)。[3] 还有些人认为军工复合体仅仅在"学术"或"科学"甚至"劳工"因素内得到了扩展。这里面概括比较全面的是罗赛蒂,他在《美国对外政策的政治学》中将军工复合体的主要组成部分界定为四个部分:行政部门内的军事机构、工商业、国会与学术和科学团体。[4] 本书在此基础上还加入了社会上那些依靠这些行业的跟随者与家庭,比如与此相关的股民、居民、工人等,相关的商业利益集团,如商会、媒体、银行,甚至足球队等。

行政部门的军事机构。这里面包括国防部、国家航空航天局、原子能委员会和中央情报局。"9·11"后,行政部门又增加了国土安全部、国务院、退伍军人部、能源部和原子能委员会等。这些部门是国家安全的守护神,它们构成了美国安全力量的支柱,也获得了国内独一无二的地位和支持。它们自身不但成为庞大的既得利益集团,拥有数百万雇员,直到今天,国防部占到美国联邦政府雇员总数的比重长期在35%至78%之间,在国内外还有数千个军事基地,国内军事基地和军事用地总面积超过2800万英亩(2010年数据),在军队内部拥有自己的法律、法院和军事警察系统,每个军事基地都是一个都市化的综合体,包括居住设备、医疗和教育设施、售货店及娱乐设施等,还有自己的研究生院和大学系统。国防部及其相关部门还渗透到日常生活的各个领域,以至于它们已经成为美国社会中一个主要的"社会主义"部门。[5] 总之,"二战"和冷战永久性地改变了美国的军事力量,使它们第一次在和平时期拥有了一支庞大的职业化常备军,在规模和活动范围上

---

[1] Jack Raymond, *Power at the Pentagon*, New York: Harper & Row, 1964, pp. 319-334.
[2] John Swomley, "Economic Basis of the Cold War," *Christian Century*, LXXXV, 1968, pp. 581-585.
[3] Tristam Coffin, *The Passion of the Hawks: Militarism in Modern America*, New York: Macmillan, 1964 and *The Armed Society: Militarism in Modern America*, Maryland: Penguin Books, 1964; G. William Domhoff, *Who Rules America?*, Englewood Cliffs, N. J., 1967, pp. 15-131.
[4] [美]杰里尔·A.罗塞蒂:《美国对外政策的政治学》,周启鹏等译,世界知识出版社2005年版,第422页。
[5] 同上书,第139页。

都是前所未有的发展。"9·11"后的反恐战争和中美战略竞争再次重塑了21世纪的美国军事与安全力量，让军工复合体重回巅峰。

军工企业。自私人企业介入19世纪末20世纪初海军大规模建设开始，军工企业就一直是支撑美国武装的主要力量。所有需求离开工商业的支持几乎寸步难行，"二战"和冷战使这种关系得到了极大的强化和发展。那些获得国防主合同的大公司成为国防部门的主承包商，然后将它们分包给各分包商，形成了一个完整的产业链条。大公司又得到商业集团的支持。这些工商业集团与军工企业合作发展在国会的关系，获取国会在生产某一型号武器或其他军需的支持。不同的是，这些工商业集团因其实力和地位的不断变化，形成了"铁打的营盘流水的兵"的局面，即军工关系在冷战大格局下日益强化，但国会议员和各个时期的工商业获益者在不断变化。

国会。国会是军工关系的主要一环，并进一步强化了其关系网络。国防战略和军事开支都须经国会议员批准，这赋予议员特别是两院的军事委员会和拨款委员会很大权力。作为回报，国防部和军工企业在这些议员所在的州和地区修建军事基地，从事与军事有关的商业活动。因此，各州都遍布军事基地，大部分国防订单都落入大公司手中。这些军事基地和军事合同一般都是出于正常国家安全和财政考虑，但首先要获得议员的支持。议员们通过为本选区争取军事合同获得政治资本，以此来取得连选连任。

科学研究机构和团体。军工复合体这个概念削弱了科学研究机构和团体的重要性，实际上它里面还包括大学、科研机构，比如麻省理工学院、斯坦福大学、兰德公司等。政府以国防名义将科学家召集在一起工作肇始于"二战"期间发展原子武器的"曼哈顿计划"。从此，物理学家、化学家和其他自然科学家乃至社会学家大部分都会集到政府麾下，这其中大部分又都为国防效力。他们与军方形成了紧密的联系，自然科学家为国防部和国防工业提供技术支持，社会学家为国防部和国防工业提供战略理论支撑。三者互为肱股，相得益彰。

此外，还有本地支持者等。这些本地支持者包括城市官员、固定资产投资者、产业工人、与国防相关的股民、与本地相关的商业利益集团，如媒体、银行、足球队和大学等。他们为国防承包商提供土地、基础设施、金融服务及免税政策。但更重要的是，他们能够为军工企业提供本社区和城市精英们承诺的各种优惠条件。因此，形成了一个被称为"军事—工业—官僚—贸易—协会和工会—学者—技术人员—学术—服务俱乐部—政治的复合体，几乎涵盖每个公民"[1]。

在以上分析的基础上，本书的军工复合体定义为：以国防美元为核心，以国家安全部门、军工企业及与国家安全相关的科研机构和国会中与国家安全相关的主要委员会为主体的，拥有共同政治、商业、心理、道德和物质利益的正式或非正式的不断变化的复合体。这个复合体还包括城市官员、固定资产投资者、产业工人、与国防相关的股民及其相关的商业利益集团，比如媒体、银行、足球队和大学等地区的国防支持者，它有别于传统商业模式，是美国全球扩张的产物，也是美国传统政治文化和政治实践演化的结果。

"二战"和冷战促使美国的国家安全机构和国防政治迅速发展，其结果是美国庞大的永久性的军事力量日益膨胀。它们维护了美国全球地位，促进了美国社会的发展，成为美国社会发展的内生性要素之一，但也助长了浪费、腐败、利益集团的膨胀，对现存自由民主秩序构成了挑战，加剧了国家安全与民主的紧张。

在界定军工复合体的定义上，要澄清军工企业与美国大公司之间的关系。有人认为要确定美国某一个大公司的立场有很多标准，但其中最重要的标准之一就是这个大公司对军火生意的态度。[2] 这表明在美国，大公司，尤其那些垄断性大型集团公司并不完全是军工企业，这些公司与经济军事化也并不完全一致。依据有关统计，在足以反映美国商业活跃情况的前500家大工业公司中，只有50家特大公司与军事生产有密切的直接联系，它们控制了政府军事订货的大半。剩下的450家大公司有的获得少量军事订单，有的完全没有。而500家大公司以外的公司所获得的军事订货微乎其微，这表明军事承包商相对比较集中。

此外，围绕着军事订货各个公司间展开激烈的争夺，军事承包商的位次不断发生变化，胜利的往往都是那些规模最大、实力最强的大公司，被排挤的都是那些小公司。在20世纪80年代中期，前100家大公司占到国防生意的70%，前20名几乎占到全部的50%，而前5名几乎占到全部的

---

[1] William Proxmire, *Report form Wasteland: American's Military-Industrial Complex*, New York: Praeger Publishers, 1970, p.9.

[2] [苏] 苏联科学院世界经济和国际关系研究所编：《美国对外政策的动力》，北京编译社译，世界知识出版社1966年版，第92页。

20%。2021年,美国前五大军事承包商占了75%的国防市场份额。在单个武器系统或一个武器部件层面上,通常只有一到两家公司竞争,一旦赢得合同就形成垄断。集中还体现在供应商方面。许多大航空航天公司通常在每个武器部件上与一个或几个可靠性高的公司发展起长期的合作关系。许多分包商主要靠抢占市场特定位置和垄断特定部分的生产来生存。[①] 1993年到1999年,顶级国防承包商的数量从36家降至8家。"9·11"后,为弥补国防承包商的不足,国防扩容的最快手段是使用私人承包商。国防服务合同的签订量从2001年的32.5万个猛增到2004年的60万以上。同期,联邦专业服务国防承包商数量从4.5家增长到8.3万家。2009年初,中东地区有26.6万合同人员,超过了该地区军事和政府人员数量。

从地理分布上看,冷战中后期西南部地区比重加大,加利福尼亚的军事合同相当于37个其他州的军事合同总和。中西部各州的军事订货急剧减少,受影响最大的是密歇根州、伊利诺伊州、俄亥俄州和威斯康星州。因此,并不是所有大公司都与军工产业有关系并热衷于军备竞赛,也不是有些大公司具有侵略扩张性,而另一些爱好和平,各个大公司与军事利害关系并不是完全一致的。

通过观察掌握着大部分军事订货并控制生产的最大军工企业如通用动力、波音、洛克希德等可以发现,这些最大军工企业的背景仍然是美国大财团,比如洛克菲勒家族、摩根家族、杜邦家族、梅隆家族等,它们在一定程度上左右着美国的方向。这些与军工密切的大企业喜欢军备竞赛,国际紧张局势,被排除在军事工业之外的大多数公司因受到军备竞赛的不良苦果——日益严重的通货膨胀,经济、科学技术乃至社会生活的军事化、增税、资源的浪费等——对冷战以外的扩张政策越来越持批评态度。总之,美国工商界与军事的利害关系不同,经济实力最强、政治势力最大的公司或财团同军备竞赛和全球扩张密切相连,它们在很大程度上左右着美国的主要政策。

二 军工复合体的特征

从军工复合体的定义中我们可以看出其具备的基本特征:有别于传统

[①] Ann Markusen, Peter Hall etc., *The Rise of the Gunbelt: The Military Remapping of Industrial America*, p. 3.

第一章 军工复合体的特征、产生原因及其演化

商业;在美国的地位独一无二;市场集中程度更高;更加依赖政府;与军事化密切相关。

1. 军工复合体区别于传统商业

军工复合体不同于已经存在的任何其他商业,包括资本主义生产体系,它有自己的特定目标和特征。冷战以来,其主要任务就是维持民主秩序的先进性,包括领先的技术、发达的经济、稳定的政治秩序等。运用比苏联更少的人力和更发达的科学,这样美国通过持续创造新的更具有毁灭性的遏制性武器来与其进行冷战。结果是国防研发在冷战期间急剧增加,"星球大战"时代更是飙升。在20世纪30年代只占国家研发费用很小一部分的国防研发开支到了20世纪80年代占到全部国家研发费用的50%还多。[①] 21世纪初反恐战争、国土安全部的建立、其国家安全内涵的拓展,美国军费再次达到历史新高,且一直持续到现在。

伴随着国防研发的大规模增长,与国防相关的职位,如电子和航空工程师、核物理学家、数学家、系统分析师与设计、发展、测试和评估高技术武器的计算机程序员等迅速扩大。飞机在飞得更快的同时,要求离地面飞行越来越低,更难以探测;雷达被要求更快更精确地提前探测来袭飞机和导弹;计算机要求能处理来自卫星、雷达、舰艇和飞机感应器等更大规模和多样的数据,这些都需要那些高技术的专业人员。在所有工业中,导弹是科技水平最高的,用各种武器在职业结构中所占有的工程师、科学家和技术人员的比重来衡量,导弹占41%,相比通信装备为22%,飞机制造为19%,电子为13%。[②] 21世纪则增加了人工智能、软件工程、通信技术、空天科学与技术、量子信息、海洋、生物物理等更多新学科和技术及人才,出现了人工智能武器和无人机等科技含量越来越高的武器,这对武器性能则提出了更高要求。

国防主导的创新过程完全不同于资本主义历史上的任何创新。无论如何从理论上来解释,经济史学家都认为创新是个人或公司把冒险和资助假设作为获得超额利润回报的行为。然而一旦国家为狭窄的军事目的介入和主持长久的研究和创新,创新的本质就发生了变化。在美国,联邦政府占

---

① Ann R. Markusen, "The Military Remapping of the United States," *Built Environment*, November 1986, pp. 171–180.
② Ann R. Markusen, Peter Hall and Amy Glasmeier, *High Tech America: The What, How, Where, and Why of the Sunrise Industries*, Boston: Allen & Unwin, 1986, pp. 18–19.

所有研发支出的70%，而其中3/4都与国防有关，因此，创新已经制度化，不断增长，尽管受政治形势影响，却很少受经济形势影响。即使军工复合体的市场影响很小，它也已经成为持续工业创新的新形式。①

此外，军工企业对政府的依赖改变了传统自由企业制度模式。军工企业对政府采购的依赖把承包商和它们所在的选区置于一个特殊位置。随着国防承包商的快速发展，更多其他公司的利润就会受到影响。国防纯利开始从承包商、劳动力、社区到向外扩散。在缺少选择的情况下，国防合同向特定群体提供工作，他们包括科学家、工程师、技术员和产业工人。根据航空工业协会的数据，到1980年这个群体的人数为1170000人。军工企业还是其设施所在地的主要雇主和税收来源。工会领导人知道合同意味着航空航天部门会聚集强大的会员，比如美国汽车联合会和国际机械师协会。圣何塞（San Jose）、洛杉矶、西雅图、达拉斯（Dallas）、沃思堡（Fort Worth）、哈特福德（Hartford）、格罗顿（Groton）、圣路易斯（Saint Louis）、辛辛那提（Cincinnati）、长岛等地的官员和主要依靠国防合同的州的政治家，这些州有加利福尼亚、康涅狄格、密苏里、华盛顿、得克萨斯、俄亥俄和纽约，它们都知道国防合同对州里的重要性。为了在武器生意上取得成功，它们就必须在"影响生意"上成功。因此，它们创造了"政府关系学"，动用各种工具和关系，这些已经完全超越自由企业制度的传统模式。

2. 军工复合体在美国具有独一无二的地位

与传统工业相比，军工企业在美国社会拥有独一无二的地位。② 作为战略武器的生产商，它们被广泛地誉为"国家安全"的守护神。联邦政府不仅管制它们的活动，而且还是它们最大的消费者。它们生产的武器要符合联邦政府顾主的特殊要求；国防采购过程由国防工业和政府两者一起来发起和维持。这种亲密的相互依赖关系使这些军工企业在发展与政府关系和维护自己公司利益方面成为先行者。

联邦政府对国防工业的支持。"二战"后，工业压力和政府政策导致联邦政府大力支持私人军工企业的发展，努力补贴军工工业以保证就业的

---

① Ann Markusen, Peter Hall etc., *The Rise of the Gunbelt: The Military Remapping of Industrial America*, p. 3.
② Gordon Adams, "*The Politics of Defense Contracting: The Iron Triangle,*" p. 21.

稳定。维持一个庞大的私营国防产业能力促进了五角大楼与军工企业之间深厚而紧密的关系。军工企业期望保持它们的产能，以及军工企业的高额利润。国防部的行为强化了军工企业的这种期望：许多国防合同可通过协商而不是竞争就能取得。事实上，在国防采购要求中还存在17项例外，这些例外的国防采购涵盖诸多重要领域：公共需求的紧迫性；通过正式竞标来保证竞争的国防供应或服务是不切实际的；有经历，发展完善的研究工作；需要标准化和模块化的技术装备；在技术或特殊供应上需要持续投入或生产准备期。

军工企业的间接利益。在国防采购中，许多国防合同成本不断增加。除了表面上的利润外，承包商还是间接受益者，如国防采购政策为国防承包商提供了免费承租生产厂房和设备的巨大好处，为保证承包商在竞争中取得"进步"提供免息贷款，并且利用公司间转换合同来保证不使任何一家承包商长时间做大。很多军工企业经营的厂房和设备事实上由联邦政府所有，即联邦所有，承包商经营（Government-Owned, Contractor-Operated, GOCO）。据估计，联邦政府在这方面每年至少投入150亿美元。[①] 这项投入经常被看作支持军工企业发展的必要补贴。这种政府所有、承包商经营的模式使承包商成为一个真正受益者。不用筹借资本或用公司资金投资产能，事实上联邦政府为承包商提供了免费租赁。这是军工企业能以相对较低的成本获得高回报的一个重要因素，并且这种方式还给了国防承包商其他优势。比如联合技术公司，用政府提供的厂房和设备在20世纪50年代和60年代为商业买家生产了1万个喷气式飞机发动机，没有给联邦政府交一分钱租赁费用，反而为规模化生产节省了开支，降低了给政府飞机发动机的合同价格。格鲁曼公司也透露其公司故意用在长岛政府拥有的设施来履行生产波音767商务客机的分包合同。[②]

军工企业利润一般高于正常生产水平。军工复合体经常被批评为无效率，但武器生产商却能从国防部生意中获得稳定的收入。与承包商否认的相反，有证据显示，用投入与产出的比例来作为衡量标准，而不是销售

---

① Richard F. Kaufman, *The War Profiteers*, Garden City, NY: Doubleday Anchor Books, 1972, pp. 141 - 142.

② Richard F. Kaufman, *The War Profiteers*, p. 174.

量，军工企业的利润要远高于正常公司利润的平均水平。① 对一些航天航空公司来说，利润的一个主要部分要依靠联邦合同。在 1972 年和 1976 年，国防部承包商名单上的前 36 家公司获得的合同奖金占其 36 家公司全部销售额的 10%。② 以目前世界第一大军火商洛克希德·马丁为例。2011—2021 年，公司收入增长了 42%，但利润却增长了 114%，普通股每股收益（EPS）增长了 172%，再加上估值的提升，其收益远非一般商业公司可比。

从以上分析可以看出，与其他工业企业相比，军工复合体拥有巨大的政策和经济优势，在美国社会中处于一个独一无二的地位。

3. 军工复合体市场集中程度更高

相比工商业来说，军工产业的集中程度要高得多。以航空业为例，自从航空航天业肇始，军事承包商就非常集中。在 1930 年，18 个公司生产 35 个机型，到 1935 年，数目减少到 12 家公司生产 26 个机型。因此，当政府对飞机发展资助从 1939 年的 45% 提高到"二战"期间的 92% 后，总承包商数量急剧减少，其公司开始分化为商业和军事两大阵营。③ 冷战成为这种集中得到有效持续的主要因素。④ 集中还体现在供应商方面。许多大型航空航天公司通常为武器各部件与一个或几个可靠性高的公司发展起长期合作关系。许多分包商主要靠抢占市场特定位置和垄断特定部分的生产来生存。除了航空业，冷战期间的电子产业、通信设备领域等也基本如此。21 世纪也是如此。40% 的政府采购资金被 8 家军事承包商瓜分。2015—2019 年，洛克希德·马丁公司获得 7 个项目，总金额接近 7000 亿美元。通用动力紧随其后，5 个项目近 3000 亿美元。

此外，军工企业更加依赖附加值。除了飞机和导弹的"结构"或"主体"外，有效载荷越发重要和复杂。飞行员和远距离操作员变得更加依赖雷达、导航系统、通信设备和控制理论来告诉他们向哪飞，飞行目的地和

---

① Murray Weidenbaum, "Arms and the American Economy: A Domestic Convergence Hypothesis," *American Economic Review*, 58 (1968), p. 434.

② Council on Economic Priorities, "The Defense Department's Top 100, 1977," *Council on Economic Priorities Newsletter*, CEP Publication N7-5, Aug, 1977.

③ Almarin Phillips, *Technology and Market Structure: A Study of the Aircraft Industry*, Lexington, Mass: Lexington Books, 1971, p. 119.

④ Ann Markusen, Peter Hall etc., *The Rise of the Gunbelt: The Military Remapping of Industrial America*, p. 33.

在不断变化的情况下如何作决定等。战略性武器已经从轰炸机转变到导弹，变得更加依靠资本和技术。在每一代新武器中电子元件在附加值中的份额越来越大。到20世纪60年代，电子产品已占到飞机价值的13%—20%，导弹已经占到50%。[1] 航空巨头们与它们的通信和电子供应商打破了机械制造时代工业家的格局和地位，这些公司几乎全部是新兴企业。像休斯（Hughes）、麦克唐纳-道格拉斯公司（McDonnell-Douglas）、洛克希德、格鲁曼、通用动力（General Dynamics）、美国联合技术公司（United Technologies）、美国天合汽车集团（TRW Automotive，纽约证券交易所代码：TRW）、利顿（Litton）、利尔-西格勒（Lear-Siegler）这些公司在"二战"之后市场占有率越来越高。进入21世纪20年代，美国航空部门兼并，只剩下波音、洛克希德·马丁和诺斯罗普·格鲁曼三家。

4. 军工复合体更加依赖政府

军工复合体对政府的依赖非常严重，有的军火承包商完全依赖国防订货，而在各个生产和技术领域，有的对政府依赖程度高达60%—80%。

在生产和技术领域，航空航天业、通信装备和电子工业对国防的依赖尤为严重。根据美国商务部统计，常规武器工业，比如坦克、造船、军火和大炮等对国防的依赖越来越高。而且，单个公司和其分公司都倾向于服务一个买家：要么是商业市场，要么是军工市场。这种垄断的买家行为造成航空航天工业不同于其他制造业市场。前者是通过拼命压低买家价格来获得最大利润，而后者则大力发展技术。与商业生产相比，五角大楼更加关注的是飞机各部件的精确度和性能，安全与质量一直是飞机的生命。正如一个经销商所说："你面临时间、良好性能和成本的压力。你可以兼顾两个，但兼顾不了三者。当卖给五角大楼的时候，时间和性能最重要，成本高不是问题。"[2] 进入21世纪以来，美国政府部门，包括国防部、情报部门、国土安全部、国务院及其他部委几乎垄断了美国军事采购，各大国防承包商的70%—80%收入来自美国政府。有的则是100%来自美国政府。

以上这些市场特征使军工企业的工人面临一种矛盾的环境：尽管完全是资本密集型，但导弹和飞机的制造却不用20世纪最流行的流水线技术，

---

[1] Herman O. Stekler, *The Structure and Performance of the Aerospace Industry*, Berkeley: University of California Press, 1965, pp. 18–21.

[2] Adams, Walter and William Adams, The Military-Industrial Complex: A Market Structure Analysis, *Papers and Proceedings*, American Economic Association, 62, 1982, pp. 279–287.

而是需要依靠工人的团队作业，需要高度专业化的个人来解决具体的生产问题。因此，在冷战之初的1947年，洛克希德公司的生产成本中人力成本占到46%，相比之下材料才占34%，[1] 即使发动机、油料系统和通信设备都是高度劳动密集型产业。并且这个人力构成越来越复杂，随着原材料和半熟练与不熟练工人数量的下降，高技术工人的比重，比如科学家、工程师、技术员等不断上升。

5. 与军事化密切相关

冷战使美国国民经济和科技军事化程度日益加深。冷战以来，军工复合体在美国经济和科技中分量越来越大，直至演化成美国国民经济和科技的破坏性力量，威胁到美国国民经济和科技的良性发展。并且美国国民经济和科技走向军事化道路的程度也越来越深。国民经济军事化主要表现在军费开支占国民经济比重持续攀升；军事活动雇员占全美就业人数比重加大；军事生产结构深入国民经济各部门；各工业部门几乎都直接或间接卷入军事生产；地方经济对军工生产依赖性加大。

"二战"前，美国在和平时期用于军费开支通常不超过国民生产总值的1%，但冷战期间基本维持在10%左右。在军事活动雇员占全美就业人数比重上，武装部队人员（包括文职人员）和从事军需生产的就业人员所占总人数从1964—1965年度的570万人增加到1966—1967年度的740万人。在1964—1965年度，军事就业人数占国家就业总人数的8.6%，而1966—1967年度，这个数字为10.3%。同期，私营企业从事军事生产的就业人数由3.9%上升到5.2%。[2] 这是在冷战的高峰期。尽管越战后有所下降，但从整个冷战期间来看，其比重也基本维持在这个水平。冷战后美国持续发动多次局部战争，包括伊拉克和阿富汗战争，其比重有增无减，军事生产结构深入国民经济各部门。

军事技术的迅速发展和军事战略的变化导致政府对军事装备的需求在数量和结构上都发生了显著变化，军需生产规模和结构也随之发生变化。受政府对军事装备需求变化影响最大的是那些军工企业，军需的商品和劳务一半以上都是由这些军工企业提供：飞机、导弹、电子设备、舰艇、大

---

[1] Ann Markusen, Peter Hall etc., *The Rise of the Gunbelt: The Military Remapping of Industrial America*, p. 35.

[2] Richard P. Oliover, "The Employment Effect of Defense Expenditures", *Monthly Labor Review*, September 1967, pp. 7–9.

炮、弹药、车辆、石油等。几乎所有国民经济部门都直接或间接地参与了军事生产。① 地方经济对军工生产的依赖性加大。"二战"期间美国军事采购重点在中东北部和东北部各州，但冷战改变了军工采购的地理版图，形成了一个武器新月带。

科技军事化。冷战的军备竞赛在一定程度上是技术的竞赛。"二战"前美国的科技研究基本都来自私企，但冷战彻底改变了这一局面。国家在科技研发上逐渐发挥了主导作用。但这些科研成果首先是运用于军事用途，成为美国对外政策的重要工具。1940年联邦科研经费开支占全部国家科研经费的比重不过1/7，但到1963年就达到了2/3还多，这些联邦科研经费开支大部分都花在了与军事相关的科研上面。肯尼迪在致国会的经济咨文中说："近年来，研究和设计工作的总支出，以及从事这方面工作的科学家和工程师人数急剧增加。但新增的财力和人力有3/4投入到了军事方面和宇航方面。"② 为了赢得冷战，联邦政府动员了包括大学和科研机构在内的全国所有力量。美国联邦政府为此制定了关于自然科学、社会科学和人文科学的研究政策，对不同领域科学研究给予大力资助。联邦政府对科研的资助不仅为学术研究提供了动力，也决定了科研的内容和方向。

第二节 军工复合体产生的原因

军工复合体是美国"二战"和冷战期间军事力量壮大的产物，也是美国全球扩张的产物。美国反集权、反国家主义的传统和进步时代与罗斯福新政也都是军工复合体产生的重要根源。

一 反集权、反国家主义的传统

美国是所谓商人和平民的国家，根深蒂固地信奉洛克式小政府，因此

---

① [苏] R. A. 法拉马江、北京师范大学外网问题研究所：《美国军国主义与经济》，商务印书馆1977年版，第161页。
② United States, Congress, Joint Economic Committee, *The Economic Report of the President 1963*, Washington: U. S. G. P. O., p. 15.

在美国有反集权和"反国家主义"(anti-statism)传统,具体表现在反政治集团、反经济集团、反军事集团三个方面。在美国,人们一般认为或希望,作为抗衡力量的各种利益集团之间相互对抗或缓冲,通过这种方式来阻止它们中的任何一个出现暴政。但冷战前期的国防领域却越来越引起人们的关注,这些作为抗衡力量的团体演化成相互强化而不是相互制衡的利益联盟,也就是所谓的军工复合体。值得忧虑的是,这个群体在一些企业、军官、行政机构、劳工领袖、科学家等中不断发展,日益干预美国内政外交政策。[1] 甚至有人断言,政治、军事和工业利益正在共谋长久制造危机,这经常被看作今天的一个新现象,像军工复合体,就是这种情境下的产物。

人们对政治家、军人和商人的不信任由来已久,已经不是什么新鲜事。自从有了人类社会,这些就是人类个体所考虑对他们吸引力最脆弱的地方,特别是在权力多少有些分散,一个或另一个集团只能依靠打破平衡或使用危机获得优势的政治氛围下。对统治者及其好战倾向的担忧可以追溯到亚里士多德和波力比乌斯,一直到现代自由主义的兴起及这些思想家比如洛克、康德和托马斯·潘恩。[2] 对军队的担忧从远古就可以找到痕迹,常备军的建立和发展引发了英国的警惕和美国权力法案,同时伴随着卢梭和托马斯·杰斐逊等人的警告,这在17—18世纪已经变得非常明朗。[3] 对商人与战争的亲密关系的担忧清晰地出现在阿里斯托芬的著作中,近代的

---

[1] Marcus Raskin, "A National Security State," *The Progressive*, XXXIII, July 1969, pp. 5 – 6; Juan Bosch, *Pentagonism: A Substitute for Imperialism*, New York: Grove Press Inc., 1968; Murray L. Weidenbaum, "The Defense-Space Complex: Impact on Whom?", *Challenge*, XIII, April 1965, pp. 43 – 46.

[2] Aristotle, *The Politics*, London, 1923, bk. VII, chap. XI; Polybius, *History*, in Kurt von Fritz, *The Theory of the Mixed Constitution in Antiquity*, New York, 1954, bk. VI, sec. XI V; John Locke, of Civil Government: The Second Treatise (1960), in Peter Laslett, ed., *John Locke: of Civil Government: The Second Treatise*, Cambridge, 1967, secs., pp. 88, 94 – 95, 134, 147 – 149, 221 – 222; Immanuel Kant, *Eternal Peace*, 1795; Thomas Paine, *The Rights of Man* (1791), in Moncure Conway, ed., *The Writings of Thomas Paine*, 4 Vols., New York, 1967, II, part 2, introduction.

[3] Aristotle, *The Politics*, bk. III, chap. XVI, bk. IV, chap. XIV, bk. VII, chap VI; Aristophanes, *The Peace*, pp. 440 – 445; Jean Jacques Rousseau, "Considerations on the Government of Poland," in Frederick Watkins, ed., *Rousseau: Political Writings*, Edinburgh, 1953, chap. 12; Thomas Jefferson Memorial Association, *The Writings of Thomas Jefferson*, II, 242, IV, 218, X, 365, XIII, 261, XIV, 261.

马克思也提出这一问题。① 当然，这些传统都是随着时间和地点而不断增强或减弱。

在20世纪两次大战之前，随着民族主义爱国热情的膨胀和军备竞赛的白热化，人们再次担忧这些力量的联合可能从持续的国际紧张中获得好处。西方历史上有三个独特传统——反政治、反军事、反经济，指出它们的变迁，通过这些思想的聚合和延续可以论证和追寻到它们的路线图。政治、军事和经济三种力量中的每一个在今天都十分活跃，每一个与其他一个或两个结合都会导致在新的复合体内占据并保持主导地位。因此，人们对这三种力量任意组合产生的复合体都会产生情绪。②

统治者为了个人目的可能将整个国家卷入战争的担忧可以追溯到有组织社会的开始。这也是现代限权政府运动的主要根源，并最终走向了共和主义。然而，最受欢迎的竞选也没有根除这种忧虑，正如墨西哥战争前林肯在论证詹姆斯·波尔克总统鲁莽时所说："宪法将宣战权赋予国会，我以下面的理由来理解这个条款：国王经常发动战争，并以保护其子民名义使他们穷困潦倒，如果不如此则其目标就是人们的善。我们的宪法就是对所有国王压迫的压迫，国父们决心设计这样的宪法，没人拥有将这种压迫强加于我们身上的权力。"③

在美国历史上我们会随处看到这种担忧，比如"一战"后国会批评威尔逊总统驻兵海外，④"二战"时期人们对富兰克林·D. 罗斯福总统将美国"骗入战争"，⑤ 冷战中人们对东京湾决议的震怒，⑥ 反战运动，等等。事实上，在两次世界大战之间，人们付出相当大的努力使战争与和平事务完全脱离政府掌控，其中最明显的设计是1938年勒德洛修正案（Ludlow

---

① Aristophanes, *The Peace*, pp. 446 – 448；马克思、恩格斯：《共产党宣言》，人民出版社2015年版，第40页；列宁：《社会主义与战争》，杨松等译，中国人民大学出版社1952年版。
② Carroll W. Pursell, Jr., *The Military-Industrial Complex*, p. 17.
③ John G. Nicolay and John Hay, *Complete Works of Abraham Lincoln*, 12 Vols., New York, 1905, pp. 111 – 112. in Carroll W. Pursell, Jr., *The Military-Industrial Complex*, p. 17.
④ Peter D. Filene, *Americans and the Soviet Experiment*, 1917 – 1933, Cambridge, Mass.: Harvard University Press, 1967, p. 51.
⑤ William Henry Chamberlin, "The Bankruptcy of a Policy," in Harry Elmer Barnes, ed., *Perpetual War for Perpetual Peace*, Caldwell, Idaho, 1953, p. 489.
⑥ Eric F. Goldman, *The Tragedy of Lyndon Johnson*, New York: Alfred A. Knopf, 1969, pp. 410 – 411.

Amendment) 提案，这个修正案提案强烈要求修改宪法，规定美国在宣战时必须经过全民公决，最后在一些明智的共和党人支持下，提案以209∶188 被否决。①

反黩武也有长远和悠久的传统，甚至可以追溯到启蒙运动。卢梭称军队是"制造欧洲无人区的害虫"，康德也认为军队危险，因为"他们总是用他们自己对战争的解读不断地发动战争威胁其他国家；他们引诱国家在军人数量上占据优势；并且当考虑到卷入的成本时，相比一场小规模战争，和平的负担更大，为了去掉这个负担，军队自身会为此发动侵略战争"。② 乔治·梅森也指出，"任何国家一旦建立常备军，人民就失去了自由"。这是美国长期坚持文官控制军队原则的根本原因。③

反商人传统可以追溯到古代，人们把商人看作奸细，这在古希腊"喜剧之父"阿里斯托芬的戏剧里得到经典体现。"如果正在卖矛或盾的商人想要在战斗中提高自己的销售量，那这个商人会被贼抓住并被完全生吃掉！"④ 但当中产阶级在欧洲壮大后，这个传统开始消失。事实上，在19世纪早期工业化的潜力给一些学者留下了深刻的印象，他们把历史看作从过去军事社会到未来工业社会的直线运动，这两种类型代表着人类社会组织形式的南北两极。⑤ 这种观点得到赫伯特·斯宾塞等人的支持，它适应了19世纪80年代到90年代好战民族的扩张。

随着20世纪初国际局势加剧，可以想象人们对这三个传统的担忧——政治集团、经济集团、军事集团——最终脱颖而出。在欧洲，社会主义者把这种趋势归结到资本家身上，认为资本家应该为猖獗的军国主义负责。在美国却相反，中产阶级才是进步主义与和平运动的核心，他们才是主导者并应为此负责。⑥ 但西奥多·罗斯福还是被冠以"不断鼓励黩武精神"

---

① ［加拿大］康拉德·布莱克：《罗斯福传》，蒋旭峰译，中信出版社2005年版，第175页。
② Alfred Vagts, *A History of Militarism: Civilian and Military*, New York: Free Press, 1959, pp. 76 - 77.
③ "The Military Peril; The Virginia Convention," in Russell F. Weigley, ed. , *The American Military: Readings in the History of the Military Society*, Reading, Mass. , 1969, p. 63.
④ Aristophanes, *Peace*, lines 446 - 448.
⑤ Samuel P. Huntington, *The Soldier and the State: The Theory and Politics of Civil-Military Relations*, Cambridge: Belknap Press of Harvard University Press, 1957, pp. 222 - 226.
⑥ Carroll W. Pursell, Jr. , *The Military-Industrial Complex*, p. 19.

的总统。① 两次世界大战间隙，当美国在为备战争论不休时，激进分子坚决反对在国际上与"将军、克虏伯、阿姆斯壮和杜邦"结盟。

为此，国际社会不懈努力。1919年美国在国联中加入"公开坚决反对私人公司生产军火和战争工具的协议"条款，随后国联数年一直在讨论控制军工企业问题。此时，政治家和军人也备受指责。比如1926年美国在战争部下面建立了一个公共部门导致受到指控："军事正在入侵我们的日常生活，（他们）还自诩为……从来没有过的领导能力。"② 随着大萧条的开始，稳定被打破，人们关于这种情绪再次发生变化，工业家变成至关重要的"战争贩子"（warmonger）。而日益增长的经济激进主义和对未来冲突的担忧恐惧导致人们对军工企业大加鞭挞，一直持续到20世纪60年代的大规模反战运动。即使在越战后美苏关系有所缓和的情况下，人们对三者的担忧依然没有减弱。

在历史上国家有三个主要传统，统治者、军人和商人为战争负责，而由此引发人们的担忧，也就成为军工复合体产生的根源。

二 "二战"和冷战的根源

"二战"以来，随着全球化的深入发展，各国国内政治经济越来越多地被整合到一体化的世界中，国际力量以前所未有的势头介入、影响并塑造着国内政治经济社会的变迁。国际政治国内化、国内政治国际化成为当前国际社会的普遍趋势，各国国内政治经济社会与国际政治经济社会互嵌的程度比历史上任何时期都要明显和深刻。国际关系理论中颠倒的第二种意象对此给出了经典的理论诠释，其核心思想就是国际力量，比如战争、贸易、无政府状态、国际制度等对国内政治发展产生了强大的塑造作用，并且打破原来把国际因素作为因变量的做法，将国际力量看作影响和塑造国内政治的自变量。③

---

① Michael Balfour, *The Kaiser and His Times*, Boston: W. W. Norton & Company, 1986, pp. 241 – 302.
② H. A. Overstreet, "Militarizing Our Minds," *The World Tomorrow*, IX, 1926, p. 144. In Carroll W. Pursell, Jr., p. 20.
③ Peter Gourevitch, "The Second Image Reversed: The International Sources of Domestic Politics," *International Organization*, Vol. 32, No. 4, Autumn 1978, pp. 881 – 912.

"二战"和冷战对美国国内政治的塑造是对该观点的阐释。"二战"前,美国的外交事务和国家安全机构分量非常小。然而"二战"永久地改变了这种局面,随后的冷战进一步巩固了美国军事力量,使之成为美国社会永久的一部分。"二战"使美国政府改变了方向,为了战争美国大规模扩充军队,增加安全机构,政府将经济和社会纳入战时轨道,为取得胜利准备必需的人力、财力、装备和服务。因此,美国变成了"民主国家的兵工厂",军工复合体建立并迅速发展起来。随着"二战"结束,美国军事复员只进行了很短的时间,冷战的爆发,尤其是朝鲜战争的爆发,美国再次将经济和社会纳入军事化轨道。这在美国政治上产生了重大影响,不仅强化总统在对外政策中的支配地位和国家安全与外交机构的领导力,而且产生了一个新的特色型力量——军事、工业和科技团体相结合产生的军工复合体,并固化为美国社会的永久性力量。冷战以来,美国军工复合体不仅在美国国防和外交上举足轻重,而且在美国国内事务上,甚至地方事务上的影响都不可小觑。

三 进步时代和罗斯福新政的遗产

"二战"和冷战期间美国不仅决定了世界秩序,而且同样深刻地影响了美国国内政治生态的演变。在亨廷顿看来,波托马克的战斗(Battle of the Potomac)决定了美国积极管理国内经济的幅度和方式,[1] 波托马克的战斗还决定了战后国家的机构功能。"二战"中美国的军事动员计划需要转变国家经济结构,这种动员最重要的影响之一恰恰是进步时代和罗斯福新政制度遗产影响的结果。进步时代和罗斯福的新政催生了大政府并加速了这一过程。随着"二战"的爆发,新政的社会和民主议程被抛弃了,大政府不但存活下来而且得到强化,即成为影响战后政策工具和资源工具的遗产,而这些工具和资源永久地改变了美国国家安全机构。

军工复合体的现代根源要追溯到进步时代的联邦政府改革和随后罗斯福新政时代的福利国家,这为军工复合体奠定了制度和意识形态基础。其

---

[1] Samuel P. Huntington, *The Solder and the State: The Theory and Politics of Cilvil-Military Relations*, New York: Vintage Books, 1957, p. 338.

中两项改革尤为关键：政府内部改革，国家权力中心从国会转移到总统；伴随着海外利益的拓展新政府机构的建立。

"二战"期间发生的这些国家建构重新界定了国家与企业的关系。一方面，"二战"期间资本向大企业和政府集中，为战后工业性自治政府提供了资源和意识形态基础；另一方面，"二战"和冷战期间国家安全机构的出现，尤其是五角大楼的出现，允许和需要一个聚焦在国防部门的巨大工业规划。与民用经济导向的公司不同，这些以军工复合体为中心的公司不仅需要自治而且还是五角大楼的客户。

"二战"被广泛地认为是一个从大萧条到繁荣转变的时期，是一个从新政改革到战后保守主义的时期。这个时期美国经历了很多转变：从孤立主义到国际霸权；从对军队无关紧要到拥有强大常备军；从以工人和农民为基础的社会秩序转变为战后秩序；等等。

"二战"期间美国工业生产的战略重要性得到了突出体现和认可。短短几年美国就建立起并增长到前所未有的工业生产水平，到战争结束时，美国已经主导了世界的出口，商船吨位占据了全球一半以上。[1] 占据了全球一半以上的制造业生产，事实上美国占了世界所有商品生产的三分之一。[2] 战争动员不仅对战争结果产生决定性影响，也改变了美国经济。

另外，相比"二战"不可避免地分裂了20世纪，人们对战争本身投入的注意力却很小。"翻开任何一本社会学教科书，读者都会发现对现代社会的讨论——家庭、阶级、变异（deviance）等等。但却很少发现对军事机构和制度及战争对现代社会影响的讨论。他们大多都聚集在资本主义和工业主义等社会理论。"[3] 涂尔干和马克思都没有对国家给出一个完全成型的理论，而对军事就更少之又少了。

在这个问题上，米尔斯的《权力精英》比较著名。他分析了美国权力结构以及"二战"对其的影响。在米尔斯看来，战后权力精英包括大公司

---

[1] Samuel P. Huntington, *The Solder and the State: The Theory and Politics of Cilvil-Military Relations*, p. 2.
[2] Paul Kennedy, *The Rise and Fall of Great Powers*, New York: Random House, 1987, p. 358.
[3] Anthony Giddens, *The Nation-State and Violence*, Berkeley: University of California Press, 1985, p. 22.

的董事和经理、军事官僚机构和联邦政府官员。"二战"动员的直接结果是经济精英们巩固了社会领域和州的权力,军事精英在国内外获得了前所未有的地位和权力,但相比20世纪30年代,政治精英相对军事和经济精英失去了影响力。① 如果米尔斯这种精英理论重置,把精英换成制度,这就意味着把新政和"二战"串起来,它们都是美国国家建构过程中的一个组成部分,这也正是格雷戈里·麦克尔·胡克斯《塑造中的军工复合体:二战的波托马克战斗》的观点。② 在胡克斯看来,政治和军事精英都在国家机构中,在20世纪他们获得了与经济精英相关的权力。20世纪30年代文职官员获得了更大的权力,随着"二战"的爆发,这些文职官员失去了很大影响力,但没有改变这种地位。随着冷战的爆发,军事机构在国内外获得了优势权力。

总之,"二战"和冷战军事机构的壮大是与新政大政府息息相关的。虽然新政在美国国家建构方面比较弱小且相互矛盾,③ 但它确立起来的大政府理念和制度基础被"二战"动员吸收和延续,在冷战期间得以持续和壮大,产生了强大的国家安全机构。没有罗斯福新政大政府理念和制度基础,"二战"和冷战期间军事机构就不会那么迅速壮大起来,形成国内外具有优势影响力的力量。

---

① C. Walter Millis, *The Power Elite*, New York: Oxford University Press, 1956.
② Gregory Michael Hooks, *Forging the Military-Industrial Complex: World War II's Battle of the Potomac*, Chicago: University of Illinois Press, 1991.
③ 持这种观点的有: Stephen Skowronek, *Building a New American State: The Expansion of National Administrative Capacities*, 1877 – 1920, New York: Cambridge University Press, 1982; Margaret Weir and Theda Skocpol, "State Stuctures and the Possibilities for 'Keynesian' Responses to the Great Depression in Sweden, Britain, and the United States", in P. Evans, D. Rueschemeyer and T. Skocpol, ed., *Bringing the State Back In*, New York: Cambridge University Press, 1985; Andrew Shonfield, *Modern Capitalism: The Changing Balance of Public and Private Power*, New York: Oxford University Press, 1965; John Zysman, *Governments, Markerts, and Growth: Financial Systems and the Politics of Industrial Change*, Ithaca, New York: Cornell University Press, 1983; Stephen Krasner, "United States Commercial and Monetary Policy: Unravelling the Paradox of External Strength and Internal Weakness", in P. Kataenstein, ed., *Between Power and Plenty*, Madison: University of Wisconsin Press, 1978。

第一章　军工复合体的特征、产生原因及其演化

第三节　军工复合体的演变

关于军工复合体的起源和演变可谓众说纷纭，认为其起源从建国到朝鲜战争各个重大历史事件的都有。本书认为，依据军工复合体的特征，军工复合体起源于19世纪末20世纪初，这个时期的海军建设及其影响是军工复合体的萌芽或启蒙期，之前的建国和内战也曾出现过规模较大的军事建设，但战争结束后都没有得以持续，不成系统，只有这次建设模式及其影响延续下来，并且系统地对美国各个方面产生了影响。

19世纪末20世纪初海军大规模建设的模式经过"一战"的实践使军工复合体逐渐有了雏形，实际上这个时期是其萌芽期。虽经20世纪30年代的大萧条，军工复合体的雏形在两次世界大战期间却得到了延续和强化。部分归功于军工复合体前期制度化的发展，部分归功于富兰克林·罗斯福总统及其后人苦心经营的福利国家播下了军工复合体制度和思想的种子。[1]

"二战"的实践使军工复合体得以完全建立和极大发展。1947年国会通过的《国家安全法》确立了军方在国家政治中的地位，巩固和发展了与工业界的关系。战后短暂的和平与国民经济向和平时期的转轨虽然使军事开支迅速下滑，军工复合体受到一定影响，但冷战爆发后美国全球扩张战略的确立，尤其朝鲜战争的爆发和1957年苏联卫星上天给美国带来的刺激使美国军费开支迅速恢复到"二战"水平并持续攀升，美国军工复合体继"二战"后再次得到了强化和发展，这是冷战时期军工复合体发展的第一个高峰。

20世纪60年代初肯尼迪总统雄心勃勃的"新边疆"政策和约翰逊总统的越南战争使美国军事战略走向了一定的极端，美国全球战略扩张也走到了顶点，这促使美国经济在军事化道路上越走越远，军工复合体得到了极大的发展，这是军工复合体在冷战期间发展的第二个高潮期。20世纪70年代受越南战争后遗症和国会改革的影响，美国军事发展走向低潮，尽

---

[1] Carroll W. Pursell, Jr., *The Military-Industrial Complex*, New York: Harper & Row, 1972, p. 1.

管如此，受冷战影响美国军事开支还是维持在较大规模上，军工复合体依然有所发展，尤其是军工复合体在介入政治的方式上发生转变，开始充分利用政治行动委员会和草根运动。

进入20世纪80年代，在里根"星球大战"战略和里根主义指导下，美国重整军备，在全球范围内与苏联展开争夺，军费开支再次大幅攀升，军工复合体迎来了冷战时期发展的第三个高潮。从中可以看出，从19世纪末20世纪初海军大规模建设开始，美国军工复合体就在美国政治经济，甚至科技和社会中发挥的作用逐渐增长，直到"二战"完全确立了其在国家中的地位，冷战中的三次军备高潮促使其发展到了极致，最终演化成美国民主秩序内的一股主导性力量。21世纪的反恐战争和中美战略竞争让军工复合体迎来第四次发展高潮。

一 进步时代和"一战"：军工复合体的萌芽

军工复合体起源于19世纪末20世纪初，和平时期前所未有的军事建设主要是海军建设。具体来说，最早起源于1880—1910年的海军建设。这次海军建设的规模和幅度毫不逊色"二战"后的大规模军事建设，但没有持续下来，却为"二战"及其冷战的军工复合体建设埋下了种子。"二战"后的大规模军事建设很多模式依旧来自这次海军建设。

1. 1880—1910年大规模海军建设

美国历史上每次军事建设都随着战争结束后的复员而结束。独立战争、1812年战争、美墨战争和内战都是如此，战后都迎来了军费开支的大幅缩减。举例来说，内战期间海军最强时达到700艘军舰、5000支枪，总人数达到51500人。[1] 随着内战的结束，所有新军舰建设全部停止。15年以后海军仅有45艘军舰。[2] 但40年后这种情况终于得到根本改观。1880年到1905年，军费开支占联邦开支的比重从20%上升到40%，陆军预算增长了3倍，而海军预算增长了几乎8倍。海军在联邦预算中的份额从

---

[1] Ben Baack and Edward Ray, "The Political Economy of the Origins of the Military-Industrial Complex in the United States," *The Journal of Economic History*, Vol. 45, No. 2, 1985, p. 370.
[2] Walter La Feber, *The New Empire: An Interpretation of American Expansion*, 1860–1898, Ithaca: Cornell University Press, 1963; Re-issue, 1998, p. 58.

1880年的少于6%增长到1905年的20%。军费开支的大幅上升为商业、军事和政治利益的结合提供了动力。原因很简单，这个时期军费开支中用于购买武器的预算不足2%。

另外，海军购买制成品的预算份额却日益上升。1880年，海军一半的开支用在薪酬上，没有建造一艘新军舰。到1905年，薪酬仅占其预算的17%，而军舰建设费用几乎达到了预算的40%。海军建设和维护一支庞大的舰队需要对工厂和钢铁厂大量投资，这些投资主要来自商人和政府。实际上，海军建设将商业的生产集团、海军军官和政治家放在了一个篮子里，构成了一个利益链条。

1883—1898年，美国建造了110艘军舰，其中包括12艘战列舰、33艘鱼雷艇、18艘巡洋舰和16艘驱逐舰。到1902年，美国军舰已达140艘，在世界战列舰中居第四位，舰队整体规模达到世界第六。而到了1908年，美国已经成为仅次于英国的世界第二大海军强国。[①]

美国之所以在世纪之交大规模建造海军，其原因有三个方面。第一是美国海外贸易的急剧增长，为了保护美国海外利益，美国意识到需要建设强大的海军。从1888年到1898年，美国出口扩大超过75%，从6.95亿美元增加到12.31亿美元。到1908年，再次增长51%，达到18.61亿美元。制成品出口从1878年占全部出口的20.4%增长到1908年的40.9%。制成品占世界出口总额的比重从1886—1890年的4.1%增长到1899年的11.7%，1913年的13%。海外投资也随着国际贸易的发展迅速增长。1888年，美国是净资本流入国，当年资本流入2.87亿美元，但到了1898年，美国净资本流出达到了2.79亿美元。海外投资增长了257%，从1897年的7亿美元增长到1908年的25亿美元。来自海外投资的收入增长了185%，从1900年的3800万美元增长到1910年的1.08亿美元。[②]

海外贸易的扩张，促使美国海军建设提上日程。1880年总统海斯成为自内战以来第一位要求大海军的总统。在他给国会的咨文中提出建设一支强大和现代的海军，这有助于保护美国海外日益增长的商业。一年后海军部长建立了海军顾问委员会研究海军建设。该委员会向国会建议

---

① Ben Baack and Edward Ray, "The Political Economy of the Origins of the Military-Industrial Complex in the United States," pp. 371 - 372.
② Ben Baack and Edward Ray, "The Political Economy of the Origins of the Military-Industrial Complex in the United States", p. 372.

下一个8年花费3000万美元建造68艘军舰。1882年海军拨款法案获得通过。这个法案不仅促成了美国强大海军的建设，还为未来25年参与新海军建设的商人、海军和政治团体的结合奠定了制度性基础。

第二是美国国外干预日渐增多，尤其是在中南美洲日益表现出了积极姿态。

第三是这个时期联邦政府财政盈余，有足够的资金支持海军建设。这期间国会的投票记录显示，制造业和钢铁业都支持海军建设，只有农业利益集团反对。1882年海军拨款法案以119∶76通过。在投票中，高收入者、共和党人、东北部和中北部各州制造业是主要支持者。在1882—1908年的26年间，国会出现了一个围绕着海军建设为主、军工结合的强大军事力量。[1]

此外，这个时期美国正处于进步时代，其政治和经济演变也为军工复合体的出现奠定了时代基础和背景。史学界一般将美国的进步时代界定在19世纪90年代到20世纪20年代，这个时期美国已完成工业化，从农业社会进入工业社会，各项事业蒸蒸日上，国力不断壮大。但经济高速发展带来的各种问题严重挑战和冲击了原来的国家和社会治理结构，促使人们更加系统地反思和改革，以应对这种冲击和挑战。进步时代中自由放任时代结束了，因为这个系统不能保证现代工业时代的财富和增长。于是，两种改革提上日程，一个是政府，权力必须从国会转移到以总统为核心的行政部门；另一个是经济，自由主义意识形态战胜了自由放任。不负责任和自私的商人被那些新式的、现代的、自由的商人取代，这些人懂得社会问题，知道政府干预的必要性。取代反对联邦管制和工会的人，开明的企业家必须尽可能地与政府和工会合作，引导国家制度进入负责的时代。这种系统的反思和改革奠定了美国现代国家的基础。就在这个背景下，美国最大企业利益集团的控制者们学会了与联邦政府合作，并利用联邦政府的名义来规范和稳定国家经济。为了适应对许多重大社会问题需要进行持续的行政控制这个新角色，美国商人，尤其大商人开始寻求采用政府这个机器。进步时代奠定了美国现代国家的基础，同时也为政治家、军火商人、与军火公司相关的股民、议员等的结合奠定了基础。

---

[1] Ben Baack and Edward Ray, "The Political Economy of the Origins of the Military-Industrial Complex in the United States", p. 375.

第一章 军工复合体的特征、产生原因及其演化

这次大规模海军建设主要源于美国海外贸易急剧扩张和对外干涉逐渐增多，同时受到欧洲各国海军建设刺激、全球探险和财力盈余等因素影响。此外，同步进行的海港和要塞建设同样促进了军事与工业的结合。1880年智利炮轰秘鲁的卡亚俄港和1882年英国炮轰埃及的亚历山大港是不设防城市的真实写照。这极大地刺激了美国人，使人们认识到建设一支强大海军所坚不可摧的海防线是必不可少的条件。只有当一个国家拥有了安全可靠的后方港口，并完全摆脱防御任务时，海军才能完成任务。为了避免遭到类似攻击，美国开始大规模修建海港和要塞。国会1882年设立了一个永久性的陆军军械和要塞委员会，负责试验武器并为实施要塞修建计划提出建议。这样，军舰和海港要塞及其武器的建造不可避免地把政府、军队和工业界紧密联系起来，它们的关系"也得到了发展"。①

海军建设时，国家应该通过什么途径来实现建设目标？应该依靠私营企业还是依靠政府兵工厂？美国建国以来陆军一直采用后者的模式，不让私营企业插手。但采用后者的国营方式效率低，前者又可能导致私有企业对设计和价格的垄断。海军首次建造的4艘战舰低价承包给了宾夕法尼亚州切斯特的一个造船商和最早的钢铁制造商约翰·罗奇，这激起其他竞争者的指控，这种打击报复造成罗奇建造完战舰后破产。为此，在1883年的海军拨款法案中，国会规定成立一个由6位陆海军军官组成的枪炮铸造委员会。该委员会考察欧洲后提议采用混合体制。政府与私有企业签订合同，让其提供基本的钢材和锻件，由政府的兵工厂制造火炮和军舰成品。政府接受了这个建议。1886年批准建造的"得克萨斯"号和"缅因"号法案中规定，两舰要采用国内的钢材和机器，且至少一艘应由海军造船厂建造。为吸引投标，海军将两艘战舰和4艘低舷铁甲舰规定了400万美元的一揽子合同，1887年年中，贝思利汉姆铸铁公司（后来的钢铁公司）夺标，后续的合同给了卡耐基-菲普斯公司（后来的卡耐基钢铁公司）。

到了19世纪90年代中期，海军的造舰和海防要塞建设在私有企业和国有企业间形成了一种互利的关系。制造装甲钢板和军械需要工厂拥有昂贵的设备和熟练的工人，如果停止建造就会造成工人失业，于是经济危机不再意味着政府减少开支，而是要增加政府开支来维持工厂开工，保持工

---

① [美] 阿伦·米利特、比德·马斯洛斯金：《美国军事史》，军事科学院外国军事研究部译，军事科学出版社1989年版，第252页。

人就业。1893年开始的经济危机期间，国会批准战列舰建设计划与此不无关系。在许多企业面临倒闭时，军事合同挽救了贝思利汉姆公司和卡耐基公司及其受它们扶持的承包商和造船厂。总之，"武装力量的现代化如同一根纽带，将公共福利、私人利益以及国家安全连在一起"①。这为未来25年参与新海军建设的商人、海军和政治团体乃至与此有关的社会各阶层结合奠定了基础，从中可以看出"早期军工复合体的萌芽"。②

2. "一战"中军工关系的发展

"一战"让美国动员所有资源在短时间内建立起一个战争机器，并赢得各团体的合作，比如企业、劳工、农业和政治反对派等，然而遗憾的是，联邦政府缺乏庞大的官僚机器来进行战争动员。在号召工业动员上，美国商会和其他团体远远走在了政府前面。政府为了必需的技术和领导不得不转向商业。在1916年4月到1919年6月，军方向经济部门注入了145亿美元。③许多企业家意识到，这笔资金如果不小心使用将会摧毁国家经济结构。

但总体来说，"一战"中的军方抵制商业界的协作。军方的混乱、忙碌和独立以来美国军方无足轻重的地位导致其无心来主导民用经济，同时军方也拒绝向传统的民用卖方低头。因为军队坚持认为与采购和战略密切相关的合同不应交给民用机构。这得到当时战争部长贝克的支持，他不想看到政府活动膨胀到战后不能裁减的地步。然而，军队后勤供应太混乱，到最后不得不充实战时工业委员会，由那些从自己公司贷给政府短期贷款的企业巨头（dollar-a-year men）组成，由伯纳德·巴鲁克掌管，尽管战时工业委员会从来没有获得对军需品绝对的授权，但它为民营企业家操纵采购项目提供了方便，而军队则保持了对后勤供应的正式授权。④

实际上，这些控制战时工业委员会的企业巨头们还想影响战后的经济。这些因战争而富起来的大财团为战后自己的发展设定了两个目标：第一个是持续的价格控制，防止剧烈的通货紧缩；第二个是弱化反托拉斯立

---

① [美]阿伦·米利特、比德·马斯洛斯金：《美国军事史》，军事科学院外国军事研究部译，军事科学出版社1989年版，第259页。
② [美]内森·米勒：《美国海军史》，卢如春译，海洋出版社1985年版，第174页。
③ Carroll W. Pursell, Jr., *The Military-Industrial Complex*, New York: Harper & Row, 1972, p. 3.
④ Paul A. C. Koistinen, "The 'Military-Industrial Complex' in Historical Perspective: World War I", *Business History Review*, 41, Winter 1967, pp. 378–403.

第一章　军工复合体的特征、产生原因及其演化

法，允许跨行业合作，在没有政府的支持下维持高价。这两个目标得到战时工业委员会的支持。但威尔逊总统不支持这些目标，并解散了战时工业委员会。这样做的部分原因是它们在国会几乎没有得到任何支持，另一部分原因是它们自己没有取得共识，甚至在大财团内部。[1] 但战时动员经验取得了巨大成功。军方后期供应系统得到重组以适应私人工业更加理性的组织形式，工业和军事间许多紧密的联系也得到了重塑。战后工业自我调节倾向得到了强化，反托拉斯传统弱化。这个应急体系避免了社会主义和无政府状态的产生。事实上，这个体系强化了大财团的力量，严重弱化了工会运动或社会主义政党的抗衡力量。美国已经变成一个世界性大国，包括军方和工业界的许多领导人相信，在未来成功的军事机器需要一个强大协调的工业基础作支撑。可以说，进步时代和"一战"使军工复合体有了初步的萌芽和实践。

具体来说，"一战"期间大部分由工业和军事控制的联邦政府机构实行管制经济。但与"二战"不同的是，最大的战时军事部门却不愿意参与民营经济的动员机构。由于相对独立，并受到民众敌视，军方怀疑甚至敌视民营机构。它还没有准备好为大规模战争负责。国会和威尔逊总统不得不强迫军队把人员整合进战时工业委员会。

"一战"经济动员的联邦机构中拟订计划和配备人员的主要是商人。[2] 在1916年8月的军事拨款法案中，国会授权组建了由六个内阁部长组成的国防委员会，作为工业动员的顾问机构服务总统。这个机构得到了国防咨询委员会的协助，这个咨询委员会主要由那些领取象征性工资或不要工资的商人组成，这些人中很多既没有放弃他们的职位也没有放弃他们的收入。当美国宣战后，国防咨询委员会开始负起动员经济的责任。1917年7月，一个更有效率的机构——战时工业委员会取代国防咨询委员会的功能。前者与后者一样，都是由商业集团控制。直到1918年3月，两个机构的执法权都被取消，成为国防委员会的下属机构，只向总统负责。

然而由于战时工业委员会只有建议权，它只能依靠行业自身的资源协调与合作，因此工业间的合作不足以维持战时经济的稳定。况且战时工业

---

[1] Robert F. Himmelberg, "The War Industries Board and the Antitrust Question in November 1918," *Journal of American History*, 52, June 1965, pp. 59–74.

[2] Paul A. C. Koistinen, "The 'Industrial-Military Complex' in Historical Perspective: World War Ⅰ," *Business History Review*, ⅩLI, Winter 1967, pp. 378–403.

委员会还要对一些海军部和其他机构的采购进行控制，为了协调各个部门和机构保证依据设备、资源和交通情况分配物资和统一物价，战时工业委员会试图调整自己的运行。不过战时已经证明这样的协调与合作是非常必要的，战时最大也最有权力的机构——战争部却削弱了战时工业委员会的独立采购努力。结果是东北部的工厂合同大量重叠，价格飙升，油料、电力和原材料短缺，铁路和水运系统堵塞。

战争部既不愿意也不能与战时工业委员会合作。不愿意是因为害怕民营机构取代其军事采购的功能；不是因为战争部不能控制自己的后勤供应，更别说与战时工业委员会合作了。战争部里面有8个之多的采购机构，如军需团和军械部等，它们各自为政，相互之间激烈竞争。战时工业委员会与战争部的合作还因以下因素而泡汤，战时工业委员会以各行业的商品委员会方式运作，而战争部则是以功能设计组织结构。在与战时工业委员会合作之前，战争部首先要接受与民营动员机构的协调，并中立化它的采购网络。数个月内，战争部都无所作为，不仅是因为它对战时工业委员会的怀疑，也是因为它自己内斗造成的内耗使然。

理论上，战争部由战争部长领导，战争部长为战时军事所有事务负责，包括后勤采购和战斗部队。但在实践上这个系统从来就没有运行过。各个官僚机构坚持由自己的长官来控制。战争部长与各机构长官的矛盾冲突从战前一直延续到战时，瘫痪了战争部。没有战争部的合作，战时工业委员会不能管制经济，在1917年，战时工业委员会一直在要求授权把自己的意愿强加给战争部。但受到战争部长贝克的强烈反对。到了1917—1918年冬天，随着战争部把战时工业委员会搞停滞，面对迅猛发展的军需需求，战争部事实上也崩溃了，随之经济陷入严重混乱状态。商界和国会要求这个危机应该通过设立一个民用军需官负责军事采购来解决。威尔逊总统坚决反对这个补救措施，1918年3月他将战时工业委员会从国防委员会中分离出来，直接置于自己的控制之下，并授权这个委员会管制经济大权，其中包括对采购机构的监督。为了避免失去对采购权力的控制和有利于与战时工业委员会合作，战争部也开始改革它的后勤供应系统。1917年12月，战争部将它的所有后勤采购机构整合进一个机构。新的机构与战时工业委员会的商业委员会系统相匹配。

从1918年3月开始，战时工业委员会在主席伯纳德·M.巴鲁克的领导下，有效运用这个强大的组织和经济控制发展了对战后的经济管制。通过将战争部代表和其他采购机构人员整合进战时工业委员会，军事采购与战时工业委员会协调起来。一旦战争部重组了它的系统并采取合作的态度，军事商品委员会的成员就加入到了战时工业委员会并共享决策权。通过共同合作，工业家和军方意识到战时工业委员会能为他们的共同利益发挥作用，这为工业和军事结合找到了共同点和结合点。通过战时工业委员会的运作，军工复合体的根基也就此产生。

二　两次世界大战间：美国军工复合体的休眠期

"二战"及冷战中的军工复合体奠基于19世纪末20世纪初的海军建设。它是"一战"经济动员的结果，也是两次大战间军事部门和商业集团为应对未来紧急情况规划的结果。因此，所有军工复合体的实践都指向了1940年以前。[①]

"一战"后美国进入繁荣的10年，当时美国的地位是以贸易、金融和制造业来定义和衡量的。在这个时期那些试图进行工业和军事合作的精英们一直没有成功，但两者关系也没有退回到"一战"前受忽视和敌视的地步。这时受战争间隙的裁军会议和国内反战等影响，美国在国际社会上实行了中立。然而工业和战争部并不消停，它们一直在为下一次战争如何规划动员全国经济做准备。这时的企业巨头们可以在联邦的各部门包括军事部门自由来往。到1931年，大约有14000人进入储备委员会，并直接负责军工联络。[②]从中可以看出，受"一战"影响，即使在和平时期，美国工业动员能力已经纳入军方的视野，而军事计划也成为经济未来的重要组成部分。

"一战"后，为了准备未来战争，国会授权军队有权编制自己的采购计划和进行经济动员，海军也加入这一进程中来。数千个工业家加入了两次世界大战间的战争规划，直到1930年军队不仅为了战争做准备，而且已经成为经济动员计划中突出的工业因素。这些建立在"一战"动员基础上的计划为管制"二战"经济提供了方向。

两次世界大战间的这个计划与防务开支密切相关。参与计划的许多商

[①] Paul A. C. Koistinen, "The 'Industrial-Military Complex' in Historical Perspective: The Interwar Years," *Journal of American History*, March 1970, p. 819.
[②] Paul A. C. Koistinen, "The Industrial-Military Complex in Historical Perspective: The Interwar Years," *Journal of American History*, March 1970, p. 827.

人都与事实上或潜在的军事承包商的公司有联系。尽管此期间的军事预算很少，工业和军事关系模式却预示了"二战"后两者发展出来的许多引人注目的途径。

1. 为未来战争未雨绸缪——工业动员计划

20世纪20年代和30年代，工业和军方这种协调与合作一直持续，并为了应对未来战争采取了采购和经济计划的方式。这个计划是国会1920年以《国防法》的形式授权，法案要求重组战争部的后勤采购和供应系统。为了保证在未来紧急关头军队不干扰民用经济动员，法案将供应机构置于一个助理战争部长控制之下，并保证他是一个工业家。助理战争部长通过战争计划监督这些机构，并为战时采购进行准备。这样，战争部长就有了两个主要助手。法案以模糊方式，赋予这个助理战争部长规划所有战时经济的权力。[①]

J. 梅休·温赖特成为第一任助理战争部长。1922年，为了把海军囊括进这个计划并协调两大军种的采购系统，陆海军军需联合委员会成立。助理战争部长开始将精力集中在战时军事采购，但不久发现，这样的计划没有经济动员计划是徒劳的。尽管授权起草这样的计划，但战争部的军官们对承担民用责任犹豫不决。最终还是巴鲁克说服战争部，把经济计划界定为不完全是民用问题才得以解决。"一战"后，巴鲁克和其他战时经济的设计师们坚信国家安全依靠持续的战争准备。为了避免混乱和拖延，他们喜欢为经济动员进行的军工联合计划。[②] 巴鲁克要求战争部以"一战"为基础起草一个全面的动员计划。经过数年犹豫后，助理战争部长才开始为经济动员和军事采购进行全面规划。在巴鲁克的关注下，1929年到1931年间规划者们起草了第一份官方战争经济大纲——1930年的"工业动员计划"。

这个计划就是用"一战"管制战时经济的办法提出的一个建议。与这个"工业动员计划"关系重大的是战争资源局。相比战时工业委员会，战争资源局依赖商品委员会与战时服务委员会系统进行经济控制。各军种也

[①] "Reorganization of the Army," Senate, Hearings Before the Subcommittee of the Committee on Military Affairs, 66 Cong., 2 Sess., 1919, pp. 1760 – 1777; "Army Reorganization," House, Hearings Before the Subcommittee of the Committee on Military Affairs, 66 Cong., 1 Sess., 1919 – 1920, pp. 1801 – 1835, in Carroll W. Pursell, Jr., The Military-Industrial Complex, p. 35.

[②] Bernard M. Baruch, American Industrial in the War: A Report of the War Industries Board, March 1921, New York, 1941, in Carroll W. Pursell, Jr., The Military-Industrial Complex, p. 35.

第一章　军工复合体的特征、产生原因及其演化

沿用商品类别组织它们自己的采购网络，并将人员整合进战争资源局。在未来战争中，动员经济的部门将是一个由工业和军事人员组成的新联邦机构。实际上，1930年战争部的计划是最重要的。① 经过10年的规划，助理战争部长认识到现代战争要求一个全盘的经济计划；在战时各军种必须适应各民用动员机构。但要做到这些，首先要改变战争部长和主要军官的观念，他们在整个20世纪20—30年代都认为所有后勤供应都应适应战略和战术需要。此外，战争部长和负责后勤的助理战争部长关系紧张，战争部长不满在20世纪20年代机构重组中失去的部门，总想把后勤部门置于自己的管辖之下。但到了30年代，这种紧张关系得到了缓和，战争部长逐渐变得尊重助理部长的想法。②

转变主要发生在1935—1936年。当时马林·克雷格将军出任助理战争部长，哈里·M.伍德林出任战争部长。伍德林曾在1933—1936年担任过助理战争部长，了解实际战争的需求，这与克雷格想法相同。在这两个人的影响下，战争部在1933年的动员计划基础上起草和完善了1936年到1939年的保护动员计划。这是第一个将国家工业潜力作为战时动员基础的计划。③ 随后在这种思维指导下军队指挥结构发生根本性改变，为了完成军事任务，战争部最终接受了军队依靠民用经济的思路。

战争动员计划自然与商界产生无数的军工合同。数千位工业家，其中许多都参加过战时动员，他们用各种途径指导和协助这个部门的战时动员。各个采购地区也设立了由军事承包商组成的顾问委员会来监督各地区军事采购。1925年，战争部还组织了一个商业委员会帮助把现代商业技术引入军队，让工业家熟悉军队采购和计划方法，这个委员会成员主要来自美国最大的财团。战争部和工业界许多合同的代表来自贸易协会和既得利益企业的老总。这些人经常成为助理战争部长的预备役军官。到1931年，大约14000人在这个领域服务。④ 他们起草采购和动员计划，寻求军事和工业界进一步合作关系。

这么多工业企业参加战争动员计划，动机复杂。有的是为了保证它们

---

① Carroll W. Pursell, Jr., *The Military-Industrial Complex*, p. 36.
② Ibid. .
③ Marvin A. Kreidberg and Merton G. Henry, *History of Military Mobilization in the United States Army*, 1775 – 1945, Washington, DC：Department of the Army, 1955, pp. 502 – 503.
④ Carroll W. Pursell, Jr., *The Military-Industrial Complex*, p. 37.

的特殊利益；有的是为了让军方认同它们的产品，得到政府协助或其他特权；有的是为了博取公众"爱国"的好感。但最重要的是，在动员计划中的经济地位。工业战备几乎成为战后一些企业老总的意识形态改革运动，他们把参与工业动员作为为国家而战的手段。

2. 军工密切联系的纽带——战争政策委员会

两次世界大战间的这种政治经济联系趋势非常重要。"一战"大大增强了商业内部和商业与政府间的关系，"二战"前，工商界和政府通过工业合作在控制经济上经历了正式或非正式的合作。国家工业复兴总署是仅有的最正式例子。军队的经济计划完全反映了这种合作趋势。正是这个原因，计划得到了既得利益企业家的大力支持。

助理战争部长并没有简单地进行工业动员计划，他还寻求立法授权，在紧急时期执行工业动员计划。整个20世纪20年代战争部推动的经济动员备战都与美国军事集团紧密相关。主要商业企业和前军官主导着这个军事机关的事务。1922年，战争部为这个集团起草了一个法案，给予总统几乎没有任何限制的授权，使总统在战时可以调动美国国内一切人财物。从此开始，军人集团在国会不断提出议案。尽管得到军人集团和战争部的支持，这样目的的立法每一届国会都以失败告终。最终在1930年6月的一个共同决议案的基础上，国会创设了一个战争政策委员会，由8个国会议员和6个内阁阁员组成。其中，6个委员是军事集团的成员。委员会的使命是衡量战争负担和防止战争暴利，并进行研究和提出建议，制定战时政策。

这个委员会进一步演变成军事备战的工具。战争政策委员会强调如何为战争动员经济，而不是如何衡量战争负担和消除战争暴利，并在以后的战争动员计划中发挥了重要作用。不过它也引来诸多反对者，主要为受害者、几个国会议员、一些和平社会运动的代言人和人道主义团体等。实际上，反对方担心的是这种来自备战经济计划的军工联系会危害到国家的未来。① 但这种批评的声音很弱，没有形成气候。随后和平和孤立主义运动在国会得到增强，其中最主要的来自参议院的杰拉德·P. 奈委员会。杰拉德·P. 奈委员会反对的范围包括"一战"的经济动员，

---

① Seymour Waldman, Death and Profits: A Study of the War Policies Commission, New York, 1932, 91, pp. 131-134, in Carroll W. Pursell, Jr., *The Military-Industrial Complex*, p. 39.

第一章 军工复合体的特征、产生原因及其演化

两次世界大战间的军事采购计划和工业动员计划，并且揭露了正在兴起的"军工复合体"的动力。

杰拉德·P. 奈委员会清楚地指出，工业化战争为国家制造了一个新的问题。为了赢得现代化战争，甚至准备一场现代化战争，这会侵蚀公私和民用与军事机构间的界限。委员会在对两次世界大战间防务开支的调查中发现，军工之间已经建立起各种依赖关系，工业依赖军事共同谋利，而各军种又依赖各工业研发和生产武器。这样的例子不胜枚举。造船业界包括钢铁公司、电力制造业集团、锅炉生产商、仪器制造商和最大的国家银行利益集团。杜邦和其他军需制造商都是战争部的座上宾和衍生物。工业家和军方领导人都认为他们拥有共同利益。工业家喜欢为日益增加的军事拨款工作，而各军种也授权和鼓励服务它们利益的公司搞垄断。委员会对这些发现深感震惊，不仅战争部、海军部，还有商务部和国务院有时也与军需公司以裁军、军控、军售和军事运输等名义进行合作。[①]

除了军工复合体中的合同联系外，杰拉德·P. 奈委员会还发现了他们之间的人事网络。退休的陆军和海军军官经常加入各军种的军事合同公司中。那些供应各军种的公司管理层经常都是预备役军官。比如成立于1919年的陆军军械协会类似一个社会，其成员由军事承包商或潜在的军事承包商和退休的军官组成。协会为军队游说，参与工业动员计划，试图影响战争部的政策和人员配置。委员会还指出，"一战"经济动员带来巨大浪费，造成战后通货膨胀、债务和经济权力的集中。

尽管如此，杰拉德·P. 奈委员会还是尽力避免用阴谋来描述他们。国会也拒绝强化这方面的管理。战争部也反对委员会的整改建议。经过杰拉德·P. 奈委员会的调查后，美国对这个战争政治经济复合体有了更多的了解，但却没有拿出切实的措施来阻止军工关系进一步发展。美国工业体系中的军费开支不可避免地推动工业和军事因素走到一起，并且随着战争的临近和美国备战运动越来越紧迫，战争部开始推动建立一个联合工业军事委员会来评估和最终执行工业动员计划。为了保证助理战争部长计划的现实性，巴鲁克等人建议工业家正式与战争部每年定期见面，评估战争部计划和为自己的职责做准备。但这个建议直到路易斯·约翰逊1937年出任

---

① Wayne S. Cole, *Senator Gerald P. Nye and American Foreign Relations*, Minneapolis: University of Minnesota Press, 1962, pp. 79–81.

助理战争部长才实现，这个人是过去美国军事集团的主要人物。

3. 工业战争的前奏——工业动员计划的制度化

随着国际形势的恶化，约翰逊要求军队和国家为战争做好准备。其第一步就是制度化工业动员计划，但遭到罗斯福总统的反对，受到挫折的约翰逊决定成立一个顾问委员会。这个目标到了1939年年终才最终实现，罗斯福总统未雨绸缪，授权约翰逊成立战时资源委员会的顾问机构。罗斯福选择美国钢铁集团董事长爱德华·R. 斯特蒂纽斯任主席，其他成员还有美国电话电报公司总裁吉福德、通用汽车的约翰·李·普拉特、西尔斯·罗巴克公司董事长罗伯特·E. 伍德、麻省理工学院的卡尔·T. 康普顿、布鲁金斯学会董事长哈罗德·G. 莫尔顿。

与各军种并肩合作，战时资源委员会开始准备将工业动员计划制度化。商界急切与其合作，美国制造业协会和美国商会为其自愿提供服务。通过这些组织，前战时工业委员会成员、商务部和其他公司自愿开会协商，战时资源委员会成立了战争资源局。但罗斯福很快就削减了战时资源委员会的力量，并于1939年11月将其解散。部分原因是战争的恐惧得到缓解，更重要的是全国的普遍反对。解散前，战时资源委员会曾拟订了一个工业动员计划，设想美国一旦参战，就设立一个政府官员总揽经济大权。

战争资源委员会的命运并没有改变经济动员计划，正因为这个计划，战争部才得以迅速应对"二战"期间的危急情况。到20世纪30年代后期，战争部开始逐步从计划向行动转变。从1937年开始，经过战争部数年的鼓吹和支持，国会最终授权进行教育订单和储备重要战略原材料，并逐步修改和平时期在军事合同上的限制。这里面教育订单的目的是帮助工业和军事从计划到动员的转变。没有了竞争性招标的限制，军队可以选择那些原来限制各种军需项目生产的公司给予合同奖励，用同样的方法，工业界积累工具和解决大量生产技术难题，而军队测试其军需规划和采购计划。"一战"前就有教育订单方式，但战后数年国会禁止授权执行教育订单。[1]

随着军事预算的增加，助理战争部长扩大了其人员和活动范围，并一直持续到1940—1941年的战争动员阶段。在"二战"中，助理战争部长约翰逊观

---

[1] Carroll W. Pursell, Jr., *The Military-Industrial Complex*, p. 44.

察到:"没有这20年的研究和完善,这个计划的成功执行也就无从谈起。"①1940—1941年,陆海军军需委员会在动员经济上比军方计划预想的要更积极。但缺点是这时民用机构太弱,于是罗斯福在1942年成立了战时生产委员会。这样,战争部、海军部和工业都卷入了经济动员。当美国宣战后,美国最大的公司和武装力量通过利益联盟最终主导了战时生产委员会。正如杰拉德·P.奈委员会和其他一些人预测的那样,"一战"和两次大战期间的商界与各军种关系为"二战"及其冷战的军工复合体铺好了道路。

三 "二战"与冷战:军工复合体的建立与发展

"二战"使军工复合体得以完全建立。为了赢得战争,美国倾其国力为军事服务,工业和军事以前所未有的规模和速度进行合作和融合,并成为冷战时期经济、政治、外交和科技的主导力量之一。"二战"后虽有短暂的和平及国民经济向和平时期转轨,但朝鲜战争的爆发和1957年苏联卫星上天使美国军事开支迅速恢复到"二战"水平并持续攀升,伴随着越战和里根大规模重整军备,美国军工复合体迎来了冷战期间的三次发展高潮。

1. "二战"期间军工复合体的完全建立

在美国历史上,"二战"前美国政府和社会面向外交和国家安全的机构很少。"二战"永久性地改变了这种局面。美国全面卷入国际事务,为了战争,美国政府把经济、社会、科技等各方面都纳入战时轨道,这为军事和商业的结合提供了难得良机,军工复合体终于完全建立起来。

经过一代人的时间,到了1940年美国第二次开始为战争动员。军方和企业家拟订的详细计划不仅在细节上做得很好,而且在实践上也取得了巨大成功。尽管政府非常不喜欢企业家,但在动员计划中罗斯福总统需要工业界的帮助。战时资源委员会解散后,罗斯福让威尔逊政府的战时工业局前局长伯纳德·M.巴鲁克另行拟订计划。巴鲁克的计划照顾了罗斯福对前计划的所有反对意见,并提出逐步过渡到总体战略的设想。罗斯福同样否决了这个计划。然而,法国的沦陷促使罗斯福行动起来。他要求为国防进行巨额拨款,并要求年产飞机5万架,重要的是在1940年5月28日为成立多年且奄奄一息的国防会议建立了咨询委员会,负责国防高速生产

---

① Carroll W. Pursell, Jr., *The Military-Industrial Complex*, p. 44.

的任务。于是国会在6月25日授权复兴金融公司资助建立国防工厂,并允许企业家在5年内将建筑费用全部折旧。

但这个咨询委员会放弃了对陆海军军需局控制的优先权,很快就不能控制工业动员工作。罗斯福仍然拒绝工业动员计划,并在1941年1月7日成立了以咨询委员会的威廉·S.努森和产联的西德尼·希尔曼为首的生产管理局,其任务是配合总统和部长们推动和控制战时生产。结果并不理想,于是1941年8月28日终止生产管理局的活动,但保留了一个委员会。接着总统成立一个供应品优先调拨与分配局,由西尔斯－罗巴克公司的总经理唐纳德·M.纳尔逊负责,但结果依然混乱。最后总统于1942年1月16日终于实行全面的经济动员,创立了战时生产局,唐纳德·纳尔逊任局长,对国内战时经济实行最高领导。纳尔逊是一个技术专家,但不是一个领导者,他从来没有确立其强大的生产控制,他让各大公司垄断了战时生产。于是罗斯福1942年10月3日又任命最高法院大法官詹姆斯·S.贝尔纳斯为经济稳定局局长,并授予处理经济问题最高指挥权。随后1943年5月罗斯福又成立了战时动员局,对经济实行全面控制。①

无论是生产管理局、战时生产局还是战时动员局等,这些机构实际上都由大企业家主导,这些人与军方领导人合作密切。这场战争动员不仅没有扰乱已经建立的竞争模式,而且还做到了最小化生产。大萧条期间尝试打破大企业的力量,但最终罗斯福总统还是接受了这个国家经济结构,并致力于建设它。正如他所说,已经送走了新政先生,目前正在与赢得战争先生磋商协作。②战争没有瓦解大企业力量,反而通过免税和停止实施反托拉斯法等,政府保证了军工大企业获取巨额利润。

战争让美国经济直接转入战时经济,许多美国大公司直接生产军用产品,实现了全民动员计划。1940年年中到1944年9月,政府各种合同总值达1750亿美元,其中2/3被实力雄厚的100家大公司获得,第一位的就是通用汽车公司,占其获得合同总数的8%。③ 1940年美国军用产品非常少,然而1941年形势就得到了改观,美国飞机、坦克和重型机枪的生产已远远高出轴心国产量总和,到了日本战败时,美国海军的主要舰艇数量

---

① [美]阿瑟·林克、威廉·卡顿:《一九〇〇年以来的美国史》(中),刘绪贻等译,中国社会科学出版社1983年版,第195—196页。
② Carroll W. Pursell, Jr., *The Military-Industrial Complex*, p. 5.
③ 杨生茂、陆镜生:《美国史新编》,中国人民大学出版社1990年版,第416页。

第一章 军工复合体的特征、产生原因及其演化

是日本的 16 倍之多。① "二战"促使战争动员项目与现存的经济结构相适应。如果经济结构不民主和僵化,战争项目也将不可避免导致失败。

"二战"使美国经济、军事相结合的同时,战争也将科研纳入了军事轨道。为了战争的需要,1940 年政府成立了国防研究委员会,作为军方与大学联系的纽带。1941 年又成立了科学研究与发展局(OSRD),形成了政府与学界的新关系,军事部门决定性地参与到了科学研究领域。② 1941 年到 1945 年,受雇从事研究工作的科学家从 8.7 万人增加到 19.9 万人,科研经费从 9 亿美元增加到 15 亿美元,③ 这其中大部分与军事有关。在军方的资助下,科学家们取得了一系列技术成就,最引人注目的当属雷达和原子弹,它们在"二战"中发挥了关键性作用。④ 以上经济科技与军事结合的实践表明军工复合体完全在美国建立起来,成为美国社会的一个重要甚至主导性力量之一。

罗斯福总统忽视了战争的国内方面,集中精力在维持联盟的和谐和大战略的设计上。只有少数几个机构试图监督全部国内战线,例如由密西西比州参议员杜鲁门领导的参议院特别委员会调查国防项目。⑤ 这个委员会通过检查民用动员制度来进行监督,力图保持民用机构对军队的主导地位。然而,与杰拉德·P. 奈委员会一样,杜鲁门委员会没有把问题深入美国基本的经济机构上来。"二战"后期,战时生产委员会副主任查尔斯·E. 威尔逊,后来成为艾森豪威尔总统的国防部长,深感于战争动员经验,为了防止珍珠港事件重演,他督促一个由高级官员和商人组成的委员会"依据一个持续计划进行和平时期备战"。"我们所有人都要承担起整合我们各方面活动的任务,包括政治、军事和工业,因为无论喜欢与否,我们都处在世界政治的旋涡。"⑥ 随后不久海军部长詹姆斯·富里斯特尔就将几个大的战争承包商送进了国家安全工业委员会,显然他们具有相同的

---

① 陆伯斌:《和平地理学:21 世纪的东亚》,《国际政治》2001 年第 2 期,第 85 页。
② 於荣:《冷战中的美国大学学术研究》,北京师范大学出版社 2008 年版,第 44 页。
③ [美]阿瑟·林克、威廉·卡顿:《一九〇〇年以来的美国史(中)》,第 290—291 页。
④ Richard M. Freeland, *Academy's Golden Age: Universities in Massachusetts, 1945 - 1970*, New York Oxford: Oxford University Press, 1992, pp. 71 - 72.
⑤ Donald H. Riddle, *The Truman Committee: A Study in Congressional Responsibility*, New Brunswick: Rutgers University Press, 1964.
⑥ Carroll W. Pursell, Jr., *The Military-Industrial Complex*, p. 22.

目标。①

战争接近尾声，尽管战时生产委员会这些机构占据主导地位，但大企业已经能够在绝大多数主合同上拥有发言权，前30家大公司占据了全部合同的一半，前100家公司占据了2/3的合同份额。② 小公司要么依赖分包合同的小部分来生存，要么从事那些与战争合同和战略资源没有任何关系的经济活动。危险在于如果战争结束前物力和人力过多接近它们，这些小公司就会填补民用需求，同时大公司正在忙于战争物资，这样在一定程度上削弱战前它们在消费品工业的主导地位。此时大企业和军方再一次想到了一起，军方希望大企业不要停止战争努力，而大企业希望战争结束前不要解除管制。③ 1945年夏天，杜鲁门总统既没有支持适应消费者的物价管理局，也没有支持军需小企业股份公司。试图维持价格和工资失败后，大企业通过复员计划再次施加了它们具有决定性的影响。

2. 冷战初期军工复合体的巩固和发展

冷战延续和巩固了"二战"期间美国确立的军工合作模式和基础。冷战是美苏两大集团以意识形态为核心，以争夺全球霸权为依托的全面争夺和对抗，事关两大集团的生死存亡。因此，即使在朝鲜战争之前，冷战之始，杜鲁门总统就在民用经济基础上建立起了准永久性国防工业来应对军事需要，创建了一个分析家所称的"永久战争经济"。④ 冷战期间国防合同动辄是数十亿美元。自从朝鲜战争以来的40余年，美国年度国防开支从来没有低于1500亿美元（以1982年美元计算），或者从来没有低于全部国内生产总值的5%。冷战的高峰时期——朝鲜战争、苏联发射人造卫星、古巴导弹危机、越南战争和里根的大规模军队建设不用说，即使在这些高峰的间歇，国防开支也没有低于"二战"后复员时期的水平。这么大规模的军事开支为军工发展提供了充足的营养，养得美国军工复合体膘肥马壮。

---

① John W. Swomley, Jr., *The Military Establishment*, p. 101.
② Carroll W. Pursell, Jr., *The Military-Industrial Complex*, p. 6.
③ Barton J. Bernstein, "The Debate on Industrial Reconversion: The Protecting of Oligopoly and Military Control of the Economy," *American Journal of Economics and Sociology*, 26, April 1967, pp. 159 – 172.
④ Melman, Seymour, *The Permanent War Economy: American Capitalism in Decline*, New York: Simon and Schuster, 1974, pp. 15 – 19.

第一章 军工复合体的特征、产生原因及其演化

"二战"结果与"一战"类似。和平时期经济中占据主导地位的大企业在战争刺激下权力得到加强,并且要求为下一次战争做准备而延续其战时模式。并且经过"二战",战后美国对经济和科研的控制比以前更加集中。研发和生产的主合同都集中在国内最大的民间机构手中,即使是分包合同,小公司和小学校也很少能分享到。两次战争中,来自劳工运动或社会改革阶层的反对力量要么充充门面,要么成为爱国大潮中的从属伙伴,权力和荣誉都被企业家和新生的军事集团所独享。与"二战"前最大的不同就是美国再也回不到孤立主义,人们普遍同意美国在国际事务中将持续扮演一个决定性军事角色。和平时期的贸易安全今后要有一个持久的军事权势集团来保证,这个集团得到军事化国民经济的支持,它们随时准备为外交干预提供大规模支持。"二战"后美国的经济已经完全国际化和愈加军事化。

第一,战后最初几年,战争中强大起来的军事集团巩固了自己的政治地位。一个是1947年的《国家安全法》,另一个是成立垄断核生产与研究的原子能委员会。与大企业一样,军方在战争期间就开始规划其和平时期的活动。20世纪30年代是陆军和海军最困难时期,军费开支非常小,还不时地受到公众的指责。而珍珠港事件后使美国遭受到了猝不及防的军事设施短缺。职业军官加入社会其他部门的领导层,发誓这种准备不足一定不会重演。"二战"后,美国必须为任何军事冲突做准备。尽管在细节上争论不休,但将军们的意图受到广泛支持。

首先是空军成为独立军种。没有任何军种像空军那样占尽风头。战前作为陆军的附属分支机构,空军延缓了其战略轰炸任务,转向一个广受欢迎的建议——成为独立的部门。1943年,在没有文职官员参与和支持的情况下,空军会同陆军和海军开始为和平规划。[1] 在没有政治指导的情况下,空军开始为自己独立的地位设立自己的工厂。能证明其独立性的唯一任务就是战略轰炸,这随着核时代的来临而得到强化。"二战"使空军从一个目标(自治)走到一个学说(战略轰炸),到一个预算目标(至少占军费的1/3),一个人数众多、飞机数量充足的部门,一个基地遍布全球的部门,一个因潜在的敌人而足以成为一支力量的军种。最后空军实现了其目标。

---

[1] Carroll W. Pursell, Jr., *The Military-Industrial Complex*, p. 8.

其次，伴随着空军独立的是战后实现各军种的联合。在1941年到1942年的冬天建立了参谋长联席会议，军事领导人开始了寻求战后联合的制度建设，以此作为获得强大预算的一个工具和战时文职领导人获得持久主导的方法。从1945年开始陆军和海军就在国会为此事争吵，其结果是1947年7月通过了《国家安全法》，该法将陆海空三军整合进一个新成立的内阁级部——国防部管辖，为了拟订国防计划和考虑战略问题，该法将代表三个军种的参谋长联席会议正规化，最后该法建立了在情报系统中地位最高的中央情报局和两个顾问机构：国家安全委员会和国家安全资源管理局[①]。经过1949年、1953年和1958年几次大的改革和重组，终于打破各军种权力，国防部权力得到强化，从而形成了军事集团的大本营，有了法律保障和强大的机构支撑。

最后，掌握核力量。与军事力量整合相对应，"二战"后对全球战略产生最大影响的就是核，谁掌握了核谁就拥有了发言权。为此，军方千方百计地以政府名义垄断核生产和研发。在军方的影响下，1946年8月通过了原子能法，规定政府垄断可裂变物质，成立一个由5人组成的原子能委员会负责生产和研究裂变物质。军方成立一个军事联络委员会与原子能委员会一起工作。军事力量的整合和军方对裂变物质的垄断给美国带来深远影响。

以此为开端，美国军事力量正式登上美国政治的舞台，成为美国战后国家力量不可或缺的组成部分，同时军事力量与各种力量渗透结合成为美国社会乃至国际社会上一股呼风唤雨的力量。1947年《国家安全法》奠定了美国国家安全的组织体制，在几十年冷战期间历经局部修改而大体延续，以至今日。但这些政府机构规模和开支极其庞大，许多美国人认为它们权力过大、浪费资源、对经济自由和民主制度构成威胁，并且它们与大工业相结合，被称为"军事—工业复合体"或者"国家安全权势集团"。

第二，军事集团与大公司延续和巩固"二战"期间的合作模式，巩固和强化各种军工联合的组织形式机构。这其中包括行业协会；在政府机关和主管部门下设大公司组成的特别机构，如各军事部门名目繁多的顾问及咨询委员会；军事部门、政府官员和各大公司定期或不定期的联席会议；军工复合体扩大院外游说集团，充分利用政治行动委员会、草根运动、直接参政、人员流动等方式加强联系，构建组织形式和机构。

---

① 经过多次改组，国家安全资源管理局于1953年被裁掉。

首先是美国行业协会。美国商业协会众多，包括全美制造商协会、美国森林与纸业协会、美国铸造业协会、美国家具制造商委员会、美国炊具制造商协会、纺织品团体全国委员会、美国纺织制造业协会、美国经济行业协会……这些商会在美国经济中的作用举足轻重。我们仅举全美制造商协会为例。全国制造商协会由300多家工业公司于1895年在俄亥俄州的辛辛那提成立，是美国最重要的协会之一，是美国工业界的代言人。美国80%的制造业厂商是该协会会员，在20世纪50年代拥有2万多个会员。下属11个政策委员会负责在工业方面为政府出谋划策。但操纵该协会的是一些最大垄断联合组织的代表。最高机关是代表大会，下面是协会理事会和执行委员会，协会理事会确定协会对具体问题的立场，批准各常设委员会的建议书。各常设委员会是这里面的重要环节，其中就包括非常重要的专门负责"同政府关系的全国制造商协会顾问委员会"和华盛顿分部。而全国制造商协会国防委员会则向政府提供有关经济军事化的建议，协助大公司承揽军事订单。《全国制造商协会新闻公报》明确委员会的职责："研究国防和国防有关的措施，并采取相应的行动。"[①] 核能委员会负责研究核能方面的立法和管制问题。国际经济关系委员会负责指导美国对外经济扩张，管理"援助"不发达国家事务。1961年12月，全美制造商协会代表大会的主要议程就是"美国战略计划"。此外，在众多企业家联合组织中，各军火公司的联合组织拥有很大势力，比如航空工业协会、火箭制造业协会和国防工业协会等。

其次，在政府机关和主管部门下设大公司组成的特别机构，如各军事部门名目繁多的顾问及咨询委员会、对外贸易顾问委员会、原子能委员会、工业咨询委员会等。仅举3个军种协会和9个工业协会为例。美国陆军协会、海军协会和空军协会非常积极，并且成员都是退役军人。工业协会包括美国宇航产业联合会（AIA）、美国防务预防协会（ADPA）、国家安全产业协会（NSIA）、美国造船商理事会，同那些特殊组织一样，包括美国出口与安全援助协会、陆军通信与电子协会、电子产业协会、全美技术服务业理事会和全美防务交通协会。它们都是服务于国防工业与政府间的关系。

---

① [苏]苏联科学院世界经济和国际关系研究所编：《美国对外政策的动力》，北京编译社译，世界知识出版社1966年版，第60页。

最后，军工复合体在华盛顿等地设办事处，扩大院外游说集团。冷战前期，即20世纪70年代以前，各大公司在华盛顿等地设办事处，主要是搜集信息、监督国防采购进展和立法活动。偶尔也施加压力，进行游说和为友好国会议员提供娱乐服务。但政府与承包商间的日常交往通常是公司生产部门人员和国防部官员之间沟通。相反，到了20世纪70年代以后，办事处最主要的两项任务——施加压力和搜集信息——密切协调在一起。统统用一个通用术语"政府关系"代替，这是它们成功的关键所在。[①]

此外，随着20世纪70年代美国国会改革、选举法的修改等政治发展，军工复合体还充分利用政治行动委员会、草根运动、直接参政、人员流动、举行工业巨头等会议方式加强联系。

3. 冷战期间军工复合体的第一次发展高潮

尽管战后进行了5年的各项军事体制改革，但从各方面来看，战后国家安全政策还是使军队的任务与实际能力间的差距进一步拉开。这种差距无法通过核武器、国防系统改组和社会改革来弥补。随着冷战的爆发、外来威胁的加强，杜鲁门政府想在确保威胁和不大幅增加军费间寻找平衡。1950年爆发的朝鲜战争和1957年苏联卫星上天打破了杜鲁门政府的平衡，促使美国再次重整军备，军工复合体迎来了冷战以来第一次发展高潮，虽然1954年至1958年间国防开支有所下降。

随着复员工作于1946年夏基本完成，"二战"后美国武装力量迅速缩减，战时庞大的陆海军分别缩减到150万人和70万人。国会拒绝批准普遍的军事训练计划，并在1946年之后进一步缩减武装力量，到1949年达到了战后最低点。国会也于1950年硬性规定国防费用最高限额为130亿美元，并将军队进一步减少到60万人和10个现役师。与此伴随的是，美国经济从战时向和平时期转轨，1945年国会减税近60亿美元，1945年到1946年政府处理了总投资达150亿美元、约占全国工业生产能力20%的军工厂。[②]

1947年开始的冷战使美国军事力量下降的势头得到了遏制，并逐步回升。1949年建立了北大西洋公约组织，1949年10月，国会批准了政府提

[①] Gordon Adams, *The Politics of Defense Contracting：The Iron Triangle*, New York：New Brunswick, 1982, pp. 129-130.

[②] [美] 阿瑟·林克、威廉·卡顿：《一九〇〇年以来的美国史》（中），刘绪贻等译，中国社会科学出版社1983年版，第397—398页。

第一章　军工复合体的特征、产生原因及其演化

出的《共同防御援助法》，为北约提供 13 亿美元的军事装备和勤务。在美国内部，国务院和参谋长联席会议于 1950 年出台了 68 号文件，提交给国家安全委员会。报告认为，苏联构成了对美国和世界和平的长远威胁，并随着苏联核武器的增加和在东欧地区部署军队，这种威胁更加严重。报告建议将国防预算增加到 400 亿美元。杜鲁门总统既没有否定也没有采取实际行动去落实这个计划。但总统没有料到朝鲜战争的爆发为这个文件作了最好的注脚，促使美国重新武装自己，走上了旷日持久的冷战。

朝鲜战争给美国军事政策带来了重大变化，美国认为它制造了一种危机气氛，使美国动员其力量在亚洲打一场战争的同时又在欧洲进行重新武装以遏制欧洲的另一场战争。在提交 1951 财政年度第四次追加预算申请时，杜鲁门申明了这种双重目的："这些项目有两个目的，一是为了应付朝鲜当前局势的急需；二是为了按部就班地尽早加强我们的武装力量建设，以威慑今后的侵略行为。"[①] 实际上杜鲁门颠倒了这里面的轻重次序，1951—1953 财政年度预算中，一般军事计划占了 60%，用于朝鲜战争的只占 40%。

朝鲜战争开始后国会批准到 1951 年年终将武装部队人数增加一倍，即从 150 万人增加到 300 万人的计划，并拨款 126 亿美元用于国防，50 亿美元用于对西欧的军事援助。[②] 在三年朝鲜战争中，美国投入了 1/3 的陆军、1/2 的海军和 1/5 的空军，支出 200 亿美元的直接战争费用，消耗了 7300 万吨作战物资。[③] 到停战时，美国武装部队兵力已经增加了 2 倍，国防预算增加了 3 倍。战争还使美国将共产主义威胁视为全球威胁。[④] 这使美国军事需求再次恢复，对军事工业发展注入了活力。

此外，在朝鲜战争爆发后，美国政府用公共安全计划取代马歇尔计划，军事援助在外援中比例迅速上升。据统计，1945 年 7 月至 1952 年的对外"赠予"、贷款和短期援助为 380 亿美元，其中军援仅为 60 亿美元。

[①] [美] 阿伦·米利特、比德·马斯洛斯金：《美国军事史》，军事科学院外国军事研究部译，军事科学出版社 1989 年版，第 493 页。

[②] [美] 阿瑟·林克、威廉·卡顿：《一九○○年以来的美国史》（中），刘绪贻等译，中国社会科学出版社 1983 年版，第 462 页。

[③] 刘绪贻、杨生茂主编：《战后美国史：1945—1986》，人民出版社 1989 年版，第 110 页。

[④] [美] 阿伦·米利特、比德·马斯洛斯金：《美国军事史》，军事科学院外国军事研究部译，军事科学出版社 1989 年版，第 488 页。

1953年至1960年对外援助为410亿美元,军援高达240亿美元。艾森豪威尔总统确立的大规模报复战略重点在于以战略空军为主的核威慑力量,这促使核武器和热核武器得到开发,战略空军得以建立。因此,美国陆军分量下降,军事开支从1953年的162亿美元下降到1959年的88亿美元,而空军分量上升,开支从1953年的150亿美元上升到1959年的187亿美元。海军由于核潜艇和导弹舰只等原因分量由跌转升。[1]这对美国经济和科技的影响尤为重要,影响到美国经济地理分布和科研方向的发展,本书将在经济章节详细阐述。

美国政府认为,朝鲜战争结束后美国还需要保持更大规模的常备军和预备役部队,于是政府逐渐采取某些应付长期冷战的长远政策。国会1951年通过了《普遍军训与服役法》,此法带有应急性,补充朝鲜战争之不足。1952年国会通过了《武装部队预备役法》。此外,杜鲁门政府认识到核武器可以引发战争,但不能结束战争,因此,政府为进行一场持久战开始更加注意物资动员的潜在问题。1950年8月,国会通过了《国防生产法》,该法授权总统建立物资分配和优先供应制;允许用税收刺激办法鼓励国防生产、建设国防工厂。而且"二战"中的一系列教训也得到弥补。1946年国会通过《储备法案》,改革1939年的战略资源法,大规模储备战备物资。美国100多种金属中的1/3主要靠进口,几年后战略储备从军方转移到民间。到1964年,美国已经储备1.8亿磅原油,远远超过了1.58亿磅的标准。[2]

军工结合的同时,大学和科研机构与军事集团的新联系在"二战"刚结束就建立起来。随着冷战的爆发,特别是朝鲜战争的爆发,军事集团对大学和科研机构这些关系提出了更高要求,产生了深远影响。1957年苏联卫星上天使形势得到进一步强化,在全力以赴的科技竞赛中,大学和科研机构更加受到军方的重视。"二战"后形成的国防部、原子能委员会和国家航空航天局的资助方式和政策是战后美国科技发展中最大的决定性因素。[3]这些机构的研发活动多数都与国家安全密切相关。战后初期1946年成立的海军办公室执行资助大学政策,在1950年国家科学基金会成立之

---

[1] 刘绪贻、杨生茂主编:《战后美国史:1945—1986》,人民出版社1989年版,第161—162页。
[2] Glenn H. Snyder, *Stockpiling Strategic Materials: Politics and National Defense*, San Francisco: Chandler Publishing Co., 1966.
[3] Roger L. Geiger, *Science, Universities and National Defense, 1945–1970*, Osiris, 1992, p. 26.

前一直是海军办公室的"黄金时代"。① 它比国家卫生研究所资助的大学要多。与之联系密切的大学包括麻省理工、斯坦福、哈佛、普林斯顿等。朝鲜战争爆发促使美国重整军备,这期间美国与大学间的联系已经建立起来,只是在现有联系渠道上全面动员美国科学家,这使美国科研和大学机构在战后第一次成为美国军工复合体的一个重要组成部分。苏联卫星上天引起美国军事集团的深深忧虑,其结果就是在科学、教育和太空领域与苏联展开竞争,其受益者主要是国家科学基金会,军方机构也扮演了重要角色。不过,这期间的研究主要集中在应用性研究,基础性研究相对薄弱。总之,一个以军事集团为中心的永久性军工研复合体出现,并在朝鲜战争及其1957年苏联卫星上天的刺激下形成了第一个发展高潮。

4. 冷战中军工复合体第二、第三次发展高潮

进入20世纪60年代,年轻气盛的肯尼迪推出对外新边疆政策,寻找导弹差距,同时积极干预全球事务,全方位与苏联展开争夺,主要有古巴导弹危机和介入东南亚事务。作为肯尼迪的继任者,约翰逊扩大了美国在越南的战争。约翰逊的越南战争使美国军事建设在冷战期间达到了高峰,形成了冷战以来军工发展的第二个高潮。

肯尼迪新边疆的外交战略核心是争夺世界霸权,手段是武力与橄榄枝并用。肯尼迪在就职演说中宣称:"我们准备付出任何代价,挑起任何重担,对付任何困难,支持任何朋友,反对任何敌人,以确保自由的存在和胜利。"② 在军事战略上将大规模报复战略转变为灵活反应战略,战略重点转向第三世界,战略主旨是增加常规力量,同时进一步发展战略核力量。与艾森豪威尔任期相比,美国核武器数量到1964年年中增加了150%,核潜艇增加了10艘,第二代民兵式洲际弹道导弹增加了400枚。③ 肯尼迪的灵活反应战略为20世纪60年代中期美国军队卷入越南铺平了道路。

另外,肯尼迪的灵活反应战略还出于经济考虑。肯尼迪的经济顾问认为,美国可以负担得起500亿美元的军事开支而不增加通货膨胀,因此肯

---

① Harvey M. Sapolsky, "Academic Science and the Military: The Year Since the Second World War", in: Nathan Reingold, ed., *The Science in the American Context: New Perspectives*. Washington D. C.: Smithsonian Institution Press, 1979, p. 386.
② [美]西奥多·索伦森:《肯尼迪》,金铣译,上海译文出版社1981年版,第116页。
③ 刘绪贻、杨生茂主编:《美国通史》(第六卷·上),人民出版社2002年版,第261页。

尼迪想通过增加军事开支促进经济增长。① 而且，肯尼迪总统通过国防决策的集权更加集中和加强文官在国家安全上的权力，加速军队的现代化建设。这样，肯尼迪任命来自福特汽车公司的总裁罗伯特·麦克纳马拉为国防部长，麦克纳马拉的手下是来自劳伦斯·利弗莫尔实验室的哈罗德·布朗，他领导一个由科学家和工程师组成的小组，负责军事研究与发展，包括来自兰德的查尔斯·希契、威廉·考夫曼和阿兰·恩索文等经济学家。这些人引入系统分析方法来量化武器采购和预算，为此1961年新成立了国防情报局和国防供应局来适应这种变化。

约翰逊继任后进一步放大了冷战以来历届政府奉行的全球扩张战略，到1968年以越南战场为中心美国全球扩张达到了顶点。到1968年年中，美军现役人员已经增长到354.7万人，侵越美军高达54万人，100多万美军驻守在欧亚大陆及其邻近岛屿，30万美军活动在远离本国海岸的军舰上。美国在全世界拥有2000多个军事基地，为40多个国家和地区承担着保护义务。② 据统计，越南战争军费高达3500亿美元，比朝鲜战争高出一倍还多，③ 其耗资占当时年国内生产总值的12%。

越南战争重挫了美国对外扩张战略，进入20世纪70年代美国全球战略力量相对下降，美国称霸世界的野心与力量不足的矛盾日趋尖锐。尼克松上台后开始进行战略收缩，提出了以"伙伴关系、实力和谈判"为支柱的新和平战略。这种变化体现在军事上就是修改战略理论，削减常规部队，收缩海外驻军，摆脱军事上的负担过重的困境。随后的福特总统和卡特总统基本上萧规曹随。整个20世纪70年代美国军事处于收缩和盘整状态，但鉴于冷战的军备竞赛日趋激烈，美国军事力量依然维持在一个较高水平，军费开支依然庞大。1979年，美国军事采购开支数额已由1972年的735亿美元增至1083亿美元。20世纪70年代以后军事采购占联邦政府商品和劳务支出的比例为70%—75%，而朝鲜战争和越南战争时期的比例约为80%。④

---

① [美]阿伦·米利特、比德·马斯洛斯金：《美国军事史》，军事科学院外国军事研究部译，军事科学出版社1989年版，第534页。
② 刘绪贻、杨生茂主编：《美国通史》（第六卷·上），人民出版社2002年版，第388页。
③ 王康：《军事安全与经济：从美国军工企业兼并谈起》，《国际观察》1998年第1期，第34页。
④ 刘恩东：《军工复合体与冷战后美国的外交政策》，硕士学位论文，中共中央党校，2003年。

不仅如此，随着20世纪70年代国会改革、选举法的修改等美国政治的发展，军工复合体的运作方式发生重大变化，除了原有的运作方式外，更加充分利用政治行动委员会、草根运动等新型政治运作手段。

科研方面。"冷战斗士"肯尼迪总统在寻找导弹差距的过程中，强化了国家航空航天局的作用。在1961年4月的柏林危机和苏联把加加林送入地球轨道后，肯尼迪开始登月计划，这完全是冷战思维的产物，其目的是在国内改善公共关系和在国外提高威信，使美国的声誉超过苏联的声誉①。1961年7月前紧急给太空计划拨款1.42亿美元，8月又增拨4亿美元。② 国家航空航天局承担了这一庞大计划的任务，参与这一工程的科学家占到美国科学力量的5%。③ 这一任务使美国对科学的兴趣达到了最高峰，④ 随后的越战使人们开始憎恶科学。同时在20世纪60年代，国家卫生研究所也给高校大量的资助。国防部、原子能委员会和国家科学基金会依然是资助科研的重要单位。此外，苏联卫星发射后成立了另一个重要国防部研究机构——高等研究计划局（ARPA），主要是提供基础研究资助。这期间基础研究成为主要领域，应用研究相对小一些。但越战后期大学与军方发生了分化，进入敌对状态。

进入20世纪80年代，里根上台彻底扭转了美国战略的守势。实际上卡特政府从1979年苏联入侵阿富汗就开始对苏强硬起来，战略上也从合作转向对抗和争夺。但这仅是开始，真正进行第三次战略调整的是以鹰派著称的里根。面对苏联咄咄逼人的态势，里根上台后以重整军备为核心，谋求对苏联的全面优势，提出开支总额高达15000亿美元的5年防务计划和一个1800亿美元的增强战略核力量的6年计划。里根8年任期内从事了美国历史上和平时期最大的军备建设，取得了明显成就。8年间武器采购费用高达5000亿美元，占军费开支的26.5%，国防研发费用达2045亿美元，占军费开支的约10.1%。⑤ 1983年里根又提出"星球大战"计划，为

---

① ［美］丹尼尔·J. 布尔斯廷：《美国人：民主的历程》，谢廷光译，上海译文出版社1997年版，第828页。
② Margaret W. Rossiter, *Setting Federal Salaries in the Space Age*, Osiris, 1992, p. 228.
③ 於荣：《冷战中的美国大学学术研究》，北京师范大学出版社2008年版，第94页。
④ Nathan M. Pusey, *American Higher Education 1945 – 1970：A Personal Report*, Massachusetts: Harvard University Press, 1978, pp. 75 – 76.
⑤ 资中筠：《战后美国外交史》，世界知识出版社1994年版，第855、857页。

此耗资不菲。此外，里根还把军援和军售作为推行外交政策的重要工具。在其任期内军援总额高达410.98亿美元，军售总额高达894.83亿美元。前总统卡特表示，里根总统喜欢使用军事力量而不是外交手段来推行外交政策。①

军工复合体的组成和历史都清楚表明，它仅仅是一个自由企业国家的特殊方面，其根源可以追溯到进步时代和新政的改革。"二战"后的福利国家围绕的不仅是美国社会为老弱病残提供的救济，而且更重要的是整个对外结构的调整和对国内商业的援助。在国内的福利和在国外的冷战两大政策紧密联系在一起，这为鼓励和保护军工复合体提供了肥沃的土壤。

四　冷战后：军工复合体的新高潮

尽管冷战后国际和平和裁军的呼声日高，但军工复合体并没有式微，在两次伊拉克战争和"9·11"恐怖袭击推动下，军工复合体在美国迎来了新的发展高潮。《2018美国国防战略报告》和《美国国家安全战略》两份文件都将中国定位为战略竞争对手。2020年，美国将中国定义为首要战略竞争对手，美国国家战略重回大国竞争轨道。这极大推动了军工复合体的新发展，形成美国军工复合体第四次发展高潮。

从波斯湾战争到"9·11"之前，美国在全球没有大的战事，国防军事采购预算长达十年的下滑。1998年国防预算比1985年高峰期低69%，这引发了军事承包商的合并浪潮，大的军事承包商到20世纪90年代末仅剩下波音公司、雷神公司和洛克希德·马丁三家。但这并不代表军工复合体的大规模缩减，而是在国防部的要求下，数以百计的国防承包商被三大公司的工业基地和更多小型基地供应商取代，军事承包商与民用公司之间的界限越来越模糊，五角大楼正在成为另一家公司，做大额生意的大客户。②

这一局面持续时间很短，"9·11"彻底打破美国持续讨论的冷战后"刀枪入库，马放南山"想法，让美国军工复合体再次强大，并越走越远。2019年，美国两大国防承包商——雷神公司和联合技术公司提议合并为雷

---

① 资中筠：《战后美国外交史》，世界知识出版社1994年版，第858页。
② Leslie Waynefeb, "*The Shrinking Military Complex; After the Cold War, the Pentagon is Just Another-Customer*", Feb 27, 1998. https://www.nytimes.com/1998/02/27/business/shrinking-military-complex-after-cold-war-pentagon-just-another-customer.html.

神技术公司，一时成为头条新闻。这是"9·11"后美国军工复合体进一步整合的最新进展。特朗普总统表示"有点担心"，合并会抑制国防工业的竞争。巧合的是，美国国会要求政府大幅增加军费开支，尤其是武器采购和研发费用。

冷战结束后，美国军工复合体非但没有退出历史舞台，反而迎来新的发展高潮，其涵盖范围随着"9·11"进一步拓展，这种转型包括政府对私营安保公司的日益依赖、数字革命、退伍军人的激增和国土安全部的设立等，媒体更是认为军工复合体概念已经跟不上时代潮流，现在该超级利益集团所拥有的可称为"国家安全企业综合体"。[1]

"9·11"后军费开支急剧增加。国防基础预算加上额外预算将军费开支推至每年7000亿美元，达到"二战"以来的最高水平，其中4000亿美元分配给私人公司。2001年至2008年，最大国防承包商的收入几乎翻番，洛克希德·马丁2008年国防合同额达到290亿美元，同年该公司还从联邦政府其他部门获得国防合同，比环境保护部75亿美元预算都多。其间洛克希德·马丁、波音、雷神、尼斯普罗曼成为前几大国防承包商，占国防部合同总额的1/3，这是冷战结束以来国防承包商不断组合的遗产，洛克希德·马丁一家公司当时就兼并了20多家公司。[2]

这期间军工复合体呈现出以下特征：第一，私有化倾向和国际化倾向。第二，国土安全和情报等其他部门作用加大，甚至超过国防部。

第一，国防承包商私有化和国际化倾向日益浓厚。"9·11"后的国防和安全开支中，有三种类型的公司最为受益：重建和支持国防承包商、私人安保承包商和武器制造商。在阿富汗和伊拉克战争中，私人安保和武装公司引起广泛关注，其中最著名的是黑水公司。成立于1996年的黑水公司业务一直不温不火，其转折点发生在"9·11"后。"9·11"事件后，黑水公司业务突飞猛进，从2002年到2005年，营业额增长了600倍。截至2007年，已成为美国最大的私人保安公司之一，仅其在伊拉克工作的雇员就有1000多人。在战争红利的强力带动下，黑水公司的业务范围也不

---

[1] Daniel Wirls, "*Eisenhower Called It the 'Military-Industrial Complex'*", It's Vastly Bigger Now, June 26, 2019. https://www.washingtonpost.com/politics/2019/06/26/eisenhower-called-it-military-industrial-complex-its-vastly-bigger-now/? noredirect = on&utm_ term = .20984bbc2810.

[2] William D. Hartung, "St. Augustine's Rules: Norman Augustine and the Future of the American Defense Industry," *World Policy Journal*, Summer 1996, pp. 64 – 73.

断得到扩大,其客户已扩大到美国国防部、国务院、运输部、联邦执法部门、跨国公司和外国政府等多家部门和海外,为满足新形势下的需要,黑水公司也相应地组建了越来越多的子公司和分公司,最高时达到36家。①

美国军事承包商的历史可以追溯到殖民地时期。1607年,一位27岁的英国士兵史密斯上尉就被合资企业伦敦弗吉尼亚公司派到新大陆负责公司安保,他组建了一支安保力量,最终成为詹姆斯敦的领袖。中国人所熟知的签署"五月花号公约"的41位人士中就有私人军事承包商斯坦迪什。从独立、内战、"一战"、"二战"再到冷战,私人军事承包商始终贯穿其中。这种军工大规模联姻还是在"二战"时才确立。但安保私人化则是冷战之后逐渐大规模兴起,这是冷战后美国军队的一个显著变化。第一次海湾战争期间,私人军事承包商构成美军的近2%,"9·11"后,则呈指数递增,人数超过20万,最终构成国防部在伊拉克和阿富汗工作人手的54%。这仅限于国防部的人员,还不包括国务院、中情局等其他部门。"9·11"前后,私人军事承包商已经成为美国战争机器上不可或缺的零件,以至于五角大楼2006年《四年防务评估报告》将承包商纳入其中——与现役部队、预备役和文职雇员并列——成为国防部"总兵力"中的四大核心组成部分之一。②

出现这种情况的原因除了军事承包商用途广泛和"9·11"发生后美国没有充分准备等因素外,还有军事承包商方便五角大楼计划制定者在参战人数上做手脚。如,1995年以北约为主导的波斯尼亚维和任务,美国国会强制规定美国军队参战人数不得高于两万人上限。但国防部希望美国参与的人数更多,因此悄悄地在上述数额之外增加了2000名承包商,不构成"军队",但做军队的后勤任务。这一策略运作非常完美,以至于在随后的十年间,国防部与私人军事承包商的合同额从1996年的851亿美元增长到2006年的1500亿美元。

此外,美军招募遇到困难。自从1972年12月最后一批新兵应征入伍以来,美国再也没有实施过义务征兵制,这导致美国有效发动战争的兵力越来越缺乏。第一次海湾战争期间陆军有78万,十年后降至约48万。

---

① [美]普林斯著:《阴影中的军队:黑水公司和他的平民勇士》,张晓红、周勇译,中信出版社2015年版,第34—43页。
② Benjamin E. Goldsmith, Jurgen Brauer, ed, "Economics of War and Peace: Economic, Legal, And Political Perspectives," Emerald Group Publishing Limited, 2010, p. 46.

2007年，在伊拉克冲突的高潮期，在军事承包商的支持下，美国陆军仍难以完成募兵的最低人数。五角大楼只好降低标准，提高年龄上限，接受更多凭"道德豁免证"消除犯罪记录的人参军，并给那些同意在30天内报道参加基础训练的新兵提供2万美元奖金，这一年陆军新兵只有71%的人有高中学历，是25年来最低。"没有私人保安公司，我们在伊拉克就没法运转，"负责管理事务的国务院助理国务卿帕特里克·F.肯尼迪在2008年说，"如果撤走承包商，我们将不得不离开伊拉克。"① 在前总统奥巴马上任第一年，国防部将在阿富汗使用的私人军事承包商份额提高了28%，伊拉克提高了23%。

美国外交关系委员会国家安全研究院高级研究员马克思·布特认为，美国反恐战争为黑水公司等私营军事承包商创造了一个商机。《华盛顿邮报》报道，"9·11"前，由于冷战后预算削减，中央情报局国家隐蔽行动特别行动处的人数已经缩减到150人。2004年，《外交事务》一篇文章提及该行动处在编已有600到700人（实际数目保密）。但这仍无法满足中情局迅速增长的业务需求。黑水公司的海外安保弥补了这些需求。美国政府打仗依赖私营承包商的趋势有增无减，黑水公司只是适应该趋势的一部分。在海湾战争期间，大约每60名军人配一个承包商，在伊拉克和阿富汗战争中，最初该比例接近一比一，后来一比三。情报局对承包商的依赖也越来越严重。2010年《华盛顿邮报》报道，经审查获准接触绝密的85.4万人中，26.5万人是承包商，大约占情报界全部员工的三分之一。《华盛顿邮报》报道说，仅在中情局就有来自114个不同公司的1万名私人承包商。②

国防部没有公布相关数据，但国会研究服务局2011年3月评估显示，阿富汗和伊拉克战争期间美国雇佣的私人承包商数量达到15.5万人，远高于正规作战部队的14.5万人。在伊拉克战争中，超过60%的国防承包商提供支援服务，包括提供饮食、干洗、车辆维修和保养、油料和武器的运输等。私人安保公司甚至为大使馆提供安保，一些机构的警卫，保护重要基础设施，如石油管线、伊拉克部队的训练等，在伊拉克类似国防承包

---

① ［美］普林斯著：《阴影中的军队：黑水公司和他的平民勇士》，张晓红、周勇译，中信出版社2015年版，第70页。

② ［美］普林斯著：《阴影中的军队：黑水公司和他的平民勇士》，张晓红、周勇译，中信出版社2015年版，第349—350页。

商超过1万人。①

更有趣的是，这些国防和私人安保公司四分之三的人员都来自其他国家，57%来自第三国，15%来自伊拉克，美国公民不足三分之一。这表明美国武装力量的国际化和多层面性。美国公民的工资高，第三国公民的工资低，让美国国防和私人安保公司更愿意雇佣第三国安保人员，赚取巨额利润。如哈里伯顿公司雇佣的私人安保公司人员主要来自尼泊尔和菲律宾，该公司美国安保人员年薪为6万美元，而尼泊尔和菲律宾安保人员年薪仅为3000美元。美国海军或陆军特战队的安保人员年薪则高达20万美元。② 哈里伯顿公司在伊拉克战争期间主要负责重建伊拉克石油基础设施，为美国部队提供后勤支援，在2002年至2006年，该公司国防合同额增长了10倍。

2001年以来，国防和情报安全等部门日益私有化，私人部门成为国防和情报安全部门的工具和人员的主要提供者。中央情报局、国家安全局和其他情报部门把很多核心业务都交给私人情报部门。举例来说，中央情报局上万名员工中有超过三分之一来自私人情报部门。私人情报部门甚至介入总统每日简报制作中来。《华盛顿邮报》调查确认1931家私人公司为联邦政府做秘密情报工作。结果是，每年生产的国内情报市场价值高达500亿美元。③

第二，国土安全和情报等其他部门作用加大，甚至超过国防部。鉴于"9·11"对美国国土安全与国家安全内涵的深刻改变，国防承包商延伸至国内安全层面，国防安全变成仅是军工复合体的一部分。以2008年为例，国土安全部国防合同额为134亿美元，国家航空航天局国防合同额为159亿美元，国务院国防合同额为55亿美元，能源部国防合同额为246亿美元。"9·11"事件之前，能源部成为五角大楼外唯一主要军事合同的行政部门。因为能源部参与了冷战结束后拆除核弹头的重任。从冷战结束后到"9·11"，美国不断打造全球军事的升级版，强化盟国体系，在强化军事

---

① Moshe Schwartz and Joyprada Swain, *Department of Defense Contractors in Iraq and Afghanistan: Background and Analysis*, Congressional Research Service, March 2011, Summer Page, p. 7.
② Joseph E. Stiglitz and Linda J. Bilmes, *The Three Trillion Dollar War: The True Cost of the Iraq Conflict*, New York: W. W. Norton and Company, 2008, p. 194.
③ Dana Priest and William Arkin, "National Security Inc.," *Washington Post*, July 20, 2010. http://projects.washingtonpost.com/top-secret-america/articles/national-security-inc/.

力量的道路上并没有停歇，尽管有所缩减和调整。"9·11"则让美国再次回到了冷战高峰期对军事的强调，对本土安全的恐惧。与冷战不同，在强调外部恐怖主义战争的同时，国内安全提高到与生存安全同等重要的地位。"9·11"后对外是持续数年的阿富汗战争和伊拉克战争，全球范围内打击恐怖主义，对内则成立国土安全部，让更多联邦机构参与到国家安全中，让军工复合体无论是范围还是内容都发生了巨大变化。

除了更多机构参与到国家安全外，其安全预算和国防合同重新回到冷战高峰期间的状态，并增加了国土安全的内容。冷战后到"9·11"之前，国土安全部创建之前，国内安全国防合同主要来自海岸警卫队等机构，国务院每年与安全相关的国防合同平均不到7亿美元。但国土安全部创建后，其年均预算基本保持在140亿美元，安全方面的合同也随之大幅增加。国务院有关安全方面的预算2009年达到84亿美元。总体预算和国防合同增长最多的是退伍军人部。2001年至2011年，退伍军人部的预算增长超过了国防部，其间国防部的预算增长为240%，退伍军人部的增长高达271%。退伍军人部预算增长的部分主要来自国防承包商。20世纪90年代退伍军人部的每年国防承包预算低于24亿美元，自2009年至今，年均超过200亿美元。[1]

国防合同的采购范围远远超过武器的采购范围，国土安全合同占比急剧增长。阿富汗战争和伊拉克战争期间，人们将关注点都放在黑水等私人安保公司和哈里伯顿物流公司等国防承包商上，这些仅是军事私有化的一部分、冰山一角。政府扩大了军队和退伍军人医疗保健的外包。国防部前15名的承包商中有三家是医疗保健公司，其中两家排在退伍军人部采购商的前五名。

国家安全部门进一步扩大了它们在信息技术领域的采购合同，其范围包括笔记本、网络战和人工智能。这些采购合同既适合洛克希德·马丁公司和通用动力公司等传统武器制造巨头，也适用于专门从事此类工作的哈里伯顿等企业。这些公司应变得多样化，正如有研究人员说的那样，成为"战争沃尔玛"。洛克希德·马丁公司一直是国防部的主要承包商，转身又

---

[1] Daniel Wirls, "Eisenhower Called It the 'Military-Industrial Complex'", It's Vastly Bigger Now, Jun 26, 2019. https://www.washingtonpost.com/politics/2019/06/26/eisenhower-called-it-military-industrial-complex-its-vastly-bigger-now/? noredirect = on&utm_ term = .20984bbc2810.

成为退伍军人部和国土安全部的主要承包商。通用动力公司在国防部承包商中排名第四,在国土安全部排名第二,在国务院排名第三。

有人认为,特朗普政府增加国防开支之前,美国总体军费开始下降,不需要担心军工复合体的影响。但仅看武器采购和预算会蒙蔽人们对军工复合体影响。自"9·11"后,越来越多的多元化公司在联邦安全支出领域占有重要地位,国防和安全采购合同很大部分流入这些公司和部门,其影响不仅局限于国家战略安全,而且渗透到国土安全,进而渗透进美国机体的每一根神经,产生的影响远超冷战期间的军工复合体。

美国特朗普政府2017年12月公布首份国家安全战略报告,该报告将中国定义为"修正主义"国家,视中国为美国的战略竞争者。[①] 2018年,特朗普政府发动"贸易战",由此拉开中美21世纪战略竞争的帷幕。拜登政府完全继承了特朗普政府对华战略政策,并在其2022年首份国家安全战略报告中将中国定义为"优先考虑的、唯一的全球竞争对手",是"唯一既有意愿又有经济、外交、军事和技术实力来重塑国际秩序的竞争者"。[②] 在两届政府的推动下,美国国家安全战略轨道从反恐战争转向大国竞争,美国开始激活冷战期间的军事体制,加大战略威慑力量和传统武装力量,尤其是高科技武器,同时强化与盟友的合作。在美国国家安全战略转型中,继反恐战争后,军工复合体在中美战略竞争中的作用持续凸显。这主要体现在军工复合体加大武器研发和生产,军费持续攀升,军工经济对美国经济的影响持续攀升,美国军工体系与盟国合作持续深化。

美国认为"旧军工复合体无法赢得新冷战",中国快速发展需要美西方政府与公司和大学创造一个创新型合作伙伴关系。首先,利用西方资本主义最佳优势振兴军工复合体。五角大楼与硅谷公司的合作正在取得成效。与数据管理公司Palantir技术股份有限公司和制造无人机和监控系统的初创公司Anduril工业股份有限公司达成的成功交易。美国陆军未来司令部也位于得克萨斯州奥斯汀的科技中心。以马斯克为代表的美国资本巨头也正在与五角大楼合作。[③] 美国陆军未来司令部是美国陆军2018年新成

---

① *National Security Strategy of the United States of America*, December 2017.
② *National Security Strategy*, October 2022.
③ Adrian Wooldridge, "The Old Military-Industrial Complex Won't Win a New Cold War," *Bloomberg*, Nov 28, 2023. https://www.bloomberg.com/opinion/articles/2023-11-28/the-old-military-industrial-complex-won-t-win-a-new-cold-war-with-china.

立的军事机构。

受中美战略竞争影响，美国国防开支大幅增长。根据瑞典斯德哥尔摩国际和平研究所公布的数据，其定义的美国2023年军事开支高达9160亿美元。[①] 2023年5月，美国国防部长奥斯汀在参议院拨款小组委员会作证时表示，受与中国战略竞争严重性驱动，美国2024年国防预算高达8420亿美元，比2023年增长3.2%，比2022年增长13.4%。加上情报界和国务院等相关部门，美国军事相关预算高达8863亿美元。2025年国防预算则攀升至8950亿美元，预计很快将超过一万亿美元。[②] 这些预算很大部分是用在国防部"太平洋威慑计划"的美国军备建设上，并扩大与该地区合作伙伴的演习规模。2024年美国在"太平洋威慑计划"上的预算增加了40%，达到91亿美元，创历史新高。受此影响，国防工业正在推动着美国新冷战政策。目前国防部的大项目包括继续开发和采购F-35战斗机、更换井基洲际弹道导弹、采购新型核潜艇、升级B-1轰炸机及开发和采购新型海基导弹等。这些拟议中的项目占了2024年国防预算的52%左右。目前计划未来二十年采购总额超过一万亿美元。据估计，十年内仅核武器研发采购一项就耗费6340亿美元。这代表着数亿美国人的税收向几十家大公司及其高管的巨大转移。

冷战期间军工关系再次上演，为应对国家安全威胁，美国在形成一个绝妙的商业计划，军工企业迎来一个新的历史性机遇：政府购买所有产品的有保障的市场；垄断安排；利润有保证，保证付款。此外，美国军事承包商为扩大北约而进行的游说已有详细的记录，在印太地区的美澳英AUKUS为澳大利亚建设核潜艇。150亿美元的成本将让洛克希德·马丁、波音公司、雷神公司、诺斯罗普·格鲁曼公司、通用动力公司和其他大型国防承包商赚得盆满钵满。奥斯汀部长就曾担任过联合技术公司和雷神公司的董事会成员。美国文职和军官以及国防工业高管希望开展宣传活动，煽动对中国的恐惧和侵略性反应。军事企业的政治捐赠策略有利于有影响力的立法者和有前途的候选人，他们呼吁为可能与中国发生的战争做好准备。一些鹰派智库向国会提出建议，其中包括卡内基国际和平基金会的

---

① "The United States Spending More on Defense Than The Next 9 Countries Combined," The Peter G. Peterson Foundation, Apr 22, 2024. https://www.pgpf.org/blog/2024/04/the-united-states-spends-more-on-defense-than-the-next-9-countries-combined.

② Budget of The U.S. Government, Fiscal Year 2025.

"美日同盟项目的中国风险和中国机遇",其中强调了日本在应对中国威胁方面的作用。

渲染中国人工智能和网络在军事上的作用,获取和平威胁红利。人工智能技术投资者、谷歌前首席执行官埃里克·施密特(Eric Schmidt)等人是推动美国人工智能军事化的推动者之一。他为美国制订了一项计划,使自己免受中国人工智能构成的"生存威胁"。施密特是政府委员会的成员,负责建议美国如何超越中国的人工智能,同时还从由此产生的政府合同中获得经济利益。2016年至2021年间,施密特担任国防创新委员会和国家人工智能安全委员会主席。几个引人注目的例子之一是,在施密特担任这些委员会主席期间,施密特的风险投资公司Innovation Endeavors在2019年和2021年分两轮向软件提供商Rebellion Defense投资了1.5亿美元。而施密特在2020年仍担任国家安全委员会主席,Rebellion获得了空军9.5亿美元的合同,用于人工智能云"高级战斗管理系统"。施密特在2022年向民主党候选人和政党组织捐赠了115万美元。这个鹰派联盟通常不会公开主张战争,只是建议美国"做好准备"。例如,全球卫报是一家领先的安全公司,其政府和企业客户遍布130个国家,它指导企业做好准备,通过与中国脱钩来保护其人员、资产和供应链。越来越多的军工企业从这种战争准备中获取巨额利润。这种和平威胁红利让军工复合体在21世纪20年代再次发达起来。[①]

为增强与中国战略竞争,应对俄乌冲突、巴以冲突等多条战线的挑战,拜登政府2024年1月12日发布了美国历史上首份《国防工业战略(National Defense Industrial Strategy)》,指导未来三到五年美国国防工业的政策和投资,意图通过韧性供应链、劳动力发展、灵活采购和经济威慑四大领域,夯实美国"一体化威慑"的军事工业基础,强化"一体化威慑"的战略能力。[②]该战略的一个主要举措是把美国盟友和合作伙伴纳入美国军工生态系统。拜登政府对外政策的最突出特点就是重视美国的联盟资产,充分发挥联盟体系对美国力量倍增器的作用。《国防工业战略》特别强调加强与美国印太地区盟友和合作伙伴的国防工业合作,通过发挥盟友

---

① Jonathan Alan King and Richard Krushnic, "Looking to Sell Weapons, Military Contractors Push Arms Race With China," *Truthout*, July 16, 2023. https://truthout.org/articles/looking-to-sell-weapons-military-contractors-push-arms-race-with-china/.

② Defense Industrial Strategy, 2014.

伙伴的优势来弥补美国自身的不足，从而构建更加强大且具有韧性的国防工业生态系统。在近两年的对乌军援过程中，美国的盟友发挥了至关重要的作用。俄罗斯国防部通报称，自乌克兰危机开始以来，截至2024年1月4日，已有54个国家向乌克兰提供各类援助，金额总数约为2030亿美元。其中大多是美国及其盟友和合作伙伴，即便是像日韩这样受法律限制禁止向交战国运送武器的国家，也通过向乌克兰提供非致命武器或经美国转手，间接对乌进行军援。

第二章 军工复合体的政治关系网络

自冷战以来的七十余年里,军工复合体在美国决策过程中占据了一个特殊的位置。行政部门的安全机构、国会主要委员会及其议员、与国防相关的私人公司在国家安全政策制定过程中形成了紧密的政治关系网络,它们相互依赖,人们将其描述为"铁三角"①。这种政治关系的最终目的只有两个:搜集信息和施加政治影响,它们利用构建的政治关系网络搜集信息,为军工企业影响政府决策提供参考和支撑。具体体现在:通过人事流动(即"旋转门")以及行业协会、顾问委员会和娱乐等政治关系网络来搜集信息;运用广告和草根运动等手段,通过政治行动委员会和华盛顿办事处等平台影响政府决策,进而影响政治进程。本书将利用两章篇幅对上述诸点进行详细描述与分析,试图揭示军工复合体的政治关系。

第一节 军工复合体的政治关系

一 军工复合体政治关系的平台

冷战期间美国国防开支最高占到美国联邦开支的逾3/4,占国内生产总值的9%左右,最低也基本维持在联邦开支的2/3左右,军事部门的男

---

① Gordon Adams, *The Politics of Defense Contracting: The Iron Triangle*, New York: New Brunswick, 1982, p. 11.

第二章　军工复合体的政治关系网络

性劳动力至少占到全国劳动力的 1/10。[1] 美国《国防》杂志网站 2023 年年初报道称，美国 2024 年国防预算的 8860 亿美元预计将占美国 2024 年 GDP 的 3.2%，占美国联邦政府可自由支配开支的 47%。国防开支高的原因有很多：通货膨胀、武器系统的日益复杂造成价格上升、军种间的竞争、军备竞赛等[2]，但充分利用赋予的机会和作为保护国家安全的特权，军工企业给它们唯一消费者——政府的压力更重要。这种与政府的紧密关系使军工复合体从中获益巨大。

独立以来，"美国经济的基本原则是，企业、农场和个人比政府更有资格决定如何增加收入以及如何加以利用"。[3]这意味着政府很少干预个人的经济事务，奉行自由放任的经济政策。并且这些大企业家还不断地警告政府不要变得过于庞大，对私人部门施加太多影响，谴责管制机构的昂贵、无效和管制。但与此并行的是，这些大企业家与政府的合作关系日益发展。"一战"期间，作为战时生产的计划者，这些工商业领袖已经参与到联邦政府所有工业部门。在 20 世纪 20 年代，商务部长赫伯特·胡佛成立了一个永久的由经济部门商业代表组成的顾问委员会机构。总统胡佛第一次把诸多企业家吸收到政府中来对抗大萧条，"二战"中这些人规划战

---

[1] Adam Yarmolinsky, *Establishment: It's Impacts on Amercian Society*, New York: Harper & Row, 1971, p. 8.

[2] 对国防预算的增长有多种解释。其中讨论通货膨胀和武器开支成本增长的有：A. Ernest Fitzgerald, *The High Priests of Waste*, New York: Norton, 1972; Jacques S. Gansler, *The Defense Industry*, Cambridge: MIT Press, 1980; Richard F. Kaufman, *The War Profiteers*, Garden City, NY: Doubleday, Anchor Books, 1972. 讨论特殊武器系统成本增长的有：Gordon Adams, *The B-1 Bomber: An Analysis of Its Strategic Utility, Cost, Constituency and Economic Impact*, New York: Council on Economic Priorities, 1976; The Space Shuttle in Aerospace Daily, Feb 11. 1980, p. 217; The F-18 fighter in "Options on F-18 Cancellation Weighed," *Aviation Week and Space Technology*, June 20 1980. 讨论武器采购过程和五角大楼官僚政治的有：Morton J. Peck and Frederick M. Scherer, *The Weapons Acquisition Process: An Economic Analysis*, Boston: Harvard Graduate School of Business Administration, Division of Research, 1962, pp. 98-99; J. Ronald Fox, *Arming American: How the U.S. Buys Weapons*, Boston: Harvard Graduate School of Business Administration, 1974, chapter 4; Harvey M. Sapolsky, *The Polaris System Development: Bureaucratic and Programmatic Success in Government*, Boston: Harvard University Press, 1972, pp. 77-78; Fitzgerald, *The High Priests of Waste*, pp. 59-61; Kaufman, *The War Profiteers* and Paul M. Sweezey, *Monopoly Capital*, New York: Monthly Review Press, 1968; 等等。

[3] [美]詹姆斯·M. 伯恩斯等：《民治政府》，陆振纶等译，中国社会科学出版社 1996 年版，第 887 页。

军工复合体:美国的支柱与噩梦

时生产。随着战争的结束,许多政府委员会和新的经济顾问委员会转向了经济转型和为战后经济、外交和军事政策提供理念上来。

自从冷战以来,特别是20世纪六七十年代,美国公司在影响国会和行政机构政策制定者的实践和机构上发展迅速。主要大公司都有自己的公司办事处来专门负责与政府的关系。《财富》500强中的许多公司在华盛顿都设立办事处,其目的就是搜集信息和施加政治影响。政府关系是门沟通艺术:各大公司派出代表或亲自出马进入政府机构,主导行业协会和政府各种顾问委员会,利用娱乐设施加强联系。此外,各公司还利用广告和草根运动发动公众力量,通过地方政治影响联邦立法和决策,其中包括公司潜在支持者(工人、社区、股东)、关键人员与国会议员、行政各机构官员等。

紧跟时代潮流,公司充分利用《1971年联邦选举法》,建立起政治行动委员会来参与政治,管理它们的选举资金。随着法案在1974年和1976年的修正,政治行动委员会也成为公司与政府关系决定性的战略平台之一。与以前相比,公司在发展政治战略上更加复杂、更加彻底和更加连贯。正如《财富》所说:"大工商业集团已经变成城市里最有效的特殊利益游说者。突然之间,工商业拥有了权力必备的所有工具——领导地位、战略、支持者、选举母乳的金钱——和使用它们的意愿。"[①]

以上的华盛顿办事处、草根运动、广告、人事流动中的"旋转门"、行业协会、政府机构的各种顾问委员会、政治行动委员会等都成了军工复合体政治关系沟通的主要平台。

二 军工复合体政治关系的内容

军工复合体政治关系的内容决定了军事工业的生死存亡。像其他企业一样,军工复合体政治关系的内容主要有三点:获取信息、施加影响和反对与打击敌人。军工企业从国会和行政部门获取信息来回答诸多问题:什么项目即将问世,这些项目在哪里和如何计划;联邦采购未来计划和规则是什么,哪些政府机构会介入,国会议员的立场是什么,国会会在什么时间考虑,采取什么行为?军工企业不断地搜集、整合和处理这些信息,以

[①] Guzzardi, Jr. Walter, "Business is Learning How to Win in Washington," *Fortune*, 27 March 1978.

将精力集中在公司的需求和可能性上。换句话说,这些就是公司的情报。这种情报需求是永无止境,军工企业负责政府关系的公司经理和驻华盛顿办事处人员花费大部分精力用在电话交谈、拜访五角大楼和国会办公室、阅读文件和搜集对公司有用的信息上。此外,政府公关专家在另一个方向上——从公司到政府——为公司计划和需求提供信息。

军工复合体政治关系中的另一个主要内容是施加影响。负责政府关系的经理建议公司如何获得准入和操纵政府为其需求服务,并经常建议改变政策。[①] 他们把握着公司政治关系的主要方向:开展对政府关系,很专业地消除国会反对,在五角大楼兜售公司计划,修正不受欢迎的决定和规则,指导选举献金,集中精力进行草根游说,甚至插手起草立法建议。

军工复合体政治关系的第三个目标是反对和打击敌人,即与那些局外人、批评者和可替代方案进行斗争,捍卫军工企业利益及其观点立场。军工企业在美国形成了自己独特的地位和力量,作为武器生产商,它们假定自己是定义国家和全球安全的一个主要角色。军工企业的代言人以辩论的形式,对替代性观点的合法性提出质疑,嘲讽那些局外的参与者,甚至不愿意面对批评。举例来说,里根总统时期,前国防工业代言人、专栏作家罗兰·埃文斯(Roland Evans)和罗伯特·诺瓦克(Robert Novak)一直将里根政府国防规划者们视为局外人,以至于这样来描述他们:"卡斯帕·温伯格:几乎完全忽视国防问题……在参议院听证会上被揭露得体无完肤。弗兰克·卡卢奇,国防部副部长:一个没有任何国防部背景的文职人员。威廉·霍华德·塔夫脱三世,温伯格的顾问:一个比温伯格和霍华德国防知识还少的华盛顿律师。理查德·斯图宾,塔夫脱的顾问:卡特政府时期美国行政管理和预算局的一个反对防务的专家,与参议员乔治·麦戈文的观点基本相同。"

获取信息、施加影响和反对与打击敌人构成了军工复合体政治关系的主要内容。

---

① Phyllis S. McGrath, *Redefining Corporate-Federal Relations*, New York: Conference Board's Division of Management Research, 1979.

三 军工复合体政治关系的主体

美国是个多元社会,公共政策的制定是各个利益集团博弈的结果。同时,文官控制军队,军人不干预政治,已经成为美国的传统。[①] 但自"二战"军工复合体诞生以来,在政策制定过程中军工企业已经成为事实上的参与者。军事集团、经济集团和政治集团日益结合,一个政策上的次政府或"铁三角"已经出现。

许多学者将这个次政府或"铁三角"描述成在公共政策制定领域内汇集的联邦政府机构、国会主要委员会及其成员和军工私人利益集团三个主要参与者之间的政治关系。[②] 从中可以看出,军工复合体政治关系的主体主要有:联邦政府机构包括国防部、国家航空航天局、能源部的核武器机构、国家安全部、国土安全部、退伍军人部和中央情报局等与国家安全相关的政府机构;国会包括参众两院的军事委员会和国防拨款小组委员会及其与国防密切相关选区和州的议员;与国防有关的私人利益集团包括军工企业、私人承包商、实验室、研究机构、军工企业中的行业协会和工会等。这三者之间相互依赖。政策制定者和管理者可以在这两个领域自由流动,那些拥有共同价值观、利益和观念的参与者讨论政策事务、解决问题。正如共和党参议员艾肯所述:"政府机构和它们的客户倾向于发展共有价值和观念,在关键问题上双方都保持共识,不会公然操控另一方。这种独特关系有利于利益集团的参与。"[③] 当工业部门开始"适应"政府权威时,公私

[①] 李道揆:《美国政府和美国政治》(上册),商务印书馆2004年版,第66页。

[②] Gordon Adams, "Disarming the Military Subgovernment," *Harvard Journal on Legislation*, 14, No. 3, April 1977; Lester V. Salamon and John J. Siegfried, "Economic Power and Political Influence: The Impact of Industry Structure on Public Policy," *American Political Science Review*, 71, No. 3, Sept. 1977; Joel D. Auerbach and Burt Rockmen, "Bureaucrats and Clientele Groups: A View from Capital Hill," *American Journal of Political Science*, 22, No. 4, Nov. 1978; McConnell, *Private Power and American Democracy*; John Lieper Freeman, *The Political Process*, Garden City, NY: Doubleday, 1955, pp. 7, 31; Charles Jones, *Introduction to the Study of Public Policy*, 2nd ed, North Scituate, MA: Duxbury Press, 1977, Chap. 2; Stephen Bailey, *Congress in the Seventies*, 2nd ed, New York: St. Martin's Press, 1970, p. 61; Douglas Cater, *Power in Washington*, New York: Random House, 1964.

[③] Harmon Zeigler and Wayne G. Peak, *Interest Groups in American Society*, 2nd ed, Englewood Cliffs, NJ: Prentice Hall, 1972, p. 172.

之间的区别也就开始消失。

军工复合体政治关系的产生不是一朝一夕的，需要各方参与者积极的努力。随着经济环境的变化所有三方都要保持住这种关系，这需要三方持续的沟通，保证出现分歧时能协调共识。一旦融合在一起，它们就会形成一个牢固的关系。三方参与者尽全力保持这种关系的牢固和保护免受外部观点的影响。有时它们自己无意识地成为自己孤立的牺牲品，它们需要说服自己它们正在做的不仅是为了它们自己还有公共利益。"在日常事务中，行政官员很少关注那些受到公众更广泛关注的问题及其设立的机构。能引起行政官员注意的人是那些他们的问题已经成为行政环境下独特组成部分的那些人……在这种环境下一点也不奇怪，行政官员眼中的公共利益在现实中是符合监管各方的利益。"[1] 这在美国一个学者的研究中也得到了佐证，在对所有国会议员的民意测验中，有84%的国会议员认为在行政过程中的利益影响是以牺牲公共利益为代价的。[2]

在国会，与国防相关的委员会及其成员都小心翼翼地捍卫着他们在国防立法和拨款上的主导权，其他委员会及其成员很容易遵从他们的领导。[3] 国会其他国防政策辩论论坛基本没有立法权力，这决定了其在国防政策上也就没有什么发言权。国会两院的国防生产联合委员会、联合经济委员会和政府军事委员会在国防政策和采购问题上都是清谈场所，在实际立法与拨款法案中没有多少作用。国防生产联合委员会成立于1978年，是国会委员会改革的组成部分，其功能由银行委员会吸收，减少了一个供公众讨论国防采购计划可替代性方案的重要论坛。

联邦行政机构在军工复合体内也鲜有反对意见。权力有限的国防部经济调节办公室在国防政策规划上几乎没有任何影响力，这个办公室设立的目的是帮助社区调整基地关闭和合同终止。而寄希望通过军控来减少美国国防开支的军控与裁军署（ACDA）在政策制定上也说不上话。由于在定义国家安全上具有牢固而又举足轻重的作用，军工复合体内国防"铁三

---

[1] Michael T. Hayes, "The Semi-Sovereign Pressure Groups: A Critique of Current Theory and Alternative Typology," *The Journal of Politics*, Vol. 40, 1978, pp. 134–161.
[2] Joel D. Auerbach and Burt Rockmen, "Bureaucrats and Clientele Groups: A View from Capitol Hill," *American Journal of Political Science*, p. 22.
[3] Gordon Adams, "Disarming the Military Subgovernment," *Harvard Journal on Legislation*, 14, No. 3, April 1977, p. 476.

角"已经形成一个特殊的小集团并免受批评,这在行政层面上尤为明显。除了国防部外,总统的预算与管理局对所有联邦机构的预算要求都有最终决定权,唯独国防部例外,国防部经常否决预算与管理局的预算。正如预算与管理局前副局长菲利普·休斯所说:"坦率地讲,首先要考虑的是分享权力——这是问题的核心所在——并且这里是一个权力意识非常浓厚的地方,无论国会还是预算与管理局是否与国防部和国防精英们打交道,他们都是一个难缠的角色。"①

"铁三角"的发展在一定程度上已经终结了政治学理论上的"分权",即国会立法、行政部门执行、企业公司与政府在军备上做生意。相反,经济学家默里·韦登鲍姆表示:"国防部和它的主要卖家之间持续密切的关系正在导致双方结合成互为所有的共同体,这正在混淆和减少美国经济中重要领域公私活动的区别。"②

表2—1　　　　　1970—1979年公司销售和合同情况　单位:百万美元,%

合同 公司	全部销售	政府合同额		占全部收入比重	政府销售额		对外军售		海外销售	
		国防部	国家航空航天局		美元	占全部销售比重	合同	占全部销售比重	海外和出口销售额	占全部销售比重
波音	41402.6	12039.1	864.9	31.2	12744.4	30.8	337.9	0.82	17301.30	41.8
通用动力	24121.5	17900.8	666.9	77.0	11854.5 (1973)	49.1	2499.7	10.4	N. A.	10.0以下
格鲁曼	12015.8	10772.6	492.6	93.8	8512.8 (1973、1971)	70.8	1008.7	8.4	820.7 (1970)	6.8
洛克希德	31356.0	17473.4	684.8	57.9	21214.2	67.7	1263.7	4.0	6911.4	22.0
麦道	32713.6	18461.1	1952.6	62.4	20237.00	61.9	3718.3	11.4	9860.6 (1972)	30.1
诺斯罗普	10593.8	6175.4	177.1	60.0	6741.5 (1971)	63.6	3701.2	34.9	4379.4 (1971—1972、1975)	41.3

---

① Richard F. Kaufman, *The War Profiteers*, p. 180.
② Murray Weidenbaum, "Arms and the American Economy: A Domestic Convergence Hypothesis," p. 428.

续表

合同		政府合同额			政府销售额		对外军售		海外销售	
公司	全部销售	国防部	国家航空航天局	占全部收入比重	美元	占全部销售比重	合同	占全部销售比重	海外和出口销售额	占全部销售比重
罗克韦尔	42060.3	8322.0	62442	34.6	16785	39.9	220.5	0.52	7283 (1973)	17.3
联合技术	42002.2	13734.2	347.6	33.5	13690.1	32.6	986.0	2.3	13424.2	32.0
总计	236265.8	104878.6	11439.7	49.2	111779.5	47.3	13736.0	5.8	59980.6	25.4

资料来源：Gordon Adams, *The Politics of Defense Contracting: The Iron Triangle*, p. 35。

通过上面对军工复合体政治关系的揭示，我们对军工复合体的政治影响有了大致了解。下面两节将对各个具体问题进行详细剖析，为此，这两节选出了20世纪70年代8个依赖国防和主要合同来自政府的公司，即波音、通用动力、格鲁曼、洛克希德、麦克唐纳－道格拉斯、诺斯罗普、罗克韦尔和联合技术。它们与国防打交道的时间都超过20年。8个公司占国家航空航天局全部合同的25%，占国防部全部研发主合同的37%（参见表2—1和表2—2）。自1970年以来，在每年的国防部十大承包商排名中，洛克希德在10年排名中占了5次第一，通用动力3次，麦克唐纳－道格拉斯2次。[1] 并且在1970年至1979年，这8个公司大部分时间都在前10名国防承包商之列，获得1000亿美元国防合同，占全部国防合同的25%。这些公司的50%产品都卖给了国防部和国家航空航天局：格鲁曼最多，达到82%，波音最低，占到30.8%。[2]

表2—2　　　　　　　1970—1979年政府合同　　　单位：百万美元、%

公司	国防部		国防部研发		国家航空航天局	
	合同	占全部DoD比重	合同	占全部DoD比重	合同	占全部NASA比重
波音	12039.1	2.9	4757.9	7.1	864.9	2.7

---

[1] Gordon Adams, *The Politics of Defense Contracting: The Iron Triangle*, p. 34.
[2] Ibid., pp. 7–8.

续表

公司	国防部 合同	占全部 DoD 比重	国防部研发 合同	占全部 DoD 比重	国家航空航天局 合同	占全部 NASA 比重
通用动力	17900.8	4.3	2947.5	4.4	666.9	2.1
格鲁曼	10772.6	2.6	1813.4	2.7	492.6	1.5
洛克希德	17473.4	4.2	4298.0	6.4	684.8	2.1
麦道	18461.1	4.4	4618.8	6.9	1952.6	6.1
诺斯罗普	6175.4	1.5	644.6	1.0	177.1	0.6
罗克韦尔	8322.0	2.0	3867.9	5.8	6244.2	19.6
联合技术	1373.2	3.3	19101	2.8	347.7	1.1
总计	92517.6	25.2	42049.1	37.1	11430.8	35.8

资料来源：Gordon Adams, *The Politics of Defense Contracting：The Iron Triangle*, p.36。

这些公司与国防部门共生：不仅国防部在重要国防合同上依赖这些承包商，而且这些承包商在公司大批业务上也依赖国防部门。依据在10年中国防部和国家航空航天局合同占公司销售比例来衡量，最高的格鲁曼占到93.8%，最低的波音也占到31.2%。依据同期公司公布的政府销售数据来衡量，幅度从格鲁曼的82.3%到波音的30.8%不等[1]（参见表2—1、表2—2和表2—3）。

表2—3　　　　　依赖政府和对外合同与销售
（占全部公司销售比重）（以销售比重衡量）

公司	国防部与NASA合同	政府销售额	对外军售合同	海外销售
波音	31.2%	30.8%	82.0%	41.8%
通用动力	77.0%	64.1%	10.4%	10.0%以下
格鲁曼	93.8%	82.3%	8.4%	18.2%
洛克希德	57.9%	67.7%	4.0%	22.0%
麦道	62.4%	61.9%	11.4%	34.5%

---

[1] Gordon Adams, *The Politics of Defense Contracting：The Iron Triangle*, pp.34-35.

续表

公司	国防部与NASA合同	政府销售额	对外军售合同	海外销售
诺斯罗普	60.0%	71.8%	34.9%	46.6%
罗克韦尔	34.6%	39.9%	52.0%	21.1%
联合技术	33.5%	32.6%	2.3%	32.0%

资料来源：Gordon Adams, *The Politics of Defense Contracting: The Iron Triangle*, p. 41。

第二节 军工复合体的高层"旋转门"

影响政府决策是军工复合体政治关系的主要内容之一。为此，军工复合体主体间需要有紧密的关系网络，其中包括政府高级官员和军工企业高管间的相互流动；退役军官和文职人员在行政部门和军工企业间的流动；军工企业的研发是获得国防合同的关键，这同样构成了军工企业关系网络的重要方面；虽然金融集团和审计是军工复合体的技术辅助部门，但它们的地位和性质决定它们同样是这种关系网络的重要组成部分。这些关系网络是军工企业影响政府决策的主要渠道。

一 政府高级官员和公司高管间的相互流动

一般来说，管理军工企业的人都非常有经验。这些人都在军工企业或政府工作多年，具有丰富的经验。八大军工企业的管理者都深受尊敬，拥有高额薪酬，是这个领域的领袖人物。在1978年，联合技术的哈里·格里、波音的威尔逊和马尔科姆·T. 斯坦珀、洛克希德国际的威拉德·洛克希德和罗伯特·安德森5人被列为收入最高的企业高管，每人的补偿金都超过100万美元。联合技术董事长格里是1976年公司首席执行官中收入最高的，一直持续到1978年。

这些军工企业高级管理人员和董事们具有渊博的知识、广泛的人脉，他们在军工复合体的政府关系战略中非常重要。有些董事本身就是管理人员，有些负责掌管公司财务关系，还有些在相关公司兼任董事，这些相关公司要么供应本公司商品，要么本身就是承包商自己的公司。116个公司董事中有48个（占41%）是其他公司的董事，这些公司获得1979财年国防部超过20亿美元的合同。① 这种关系强化了董事会的关联性，增强了这些公司间的共同观念和背景。

这种相互依赖关系对公司非常有利。1977年一位参议员对经济领域中的权力和信息集中所带来的危险评论道："这种公司董事相互兼任的治理模式为滥用反垄断法和可能的利益冲突带来了巨大的风险，这会影响到价格、供求关系和竞争，影响到美国经济的塑造和方向。"② 公司董事们对政府关系非常熟悉，在处理与政府关系上非常有经验。在这八大公司中当时有24%（28个）的董事是政府顾问或在联邦政府任职，这种关系能为公司提供合同信息和有利于公司的各种政策。调查显示，这些人都非常有能力，职位显赫，比如国家科学委员会的主席、国务院负责研发的副国务卿、驻乌干达大使、美国人权事务委员会成员、中央情报局顾问等都来自这些人。这种人员流动增强了国防工业和政府间的共有观念。下面是8个军工企业高管与政府相关机构的人员流动详细资料，以此来佐证军工复合体政治关系中的人事网络情况。

波音。波音的马尔科姆·T. 斯坦珀在1978年被列为获得补偿金最多的15个公司高管之一。斯坦珀是在1962年加入公司的。而董事长威尔逊则从1943年就在公司服务，对公司生意和国防合同非常有经验。公司董事分为内外，内部董事3个，外部董事③10个，但董事会只占公司股份的

---

① Gordon Adams, *The Politics of Defense Contracting: The Iron Triangle*, p. 57.
② U. S. Congress, Senate, Committee on Government Affairs, Subcommittee on Reports, Accounting and Management, *Interlocking Directorates Among the Major U. S. Corporations*, Jan, 1978, p. 287.
③ 有人把outside director翻译成独立董事（independent directors），这是不对的。"独立董事"一词源于美国的"independent directors"，在英国被称为非执行董事（non-executive directors）。美国公司法中的董事分内部董事（inside director）与外部董事（outside director）。若采用两分法，外部董事与独立董事可互换使用。如采用三分法，董事可分内部董事（inside director）、有关联关系的外部董事（affiliatedoutside director）与无关联关系的外部董事（unaffiliated outside director），即独立董事。内部董事指兼任公司高管人员的董事；有关联关系的外部董事（灰色董事），指与公司存在实质性利害关系（如公司已退休的高管人员、高管人员的亲朋好友、公司律师、供应商的总裁）的外部董事；独立董事指不在上市公司担任董事之外的其他职务，并与公司、内部人员及大股东间不存在可能妨碍其独立作出客观判断的利害关系（尤其是直接或者间接的财产利益关系）的董事。独立董事不兼任公司高管职务，属外部董事范畴；又不与公司存在实质利害关系，故不同于关联董事。因此，外部董事未必是独立董事，但独立董事一定是外部董事，准确地说，是独立的外部董事。

一小部分（0.14%）。然而，公司董事却为公司的财政制度提供了广泛的联系网络。而且，波音的董事们还是其他公司的董事，这些公司在1979财年获得上亿美元的国防合同，是当时获得国防合同资金最大的公司。其中，许多公司都是零件供应商和汽油供应商（见表2—4）。

表2—4　　　　　　　　　国防工业公司董事兼任情况

公司	兼任其他公司董事人数（人）	其他国防公司	
		主要产品	1979财年国防部合同（百万美元）
波音	7	通信器材、电子、汽油	975.8
联合技术	9	零件、汽油	355.5
洛克希德	5	汽油、原材料	269.0
通用动力	7	零件、汽油	251.1
诺斯罗普	7	零件、汽油、原材料	85.9
罗克韦尔	7	零件、钢铁	34.9
麦道	3	通信器材	11.1
格鲁曼	3	零件	8.2

资料来源：Gordon Adams, *The Politics of Defense Contracting*: *The Iron Triangle*, p.60。

4个公司董事有或有过外部关系，这使他们与国防政策决策者联系密切。标准石油公司首席执行官哈罗德·J.海恩斯还是加利福尼亚理工学院理事。卡特时期的国防部长哈罗德·布朗是加利福尼亚理工学院校长。1978年加入波音董事会的大卫·帕卡德是国防部的副部长（1969年到1971年任职），同时还是一个主要国防承包商惠普的首席执行官。威廉姆·洛克希德是加州理工学院校长顾问委员会成员，而布朗是校长。乔治·魏尔霍伊泽一直是斯坦福研究所（即现在的SRI International）和兰德公司顾问委员会成员，这两个研究所和公司都是国防承包商。

通用动力公司。公司高层领导在国防合同和国防工业上为公司提供长期的经验。公司董事长大卫·刘易斯以前是在麦道公司，1970年加入通用动力，而总裁奥利弗·布瓦洛在波音工作多年后于1980年进入公司。自从公司董事们控制了公司22.4%的股份以后，公司的董事们在公司的成长和发展过程中举足轻重。在1967年，亨利·克朗成为公司第一个主要股东。同时，克朗的几个同事也买了通用动力的股份。作为外部董事的纳撒尼尔·卡明斯持有公司重要股份，而公司内部董事莱斯特·克朗也是公司主要持股人。① 通用的董事还是在1979财年从国防部获得2.5亿美元合同的公司董事，这些公司许多是国防部的零件和汽油供应商。

三个通用动力董事以前还是国防领域的副手。通用动力的副总裁詹姆斯·贝格斯从安纳波利斯美国海军学院毕业后做了7年海军潜艇军官，随后在20世纪60年代后半期在国家航空航天局的高等技术研究办公室做了2年副手，接着做了5年交通部副部长。唐纳德·库克在20世纪40年代是众议院海军事务委员会顾问，50年代是参议院武装力量委员会顾问。他还是美国证券交易委员会的董事和主席。厄尔·D.约翰逊20世纪50年代在国防部任职5年（1950—1952），其职务是负责人力资源与后备役事务的陆军助理部长和负责采购与研发的陆军部副部长（1952—1955），并且是美国空军学院的董事。②

格鲁曼公司。格鲁曼董事长约翰·比尔沃斯于1971年进入公司，过去一直在国防工业之外工作。然而，公司总裁约瑟夫·加文自1946年就在公司。董事会作为一个整体在公司股份上占得很少（1.96%）。一些董事与各大金融机构联系密切。尽管只有两个董事有在国防部机构任职的经历，但4个格鲁曼董事都有在政府工作的经验。公司副董事长约翰·F.卡尔于20世纪50年代在海军法律总顾问室工作了3年，而艾拉·赫德里克一直就是国家航空航天局和空军顾问团成员。C.克莱德·弗格森和埃利斯·菲利普斯都有外交决策经验。弗格森是法学教授，纽约州州长纳尔森·洛克菲勒的民权顾问、美国民权委员会成员、尼日利亚内战受害者救援项目协调员、驻乌干达大使、负责非洲事务的助理国务卿帮办和美国驻联合国经济与社会理事会代表。菲利普斯20世纪50年代是美国驻英国大使的特别助理。

洛克希德。洛克希德的董事长罗伊·安德森自从1956年就在公司工作。总裁劳伦斯·基钦也拥有丰富的政府经验。曾作为航空机械师于1946年至1958年在海军服役，包括做过海军航空署副署长的人事助理，这个署负责后勤、规划和政策。基钦在1968年加入洛克希德。他们的前任丹·霍顿和A.卡尔·科奇安也在公司工作多年。

---

① Richard T. Griffin, "Taking Account of Henry Crown," *The New York Times*, 12 December, 1976.
② Gordon Adams, *The Politics of Defense Contracting*: *The Iron Triangle*, p. 61.

洛克希德的总裁罗伯特·安德森1968年从克莱斯勒汽车公司来到洛克希德。他在1974年接替威拉德·洛克希德成为公司董事长。根据1978年《商业周刊》调查显示，安德森和洛克希德都是当年15个获得报酬最多的高管。公司总裁唐纳德·R.比尔一直在科林斯雷达，直到20世纪70年代早期才被洛克希德吸收过来。

洛克希德董事会非常大，有20名成员，主要是外部董事。董事会控制了公司7.54%的股份，这些股份主要是由洛克希德家族成员控制。公司与金融机构有着广泛的网络联系，但与其他公司兼任董事情况较少，洛克希德兼任董事的这些公司只获得1979财年国防部3470万美元的国防部合同。并且其董事会成员与联邦政府和国防政策制定没有直接联系。

洛克希德有一个庞大的董事会，随着外部董事的增加，在20世纪70年代董事会不断扩大。然而董事会的董事们却占公司很小的股份，即1.57%的股份。董事会最大的股东是迈克尔·伯布里安（1.23%），此人系加利福尼亚州弗雷斯诺市的食品批发商。洛克希德的董事会与金融机构联系非常密切。5个董事兼任其他公司的董事，这些公司获得1979财年国防部2.69亿美元的合同，其中许多公司经营原材料和汽油。

除了基钦外，其他董事也有丰富的联邦国防政策制定经验。1979年加入公司的爱德华·卡特是一个海军少将，在1962—1964年和1974—1976年两次任职于海军作战部，1976—1978年任职于海军海上系统司令部，做负责武器系统和工程的副司令。20世纪70年代末从公司管理层退休的威利斯·霍金斯在1963—1966年是陆军负责研发的助理部长、陆军科学咨询小组终身成员，自1974年开始，在国家航空航天局做技术顾问。

麦道。自詹姆斯·S.麦克唐纳创立公司以来，麦克唐纳－道格拉斯一直是个家族企业。在20世纪70年代后期，麦克唐纳的外甥斯坦福·麦克唐纳成为董事长，而其儿子约翰·麦克唐纳是总裁。麦克唐纳家族，拥有和控制1979年全部公司股份的39.23%。董事会成员与金融机构联系有限，兼任其他公司董事的公司资金数额相对也很低，在1979财年获得1530万美元的国防部合同。[①]

3个董事会成员都拥有政府顾问或行政经验。以唐纳德·S.麦克唐纳为例，作为律师的麦克唐纳在加拿大国会工作15年，做过司法部长、财

[①] Gordon Adams, *The Politics of Defense Contracting: The Iron Triangle*, p.62.

政部长和外交部长等。他还在1970—1972年做过加拿大的国防部长，1972—1974年做过能源、矿产和资源部部长，1975—1977年做过财政部长。麦道在加拿大还有一些工厂，在1980年，公司还赢得加拿大F-18战斗机的订单。公司副总裁乔治·S.格拉夫是在国家航空航天局任职超过20年的少数顾问之一。公司资深副总裁罗伯特·L.约翰逊在1969—1973年任陆军助理国防部长，还是国防部科学顾问。

诺斯罗普。诺斯罗普的董事长T.V.琼斯自1953年就在公司任职。总裁托马斯·O.佩因有在国防工业和政府任职的丰富经验。他在1968—1970年是国家航空航天局局长，随后在通用动力工作了6年，于1976年加入诺斯罗普。在20世纪70年代诺斯罗普的董事会因外部董事的增加而扩大。董事会成员控制了很小部分的公司股份（2.08%），与金融机构关系密切。兼任其他公司董事的公司在1979财年获得国防部1.49亿美元的国防合同，相对来说比较小。

除了佩因外，公司5个董事都有在联邦政府工作的经验，其中4个与国防和航天机构有关。威廉姆·巴尔豪斯在1954年到1960年是国防部航空航天技术咨询小组成员，1955年至1957年任国家航天顾问委员会（即NASA的前身）顾问。伊万·葛廷做过短暂的负责人事的空军部副部长助理，随后在美国航天公司做了16年总裁，与国防部关系密切。理查德·霍纳在空军工作了近20年，1940—1948年为空军军官，随后是雇员，直到1955年都在莱特-佩特森机场做野外测试，1955—1957年任空军助理部长帮办，1957—1959年任负责研发的空军部副部长。1959—1960年任国家航空航天局副局长。公司董事查尔斯·鲁宾逊在1974—1976年做负责经济事务的副国务卿。

联合技术。联合技术董事长哈里·格里曾一直在里腾工作，直到1971年才加入联合技术，也是1976年收入最高的高管之一。在20世纪70年代，公司一直没有总裁，直到1979年退役将军亚历山大·M.黑格被提名为总裁。黑格作为国家安全委员会成员有着丰富的白宫工作经验，并且还是总统理查德·尼克松的亲密顾问，也是里根总统的国务卿。

二 军工企业与国防部门间雇员流动

除了军工企业高管和政府高级官员间的流动外，包括退役军官和文职

第二章 军工复合体的政治关系网络

人员在行政部门和军工企业间流动也是军工复合体政治关系的重要一面。军工企业经常雇佣国防部那些有着丰富经验和对公司合同有帮助的退役军官和文职人员。另外，国防部也从军工企业雇佣人员，为政府提供有技术的行政主管。这种循环产生了一个对政策事务和发展拥有共同思维的群体。对内行来说，这种亲密关系看起来培育了技术和政治认知，这种认知使国防合同签约过程更加顺畅，保证了一个更加有效的事关国家安全的国防公共产品。对外行来说，这是偏袒和不公，私人公司与政府利益会产生冲突。

公众关注政府与国防工业人员流动已经很长时间。在1959年，当700多名五角大楼雇员受雇于军工企业被揭露出来后，纽约州民主党议员艾尔弗雷德·E.桑塔杰罗提出了一个国防拨款法案修正案，修正案否决军工企业雇佣在退役5年内与职责有关的将军和上将，在最终投票中，这个修正案被否决。10年后参议员威廉·普罗克斯迈尔声明前100名国防部承包商雇佣了超过2000名前军事人员，超过一半以上受雇佣人员集中在10家大公司，其中包括波音、通用动力、麦道、洛克希德和罗克韦尔。最后在改革气候推动下，国会通过了一个法案，法案规定那些最近转岗人员转岗后要在国防部年度报告中备案3年，这些转岗人员包括从国防部到承包商和从承包商到国防部流动的所有文职和军事人员。①

在1975年，经济优先权委员会（CEP）②第一个出版了这些报告的系统评论。这个委员会发现在1969年到1973年间前100个国防承包商雇佣了1400名前国防部文职和军事雇员。③1974年又有499名前国防部雇员在报告上备案。此外，委员会发现遵守报告要求的军工企业很少，1500名雇员中只有很少部分在报告中被提到。但在同期就有379名军工企业雇员被国防部雇佣。

经过查阅备案报告发现，在1971年到1979年间，8个公司从国防部和国家航空航天局共雇佣前军事和文职雇员1942名（见表2—5）。并且，在此期间，有270名公司雇员到国防部和国家航空航天局任职。简言之，

---

① Gordon Adams, *The Politics of Defense Contracting*: *The Iron Triangle*, p.78.
② Council on Economic Priorities，即CEP，经济优先权委员会，是美国一家长期研究社会责任及环境保护的非政府组织，一直积极支持并参与制定社会责任标准的活动。
③ Leon S. Reed, *Military Maneuvers*: *An Analysis of the International of Personnel Between Defense Contractors and the Department of Defense*, New York: Council on Economic Priorities, 1975.

这种人员流动持续增加，构成军工复合体政治关系中行政部门与工业关系中的重要一面。

表2—5　国防部1971—1979年、NASA 1974—1979年人员流动情况

公司	军事人员（人）	文职人员（人）	全部流动人员（人）
波音	316	82	398
诺斯罗普	284	76	360
洛克希德	240	81	321
通用动力	189	50	239
罗克韦尔	150	84	234
麦道	159	52	211
格鲁曼	67	29	96
联合技术	50	33	83
总计	1455	487	1942

资料来源：Gordon Adams, *The Politics of Defense Contracting: The Iron Triangle*, p. 78。

美国历届政府有诸多相关报告。2023年4月，美国民主党参议院伊丽莎白·沃伦（Elizabeth Warren）公布的一份新报告显示，通过军工复合体的"旋转门"，2022年，美国顶尖级20家国防产业承包商雇佣了672名前政府官员。[①] 仅波音一家就雇佣了85名前政府高官，其中6名为高级管理人员，2名为董事会成员，77名为注册游说者。三名企业高管——乌玛·阿穆鲁鲁（Uma Amuluru）、布莱恩·贝桑斯尼（Brian Besanceney）和布雷特·格里（Brett Gerry）——曾任职司法部、白宫、国务院或国土安全部。波音公司政府执行副总裁曾担任美国众议院和参议院的高级职员，白宫负责立法事务的首席副手。波音董事会成员之一，约翰·M. 理查森海军上将是前美国海军作战部长、前海军核推进计划主任。另一位是斯泰斯·D. 哈里斯（Stayce D. Harris）曾任美国空军前监察长和助理副参谋长。2002

[①] Pentagon Alchemy: How Defense Officials Pass Through the Revolving Door and Peddle Brass for Gold, Prepared by Senator Elizabeth Warren, April 2023, p. 2. Justin Katz, "Top Defense Companies Hired 672 Former Gov Officials in 2022: Sen. Warren," *Breaking Defense*, April 26, 2023, https://breakingdefense.com/2023/04/top-defense-companies-hired-672-former-gov-officials-in-2022-sen-warren/.

年，退役的陆军中将哈里·爱德华·索伊斯特（Harry E. Soyster）在担任军事承包商巨头军事专业资源公司的副总裁后，曾称"我们公司现在每平方公尺站着的将军人数比五角大楼还要多"。①

国防部门的退休人员是军工企业的人才储水池，这些人在政府运作方式、航天技术和采购战略上有着丰富的经验和知识。美国国际电话电报公司（ITT）前副总裁曾经这样描述："汤姆·加拉格尔是那些由退休军官转变成'商务代表'的大量人员之一。尽管其本职是销售，但他们在退休或解职后三年内不得从事销售，否则违法。然而，五角大楼的采购办法非常聪明，他们迅速找到了规避这条法律的方法。午饭、鸡尾酒会、高尔夫球场和私人俱乐部都成为他们发挥销售功能最大化的地方。总之，在五角大楼内部他们的市场选择基本没有任何障碍。并且，这里面有个奢侈的游戏，就是'代表'利用合同和在一定军事项目上的认知尽可能地彼此延续合作关系。通常都持续两年到三年时间。"②

由以上这些人构成的专家，意见不仅具有技术性，而且还具有政治性：这些决策上的信息和渠道有助于他们建立起一个彼此共享认知和关系网络密切的群体。曾经有人这么评价："对利益集团来说，确保与政府关系紧密的办法关键在于人员选择。一般来说，在影响选举上不成功的利益集团，在任命行政人员上都非常幸运。政府机构和利益集团之间的彼此认知使他们在共同利益领域一起紧密合作，很少关注大众利益。"③

军工企业从这种人员流动中获益良多：当前的信息，国防部和国家航空航天局未来的计划，武器发展和市场的技术专家意见，对于合同双方都有着丰富经验的懂技术的专家。"旋转门"（revolving door）提升了国防承包商的能力，有了这种能力，承包商就能成功发展政府关系战略和为政府提供合同经营方式的有益见解。双方也都捍卫这种人员流动，声称这是为国家利益服务。罗克韦尔的罗伯特·安德森总结了公司的立场："以我在罗克韦尔的经验，我不认为这种人员雇佣会给政府带来负面效果。很明

---

① ［美］普林斯著：《阴影中的军队：黑水公司和他的平民勇士》，张晓红、周勇译，中信出版社2015年版，第98—99页。

② Thomas S. Burns, "Inside ITT's Washington Office," *Business and Society Review*, Autumn 1974, p. 23.

③ L. Harmon Zeigler and G. Wayne Peak, "*Interest Groups in American Society*," 2nd ed., Englewood Cliffs, NJ: Prentice Hall, 1972, p. 169.

显，我们雇佣那些有能力且经验丰富的人是来提高我们的产品和业绩，但他们不会对我们处理政府关系带来不对称的优势和影响。在这里我要说两点。第一，国防采购受到高度管理和控制，以前协会不会发挥多少作用。第二，技术、需求、政策和人员的瞬息万变使那些离职官员的观点在离职前后毫不相干。因此，雇佣前政府官员的重点是他们对公司履行职责的能力和责任，而不是假设他们在政府中获得信息。"①

政府官员也以国家利益为由捍卫这种人员流动。国家航空航天局副局长乔治·洛认为："在国家航空航天局与军工企业间的人员互换是健康的，对提高航空和航天项目的生产率和效率是非常重要的。因此，国家航空航天局的政策是，包括高管在内，我们需要那些拥有丰富行业经验的复合型人才。"② 纽约州民主党众议员塞缪尔·斯特拉顿警告反对限制这种人员流动："我们正在否定我们的国防工业……这些人正是我们需要的服务和援助人员，他们在武器领域和与政府相关事务上拥有丰富的经验。如果这个法案以这种极端方式获得通过，我们就是在真正威胁我们自己的国防。"③

与政策歧视和获取特别信息相比，公众对这种人员流动讨论主要集中在利益冲突风险上。一个公务员委员会代表表示："在联邦政府立法层面上防止利益冲突的目的是保证联邦政府决策过程的公正。而这个目的只能通过联邦政府雇佣并能接触到决策过程的个人来完成，并且这些人要不能被任何私利所左右，比如试图影响那些有利于他个人利益的特殊政府行为。"④ 联邦法律里有几个条款是用来防止这种冲突的。美国参议员沃伦在2023年报告中写道："当政府官员通过游说、咨询或担任他们曾经监管的公司的董事会成员和高管来利用公共服务赚钱时，就会损害公职人员的诚信，并使人们对政府合同的公平性产生怀疑。"这个问题在美国国防部和美国国防工业中尤其令人担忧和明显。⑤

---

① Testimony of Robert Anderson, Chairman, Rockwell International in U. S. Congress, Joint Committee on Defense Production, "Hearings on DoD-Industry Relations: Conflict of Interest and Standards of Conduct," 2 - 3 February 1976. Washington DC: GPO, 1976, pp. 27 - 28.
② Ibid., p. 85.
③ Rep. Samuel Stratton (D - NY), *Congressional Record*, 3 June 1959, H9472.
④ 演讲者是 Joan Slous, Office of the General Council, "*Hearings on DoD-Industry Relations*", pp. 498 - 499.
⑤ Pentagon Alchemy: How Defense Officials Pass Through the Revolving Door and Peddle Brass for Gold, Prepared by Senator Elizabeth Warren, April 2023, p. 1.

以上期间内公布的数据还表明,八个公司雇佣了国防部1455名前军事人员和186名文职人员,31名前国家航空航天局雇员。在同样时间内,军工企业给国防部和国家航空航天局送去270名公司雇员。总之,在1971—1979年间,依据公布的数字有超过1942名个人在八个公司和两大政府机构之间交流。而且,由于少报,这个数字可能低估了全部交流数字(见表2—6)。

表2—6　　　　　　　　　国防部1971—1979年、
NASA 1974—1979年人员流动情况

公司	流向公司人员（人）				流向政府人员（人）	
	总计	军事人员（DoD）	文职人员（DoD）	NASA	DoD	NASA
波音	398	316	35	3	37	7
通用动力	239	189	17	1	32	0
格鲁曼	96	67	5	1	16	7
洛克希德	321	240	30	6	34	11
麦道	211	159	12	2	29	9
诺斯罗普	360	284	50	9	16	1
罗克韦尔	234	150	26	6	47	5
联合技术	83	50	11	3	12	7
总计	1942	1455	186	31	223	47

资料来源：Gordon Adams, *The Politics of Defense Contracting: The Iron Triangle*, p.84。

从表2—6中可以看出,波音在人员流动中最高,为398人,随后是诺斯罗普360人,洛克希德321人。通用动力、麦道和罗克韦尔也与国防部有超过200人流动,只有格鲁曼和联合技术低于100人。这些流动人员的数字粗略地表明公司与政府关系的密切,也可能表明一些公司要比另一些公司在督促自己雇员遵守报告备案方面要求更加有力。依据文职人员流动数字,特别是来自国防部的人员,我们会发现一个不同的模式。诺斯罗普雇佣的人数最多,达50人;而罗克韦尔却是国防部雇佣文职人员最多的公司,达47人。

· 107 ·

表 2—7　　　　　国防部 1971—1979 年、NASA 1974—1979 年各机构人员情况（双向）　　单位：人

公司	NASA	美国空军	美国陆军	美国海军	国防部长办公室	其他	总计
波音	10	271	50	37	25	5	398
通用动力	1	111	23	85	10	9	239
格鲁曼	8	26	4	47	7	4	96
洛克希德	17	175	30	71	9	19	321
麦道	11	127	21	33	8	11	211
诺斯罗普	10	224	22	68	14	22	360
罗克韦尔	11	117	19	59	15	13	234
联合技术	10	38	15	8	7	5	83
总计	78	1089	184	408	95	88	1942

资料来源：Gordon Adams, *The Politics of Defense Contracting: The Iron Riangle*, p.85。

在我们审查流动人员报告中特别注意到那些受雇于政府研发活动的人员：国防研究与工程署，国防部长办公室，陆军、海军、空军和国家航空航天局的研发部门。研发领域对一个国防公司特别重要，可以使公司获得早期信息和国防部与国家航空航天局的政策及采购取向。在所有 486 名流转的文职人员中，有 165 名，即 34% 来自研发部门。格鲁曼最高，达到 41%，联合技术 39%（见表 2—8）。

表 2—8　　　　　　研发人员的流动情况　　　　　单位：人、%

公司	OSD	DARPA	空军	海军	陆军	NASA	研发总计	文职总计	百分比
波音	11	2	4	3	—	9	29	82	35
通用动力	7	1	1	3	1	1	14	50	28
格鲁曼	1	—	—	2	1	8	12	29	41
洛克希德	5	—	1	4	2	18	30	81	37
麦道	1	1	—	—	3	11	16	51	31
诺斯罗普	1	4	7	2	—	11	25	76	33

续表

公司	OSD	DARPA	空军	海军	陆军	NASA	研发总计	文职总计	百分比
罗克韦尔	7	1	1	4	2	11	26	84	31
联合技术	2	—	1	—	—	10	13	33	39
总计	35	9	15	18	9	79	165	486	34

注释：OSD 是国防部长办公室；DARPA 是美国国防部高级研究规划局，全称是 The Defense Advanced Research Projects Agency。

资料来源：Gordon Adams, *The Politics of Defense Contracting: The Iron Triangle*, p.90。

这里以波音为例进行说明。波音是这里流动人员最多的公司，反映了波音与国防部关系密切，或许是督促所属员工遵守备案报告较好的公司。由于波音销售给国防部的产品主要集中在空军，因此其68.1%的流动人员集中在这个部门。波音也是与陆军人员流动最多的公司，有50人。波音与国防部长办公室人员的交流也是最高的，有25人，这是装备决策部门。波音的5个流动人员，包括爱德华·鲍尔、埃利奥特·哈伍德、T. K.琼斯、华里和本·普莱梅尔，都在国防研发局，这是获得国防部未来武器规划的关键部门。

其他波音的流动人员也表明了行政机构与公司间的亲密关系。波音的雇员佛兰克·施龙茨在1973年成为空军部长助理，随后成为负责装备和后勤的国防部长助理，并于1977年返回波音。伦纳德·沙利文在被波音聘为顾问以前是负责项目分析的国防部长助理。戴尔·巴比尔尼1979年进入波音驻华盛顿办事处，以前在国防部工作29年，多数时间都是提供负责采购的国防部副助理。

三　军工复合体政治关系：研发

研发也是军工复合体政治关系核心的一面。研发是定义武器任务的前奏，是获得国防合同的关键，军工企业千方百计地介入武器研发过程，以此为获取国防合同打下基础。因研发武器周期长，资金量大，为此国防部门经常将这部分资金纳入武器成本中，给予军工企业预研发资助。而军工企业也通过各种途径来获得研发资金，包括人员流动、公司成员任职联邦咨询委员会和贸易协会等。

国防部门给予军工企业研发资助。超过60%的联邦研发资金都花费在国防部、国家航空航天局和能源部发起的国防项目上。1980年巴特尔纪念研究所[①]的一份研究表明，1981年研发开支增长超过14%，去除通货膨胀真正增长4%。1981年与国防相关的研发超过200亿美元，大致占美国全部公私研发投资的1/3。国防工业雇佣了全国40%的科学家和工程师。[②]

国防部、国家航空航天局和军工企业的专家在研制新武器及定义其任务上起主导作用，负有监督国防研发职责的国会小组委员会作用不大。通常来说，国防部定义"任务"；随后把研发资金下拨给那些咨询国防部并在一系列阶段上优化武器系统的公司。另外，公司自己也采取主动措施。一旦一个主要武器系统存在，公司就成为主要动力，国防部会来购买，特别是当政府已经在这个公司的研发上投资巨大时。此外，来自公司和官僚机构的技术经济决定论的压力也会对产品形成强大的推动力量。

为了获得领导地位，军工企业都会保持强大的研发机构，这是政府补贴的重要部分（见表2—9）。有人研究认为，"一旦公司以国防业务为主，由于许多生产合同拥有自己的研发，公司在研发市场上会耗费大量时间和精力"[③]。举例来说，依据报告，为竞争空军C-5A，波音、洛克希德和道格拉斯在20世纪60年代雇佣了6000名专家全职工作来起草项目建议书，建议书包括工程、生产和成本等问题。[④] 洛克希德的研发部门，即著名的"臭鼬工厂"（Skunk Works）为空军和中央情报局发展高空侦察机立下了汗马功劳。有的经济学家在20世纪60年代指出："国防公司不仅是新武器理念的主要源泉，还为新技术概念和预发展成本与规划提供信息。此外，在20世纪50年代后期的实践中，每个武器系统的主承包商都有一个

---

① 巴特尔纪念研究所是美国非常著名的智囊团，为美国政府和社会的发展作出过重大贡献。它是美国最大的民间研究组织，人员早就超过了7000人，每年的合同金额达到几亿美元。它是一所著名的跨国、跨学科综合性研究组织，它的委托单位有美国大型企业、美国各级政府、外国的政府和企业，研究项目形形色色，有硬科学领域的，如钢铁、有色金属、原子能等，也有软科学领域的，如教育、信息系统、管理、经济等。
② Gordon Adams, *The Politics of Defense Contracting*: *The Iron Triangle*, p. 95.
③ Paul W. Cherington and Ralph L. Gillen, *The Business Representative in Washington*, Washington: The Brookings Institution, 1962, p. 23.
④ Ronald J. Fox, *Arming American*: *How the U. S. Buys Weapon*, Boston: Harvard Graduate School of Business Administration, 1974, p. 295.

分析团队，他们专门研究新武器可能的相关军事价值。"①

军工企业要尽可能地介入研发过程，因为如果等国防部定义它们的任务，对它们竞争国防合同来说就已经太晚了。规划任务是定义任务自身的重要步骤，这个阶段早于任何真实武器设计建议。对此，前国防部长助理J. 罗纳德·福克斯有过经典的描述："（国防）承包商从他们自身经验中得出的最大教训是在提交一份正式建议书前与顾客认识的重要性。"② 在武器设计过程中，承包商不动声色地介入国防政策制定过程中，实际中的"可能"经常变成战略上的"希望"。1974年由国家安全工业协会、电子工业协会和航空工业协会发起的一个关于研发建议书的研究指出："曾经在政府正式承认之前，承包商就已经认可政府需求，并找到主要缺陷的解决办法。"③

表2—9　　1973—1978年国防部独立研发资金情况　　单位：百万美元、%

公司	DoD和NASA研发合同	公司研发投入	研发成本补偿	DoD补贴占公司研发比重
波音	3692.6	1183.6	206.6	17.5
通用动力	2507.3	159.8	70.1	43.9
格鲁曼	704.4	237.7	185.6	78.1
洛克希德	3273.5	299.6	151.5	50.1
麦道	3714.5	812.8	123.2	15.2
诺斯罗普	569.5	173.1	112.6	65.0
罗克韦尔	7115.2	468.3	154.3	31.7
联合技术	1224.7	2030.6	294.7	14.5

资料来源：Gordon Adams, *The Politics of Defense Contracting: The Iron Triangle*, p. 97。

在相当程度上，国防部给那些努力的承包商奖励是为了设计新的武器系统，并卖给联邦政府（见表2—9）。通过独立研发和项目招投标，国防部资助一部分承包商在先期研发、成本准备和国防部投标上投入。换句

---

① Morton J. Peck and Frederic M. Scherer, *The Weapons Acquisition Process: An Economic Analysis*, Boston: Harvard Graduate School of Business Administration, 1962, p. 242.
② Ronald J. Fox, *Arming American: How the U.S. Buys Weapon*, p. 242.
③ Gordon Adams, *The Politics of Defense Contracting: The Iron Triangle*, p. 98.

军工复合体:美国的支柱与噩梦

说,那些适应未来国防研究需求和为政府合同准备昂贵建议书的承包商将会得到政府补贴,并将这部分资金用作购买武器的成本。承包商获得的大量研发和招投标资金是国防部与每个承包商协商的结果,并且这些承包商公司的全部国防部合同要占到公司全部业务的一定比重。这些资金在国会从不公布细节,更不接受公众审查,但这些资金一年接近10亿美元。① 此外,从这个过程出来的武器有可能变成主要和昂贵的项目:巡航导弹、高能量的激光制导导弹、空基卫星监视系统、精确定位装备、"轻型战斗机"、战略轰炸机及其研究。根据国防部数据,研发和项目招投标投入集中在更大的公司,这有助于保持国防工业的集中。每年全部研发开支一半以上都给了前10名承包商。②

认识到获得这些资金的重要性,军工企业千方百计动用各种手段来保证与国防部和国家航空航天局紧密和持续的关系。诺斯罗普董事长托马斯·V. 琼斯对比了早期需求与后期武器采购过程中政府与国防工业紧密关系的不同:"在武器采购、武器服役和武器处于概念的不同阶段政府与军工企业关系有着明显不同。武器评估和来源选择过程要在偏远和荒凉的地方进行,相反,概念阶段则在这种紧密交流、认知和理解需求之前许多年就进行了。"③ 而人员流动恰恰帮助培育了这种亲密关系。近1/3 的流动人员工作在研发部门。正如当年《纽约时报》所指出的那样,这种流动形成了一个"音乐抢椅子游戏":"今天,国防部的政策制定圈都已经被那些企业巨头们占据,这些人想通过国防部走上自己未来在国防工业的辉煌之路……这种趋势在研发办公室尤为明显,到目前为止这是国防部为军事企业设立的最重要办公室,它决定将要开发哪种武器……副董事长的花名册上填满了那些在军工企业工作过又想返回来的人的名字。作为一个音乐抢椅子的游戏,工业巨头们的进出就成为五角大楼著名的'研发卡特尔'。"④

---

① Gordon Adams, *The Politics of Defense Contracting*: *The Iron Triangle*, p. 99.
② Gordon Adams, *The Politics of Defense Contracting*: *The Iron Triangle*, p. 98.
③ U. S. Congress, Joint Committee on Defense Production, *Hearings on DoD-Industry Relations*: *Conflict of Interest and Standards of Conduct*, 2–3 February 1976, Washington, D. C.: GPO, 1976, p. 53.
④ John W. Finney, "The Military-Industrial Complex Grows More So," *The New York Times*, 11 April 1976.

军工工业为获得研发资金运用各种渠道,包括人员流动、军工企业成员任职联邦咨询委员会和贸易协会等。军工企业成为咨询委员会成员,并获得开发哪种武器和政策的信息。通过贸易协会,这些人与政府官员讨论国防研发。举例来说,《国防》时事评论员指出,空军在安德鲁斯和怀特—帕特森两个基地设立办公室,在洛杉矶设立空间与导弹系统组织都是为了"在研发计划和需求上获得有用国防信息"和"主要为发展未来空军项目处理规划文件"。① 新泽西州民主党参议员哈里森·威廉顾问保罗·斯卡布特警告:"这种政治关系是有危害的,公司倾向于发展能得到官方合同奖励的合同……他们知道每一个上校和那些设立规则的人,一旦这些规则和政策形成,它就是个形式。从开始,无论有多少制衡机制,都属于人际关系。"②

以早期研发资金定位一个公司未来的采购合同,这八大军工企业都从研发合同中获得了持续收入。从1970年到1979年,国防部37.1%的研发合同进入了八大公司的腰包。同期,国家航空航天局也是如此。实际上,所有研发资金的43.5%都流入同一方向。同期,由于它研发了B-1战略轰炸机和航天飞机项目,洛克希德是最大的受益者。③

这种公私部门的紧密关系在一定程度上却又是必然的,但在一定程度上损害了公共利益。这些军官和企业家在技术领域形成了一个天才和知识分子的蓄水池。在美国,人们以能参与国家公共政策和文官控制军队而自豪。

四 金融机构与审计员

在企业政治经济关系网络中提供具体技术服务的金融机构和审计人员也是一个主要因素。他们深深地卷入公司活动之中,在定义公司未来和与政府关系中,这些金融机构是一个微妙无形的资源。银行为公司提供持续的服务,包括贷款、金融和管理意见及技术性活动,比如股票登记和转让、处理股票和债权问题、储蓄规划与养老金的管理等。审计人员通常通

---

① American Defense Preparedness Association, *The Common Defense*, 15 October, 1976.
② John O. Membrino, "The MX Contract: It Was a Case of Square Shooting," *The Boston Globe*, 17 February, 1980.
③ Gordon Adams, *The Politics of Defense Contracting: The Iron Triangle*, p. 101.

过年度审计、建议管理、核查公司、提供给联邦政府和公众数据等方式来审查公司活动。作为公司定义其金融和政府关系战略的重要资源，金融机构和审计人员为公司的这种战略关系提供了联系和信息网络。

1. 军工企业与金融机构

包括商业、投资和储蓄银行，与保险和金融公司一样，这些金融机构都与公司各种运作渠道密切相关。尽管两者的关系经常被很难获得的具体数据造成的秘密所掩盖，但金融机构的决定还是对公司生死攸关。一个信贷的同意与否有时意味着一个公司生存、合并或破产。银行信托部门、投资公司、保险公司或互惠基金可能会控制住公司大量的股票，这为它们影响公司决策和公司股票市值提供了方便。投资银行在公司多元化、收购和兼并战略中扮演了主要角色。一个公司董事会成员有可能与金融机构有着重要关系，反过来也一样，相互之间卷入对方活动之中，利益相互渗透。银行自身也有可能在一定程度上依赖公司。"如果你拥有银行一万美元，银行拥有你；如果你欠银行一百万美元，你拥有银行。"[1]

2020年1月至2022年7月期间，306家金融机构向美国贝宜陆上和武器系统公司（BAE）和波音等24家最大的核武器生产商提供了7470亿美元的融资。这一数字比上一年增加了615亿美元，而此时俄罗斯入侵乌克兰。[2] 进入21世纪，机构投资者对美国国防承包商的影响力在增大。美国国防承包商一部分股东还来自机构投资者，他们拥有美国大型国防公司64%—100%的流通股。这些投资者代表了主动管理基金和被动管理基金的组合，每个基金可能有数十亿美元可供分配。这些钱是由投资共同基金或交易所交易基金的个人提供，或者是由企业和政府为养老金和退休基金提供。机构投资者通常进行跨资产类别的投资——他们拥有股权（股票）、债务和其他另类投资。股东可以通过买卖股票以及通过公司董事会影响管理层。上市公司的股东每年根据其持有的股份投票决定谁在其所拥有的公司的董事会中任职。美国主要国防承包商的公司董事会是多元化的，并且大多具有非国防背景，其中包括机构银行和机构投资者

---

[1] Adam Yarmolinsky, *The Military Establishment*, New York: Harper & Row, 1971, p.76.
[2] Clare Carlile, "Banks and Financial Institutions Profiting From Weapons," *Ethical Consumer*, April 7, 2023. https://www.ethicalconsumer.org/money-finance/banks-weapons.

等金融机构成员。①

金融机构与那些严重依赖政府合同的军工企业命运紧密相连，它们与政府的关系对公司命运休戚相关。此外，金融机构在维护自己权利方面还有庞大且强大的游说团体，它们在地方、州和联邦各个层面都拥有广泛的影响力。在地方，银行通常对一个社区经济至关重要，因此，银行家在地区政治经济决策中是关键角色。银行在解决纽约和纽黑文的金融问题和塑造联邦政策方面起到了主要作用。② 主要金融管制机构，比如美联储、美国货币监理署、美国联邦储蓄保险公司等机构，人员雇佣都来自或返回金融产业。

银行游说团体，比如美国银行协会、独立银行家协会和其他更多特殊集团，在行政部门和国会关于银行业政策和管制的决策上起到重要作用。银行政治行动委员会比如美国银行家协会为国会参众两院银行委员会议员提供捐献。一个大银行的说客曾经写道："银行游说集团在国会几乎能阻止任何他们不想要的事情。"③ 随着金融机构政治影响力的日益增强，银行家与政策制定者间的一个非正式网络关系日益密切，这使这些人在制定国家政策上起到主要作用。例如，大通银行的董事长大卫·洛克菲勒在国际事务上的影响和作用就备受关注，特别是1979年秋美国接纳伊朗国王事件期间。

这种军工企业和金融机构的关系网络是军工企业政治权力和网络的主要组成部分之一。公司公布的企业长短期债务数据表明，一个公司在利用其银行网络方面有着很大的不同（见表2—10）。格鲁曼、洛克希德、罗克韦尔和联合技术负债较高。格鲁曼贷款主要用在了F-14战斗机生产项目需求上，而洛克希德资助研发了L-1011商业运输机的生产。④ 大量的长期贷款代表着联合技术用短期贷款置换来帮助公司进行商业多元化，主要是购买开利公司。

---

① Byron Callan, "The Importance of The U. S. Defense Industry's Other Partner," *Aviation Week*, August 25, 2023. https://aviationweek.com/defense-space/supply-chain/opinion-importance-us-defense-industrys-other-partner.

② "Banks' Influence in Capital Called Strongest of Any Regulated Industry," *The New York Times*, 23 December, 1977.

③ Ibid..

④ Gordon Adams, *The Politics of Defense Contracting: The Iron Triangle*, p. 62.

表 2—10　　　　　　　　　公司负债情况　　　　　　　　单位：百万美元

公司	长期债	信用额度
波音	80.7	1250.0
通用动力	53.3	95.0
格鲁曼	169.2	200.0
洛克希德	526.2	675.0
麦道	87.6	100.0
诺斯罗普	15.3	50.0
罗克韦尔	431.0	428.0
联合技术	913.5	1250.0

资料来源：Gordon Adams, *The Politics of Defense Contracting*: *The Iron Triangle*, p.68。

贷款关系和董事会成员兼任将金融机构和军工企业紧密联系在一起。大通曼哈顿借给五大公司贷款，包括波音、格鲁曼、洛克希德、诺斯罗普和联合技术，并在洛克希德兼任一个董事，即印第安纳州标准石油公司董事长约翰·斯韦林根，前国务卿和联合技术前总裁亚历山大·M.黑格也是大通的董事会成员。2023年波音董事会成员包括高通（Qualcomm Incorporated）首席执行官史蒂夫·莫伦科夫（Steve Mollenkopf）、全球生物制药巨头安进公司（Amgen）董事长兼首席执行官布拉德韦（Bradway）、毕马威（KPMG）美国主席兼首席执行官多尔蒂（Doughtie）、联合技术公司（United Technologies Corporation）前执行副总裁兼首席执行官阿吉尔·约里（Akhil Johri）等。

花旗银行借贷给四个公司，即波音、格鲁曼、洛克希德和联合技术。它们相互兼任的董事有以下几个：波音公司里包括纽约证券交易所董事长威廉·巴腾、加利福尼亚标准石油公司董事长哈罗德·J.海恩斯和一个交通装备公司 PACCAR 总裁查尔斯·皮戈特，洛克希德的约翰·斯韦林根和联合技术的董事长哈里·格里，花旗集团总裁威廉·斯潘赛、威廉·西蒙和 D.史密斯。花旗集团一直对波音和联合技术感兴趣。在 20 世纪 20 年代晚期，花旗就创建了美国第一家航空信托公司——联合航空信托公司。这个信托公司在 1934 年分解，与惠普、西科斯基直升机、汉胜螺旋桨、联合飞机、联合航空和波音合并。太平洋证券银行贷款给波音、洛克希德、诺斯罗普和罗克韦尔，并与它们兼任多个董事，即兼任诺斯罗普董事的太平洋证券银行总裁理查德·弗拉姆森三世，兼任罗克韦尔董事的罗克韦尔总裁罗伯特·安德森，太平洋证券银行董事长弗雷德里克·拉金。摩根保证信托银行也借贷给这四家公司。

其他几家银行不仅贷款给这些公司，而且还与这些公司彼此相互渗透。纽约银行贷款给波音、格鲁曼和洛克希德。格鲁曼的会计罗伯特·弗里兹是纽约银行咨询委员会成员。银行家信托是洛克希德向国际财团借贷的主导银行，波音和格鲁曼也如此。汉诺威制造也借贷给波音、洛克希德和诺斯罗普。梅隆银行借贷给波音、格鲁曼和洛克希德。圣弗朗西斯科的富国银行借贷给波音、洛克希德和诺斯罗普。另外11家银行也借贷给波音和洛克希德。还有34家银行借贷给这八家公司，其中有些是地方的，有些是联邦的，它们包括美洲银行、汉华银行、伊利诺伊大陆银行（1984年倒闭）、波士顿第一国民银行、芝加哥第一国民银行、欧文信托公司、加州联合银行。[①]

对于几家知名公司，比如波音、格鲁曼和洛克希德，银行都组成财团来掌管公司的金融。波音的国际财团规模最大，包括42家银行，其次是洛克希德的国际财团，为24家。在格鲁曼和洛克希德公司的国际财团中，契约适用于信贷额度，授予银行审查一定公司活动的权利，比如开发新的商业额度、投资决策、兼并和收购等。

企业金融网络关系还可以通过企业董事会中的董事兼任金融机构董事体现出来，本节仅拿波音和洛克希德为例。波音的14个兼任董事包括：[②]加利福尼亚三太银行的斯金纳；瑞士投资与信贷银行的H.W.海恩斯；布朗兄弟集团的麦克弗森；花旗银行的巴腾、H.J.海恩斯、皮戈特；国民商业银行的摩根；克罗克国民银行的希勒；公平人寿保险公司的魏尔霍伊泽；圣弗朗西斯科联邦储备银行的斯坦珀；芝加哥第一国民银行的摩根；汉诺威制造银行的麦克弗森；太平洋国民银行的H.W.海恩斯；普吉湾国民银行的魏尔霍伊泽；安可保险公司的皮戈特、里德、斯金纳、魏尔霍伊泽；西雅图第一国民银行的皮戈特、里德、威尔逊。

洛克希德的18个董事包括：[③] 美国国民银行与信托公司的斯韦林根；

---

① Gordon Adams, *The Politics of Defense Contracting: The Iron Triangle*, p. 68.
② Ibid., p. 69.
③ Ibid., p. 70.

摩根大通的斯韦林根；苏伊士金融公司的古瑞斯；富得利信托公司的唐纳；芝加哥第一国民银行的埃利斯；第一城市储蓄与借贷协会的肖；Freemont General Corp 的弗卢努瓦；直布罗陀金融集团的弗卢努瓦；大西部金融财团的肖；家庭金融集团的埃利斯、古瑞斯；北美保险公司的古瑞斯；加利福尼亚德莱斯银行的古瑞斯；芝加哥期权交易所的古瑞斯；太平洋人寿保险的卡特和霍顿；萨德罗抵押投资信托公司的安德森；宾夕法尼亚州联合银行团的瑞安思；加州联合银行的安德森、卡特、霍顿；西部银行的卡特、霍顿。

金融机构直接卷入军工企业政府关系的数据非常少。但实际上这些债主对军工企业的国防合同同样保持密切关注。在 20 世纪 70 年代早期格鲁曼在现金流上出了问题，因此想要修改 F-14 战斗机项目合同，国防部愿意为公司提供金融支持，但遭到国会反对。直到 1974 年伊朗梅利银行加入格鲁曼银行团，公司才获得 2 亿美元信贷。[1]

2. 军工企业与会计事务所

虽然会计事务所在游说公司顾客方面没有发挥直接作用，但它们的工作却对军工企业与政府的关系非常重要。会计职业及其行业协会——美国注册会计师协会在定义军工企业是否符合会计标准上起到核心作用。这种作用很大部分是通过美国财务会计准则委员会这个私人机构来进行，这个机构是美国制定财务会计准则的权威机构。不过这两大机构由八大公司主导，其中包括安达信公司、安永会计师事务所、永道会计师事务所、德洛伊特·哈斯金斯·塞尔斯、毕马威、普华和塔奇·罗斯。"这八大会计师事务所能量如此之大，以致它们能够主导美国乃至世界的会计事务。"[2]

这些公司具有独立的审计功能。它们审查并向联邦政府、股民和公众公布公司金融数据，保证公司金融数据完全准确，它们认可或忽视的信息都事关重大。除了设立会计事务标准和审查公司账目，会计师事务所开始日益进行第三项业务——公司管理顾问。在这三项功能中，会计师事务所在军工复合体政府关系上影响很大。军工企业向政府公布的金融数据内容和质量是政府和公众评估这个企业业绩的一个重要因素。海军上将海曼·里科弗就曾质疑这些数据："国防承包商们从他们年度报告上引用的这些

---

[1] Gordon Adams, *The Politics of Defense Contracting: The Iron Triangle*, p. 74.
[2] Ibid., p. 72.

第二章 军工复合体的政治关系网络

数字其目的是努力在新的订单谈判中获取更高的利润，获得更好的处境，或改变国防采购计划……假定公司年度报告对整体经济和国防采购都很重要，人们都期望着这些报告的数字能精确反映出一个公司业务运营和金融状况。但我却很少在公司公布的金融数据中发现这些。公司为财政目的在公布成本和利润上面有很大裁量权。其结果是，这些数字的真实性受到怀疑，人们认为这些数字受到操纵，报告上的利润也经过较大改动，所有这些限制就是所谓的'一般公认会计准则[1]'。"[2]

尽管军工企业公布的金融数据是否真实还有待商榷，但会计师事务所通过它们的审核功能的确对军工企业产生了重要影响。本章中的八大公司与上面八家会计师事务所中的六家密切相关：安达信公司负责审核通用动力和格鲁曼；安永会计师事务所审核洛克希德；德勒、德洛伊特·哈斯金斯·塞尔斯审核罗克韦尔国际；恩格斯德尼审核麦道；普华审核联合技术；塔奇·罗斯审核波音和诺斯罗普。1976年的一个参议院会计报告中严厉批评了这些公司在自己审核职能中假公济私行为："很明显，这'八大会计师事务所'更关心那些选择它们并供给它们费用的公司利益，而不是保护公共利益，因为这些会计公司得益于国会建立的独立审计师地位。"[3]这体现安永会计师事务所操控洛克希德20世纪70年代初的财务数据："作为洛克希德的独立审计师，安永会计师事务所同意使用那些可能误导洛克希德真实金融状况的财会方法。安永会计师事务所是在为洛克希德利益服务而不是公众利益。"[4]

另外，安永会计师事务所在操控洛克希德有问题的海外收支上也有服务公众利益的时候。根据洛克希德董事会关于这些收支调查的报告，安永

---

[1] 一般公认会计原则，GAAP（读作"gap"）代表"generally accepted accounting principles"。它集合了财务报告中常用的会计规则和标准。一般公认会计原则（GAAP）规范包括概念和原则的定义以及针对特定行业的规则。其目的是确保财务报告在组织间透明和共识。没有统一的公认会计准则标准，这些标准会因地理位置或行业的不同而不同。在美国，美国证券交易委员会（SEC）规定财务报告必须遵照公认会计原则的要求。美国财务会计准则委员会（FASB）在总体上规定美国通用会计准则。政府会计准则委员会（GASB）规定国家和地方政府的一般公认会计准则。上市公司必须服从美国证券交易委员会和公认会计准则的要求。

[2] U. S. Senate, Committee on Government Operations, Subcommittee on Reports, Accounting and Management, *The Accounting Establishment: A Staff Study*, Washington, D. C.: GPO, 1976, p. 4.

[3] Ibid., p. 58.

[4] Ibid.

会计师事务所的审计师被几个国家的海外收支数据扰乱。他们试图获得与公司政策相符的确切收支数据，并且这里面不包括给外国政府官员的报酬，即使是公司人员也不知道这些顾问们如何使用这些钱。当洛克希德拒绝提供这些后，安永会计师事务所作了进一步调查，最终导致 1975 年 6 月和 7 月情况的公布。①

作为公司管理顾问，会计师事务所发现自己有时面对军工企业的处境非常尴尬。因为这些事务所在为军工企业服务的同时也为国防部门服务。安达信公司为海军和航空航天局提供审计服务；安永会计师事务所为空军、陆军、海军和国防部长办公室提供审计服务；德洛伊特・哈斯金斯・塞尔斯为海军提供审计服务；普华为空军提供审计服务；塔奇・罗斯为陆军提供审计服务。为此，参议院报告批评了这种利益冲突："'八大'会计师事务所为联邦、州和地方政府提供广泛的服务。通过服务的业绩它们能直接影响政府政策和项目。在照顾它们客户公司事务时，这八大公司就影响了政府的威信，利益冲突难免产生。'八大'事务所还能通过公共和私人部门将它们的影响范围扩大。"②

第三节　军工复合体政治关系的黏合剂：协会、委员会和娱乐

军工复合体政治关系的沟通渠道还包括行业协会和各种顾问委员会，这也是军工复合体重要的关系网络。相比华盛顿办事处，这些渠道和网络成为军工复合体获取信息、发展政治关系的黏合剂，伴随着军工企业提供的娱乐设施，构成了一个完整的军工政治生态图谱。

---

① *Report of the Special Review Committee of the Board of Directors of Lockheed Aircraft Corporation*, 16 May, 1977, p. 20.
② U. S. Senate, Committee on Government Operations, Subcommittee on Reports, Accounting and Management, *The Accounting Establishment: A Staff Study*, p. 67.

第二章 军工复合体的政治关系网络

一 军工企业行业协会及其作用

1. 军工企业行业协会

军工复合体政治关系的主渠道是华盛顿办事处，但行业协会和政府机构中各种顾问咨询委员会的作用同样不容小觑，它们是其政治关系的黏合剂。行业协会在华盛顿一直是政府企业间关系的重要沟通渠道。① 行业协会创立的初衷是加强行业合作，它们以整个工业界名义行事，具有中性的立场，不代表任何一家具体公司的利益。但随着协会效率的提高，其功能和作用开始向影响政府决策转变。此外，几个大型商业协会，比如国家制造业协会和美国商会等雇佣注册的说客代表其利益进行游说。

随着政治经济的发展，行业协会急剧增多。到1978年为止，在华盛顿有1500个贸易协会。② 它们提供传统服务：制订培训计划，设定行业标准，进行研究和信息的收集与分发。此外，这些协会还设立工作机构，其成员与公司华盛顿办事处工作人员密切合作，保持与联邦政府顾问委员会的紧密联系。协会观点中立，其发言不代表某一个公司。有时一个与政府官员协调的协会能变成事实上的政策决策者。③ 这种特别而又正常的接触途径增强了其所代表公司的影响力，并非常有效地排除了非专家意见和其他可替代性政策。许多贸易协会不断扩大它们的政治活动范围，直接进行游说活动，甚至通过政治行动委员会提供竞选捐款。在1977—1978年，有547个贸易协会建立了政治行动委员会。④ 贸易协会与贸易工会一样，成为政治行动委员会建立最多的地方。

协会在政府与工业之间形成的紧密联系也是军工复合体政治关系中的重要一环。为了增强军工复合体内的"铁三角"关系，国防承包商成立了诸多国防贸易协会，其目标是"承包商和他们的行业协会在国防美元的驱动下为获取最大的蛋糕而勾心斗角四分五裂，但相同的承包商却为了共同

---

① Gordon Adams, *The Politics of Defense Contracting: The Iron Triangle*, p. 155.
② "For Trade Association, Politics is the New Focus," *Business Week*, 17 April, 1978.
③ Gordon Adams, *The Politics of Defense Contracting: The Iron Triangle*, p. 156.
④ U. S. Federal Election Commission, *Reports on Financial Activity, 1977 – 1978, Final Report Party Political Committee*; Vol. IV-Non-Party Detailed tables, April 1980.

· 121 ·

的目的联合在一起来影响国防采购和政策"①。军工企业在共同利益基础上联合起来共同分享国防信息；未来研发信息；维持正常的防务水平和航天开支；通过合同使用专利的权利；不同类型武器系统中分配到的国防资金；社会环境下接触国防部和国家航空航天局官员；影响国防部、白宫和国会的国防采购政策。

为了评估这些组织的活动水平，本书选取20个协会。有些是为了获取基本信息，有些是有明确的技术任务，其他都与政治和政策制定过程密切相关。焦点放在三个军种协会和九个工业协会上：美国陆军协会、海军协会和空军协会非常积极，并且成员都是退役军人，但只有空军协会200余个企业成员与贸易协会活动有联系。工业协会包括美国宇航产业联合会（AIA）、美国防务预防协会（ADPA）、国家安全产业协会（NSIA）、美国造船商理事会、美国出口与安全援助协会、陆军通信与电子协会、电子产业协会、全美技术服务业理事会和全美防务交通协会。它们都是国防工业与政府间关系的桥梁与纽带。

军工企业通过协会大会和协会出版物获取国防信息。许多协会每年至少要开一次大会，参加者包括国防部的现役和文职人员，会上有各种各样的座谈会和机密简报，还分发有关未来项目、武器和国防政策的信息。这里是收集未来研发趋势信息与熟悉采购和政策制定的主要官员聚集的地方。事实上，所有12个贸易和军种组织都有时事性出版物。美国造船商理事会有一个事关其产业利益发展的华盛顿政策方面的常规情报报告，美国防务预防协会出版的《国家防务》，是一本充满产业广告和关于国防采购政策与武器发展的月刊杂志。美国防务预防协会还出版会员时事评论《共同防务》。这是本典型的国防事务杂志，它提供武器发展信息，一系列关于国防部规划的信息新来源、相关国内外新闻、预算争论短评、协会出版物和未来事务的广告。②

此外，协会代表还长期为国会听证会提供证据，范围从平常的国防开支水平到影响工业具体采购政策的立法。例如，美国宇航产业联合会会长卡尔·哈尔在20世纪70年代经常在修正联邦采购政策上作证。专家委员

---

① Donald R. Hall, *Cooperative Lobbying: The Power of Pressure*, Tuscon, AZ: University of Arizona Press, 1969, p. 54.
② Gordon Adams, *The Politics of Defense Contracting: The Iron Triangle*, pp. 157–158.

第二章 军工复合体的政治关系网络

会也经常与政府机构打交道。例如，国防部在讨论国防产业花费承受标准变化时，其成员就是来自五角大楼国防采办管理委员会（前身是陆军采购管理委员会），都是国防产业代表和贸易协会的关键工作人员。

2. 军工企业协会的立法影响和关系网络

尽管本书选取的八大军工企业都否认通过游说影响立法和政府决策，但事实上它们的代表都积极卷入了针对国会和行政机构的政府关系活动中。这些代表鼓励不断增加国防开支和研发具体项目，把公司信息传递给国防部和国家航空航天局，从联邦官员处获得信息给协会会员公司，成为军工复合体内部相互沟通的重要桥梁和纽带。参议员普罗克斯迈尔将这些军工企业协会描述为："理念和信息从军工企业流向五角大楼的中间人。"[①]

军工企业协会与传统游说没有什么差别。据调查，当时仅有三个协会有说客注册，即美国宇航产业联合会、美国造船商理事会和全美技术服务业理事会，其他都声明没有游说活动。但这并不表明其他协会没有说客，它们没有对国会和政府决策进行游说，而是反映说客注册的缺失，反映的是法律上定义的不完善。正如一位五角大楼官员指出："作为一个社会性组织，它们在与国会打交道中有着令人难以想象的力量。"[②] 并且秘密访谈也肯定了这些协会行为的重要性：它们能向国会和行政机构同时施压。[③]

八个军工企业隶属三大主要产业集团和一个服务组织——空军协会，这四个协会全面卷入国防事务。此外，在华盛顿代表军工企业的是"协会的协会"——防务和宇航产业协会联合理事会。

美国宇航产业联合会，成立于1919年，是最有影响力的产业贸易协会之一，有63个公司成员，20世纪70年代中期预算超过200万美元。美国宇航产业联合会的目标是帮助其成员"进行非竞争性问题，这些问题影响到公司的金融管理、财会、合同管理和采购法"，以此寻求在国防部和国家航空航天局"公平的采购政策和实践"[④]。美国宇航产业联合会的官

[①] U. S. Congress, Senate, "The Power and Influence of the Professional Military Associations," Testimony of Sen. William Proxmire, *Congressional Record*, 95rd Congress, 2nd Session, 21 Feb. 1974, S2409.

[②] Lucian K. Truscott, IV, "Inside the Air Force Association's Annual Bacchanalia," *Rolling Stone*, 26 Feb, 1976.

[③] Donald R. Hall, *Cooperative Lobbying: The Power of Pressure*, p. 53.

[④] Gordon Adams, *The Politics of Defense Contracting: The Iron Triangle*, p. 159.

员在国会上经常作证，服务于各种顾问委员会和协会出版的研究报告，这些报告包括详细的年度数据小册子——《宇航现状与数据》。

美国防务预防协会，成立于1919年，目的是"通过工业战争准备……代表武装力量来获得和平"。成员33000个，包括军队和民用的团体，有400个公司成员。尽管协会"开始就声明避免介入政治，从来不进行游说"，但它却培育了政府与产业间的亲密关系。协会将工程师、银行家、产业巨头和国防官员聚集在一起，关注美国国防生产能力的保持。"二战"后协会覆盖了全部国防产业、技术发展部门和为各种武器系统设立的特殊部门。用协会自己的话来说："坦率地说，协会承认支持所谓的军工复合体。"它为拥有最大的60家国防承包商中的48家而自豪。①

国家安全产业协会，成立于1944年，有275个公司会员。它代表着为政府安全机构服务的公司和研发组织，也致力于"产业与国家安全间亲密关系"。协会出版一个双月刊的时事评论，有八个顾问团体向国防部和国家航空航天局提供建议。

防务和宇航产业协会联合理事会。理事会包括美国宇航产业联合会和国家安全产业协会、汽车制造商协会、美国造船商理事会和西部电子制造商协会。理事会与这些协会比与国防部联系更密切。理事会自己声明的目标是："理事会提供一个沟通的核心渠道，目的是简化、加快和提高全行业审议那些广泛应用的政策、规则、问题和疑问，这些都涉及国防部，国家航空航天局等的采购活动和其他政府采购活动。"② 理事会由每个协会提供的两名成员组成，考虑由任何协会中的三名成员提交的"建议"，平均每年向政府机构提交70篇评论和建议信件，为其成员获取信息和简化政府与国防产业的关系。帮助组织国防产业与国防部国防采购规则委员会，理事会还帮助军工企业加强在国防部的影响。本书中有7个公司都参加了理事会。理事会还有若干个项目委员会，举行年度会议和与政府部门进行常规磋商。

---

① "History of Partners in Preparedness," *National Defense*, No. 347, March-April, 1978, pp. 393, 294, 496.

② Gordon Adams, *The Politics of Defense Contracting: The Iron Triangle*, p. 160.

二 国防部门顾问委员会及其作用

1. 国防部门顾问委员会

军工复合体在政府政策制定中的另一个载体是顾问委员会。顾问委员会是军工复合体中军工企业与行政机构沟通的重要渠道之一。在1977年，联邦政府有1159个顾问委员会，24678名成员，截至1979年12月，总共有820个顾问委员会，20460名成员。[①] 数字的变化反映了卡特政府努力对这些委员会建立零基础的审查机制。这些委员会由政府和私人部门代表共同组成，面向每一个联邦机构，针对每一项国家政策提供建议。成员通常由委员会自己选择或行政机构任命，任期从特定时间到不确定都有，关键看委员会。它们可能讨论技术性问题或更广泛的政策性问题，正如它们名字所体现的那样：莫阿布牧区顾问委员会属于内政部，国家档案顾问委员会属于总务管理局，海军转售咨询委员会属于国防部，平流层研究咨询委员会属于国家航空航天局。

这些顾问委员会对政府决策有重要影响，比如原子武器的开发、三哩岛核泄漏和国家林地的未来规划使用都经过顾问委员会的充分讨论。"政府内拥有顾问头衔的外行们在'二战'后政府发起的一些重大有争议的政策中一直举足轻重。"[②] 即使不是翻天覆地的事情，这些顾问委员也能提供一个平台，在这个平台上这些委员出席并讨论代表私人利益的公共利益。事关产业发展的联邦政策通常被讨论，有时候甚至形成立法。这些顾问委员早期介入，拿回他们所代表的机构和公司利益的政策发展会议信息；他们与政府官员非常熟悉，经常会见在他们领域内其他有影响力的委员。此外，这些顾问委员关注具体问题或政策领域，选择他们自己的成员，形成一个紧密而又相互影响的决策网络，并将其制度化。这导致可替代性方案或公共参与缺失。"行政机器的膨胀代表了利益集团与政府共生关系的制度化、合法化，对抗从公共领域转移成密室政治。"[③]

这种"密室政治"使20世纪70年代人们要求完全公布委员会成员

[①] Gordon Adams, *The Politics of Defense Contracting: The Iron Triangle*, pp. 173, 165.
[②] Francis Rourke, *Bureaucracy, Politics and Public Policy*, Boston: Little Brown, 1969, p. 100.
[③] Itzhak Galnoor, "Government Secrecy: Exchanges, Intermediaries and Middlemen," *Public Administration Review*, 35: 1, January, 1975, p. 36.

及其活动的呼声高涨，最终导致1972年联邦顾问委员会法的出台。该法要求所有委员会向公众公布它们的会议细节，除了特定问题外，所有会议都要开放，并进行归档形成年度报告。该法还规定委员会的委员要平衡，白宫行政管理与预算局管理和监督这一个过程，国会图书馆接受这些数据档案。但效果并不明显。据事后评估发现，许多顾问委员会在很多方面都没有遵守，一些委员会以各种借口搪塞不交归档报告：国家安全、外交机密、私人事情、贸易秘密、机密金融信息或机构内部讨论和机构内谅解备忘录等。已经交了的报告也经过了瘦身、误读，甚至根本就没有价值。几乎占所有委员会会议一半以上的重要会议继续密室政治。尤为重要的是，几乎没有几家委员会在委员上进行平衡。委员会和机构经常把平衡解释为妇女、少数族裔或不同地区的平衡。而不同观点和不同功能根本就没有作为衡量标准。

2. 国防部门的顾问委员会关系网络与影响

国防部门的顾问委员会在军工企业获得早期国防信息上的作用非常重要，也是军工企业与政府部门人事流动和沟通关系的重要渠道之一。许多顾问委员手头掌握的材料都是机密的，事关国家安全。国防部在1979年年末有顾问777人，而国家航空航天局483人，来自联邦机构、研究所和国防承包商。[1] 这些数字低估了全部处理国防事务的顾问委员会代表人数，因为他们不包括类似国防采购条例委员会的委员代表，这个委员会被纳入国防部政策制定范围，不对公众开放和提交报告。还有一些顾问组织的代表不计算在内，其原因是它们是现役部队和其他组织的小组委员会，比如国防科学委员会等。在1979年以顾问委员会数量作为衡量标准，联邦机构中国防部排在第6位，以顾问委员会代表数量为标准排在第11位，以这些委员会的年度花费为标准排在第4位。[2]

下面这个表格充分体现了本书选取的八个军工企业参与国防顾问委员会的情况（见表2—11）。

---

[1] Gordon Adams, *The Politics of Defense Contracting: The Iron Triangle*, p.167.
[2] Ibid., pp.167 – 168.

表 2—11　　　　　1976—1978 年联邦顾问委员会成员情况　　　　单位：人

公司	在委员会工作的公司人员	拥有的委员会成员名额	在研发委员会的成员
波音	16	23	12
通用动力	7	7	5
格鲁曼	7	7	4
洛克希德	15	20	5
麦道	11	11	3
诺斯罗普	9	10	1
罗克韦尔	7	7	4
联合技术	11	13	1

资料来源：Gordon Adams, *The Politics of Defense Contracting: The Iron Triangle*, p. 171。

从表 2—11 公布的材料来看，波音拥有的代表最多，从 1976 年到 1978 年年底与国防相关的顾问委员会 23 个名额中有 16 名工作人员。这些委员会覆盖了波音公司利益的各个领域：未来科学与研究（四个委员会中的 11 个成员名额）、战略目标规划（波音是民兵洲际战略导弹的主承包商）、军事空运（执行此任务的是波音 747 和正在制造的 YC-14）。其他公司情况也大致如此。

国防部顾问委员会处理的事务非常广泛，也非常重要，囊括了与国防相关的各个机构和整个军工产业。军工企业获得早期决策最为关键的是科学顾问机构，特别是国防科学委员会。国防科学委员会由 24 名普通成员（许多是匿名协会成员），外加三个与军种相关的科学顾问委员会会长组成。国防科学委员会会长由负责研究和工程的副国防部长来选择，普通成员则依据他们在研究和工程领域的杰出成绩，并且大部分来自军工企业和国防研究机构。国防科学委员会的章程表明这个组织职责非常广泛：就研究和工程事务向国防部长和副国防部长提出建议。国防科学委员会在各军种中还有相关部门——陆军科学委员会、海军研究顾问委员会和空军科学咨询委员会。这些委员会的成员普遍都由这些机构本身和这些委员会自己来选择。这些关键性委员会能向军工企业提供新武器最早阶段的决定，甚至早于国会和公众知道之前。

而且，国防部科学顾问网络要比表面大得多。每个委员会都可以分解成无数的与国防部研发和采购部门并行的任务单位、特别小组和工作小组委员会。这个大网络使更多的科学界和产业界代表进入国防部决策的早期阶段。公众很难决定军工企业代表是否通过这些委员会获得优先权，因为这些委员会只向公众提供有限的信息。尽管几乎所有委员会都有主要的军工企业代表，但没有几个公布这种友好关系的，而且它们尤其不愿意泄露细节性信息。有人做过统计，在1979年，国防部这些委员会举行的闭门和部分闭门会议比重最大，占到全部会议的80.8%。①

尽管如此，从它们提供给公众的材料中还是能追寻到蛛丝马迹。比如国防科学委员会规定："委员会应当关注这个领域内的长期政策规划"，并向国防部长和主管研究与工程的副国防部长提供建议。一些具体建议包括：在合理幅度、内部平衡和适合地方，在研发、工程、测试和评估等内容上要与国防部保持共识；在进攻性武器系统中要注意研发的效率，同时注意及时有效地利用新知识；为保证这些项目的有效性，首要的是管理活动和政策。

空军科学咨询委员会小组委员会的会议记录上有着军工企业想要获得的各种武器的早期重要信息。比如，其领导的宇航与导弹系统组织顾问委员会在1975年1月举行了一次闭门会议，焦点集中以下几个主要政策事项上："简报提供了一个近期内正在论证的项目，其内容是证明空间激光武器的可行性。提交限制战略武器协议中运载系统数量减少的影响总结，这个协议对未来项目将产生重大影响，如果所有计划努力都在目前军队中得到贯彻执行，那么美国将拥有更多的运载弹头。会议还讨论了苏联在弹道导弹核潜艇数量上的明显优势，如果美国未来依靠潜射弹道导弹，就要充分考虑这支军队未来的脆弱性。会议同时提交了国家航空航天局发起的航天飞机项目现状和与此相交汇的空军相关项目。讨论还包括发展规划和配套项目资金。"②

参加这次会议的代表来自大学和与项目有关的研究机构。他们有：杰拉尔德·迪宁博士，林肯实验室董事长，1980年任负责指挥、控制和通信的国防部长助理；麻省理工学院的约翰·麦卡锡教授；兰德公司的威利斯·韦尔博士；宇航公司的伊万·格廷博士，他在指挥、控制和通信委员

---

① Gordon Adams, *The Politics of Defense Contracting: The Iron Triangle*, p.168.
② U.S. Department of Defense, U.S.A.F. Scientific Advisory Board Headquarters, United States Air Force, *1975 Report of Closed Meeting under Section10 (d) of the Federal Advisory Committee Act*, 1975.

会最后的会议上将宇航公司描述为"支持宇航与导弹系统组织顾问委员会的主要联邦合同研究中心"。在1975年1月16日,航空系统部门顾问委员会在俄亥俄州的赖特—帕特森空军基地全面检查"正在先进战略空射导弹上使用的方法"。它们还视察了"目前远程车辆导航项目",并"给予肯定和支持,并对未来工作提出一些建议"[1]。

1975年,指挥、控制和通信管理和支持研究委员会几次召开会议,讨论重大的软件项目和邀请系统制造商针对提出的问题进行评论与探讨。其中的成员有前空军首席科学家迈克尔·雅里莫维奇,罗克韦尔国际北美航空部副总裁。这个委员会讨论了安全支援项目和世界范围内的军事指挥与控制系统。这里的主题都关系到罗克韦尔的特殊利益,当时公司在伊朗有一个通信公司,为导航主承包商提供导弹导航和通信服务。军工企业还参与渗透到各个层面会议中,从联邦合同研究实验室,比如林肯实验室、麻省理工学院研究与工程公司、航空公司等,到主要合同公司,包括雷神公司、娱乐产品集团的喜万年、美国无线电公司、休斯飞机、波音和罗克韦尔。数十分钟的会议虽然短暂,但却为军工企业提供了导弹信息和未来研究方向。

这些蛛丝马迹足可以说明这些顾问委员会对军工企业获取国防武器信息的重要性。2021年1月30日,国防部长劳埃德·奥斯汀暂停了美国国防部的所有外部咨询委员会。在当天发布的一封信中,他下令对所有此类委员会进行"零基础审查"(zero-based review),无论它们是否受到联邦咨询委员会法案(FACA)的保护。根据其数据库的数据,由美国总务管理局(GSA)维护的国防顾问委员会超过40个。这些顾问委员会由科学家、政策顾问和商界领袖和学者等构成,为国防部长做决策服务。美国智库兰德公司在2022年的一份报告中指出,这些国防顾问委员会历来倾向于从政党和民事与军事关系的角度思考,近些年还包括性别。此外,这些委员会还涉及承担的项目及受这些工作影响的人们。[2]

---

[1] U. S. Department of Defense, U. S. A. F. Scientific Advisory Board Headquarters, United States Air Force, *1975 Report of Closed Meeting under Section10 (d) of the Federal Advisory Committee Act*, 1975.
[2] Cortney Weinbaum, Diana Y. Myers, William Shelton, "Reimagining Defense Advisory Boards: Lessons Learned for Leaders in the U. S. Department of Defense," Rand Corporation Research Report, Feb 9, 2022.

三　军工复合体政治关系的黏合剂：娱乐

　　除了协会和委员会这些沟通渠道，把军工复合体主体黏合在一起的还有社会性娱乐。国防决策者和产业高管经常娱乐上花费大量时间。这种社会关系备受争论，被冠上不公正、不正确和腐败的帽子。对于军工企业来说，向国防决策者提供这些娱乐有利于塑造友好工作关系氛围。正如罗克韦尔董事长罗伯特·安德森在1976年所述："娱乐肯定不是成功完成政府业务的必要因素。但我认为需要公平地看待，就如它在商业联系中的作用一样，它提供了一个好处，即一个让你更好地了解与你合作的人的机会，并在共同问题上促进双方理解。总之，它是在这个复杂社会中我们奋斗的一种手段方法，有助于促进交流。"[1]

　　过去，军工企业一直为国防部和国家航空航天局的客户提供经常性娱乐活动，包括休闲商务午餐、高尔夫、宴会、免费航空旅游、体育门票和文化活动等。此外，它们还向出席贸易协会年度大会的代表提供套房，为客户提供周末打猎和钓鱼的设施。尽管有些费用由国防合同埋单，但大部分都是承包商自己支付。20世纪70年代这些问题在国会听证会上被提出，认为这些娱乐违反了国防部行为准则。此后国防部采取了一些措施，收窄了这些娱乐的范围，但国防部行为准则中依然有大量空子可钻。这些社会性娱乐对任何一个国防合同的决定产生很大影响说起来有些夸张。毫无疑问，一次免费午餐和一次周末度假不足以收买一个政府雇员。格鲁曼的说客戈登·奥森瑞德认为："你要相信一个掌握着百万美元项目的将军被一顿20美元的晚餐所出卖，这是笑话。"[2] 这表明社会性娱乐在军工复合体政治关系中发挥的作用有限，但却起到润滑剂的功能。

　　军工复合体提供娱乐的主要作用是它增强了"铁三角"中决策的内部循环，对目前和未来期望形成了共有观念。此外，这种在军工企业和国防部人员间建立起来的社会关系使公司搜集和传递信息变得更加简单。不过，在娱乐问题上联邦政府和国防部有明确指示，限制军工企业提供娱

---

[1] U. S. Congress, Joint Committee on Defense Production, *DoD-Industry Relations*: *Conflicts of Interest and Standards of Conduct*, 94th Congress, 2nd Session, 2 and 3 February, 1976, p. 26.

[2] Kenneth H. Bacon, "Pentagon and Contractors Grow Cautious after Disclosures of Wining and Dining," *The Wall Street Journal*, 8 April, 1976, p. 40.

乐。国防部第5500.7号指示明确禁止国防部雇员接受娱乐活动，这是国防部行为准则的一部分。"国防部工作人员禁止直接或间接从任何人、公司或其他实体捞取或接受任何礼物、赠品、娱乐、贷款或任何其他值钱之物。"①

不过，20世纪70年代中期国防部执法和指示中存在的诸多缺陷表明实践效果并不理想。指示不禁止的包括为政府利益服务的国防部工作人员的正式午餐、晚餐和类似聚会，这些聚会都是为讨论政府与产业共同利益事务，由产业、技术和行业协会发起承办埋单。此外，指示还有很多例外，其中最大的一个例外是，"考虑到个人情况，在（娱乐）活动中服务国家利益的国防部工作人员费用需要国防承包商埋单"。

指示还同意接受赠品，"只要属于个人朋友和亲戚间习惯性交流社会福利品，并且可以扩大到个人"。1974年和1975年诺斯罗普为大量国防部和国家航空航天局工作人员提供了慷慨的娱乐活动。一个报告还公布了罗克韦尔、马丁·玛丽埃塔公司和雷神都向政府国防雇员提供了娱乐设施，如打猎、钓鱼和在马里兰东部海滩休闲。据透露，诺斯罗普招待的客人接近100人，这些都是影响和决定诺斯罗普公司国防采购业务的所有官员，包括飞机、电子、后勤和海外军售。②

国防部门对此不断地遮掩。1975年国防部副部长威廉·克莱门茨给大军工企业写信，劝告它们不要违法。"即使一个技术性的规则也不要违反，这会产生利益冲突，这种利益冲突会削弱所有国防部工作人员的公众信心。为了维持这种公众信任，我们与承包商的关系必须无可指责，并且我们必须证明与所有承包商生意中的公平与公正。接受赠品尤其会产生与这些标准不符的印象。"③

克莱门茨还给贸易协会、军工企业高管和与国防部第5500.7号指示相关的国防部官员写信，要求其避免此类事件。针对47个贸易协会，克莱门茨指出，国防部雇员只能参加由协会自身举行的会议，"禁止接受在协会活动中的赠品"。他还指出参加宴会和晚宴的国防部雇员必须是随机的，这样才能避免给人任何冲突的印象。第三封信克莱门茨写给75个国

---

① Gordon Adams, *The Politics of Defense Contracting: The Iron Triangle*, p. 176.
② Ibid., p. 177.
③ Ibid., p. 178.

军工复合体:美国的支柱与噩梦

防部系统项目官员和指挥官,督促他们要遵守指示标准并要求他们评估遵守的程度。为了进一步遵守规则,国防部还从审计上入手来保证这些标准的执行。除了国防部,由威廉·普罗克斯迈尔领导的两院国防生产联合委员会在1975年10月对41家承包商进行了调查。调查评估结果显示,这些公司每年要花费数百万美元用来开发和维护政府关系。尽管三令五申,但向国防部官员提供套房、体育门票、宴请、交通工具属于家常便饭,当然这些不包括向地方官员提供好处。

从中可以看出,军工企业提供的社会性娱乐活动是军工复合体关系的润滑剂和增强剂,这些娱乐性活动不能左右立法、选举和政府决策,但却为这些活动提供了必要的场所和设施,促进了这些关系的发展和改善。

此外,海外军售也是军工复合体关系的重要组成部分。在海外军售中,军工企业和国防部都有利可图。海外扩展生产经营可以减少单位成本;海外购买和使用武器还能提供装备效能的额外信息。海外军售使国防部在削减国内合同的同时不会损害到美国的国防生产能力,这些能力使国防部在未来某个时段可以迅速动员。最后,向外国政府销售军事装备还能实现美国安全和外交政策目标。因此,国防部为海外军售铺路,帮助军工企业。20世纪70年代,主要海外军售都是在海外军售顾问委员会的建议和帮助下通过国防部的防务安全机构协调完成。在军工企业的海外军售战略和武器的实际采购上这些机构都很有分量。

第三章　军工复合体的政治影响

第一节　军工复合体与立法

冷战以来美国国防开支急剧增加，工业化和后工业化社会日益复杂，为了搜集情报信息，各大公司包括军工企业纷纷在华盛顿设立各种机构，其中最重要的是华盛顿办事处。随着国会权力的部分恢复，各大企业华盛顿办事处的职能和作用发生根本性变化，除了搜集信息外，华盛顿办事处还肩负起公司战略规划重任，其目的是进一步加强对立法的影响。

一　军工企业华盛顿办事处

2022年5月5日，波音公司宣布，将其全球总部从芝加哥迁至华盛顿特区郊外的弗吉尼亚州阿灵顿市。2001年，波音将总部从西雅图迁至芝加哥，意味着自此"距离资本更近"。相比西雅图和芝加哥，阿灵顿距离政治更近了。波音首席执行官戴夫·卡尔霍恩在声明中表示："鉴于新地址靠近我们的客户和利益相关者，并且可以接触到世界一流的工程和技术人才，因此此次搬迁对我们具有战略意义。"[1] 追踪美国政商界游说活动的网站"公开秘密"（Open Secrets）披露的数据显示，2021年波音在游说活动上聘请了超百人的说客，预算高达1340万美元。这一支出不仅在防务行

---

[1] Julie Johnsson, "Boeing to Move Headquarters to D. C. Area From Chicago," *Bloomberg*, May 6, 2022.

业内数一数二，在美国商业界也位居前列。这次将全球总部迁至华盛顿特区的近郊，也同样被视为波音想接近政治中心、加强与军方客户交流的证据，似有继续加码防务、太空业务之意。

美国军工企业华盛顿办事处或者总部早在冷战期间就已经兴起。冷战对美国政治发展的重大影响就是联邦政府中总统权力急剧膨胀，成为美国政治中心，国会失去了首要地位，但仍然是美国决策程序的一个重要中心。20世纪70年代越战的反思以及"水门事件"使国会夺回了部分被总统侵蚀的权力，恢复了部分在美国政治中的主导地位，[1] 主要体现在国会在预算内容和规模上的影响力越来越大。为此，公司企业包括军工企业纷纷加强国会的游说力量，各公司企业华盛顿办事处的作用愈显重要。《财富》500强企业在华盛顿都有办事处，相比冷战前期，20世纪70年代办事处的规模增加了5倍。1966年成立的商业—政府关系协会汇集了顶尖级华盛顿办事处的官员，其成员从75人增加到1979年的90人。[2] 航空航天公司也在引领这一趋势。[3]

随着重要性的增长，军工企业华盛顿办事处的作用发生了彻底的改变。冷战初期，军工企业华盛顿办事处主要是负责搜集信息、监督国防采购进展影响和立法活动，偶尔也施加压力、进行游说和向友好国会议员提供娱乐服务。但政府与军工企业间的日常交往通常是公司生产部门人员和国防部官员之间的沟通。相反，到了20世纪70年代，华盛顿办事处最主要的两项任务——施加压力和搜集信息——密切结合在一起，统统用一个通用术语"政府关系"代替，这是军工企业成功的关键所在。

与此同时，军工复合体华盛顿办事处的职能也发生了根本性变化，除了传统的政府关系外，还承担起了规划公司全部战略政策的重任。第一，"政府关系"。游说国会议员，寻求影响立法。同时获得行政机构政府官员的支持。第二，华盛顿办事处承担起规划公司全部战略政策的重任，包括从目标针对雇员、股东和本地社区的草根运动，到对国会候选人的竞选捐款，再到直接与华盛顿的权力精英们直接接触。这显著增强了军工企业的政府关系，尤其是对立法的影响。

---

[1] 倪峰：《国会与冷战后的美国安全政策》，中国社会科学出版社2004年版，第230页。
[2] "New Ways to Lobby a Recalcitrant Congress," *Business Week*, 3 September, 1979.
[3] Phyllis S. McGrath, *Redefining Corporation-Federal Relations*, *A Report from the Conference Board's Division of Management Research*, New York: The Conference Board, Inc., 1979, p. 58.

第三章 军工复合体的政治影响

1977年和1978年格鲁曼与麦道和诺斯罗普争夺海军飞机订单的实例为我们提供了一个分析的视角，对华盛顿办事处的各项活动有所了解。当时海军采购资金不足，无法按期全部购买海军和国防承包商所期望的那么多格鲁曼生产的F-14熊猫战斗机和麦道与诺斯罗普共同生产的F-18大黄蜂战斗机。这就面临着哪种战斗机要被砍掉的问题。这三家军工企业各自在华盛顿的办事处都派出强大阵容的游说团体企图影响这个决定。每个公司都详细公布了两大战斗机的性能和成本的对比情况，以求得最大竞争力。随后它们又督促国会代表们向行政机构的决策者们施加压力，要求他们将这些编入国会预算中。格鲁曼督促的是参议员丹尼尔·帕特里克·莫伊尼汉、纽约州州长休·凯里和长岛众议员，并雇佣了一个新说客——前众议院武装力量委员会顾问弗雷德·斯莱顿谢克，要求他们采取行动。麦道和诺斯罗普督促参议员爱德华·肯尼迪和众议院议长蒂普·奥尼尔的帮助，其中它们两家的F-165飞机装备的是通用动力在马萨诸塞州林恩生产的发动机。随着争夺的展开，公司双方代表在国会山和军队之间你来我往。最终麦道和诺斯罗普获胜，但要让输家格鲁曼放弃很不容易。失败后的格鲁曼继续在国会战斗到1978年的春天，最终获得国会同意，增加它们飞机的产量并达到它们原来期望的水平。[①]

二 军工企业华盛顿办事处与立法

军工企业华盛顿办事处在搜集信息的基础上，肩负起公司战略规划的重任，游说国会施加压力也变成其主要任务之一。无论搜集整合信息，还是规划公司战略，其目的都是强化军工企业华盛顿办事处的政府关系，影响立法过程。

[①] "Carter Fund-Raiser Backs 2 Jet-Fighters," *The New York Times*, 7 December, 1977; "Effort to Override Cut in F-14 Orders is Urged by Downey," *The New York Times*, 10 January, 1978; "Moynihan Asks Expansion of Plane Lobbying Study," *The New York Times*, 16 February, 1978; Steven R. Weisman, "Carey Aide Accuses O'Neill on Grumman Cutback," *The New York Times*, 17 February, 1978; Rachelle Patterson, "Carter to Decide in 2 Weeks on F-18's future," *Boston Globe*, 6 December, 1977; A. Harris and George C. Wilson, "Aircraft Contracts Stir Dogfight Here," *The Washington Post*, 5 December, 1977.

1. 获取信息和施加压力

要想获得其军工合同的成功,任何军工企业都要依赖其在获取信息和施加压力上的效率。华盛顿办事处代表们收集了大量详细数据,其中包括政府活动、立法情况和国会关键委员会工作情况、行政分支机构的采购政策决定、研发规划和项目、新的管制行动和正在制定的联邦规则等。这些信息需要筛选和评估,最后送到公司相应的高管手中。有些公司为公司高管和政府相关人士提供一份简讯,其他公司只是向公司高管简单地提供书面或口头通报。这种"内部"报告价值很高。

为了获取信息,华盛顿办事处人员要经常拜访行政机构和国会的主要官员和议员,参与正式和非正式的顾问委员会会议,约见贸易协会团体和参加听证会。有时信息搜集功能本身就备受争议。比如,波音公司华盛顿代表将空军研发办公室有关战略导弹项目的文件直接电传给了西雅图的公司人员,这引起了政府的安全调查。[1] 不仅如此,军工企业华盛顿办事处的代表还是"铁三角"的另外两方的媒介,他们在信息流通过程中处于核心位置。一个五角大楼官员曾评论,"公司说客最大的好处是,他们让我们在国会山上了解了更多的东西,是我们发现哪里发生了什么的最快途径"[2]。

获取信息和施加压力是一个问题的两个方面,两者相辅相成。获取信息和施加压力是获得你的观点,并希望通过或鼓励其他人来采纳这些观点,其目标都是指向政府的国会和行政机构。因此,一个优秀的华盛顿办事处代表应该拥有一个广泛而多样的关系网络。一个来自通用动力并与预算与管理办公室保持密切关系的代表指出:"有机会接触总统工作人员对一个公司来说非常重要。"[3] 除了白宫,华盛顿办事处代表还要培养与国防部官员的关系,这些官员处理目前或未来公司合同、采购和政策制定,他们来自与公司业务密切相关的军种和国防部长办公室。同时,华盛顿办事处代表还在国会编织了一个工作网络。首先是对军工企业非常重要的两院常设委员会议员,比如军事委员会、拨款委员会、科技委员会等,然后是军工企业工厂所在地的州和地区议员。总之,军工企业华盛顿代表要经常

---

[1] Kenneth H. Bacon, "Pentagon Studies How Boeing Got Secret Information," *The Wall Street Journal*, 29 February, 1979.

[2] "How the Weapons Lobby Works in Washington," *Business Week*, 12 February, 1979.

[3] Gordon Adams, *The Politics of Defense Contracting: The Iron Triangle*, p. 131.

拜访和鼓励他们的朋友，而不是动摇他们成为公司的反对者。但当一个项目备受争议时，这些代表就会扩大交往面，包括接触那些没接触过的人，甚至敌人。有时还要特设代表，比如1975年和1976年罗克韦尔国际为了B-1战略轰炸机在国会设立了一个特别代表进行游说。

除了军工企业华盛顿办事处代表外，国会关键委员会的工作人员同样重要。国会雇员中，最重要的是为两院议员个人服务的工作人员和委员会工作人员。《非选举代表》作者米切尔·马尔滨指出，到20世纪70年代末，这些人数已达到23500人。① 实际上远不止这些，1978年这个数字高达了4万人，1982年和1983年仍保持在3.9万人的水平。② 美国政府问责局数据，2017年，这个数字超过3.1万人。这些人非常重要。议员个人工作班子主要协助议员与选民保持联系，策划竞选，更重要的是参与立法。议员的高级助手和专业人员负责搜集信息和分析议案相关信息；提出可供选择方案、起草议案、同游说集团和政府官员接触、对议员表决时如何投票提出建议等。委员会工作人员要履行与委员会工作相关的职责，比如收集和分析制定政策的信息、组织听证会、提出选择性方案、起草和修正议案、起草审议报告、协助议员发言等。

此外，委员会工作人员也是委员会同政府和利益集团之间的主要联系人，经常组织议员联盟支持一项议案。1974年的一项调查表明，他们从事的最重要工作是：应请求提供情报；研究立法、起草议案、阅读和分析议案；进行调查和监督。③ 这些人受到行政官员和利益集团的重视，成为后者获得议员们的意图和对议员施加影响的渠道。可见，这些人是军工企业华盛顿办事处代表主攻的对象。著名电视剧《纸牌屋》有经典展示。

贸易协会是华盛顿办事处与行政分支机构和国会直接联系的重要补充，它能提供有用信息和支持军工目标。外交对一个公司的海外军售和开拓海外市场非常重要。此外，它还负责协调公司高层的日程，这些公司高层会为一项政治或科技任务经常拜访华盛顿。

随着国防承包商华盛顿办事处处理政府关系日益老练和权力越来越大，改革者们不断想要抵消这些影响。1946年的《立法重组法》将游说

---

① Michael J. Malbin, *Unelected Representatives*, New York: Basic Books, Inc., 1980, p.10.
② *Statistical Abstract of the United States 1965*, p.395; *Statistical Abstract of the United States 1985*, pp.279-311, 312.
③ 李道揆：《美国政府和美国政治》（上册），商务印书馆2004年版，第360页。

定义为针对国会的包含所有特殊利益的活动,游说是合法的。说客需要在众议院书记官那里注册。这个法案还要求说客要按季度公布他们的捐献者和开支明细。不过,这个法案并不完善。法案规定游说必须是说客的主要活动,这使许多影响国会的国会工作人员免予注册。此外,这个法案还假定游说直接针对国会,但事实并非如此。"许多没有注册的说客在立法机构和行政机构花费的时间和精力一样多,他们尽量影响所有层面上的决定。"[1]依据这个不完全的定义,"信息供给""压力"和"游说"等术语含义重叠,许多公司的活动没有涵盖在里面,结果导致大量政府关系和游说活动没有被公布,形成服务"铁三角"军工企业利益和权力的一个侧面。正如一个通用电气的国防说客写的那样:"无形是我需要的最终东西。"[2]

2. 规划公司战略

除了上述搜集信息职能外,军工企业华盛顿办事处更核心的作用是承担起公司战略政策规划职责。当政治成为公司高层决策管理的关键因素时,政府关系就成为公司的全部战略,这反映在公司的治理结构中。华盛顿办事处的主任曾仅仅是公司首席行政官的助理或负责公共事务的成员,随着政府关系重要性的逐渐增强,这个位置被提升为副总裁。此外,公司首席执行官也日益卷入政府关系中。比如20世纪70年代通用电气的雷金纳德·琼斯在华盛顿就非常积极,他还是商业委员会的主席。诺斯罗普的首席执行官托马斯·V. 琼斯也经常到华盛顿为公司和工业问题作证。[3] 1975年波音公司给国防合同审计局的报告清晰体现了这种责任与活动的结合。波音公司这样定义华盛顿办事处政府事务部的功能——准备和执行波音项目的国会战略……部门职责包括:

"为选定的议员编写和分发情况简报,通报他们即将参与的立法对波音的影响;向波音有关人员编写和分发立法数据;在国会立法过程中让波音高管直接(证据)或间接(书面声明)参与立法听证会;帮助起草议案或修正案,并找到这个法案的支持者;通过立法过程,编写和呈送支持此项立法的材料来帮助立法,当然只有认为这些具体立法对波音利益必不可少时才能进行此项职责;参加两院的听证会和各种会议,在事关波音利益

---

[1] Lester Milbrath, *The Washington Lobbyists*, Chicago: Rand-McNally Inc., 1963, pp. 8 – 9.
[2] Gordon Adams, *The Politics of Defense Contracting: The Iron Triangle*, p. 135.
[3] Gordon Adams, *The Politics of Defense Contracting: The Iron Triangle*, p. 132.

第三章　军工复合体的政治影响

时要直接提交报告并及时采取行动；监督那些在选举中正在寻求支持和对民用保证委员会（波音的政治行动委员会）提出建议的议员材料的编写；鼓励国会议员，他们的工作人员和委员会工作人员参观波音厂房，编写日程和协调议员参观公司各个部门；建议公司高管应拜访特定国会议员，为这样的拜访编写材料，拜访者要讨论的主题简报、拜访目的、国会议员的喜好、特别需求等；为协调所有政府立法部门与波音关系提供支持，保证在国会山上所有波音支持者与华盛顿办事处代表协调的畅通。"①

华盛顿办事处战略规划部门要提供各种关系和长期规划，其功能是发展和建议与国家事务和趋势相关的公司战略，这些事务和趋势能影响到公司项目和商业环境，其职责如下："了解所有能影响到波音公司项目及其商业环境的主要事务和趋势的相关进展；建立一个信息管理数据库，它包括可能影响到公司目标或政策的国内外规划、趋势和活动；向相关的波音经理通报能影响到他们自己项目或责任区的重大发展，并告诉他们潜在的新商业机会；保证波音管理层与相关政府官员间的协调与合作；在公司特殊利益领域提供分析研究报告、著作和信息传播。"②

波音公司华盛顿办事处还有代表具体公司机构的部门。比如波音航空航天部是获取信息和监督具体消费者、生产线和项目……其职责包括："建立和保持在华盛顿地区的客户关系；调查和开发新的商业机会；发展了解客户计划；开发和保持主要客户和工业合同；为在华盛顿地区开发和执行波音航空航天市场计划提供支持；在联系重要客户实验室和技术组织时为波音航空航天部提供人员支持；安排华盛顿地区波音航空航天部人员与客户间的拜访，并保持对客户反映的监督；提出波音在这一地区的商业和社会功能，参加会议和慈善活动。"③ 此外，1975年波音华盛顿办事处还设立了副总裁办公室、国内外事务部和其他生产领域的部门。

---

① Defense Contract Audit Agency, *Audit Report on Review of Washington, D. C. Office Operations*, *The Boeing Company*, Settle, Washington, Report No. 7381 - 99 - 6 - 0417, 16 March, 1976, pp. 5 - 6.

② Defense Contract Audit Agency, *Audit Report on Review of Washington, D. C. Office Operations*, *The Boeing Company*, Settle, Washington, Report No. 7381 - 99 - 6 - 0417, 16 March, 1976, p. 7. (Appendix)

③ Ibid., pp. 7 - 9. (Appendix)

从上面的描述和分析中可以看出，军工企业华盛顿办事处搜集和整合信息、规划公司战略都是为了更好地影响国会立法和政府决策，为军工企业利益服务。

三 军工企业华盛顿办事处实例

下面以20世纪70年代八家军工企业华盛顿办事处的基本情况为例来论证军工企业华盛顿办事处在军工企业政府关系中的重要作用。

八家公司在华盛顿的常设机构已经运作多年。罗克韦尔国际华盛顿办事处最大规模时人员达到85人，其中至少有40人从事国防事务。按照这个标准递减，随后的公司排名为联合技术、波音、诺斯罗普、通用动力、麦道、洛克希德和格鲁曼。华盛顿办事处的工作人员中为国防事务服务比重最大的是罗克韦尔、通用动力和诺斯罗普（见表3—1），表明这三家公司在政府关系上的功夫之深。

表3—1　　　　　八家军工企业华盛顿办事处基本情况

公司	雇员（人）	为国防工作人数（人）	1974—1975年花费（千美元）	被审计出问题资金比重（%）	1977—1979年说客人数（人）	1977—1979年说客接受资金数额（千美元）	1977—1979年开支（千美元）
波音	58	26	3629	20.2	15	52.2	40.5
通用动力	48	40	2777	29.8	1	1.64	N.A.
格鲁曼	14	7	560	12.2	3	249.0	10.2
洛克希德	23	12	2739	19.8	3	158.5	11.8
麦道	25	20	N.A.	—	5	15.7	7.6
诺斯罗普	50	40	N.A.	—	12	340.0	183.1
罗克韦尔	85	40	7048	31.5	6	80.4	13.6
联合技术	60	15	N.A.	—	3	142.7	10.7

资料来源：Gordon Adams, *The Politics of Defense Contracting: The Iron Triangle*, p.137。

第三章 军工复合体的政治影响

很明显，这些功夫包括工作人员和外围专家的游说。利用1946年法案的缺陷，只有部分人作为说客进行了注册。八家公司华盛顿办事处主任在协调、指挥和执行信息搜集和压力活动中起到了积极作用。但只有两家公司的办事处主任进行了注册：波音的拉塞尔·赖特和格鲁曼的戈登·奥森瑞德。

1977年至1979年公司所有注册的说客人数，波音最多为15人，随后是诺斯罗普12人，罗克韦尔6人。所有这个时间段内波音登记的说客都是公司雇员，而诺斯罗普中的多数（11/12）是雇佣外边说客。通用动力华盛顿办事处的很多工作人员从事国防事务，但只有1人注册。说客的收入和开支也表明公司华盛顿办事处的重要性。诺斯罗普的说客公布出的开支34万美元用来在1977年至1979年进行游说活动，而格鲁曼的说客也报告了24.9万美元。洛克希德和联合技术紧随其后。通用动力最低，很少的收入，没有开支。①

除游说外，各大公司华盛顿办事处的开支同样重要。1976年和1977年，监督国防合同成本的国防合同审计局分别对1974年和1975年十大国防承包商的华盛顿办事处开支进行了特别审计，这些公司包括波音、通用动力、格鲁曼、洛克希德和罗克韦尔国际。审计监督了这些公司在华盛顿办事处的活动，包括所有办事处成本和公司声明的合同成本。初审文本要送交国防部的合同办公室和承包商。一旦承包商和国防部协商完成，最终审计文本就由国防合同审计局来准备，削减那些国防部已经承认了的有问题的成本项目。这个过程非常漫长，经过层层"审查"，1974年和1975年的审计最终于1981年1月才公布，且资料不全，删去了诸多重要材料，包括华盛顿办事处成本。依据公布的文件可以得出这样的结论：五家公司的华盛顿办事处在1974年和1975年为政府关系活动的开支接近1680万美元，而超过1580万美元的开支一开始就算在合同里。这五家公司是波音、通用动力、格鲁曼、洛克希德和罗克韦尔国际。这期间罗克韦尔国际华盛顿办事处的开支最多，超过700万美元，随后是波音363万美元，通用动力278万美元，洛克希德274万美元。格鲁曼只有56.8万美元，是最少的。②

审计的初稿和最终稿表明这些开支的很大一部分被用于游说活动，从

---

① Gordon Adams, *The Politics of Defense Contracting: The Iron Triangle*, p. 136.
② Ibid., p. 138.

一定意义上来说是为了寻求影响国会的立法和拨款。许多开支被国防合同审计局审计作为可能的"不允许成本",是有问题的开支。正如国防合同审计局在每一次审计中指出的那样:"我们发现,公司华盛顿办事处开支都花费在监管机构;进出口许可证;公共关系;市场调研、信息收集和公关活动。然而,在对可接触的支持文件和雇员访谈评估基础上,我们注意到一些个人卷入到不允许的游说(影响立法)和娱乐里面。"[1] 然而,国防合同审计局却没有宣布承包商没权进行游说,有问题机构的开支是否应该划入政府合同。依据审计初稿的数据可以推断出军工企业华盛顿办事处的很大一部分开支都是有问题的,国防合同审计局认为这些开支可能是不被允许的开支。罗克韦尔国际在使用问题资金上名列榜首,超过200万美元,占其公布的全部开支的31.5%,通用动力几乎与其持平,占30.3%,所有五个公司在国防合同审计局的初审中都有1/4以上的资金有问题。[2] 但经过"消毒"后公布的最终数据表明,洛克希德的所有开支中仅有13.7%有问题,格鲁曼是12%,波音降为8.2%。但这种减少并不意味着国防合同审计局的审计减少了游说活动,相反,它反映了协商的结果和新的方向。国防部开始放弃试图定义一个适合游说开支的标准,纳税人的资金继续支持一些承包商游说。

总之,全部华盛顿办事处开支数据和有问题开支细节表明至少有四家公司保持了华盛顿办事处的规模,其中很大部分所从事的活动都是在游说和进行政府关系公关,这四家公司包括波音、通用动力、洛克希德和罗克韦尔国际。从中可以看出,军工企业华盛顿办事处在影响立法和获得拨款方面发挥了重要作用,不仅如此,它们还得到了军工复合体另外几个主体的大力支持,尤其是国防部门,这正体现了军工复合体政治关系的复杂性。

第二节 军工复合体与选举

2020年—2024年两个选举周期中(大选和中期选举),整个军工企业

---

[1] DCAA, Boeing Audit (preliminary), p. Ⅱ.
[2] Gordon Adams, *The Politics of Defense Contracting:The Iron Triangle*, p. 139.

向政治候选人捐赠了超过8300万美元，其中洛克希德·马丁公司以910万美元的捐款领先，雷神公司紧随其后，捐赠800万美元，诺斯罗普·格鲁门公司捐赠770万美元。这些资金主要集中在众议院和参议院武装部队委员会以及国防拨款小组委员会的议员身上。例如，跟踪竞选和游说支出的Open Secrets组织的泰勒·乔尔诺（Taylor Giorno）发现，"众议院军事委员会的58名成员报告称，在2022年中期选举中，这些议员平均从国防部门获得了79588美元，是其他议员资金的三倍。"同期其他议员报告的平均费用为26213美元。[①]

军工复合体同期游说支出再创新高，超过2.47亿美元。820名游说者利用这些资金游说议员，每位国会议员至少雇佣一名以上游说者。超过三分之二的游说者是从五角大楼或国会工作岗位转入，为军事承包商游说。2023年8月，马萨诸塞州民主党参议员伊丽莎白·沃伦办公室报告称，近700名前政府高级官员，包括前将军和海军上将为军事承包商做游说工作，他们要么是公司董事会成员，要么是公司高管。

早在冷战期间军工企业就已经参与选举。20世纪70年代美国的一个重要变化是在联邦政府政策制定过程中企业获得信息的能力增强，渗透到了国会各个委员会，推动国会与公众支持其政治议程。在这个时期，许多《财富》500强公司都在华盛顿设立办事处，收集信息，参与公共政策制定，沟通公司与政府之间的关系。其中最重大的变化就是公司利用立法优势建立政治行动委员会，将美元送进联邦候选人的选举之中。军工企业的政治行动委员会利益正好体现了国防合同与军工企业政治影响力的现实结合。

一　政治行动委员会的产生和发展

"政治行动委员会的兴起和发展，是20世纪70年代以来美国政治生活中的一件特别引人注目的事。"[②] "政治行动委员会的作用和影响方面发

---

① William D. Hartung, Benjamin Freeman, "The Military Industrial Complex is More Powerful than Ever," *The Nation*, May 9, 2023. https：//www.thenation.com/article/world/military – industrial – complex – defense/.

② 李道揆：《美国政府和美国政治》（上册），商务印书馆2004年版，第256页。

生了近乎革命的变化。"[1] 从技术上讲，政治行动委员会是工商界集团、劳工集团、专业人士集团和其他利益集团的一个政治部门，在法律上有权在自愿基础上从其成员、股东或雇员处筹集资金，资助他们拥戴的候选人或政党。政治行动委员会对候选人施加影响主要通过赋予政治人物金钱和其他政治帮助，劝说在职官员以"正确的方式"进行行事和投票。这是选举法允许公司、工会、特殊利益集团和其他团体建立政治行动委员会向国会议员候选人和政党直接捐款的结果，同时也规定，政治行动委员会为总统和国会议员候选人竞选进行的"独立"活动开支不受限制。

政治行动委员会根源于1974年《联邦竞选法》放开公司设立政治行动委员会的限制。1974年《联邦竞选法》规定了个人和政治行动委员会的捐款数额，个人每次选举中对一个候选人的捐款不能超过1000美元，一个政治行动委员会不能超过5000美元，在联邦选举中政治行动委员会对所有候选人的总竞选捐款不能超过25000美元。政治行动委员会成立不受限制，工会、企业、协会或无论是不是政府承包商的各种集团都可以。每个候选人只能成立一个委员会接受捐款。这为企业参与选举打开了方便之门。[2]

随后的一个建议将这一事件推向高潮：1975年联邦选举委员会顾问关于阳光石油公司的建议和1976年巴克莱诉瓦莱奥一案中联邦最高法院的裁定。1975年阳光石油公司在自己成立的政治行动委员会活动中采用了联邦选举委员会的建议，认为，只要企业政治行动委员会的资金独立于企业其他资金，就允许阳光石油公司政治行动委员会动用普通资金成立和管理政治行动委员会。同时建议还允许，除了股东和管理层外，政治行动委员会为募集捐款还可以适用于公司雇员。阳光石油公司建议澄清了登记术语，要求政治行动委员会在联邦竞选委员会登记6个月后就可以运作。

政治行动委员会把筹集到的经费大量注入各级选举活动中，尤其是国会选举活动中，以影响选举结果，进而影响政府政策。政治行动委员会的活动不仅仅限于向竞选候选人捐款，还可以为支持或反对某个候选人进行

---

[1] [美]詹姆斯·M. 伯恩斯、杰克·W. 佩尔塔森、托马斯·E. 克罗宁：《民治政府》，陆震纶等译，中国社会科学出版社1996年版，第304页。

[2] Gordon Adams, *The Politics of Defense Contracting*: *The Iron Triangle*, p. 108.

"独立"活动而不受开支限制。现在,"政治行动委员会已成为美国选举程序的永久的、制度化的组成部分"。[1] 国会议员候选人,特别是在职议员候选人的竞选经费在相当程度上依赖这些委员会的捐款。

1974年以前企业政治行动委员会不足150个,但这个法案通过后公司政治行动委员会迅速增加,达到成千上万个,且覆盖面广,从生存空间委员会到妇女选民联盟等等不一而足。1982年的统计表明,政治行动委员会和单一问题集团在当年国会竞选中花费了大约8000万美元,其中1/3的款项是出自20个政治行动委员会。到1986年,政治行动委员会投入国会竞选方面的费用增至1.38亿美元。1988年,竞选连任的参议员平均每人从政治行动委员会中收到超过100万美元的竞选捐款。1990年,政治行动委员会用于竞选的费用比1986年翻了一番多,但到了1992年又趋于平稳。

二 军工企业政治行动委员会与选举

军工企业与时俱进,迅速顺应美国新形势发展建立起自己的政治行动委员会,并成为美国军工企业影响选举进而影响美国政治的重要途径。军工企业的政治行动委员会利益正好体现了国防合同与广泛而日益增长的军工企业政治影响力的现实结合。不过,这些公司政治行动委员会向联邦候选人的捐款流向及其目标非常明确。政治行动委员会中很大一部分捐款流向了国会议员候选人,这些候选人要么代表这些公司所在的地区或州,要么就是国会里那些与本公司业务有着密切联系的立法和拨款委员会候选人。

在20世纪70年代以前,政治捐款都是来自个人。1968年,国防部、国家航空航天局和核武器合同公司的官员和董事长为联邦竞选捐款120万美元,主要都流向了共和党候选人。[2] 但在1972年,他们的捐款数额却增加到287.6万美元,同样大部分流向了共和党候选人。[3] 当年尼克松的竞选班子就将重点集中在军工企业,通常一家大军工企业能捐10万美元。在1972年4月7日公布捐款结果的最后期限前,前100家国防承包商的官员和董事

---

[1] 李道揆:《美国政府和美国政治》(上册),商务印书馆2004年版,第261页。
[2] "Corporate Chiefs Donate to Parties," *The New York Times*, 20 September, 1970.
[3] John L. Moore, "Weapons Builders Aid GOP," *The Washington Post*, 13 October, 1974.

长们捐款320万美元，随后又捐了220万美元。这包括诺斯罗普的12.6万美元，通用动力的9.2万美元，洛克希德的5万美元，麦道的84432美元。[1]另外，至少一个承包商，诺斯罗普承认自己非法竞选捐款达15万美元。[2]

自1974年《联邦竞选法》修正案颁布以来，军工企业开始创建政治行动委员会。一旦参政渠道明确，方向正确，国防承包商们就表现出参与政治活动的急切心情。到1978年，几乎60%的航空航天公司都成立了政治行动委员会。它们的捐款在两党间基本平分。[3]

本章的八大国防公司也不例外，从1976年4月算起到1980年，这些公司创建的政治行动委员会总开支为210万美元。按着这个数额，联邦选举委员会数据表明，它们全部联邦竞选捐款为126万美元（见表3—2）。这里面囊括了所有企业政治行动委员会捐款的毛收入。在毛收入排名前十的公司中，格鲁曼第九，为171434美元，波音第十，为165155美元；包括联邦、州、地方候选人，所有的毛开支中，格鲁曼第八，为156435美元，通用动力第九，为155956美元，波音第十，为135377美元。在向联邦候选人捐款排名前十中，联合技术第九，为198725美元。

依据联邦选举委员会公布的八大公司数据，通用动力政治行动委员会的毛开支最大，接近51万美元，紧随其后的是格鲁曼39.1万美元，联合技术34.2万美元，波音26.1万美元。实际上，政治行动委员会的毛开支与向联邦候选人捐款的毛收入是有区别的。政治行动委员会一部分开支是不公布的，它们包括行政成本、内部运作和政治交流。此外，捐款还会流向州和地方候选人，这部分有时当作独立竞选开支和地方、州与联邦政党竞选委员会开支，它们不公布。而且，政治行动委员会只要求公布那些向联邦候选人捐款250美元以上的。况且，联邦选举委员会获得联邦选举捐款数据只有两条途径：最后期限捐款指数，检查政治行动委员会向正当竞选委员会提交的月度和季度报告。公司还有其他途径向候选人捐款，比如公司个人，每人不能超过1000美元。虽然每个候选人都要向联邦选举委员会提交捐款数额超过100美元报告，但由于报告不要求提供捐款人信

---

[1] Morton Mintz, "$3.2 Million in Election Gifts laid to Defense Contractors," *The Washington Post*, 10 December, 1973.

[2] Herbert Alexander, *Financing Politics: Money, Elections and Political Reform*, 2nd ed., Washington, D.C.: Congressional Quarterly Press, 1980, p.77.

[3] Gordon Adams, *The Politics of Defense Contracting: The Iron Triangle*, p.114.

息，通常不可能完全追踪与那些公司有联系的捐款者。另外，联邦选举委员会的毛开支数据与联邦捐款数据有很大不同，前后两者有时相差几个月时间。[1] 因此，联邦选举委员会给出的数据非常简单，需要仔细甄别，它只提供大概信息。

表3—2　　　　　政治行动委员会政治捐款情况　　　　单位：美元

公司	联邦竞选全部捐款	主要地域捐款 美元	比重	主要委员会捐款 美元	比重	地域和委员会所占比重 比重	其他候选人 美元	比重	政党竞选委员会 美元	比重	总统竞选委员会 美元	比重
波音	85655	10729	12.5%	27629	32.3%	36.4%	18215	21.3%	32416	37.8%	3925	4.6%
通用动力	109121	33064	30.3%	33000	30.2%	51.8%	21690	19.9%	16690	15.3%	14177	13.0%
格鲁曼	377990	82700	21.9%	134850	35.7%	49.0%	31350	8.3%	114440	30.3%	26500	7.0%
洛克希德	126510	51910	41.0%	60975	48.2%	674%	25275	20.0%	6900	5.5%	9525	7.5%
麦道	115200	63525	55.1%	67795	58.8%	77.8%	15775	13.7%	8825	7.7%	500	0.4%
诺斯罗普	88039	21695	24.6%	41595	47.2%	57.0%	18150	20.6%	11042	12.5%	8702	9.9%
罗克韦尔	104270	28395	27.2%	39025	37.4%	52.8%	15250	14.6%	24800	23.8%	9150	8.8%
联合技术	289225	34850	12.0%	89800	31.0%	38.3%	97800	33.8%	69075	23.9%	12600	4.4%
总计	1256010	326868	26.0%	494699	39.4%	51.3%	243505	19.4%	284188	22.6%	85079	6.8%

资料来源：Gordon Adams, *The Politics of Defense Contracting: The Iron Triangle*, p.115。

根据政治行动委员会全部开支的比重，八大公司中的六个将它们70%以上的资金集中在联邦竞选上。麦道最高，达92%，波音和通用动力最少，分别是33%和21.4%。格鲁曼给联邦候选人捐款最多，达337990美元，其后是联合技术289225美元，洛克希德126510美元。

从表3—2中可以看出，这些公司政治行动委员会向联邦候选人捐款流向及其针对的目标。政治行动委员会中很大一部分捐款流向了国会候选人，这些候选人要么代表这些公司所在的地区或州，要么就是国会里那些与本公司业务有着密切联系的立法和拨款委员会候选人。

以军工企业厂房所在的国会选区为例。不过这很不容易，因为一些城

---

[1] William J. Lanouette, "Complex Financing Laws Shape Presidential Campaign Strategies," *National Journal*, 4 August, 1979, p.1285.

区包括数个众议员选区，而军工企业车间厂房也经常散布在各个地区。这里采用所有主要州的众议院候选人，假定一个国防承包商认为它们的合同有利于整个州的经济。正如表3—2所示，格鲁曼给予自己厂房相关地区候选人的捐款最多，为82700美元，尽管麦道的捐款比例最高，达55.1%。其他军工企业的政治行动委员会捐款幅度都在13%到41%之间，平均为28.4%。再以能影响航空航天公司的国会立法和拨款委员会的八个委员会为例，两院军事委员会和拨款委员会明显最重要。此外，本文选择几个负责科技、拨款委员会委员：

参议院商业、科学和运输委员会，航空小组委员会，科学、技术和航天小组委员会；

参议院环境与公共工程委员会，运输小组委员会；

众议院的科学与技术委员会；

众议院的运输与基础设施委员会，航空小组委员会。

如表3—2所示，八大公司政治行动委员会竞选捐款的很大部分流向了这些关键委员会候选人。格鲁曼134850美元还是最高，但麦道在比重上最高，占58.8%。其他公司在比重上的幅度都高于关键地域，从30%到48%不等，平均幅度为41%。总之，关键委员会捐款集中在军事力量和拨款委员会。只有那些业务与商业航线，比如洛克希德、麦道，或与国家航空航天局合同密切相关的公司，比如洛克希德和罗克韦尔，才将捐款流向航空和科技委员会候选人。

结合上面两种分类并减去重复计算会发现，这八个公司政治行动委员会平均资金的59%都流向了这两种类型的委员会里。两个政治行动委员会，麦道78%的竞选资金和洛克希德67%的竞选资金流向了国会关键选区候选人和关键委员会候选人。诺斯罗普为57%，洛克希德为53%，通用动力为51.8%，这些公司都将过半以上的联邦竞选捐款用在这上面。其他两个政治行动委员会也各有其明确目的。波音将自己59%的政治行动委员会联邦竞选捐款用在了政党竞选委员会和非地域、非关键委员会候选人，而联合技术的58%也是如此。

通过观察所有八个政治行动委员会捐款来决定哪个关键委员会在1976年至1980年的国防工业最受欢迎。下面就是两院军事和拨款小组委员会接受捐款最多的议员：

表 3—3　　　　　参议院军事委员会（括号中为竞选年份）

成员	捐款数额（美元）	政治行动委员会数量（个）
瑟蒙德（1980）	14300	8
托尔	13125	7
沃纳	1100	7
纳恩	9000	5
戈德华特（1980）	7800	4

表 3—4　　　　　参议院国防拨款委员会

成员	捐款数额（美元）	政治行动委员会数量（个）
霍林斯（1980）	13000	8
马格努森（1980）	12400	6
加恩	5550	4
布鲁克	5300	5
井上	5100	5

表 3—5　　　　　众议院武装力量委员会

成员	捐款数额（美元）	政治行动委员会数量（个）
C. 威尔逊	12925	6
J. 劳埃德	11650	8
戴维斯	10100	8
鲍勃·威尔逊	9700	7
艾科德	9925	8
迪金森	8500	8
普莱斯	6020	3
R. 丹尼尔	5900	5
斯彭斯	5800	7
米切尔	5200	7

表3—6　　　　　　　　众议院国防拨款委员会

成员	捐款数额（美元）	政治行动委员会数量（个）
阿达博	10800	6
贾伊莫	7700	7
爱德华兹	7250	8
查普尔	6400	6
伯利森	6200	6
麦克福尔	5900	7
锡德伯格	5800	7
迪克斯	3775	6
肯普	2100	2
鲁宾逊	1700	4

三　格鲁曼政治行动委员会

下面以格鲁曼政治行动委员会为例来论证。格鲁曼政治行动委员会创建于1977年，到1980年5月已经花费390980美元。格鲁曼向联邦候选人捐款最多，为337990美元，占其全部开支的86%。格鲁曼的政治行动委员会是其政府关系战略中的重要部分，其中1/4的捐款流向了关键地域候选人。其中，长岛的众议员受益最大：阿达博、安布洛、伦特、唐尼、沃尔夫、怀德勒、卡尼和纽约州民主党参议员丹尼尔·帕特里克·莫伊尼汉。莫伊尼汉在备受争议的F-14战斗机上代表格鲁曼发挥了重要作用。

格鲁曼还将大量资金捐给两个佐治亚州关键议员：参议院军事委员会参议员山姆·纳恩，获得5000美元，他是曾经权倾一时的参议院领袖卡尔·文森的外孙；来自佐治亚州米利奇维尔的比利·李·埃文斯，获得1400美元，这里是格鲁曼在佐治亚州的主要生产基地。

格鲁曼给国会关键委员会的捐款也不在少数，高达134850美元，占其全部开支的34.5%。参议员纳恩、瑟蒙德、托尔和霍林斯都收到格鲁曼政治行动委员会5000美元捐款，而其他重要捐款流向了参议员沃纳、卡尔弗、加恩、汉弗莱、摩根、杰普森，总共10个军事委员会成员都有一份。在众议院，20名武装力量委员会议员都接受过格鲁曼的捐款，包括鲍勃·威尔逊、查理·威尔逊、唐纳德·米切尔、詹姆斯·劳埃德（1980年被击败）、戴维斯等。格鲁曼还将资金给两院的拨款委员会。另外，1/3的资金流向了政党竞选委员会，尤其是控制了两院的民主党候选人。①

从格鲁曼政治行动委员会捐款方向和分布来看，军工企业政治行动委员会的捐款都与军工企业的利益密切相关，目标非常明确，体现了军工企业充分利用美国20世纪70年代政治领域的新变化来强化自己的影响力，成为美国军工企业影响美国政府决策的重要途径，也是美国军工企业的新动向。

第三节 军工复合体的地方关系

从国家结构上来说，美国实行的是联邦制，即宪法上联邦和州分权，二者在各自权限范围内都享有自由行动的权力。② 在美国200多年的历史中州权一直比较强大，但随着时代的变化，联邦权力不断扩张，甚至参与到原来属于州职权范围的事务，但并不是说联邦取代地方。即便今天联邦权力非常集中，美国的地方事务也基本要靠地方来治理。况且，在美国50个州里，有83000多个市、县、镇、村、学区以及其他各种政府单位，它们相互重叠，非常复杂。③ 美国国会议员来自选区，国会政治来自各州选区或地区政治，政府政策在华盛顿执行，但其动力却来自华盛顿之外的草根运动。军工企业遍布于50个州，地方政治关系在军工复合体政治关系中的分量可想而知。发动公众影响国会立法和政府决策对军工企业来说非常重要，广告和草根运动则是发动和影响公众最直接和有效的方式。因此，广告和草根运动就成为军工企业地方关系中的重要工具。

一 军工企业推动公众的力量：广告和草根运动

瞄准国会的工作经常要从华盛顿外开始。华盛顿的官员都非常清楚，

---

① Gordon Adams, *The Politics of Defense Contracting: The Iron Triangle*, pp. 119–120.
② 李道揆：《美国政府和美国政治》，商务印书馆2004年版，第58—59页。
③ ［美］詹姆斯·M. 伯恩斯等：《民治政府》，陆振纶译，中国社会科学出版社1996年版，第964页。

最终影响联邦政府决策的政治活动只有通过草根运动的支持才能进一步深化。政府政策在华盛顿执行，但其动力却来自华盛顿之外的草根运动。政府决策者经常会在制定政策时卷入信件、电报、个人拜访和电话的海洋中，这些人的立场和观点要比华盛顿的说客更重要。[①] 因此，与其他商业公司一样，军工企业也充分利用美国强大的社会力量对政治的影响，把发动公众力量列为自己工作的重要日程。它们花费巨额资金发动那些大选区的雇员、股东、供应商、分包商和工厂所在地的居民，帮助它们向行政机构和国会的决策者们施压。它们还在杂志上刊登广告，督促它们所在选区居民向国会写信，鼓励他们向国会和白宫发送支持公司的信息。广告和草根运动成为军工企业政府关系的重要组成部分。

军工企业在发动公众力量过程中广告必不可少，所有与国防相关的广告都有一定的政治分量。广告的受众和草根运动的对象包括承包商、军官，甚至政府官员和公众。这些广告和运动的目的是直接或间接地影响立法者，客观立法和拨款。承包商喜欢把公司目标纳入政府需求里面，把军工复合体"铁三角"转变成一面大厅的镜子。这样公司利益就成了"国家安全"的同义语，承包商在有着重大影响的草根运动中就有了合理的正当理由。为了提高 F-14 战斗机，格鲁曼的乔治·M.斯库拉指出，削减这款战斗机的产量就是"非常简单地减少美国国防"[②]。

1. 军工企业影响地方关系途径：广告

军工企业武器销售中广告起到主要作用。本章八家公司中的四个广告和公共关系机构是美国最大的：格鲁曼的伟达公共关系顾问公司是世界上拥有最大的国际办事处网络的公关公司，洛克希德的麦肯世界集团是全球最大的传播集团，麦道的智威汤逊广告公司是世界四大顶尖广告公司之一，联合技术的博雅公共关系公司是全球领先的公共关系和公共事务公司。承包商不断用广告轰炸它们的选区，许多都是军事出版物，如《航空周末》《国防》《国际武装力量杂志》《美国海军学会月刊》《空军杂志》等。

这些出版物经常被军工复合体中许多有影响的决策者阅读，包括那些退役军事人员、退休的政府官员和军工企业雇员。《航空周末》地位特殊，

[①] Gordon Adams, *The Politics of Defense Contracting: The Iron Triangle*, p. 134.
[②] Ibid., p. 186.

整页彩色广告炫耀着新飞机、导弹和电子系统,定期的专栏和变化的特色预示着即将到来的专业会议。《航空周末》每周一早晨准时送达全球132个国家102000个订户桌上。① 由于杂志经常提前公布关键技术,这本杂志一直是世界各国政府案头的首选。作为贸易杂志,它必不可少地要服务于航空和国防工业,跟踪技术进展、资金和政策走势,并经常以行业发言人的角色影响政策变化。作为军事信息的主要来源,它比一些记者即将要迅速报道的新闻还要有影响力。它与国防机构确立了牢固的关系,并以国家利益卫士的名义建立起了良好的信誉。《航空周末》有特权接触国防信息并在公共信息战争中发挥关键作用。这意味着它可以发布一些免受处罚的敏感信息。②

通用动力的发言人拉里·钱内以纳税人和公司的利益捍卫专业出版物上的广告,"有充分理由认为广告产生实实在在的利益,一些使政府自然获利。它服务公共利益,支持重要国防项目,吸引潜在的熟练技术雇员,更直接的一点是,产生额外销售,这会增加承包商为吸收成本的业务基础,从而导致政府合同成本的下降"。③ 不过评估军工企业的广告开支是件非常困难的事情,几乎不可能。根据《广告时代》的统计,军事广告通常仅仅是公司全部广告的一小部分。它们指出,仙童公司60%的销售收入来自国防,但花费仅占这些产品广告预算的25%。④

2. 军工企业影响地方关系途径:草根运动

"草根",顾名思义就是"草的根",直译自英文的 grass roots。目前有据可查的"草根"一说,是源自19世纪美国的淘金狂潮,当时盛传,山脉土壤表层草根生长茂盛的地方,下面就蕴藏着黄金。后来,"草根"被广泛使用于社会学等领域,逐渐被赋予了"基层民众"的内涵。有人认为它有两层含义:一是指同政府或决策者相对的势力;二是指同主流、精英文化或精英阶层相对应的弱势阶层。草根运动自然就是基层民众运动。美国各类社会机构正在利用草根动员作为它们政治战略的核心部分。根据一位纽约州民主党众议员的观察:"毫无疑问,数年来,私人利益集团逐渐地转向草根运动,把它看作影响公共决策的最有效机制,其中包括企业纳

---

① Gordon Adams, *The Politics of Defense Contracting: The Iron Triangle*, p. 187.
② Tom Gervasi, "The Doomsday Beat," *Columbia Journalism Review*, May/June 1979, p. 34.
③ Ibid. .
④ Gordon Adams, *The Politics of Defense Contracting: The Iron Triangle*, p. 188.

税人和免税实体，比如贸易协会、工会，甚至公共慈善机构。"①

军工企业在发动草根运动上绝不逊色，地域是军工企业草根运动政治的中心。② 军工企业最终要在各州安家落户，它们的产业发展关系到地方经济的兴衰荣辱，因此，动员基层群众影响选举、立法和政府决策来为军工企业服务就成为军工企业政治关系的重要方式。换句话说，地方关系的好坏对军工企业至关重要。格鲁曼和纽约州的国会代表艰难地游说来保留F-14战斗机，与其针锋相对的是来自马萨诸塞州的支持麦道和通用电气生产F-18战斗机的政治人物，包括参议员爱德华·肯尼迪、众议院议长奥尼尔，他们是为了有利于马萨诸塞州的经济。佐治亚州洛克希德的C-5A合同奖励与得克萨斯州通用动力的F-111都与佐治亚州代表（参议员理查德·拉塞尔）的政治权力和得克萨斯州林登·约翰逊总统密切相关。同时还有证据表明，国家航空航天局奖励给加利福尼亚州罗克韦尔的航天飞机轨道飞行器合同与理查德·尼克松总统选举有关。

在政府关系规划中军工企业将它们的地理选区作为草根运动的主战场。据传国际电话和电报公司（ITT）的华盛顿办事处人员与地方官紧密合作，"为了加强相互了解认识，国际电话和电报公司以地域为基础为每一位参议员、众议员、州长和州重要官员都安排一个资深经理"③，其目的就是将地区利益与公司联系起来。来自军工企业选区的国会议员强调联邦合同对本地区繁荣的重要性。本书的八大公司也织了一个巨大的网。波音在西雅图，一些重要合同也在堪萨斯州的威奇托和宾夕法尼亚州；通用动力将厂房设在康涅狄格州、密苏里州、得克萨斯州和加利福尼亚州；格鲁曼在纽约州、佛罗里达州和佐治亚州；洛克希德在佐治亚州和加利福尼亚州；麦道在密苏里州和加利福尼亚州；诺斯罗普在加利福尼亚州和伊利诺伊州。罗克韦尔的生产设施太过分散，而相反联合技术却都集中在康涅狄格州。除了广告落户到每个自己的选区外，它们还通过媒体和直接呼吁公司所在社区，动员工人和他们的家庭让华盛顿考虑公司信息。

---

① U. S. House of Representatives, Committee on Government Operations, Subcommittee on Commerce, Consumer and Monetary Affairs, *Hearings*: *IRS Administration of Tax Laws Related to Lobbying* (Part I), May 22, 23, 25 and July 18, 1978, p. 2.

② Gordon Adams, *The Politics of Defense Contracting*: *The Iron Triangle*, p. 188.

③ Thomas S. Burns, "Inside ITT's Washington Office," *Business and Ssociety Review*, Autumn 1974, p. 24.

二 罗克韦尔国际为 B-1 轰炸机项目发动草根运动

下面以查询到的 20 世纪 70 年代罗克韦尔国际为争取 B-1 战略轰炸机项目的支持而开展的草根运动信息为个案进行分析。

20 世纪 70 年代罗克韦尔国际为争取 B-1 战略轰炸机项目的支持而开展了声势浩大的草根运动。为了游说联邦政府支持 B-1 项目，从 1973 年开始罗克韦尔国际动员所有关系展开重大行动。为支持轰炸机、航天飞机和民兵导弹的导航系统、操作常识，它们策划了一场声势浩大的草根游说运动。首先将这个项目的分合同分配给它们选区或州的一系列公司，然后发动国会两院军事委员会和国防拨款小组委员会议员。其次，那些认识到游说和早期活动重要性的公司管理层痛击反对观点。在 1973 年 11 月的公司高层会议上，罗克韦尔国际的约翰·兰讨论了美国教友服务委员会，这是一个反对 B-1 战略轰炸机的组织，强调他将"负责查清美国教友服务委员会的领导层情况，并建议下次会议的一个重要议题就是如何应对这个组织"。

在 1974 年 1 月的会议上，兰与负责华盛顿和洛杉矶协会工作的戴尔·格拉布讨论了顾问委员会和协会在这次行动中的作用："这次讨论保证了诸如美国退伍军人协会这样组织会长的利用，主要分包商的邀请和其他公共关系工作人事网络，而且最终形成了一个决定，即从加利福尼亚州棕榈泉开始形成项目，然后在棕榈泉的退伍军人节美国老兵纪念日或美国退伍军人协会日上提交这个计划，看其是否值得考虑。厄尔·布朗特具体负责这个安排，要明白我们必须倍加小心避免在两个组织之间引起摩擦或嫉妒，比如美国退伍军人协会和对外作战退伍军人协会。"[①]

来自众议院商业、消费和金融事务的小组委员会数据表明，罗克韦尔国际为支持 B-1 战略轰炸机和其他军事项目，1974 年和 1975 年罗克韦尔国际在草根运动上粗略的开支达 70 万美元。国防合同审计局 1976 年对 B-1 战略轰炸机部门的审计结果表明，这些开支的大部分都算在了公司的

---

① *Minutes of Meeting of OCS Executive Committee*, 5 December, 1973, p. 1; 15–16 January, 1974, p. 2.

合同成本里，有些还是国防审计局认为可能不允许的问题资金。[1] 根据国防合同审计局审计，以下是罗克韦尔国际用在各种草根运动上的开支明细。

罗克韦尔国防雇员在全国与编辑、作者、出版商和政府与承包商工作人员谈话的开支；付给媒体广告的开支（在合同上没有声明具体数量）；为它们的首席试飞员和他在 B-1 战略轰炸机首次飞行所拍电影的费用（35000 美元没有出现在合同上）；争取几家积极支持 B-1 战略轰炸机和其他国防项目的公司费用；电影费用……许多镜头都是展现了电视新闻节目和评论；一个经济影响的研究……研究结果是准备用来影响公众对 B-1 战略轰炸机观点的论文；"让 B-1 卖出去"组织费用……包括这个组织和类似项目的附加成本在内的资金可能都没有公布；项目关系主任的行政费用，他的时间大部分花在影响 B-1 立法过程上；制作和提交给各种研讨会和会议的简报和报告费用，包括空军协会研讨会、战略空军司令部会议、雷鸟重聚会、试飞员学会、空军协会大会、战略空军司令部轰炸大队等；各种机构活动中发言者的费用，每次机构活动都会让罗克韦尔国际雇员为发言者提供一些基本材料，这些材料都是试图用 B-1 项目来影响公众服务；特别项目和经济或政府分析费用；报告、贴纸、图片、显示器、小册子、宣传品等费用。[2]

随着 B-1 项目临近表决，国会的争论变得日趋激烈，罗克韦尔国际为此不断施加压力。从罗克韦尔国际提交给众议院商业、消费和金融事务小组委员会的数据中，可以计算出公司在 1975 年到 1977 年的草根运动和非正式活动中一些花费超过 135 万美元，这些都花在 B-1 项目、航天飞机和加利福尼亚公民投票上，其中 90 万美元作为运营成本在税前收入中已经被扣除。[3]

当最后拨款部门的修正案决定这个项目要么延缓要么砍掉时，罗克韦

---

[1] Memorandum from Richard Ratia, Resident Auditor, through the Regional Manager, DCAA, to the Director, "Public Relations and Lobbying Expense-Rockwell International Corporation, B-1 Division", No 4641/6C179211/RR/mm, 22 April, 1977.

[2] Memorandum from Richard Ratia, Resident Auditor, through the Regional Manager, DCAA, to the Director, "Public Relations and Lobbying Expense-Rockwell International Corporation, B-1 Division", No 4641/6C179211/RR/mm, 22 April, 1977.

[3] Gordon Adams, *The Politics of Defense Contracting*: *The Iron Triangle*, p. 192.

第三章　军工复合体的政治影响

尔国际将救命稻草押在了草根运动上。公司内部报纸《罗克韦尔国际新闻》将特别报道的标题定为《B-1特别版本》。公司总裁罗伯特·安德森要求读者"支持这个对国家生死攸关的项目"。公司全力以赴反击反对意见，提高专家支持率，安德森指出，"如果你同意这些专家，那么现在就写信或打电话给你熟悉的国会议员，督促他支持国防和B-1战略轰炸机，专家说这个项目事关国家安危。我还希望你们督促你们的家庭、邻居和朋友采取同样的行动"。这张报纸还提供了以下细节内容：如何联系每个议员，如何写信中内容，拨款法案上的每个国会会议的名称。

这个时事通讯还分发到公司全国各地的工厂，通讯的指示要求管理人员要发动和组织一场雇员写信运动。来自总裁安德森给"B-1团队高管"的信告诉他们要"有选择地进行一场最重要的运动"，尤其盯住那些拥有良好纪律和高昂斗志的B-1反对者，安德森指出："我们必须让他们的信息与B-1的事实相符合，这是你们的任务。"来自另一个人事主管查德·古德的信封封面列出了分配信息的各个要点。"请为每一个想要写信的雇员提供足够的立刻就能用的文具、信封和邮票。"并且还要包括公共地址系统的名录本。"罗克韦尔国际每家工厂都要做同样的事情。""让我们共同分享。"①

这些狂热的活动很快就得到了回报。在1976年8月的《管理报告》中罗克韦尔国际指出"创纪录的雇员表达了他们对B-1战略轰炸机的感情"，并且经计算送到国会议员的"感谢您"的相关信息就达80万多条。国防部长莱斯·阿斯平办公室代表沃伦·纳尔森对罗克韦尔国际草根运动效率印象深刻："（罗克韦尔国际）发动所有工厂的员工向他们的国会议员写信，还在我们地区之外让将军们上电视。在我们收到的大批信件中都是让我们考虑如果他们得不到B-1战略轰炸机项目，他们将如何失去工作……他们还经常过来与国会议员谈话，加深大批议员的印象，表明罗克韦尔国际为全国每个地区经济贡献巨大。"②

罗克韦尔国际还发动它的股东。董事长威拉德·F.罗克韦尔1976年8月13日向流通股3500万个股东写信，信里还附上空军部长托马斯·里德一个声明的复印件，提请人们注意许多人"还没有被国会议员听说过"，

---

① Gordon Adams, *The Politics of Defense Contracting: The Iron Triangle*, p. 192.
② "The Politics of Producing a Plane," *Newsday*, 17 May, 1977.

· 157 ·

声称"组织良好的反对派"正在用邮件对国会进行"狂轰滥炸",他督促那些同意他观点的人立刻行动起来"让各州国会议员知道他们的观点"。同时罗克韦尔国际还通过专业和大众出版物上的广告赢得支持:《空军杂志》《航空周末》《武装力量月刊》《国防》《美国海军学会月刊》《财富》《商业周刊》《时代》和《新闻周刊》等。在包括《华尔街日报》《西雅图邮讯报》等报纸的每日新闻广告中邀请读者向在洛杉矶的首席试飞员C.D.布罗克提问,布罗克用一个小册子《为什么我们需要B-1?》进行回应,他还督促读者向他们认识的国会议员写信。

华盛顿一个由普雷斯布瑞协会出版的《华盛顿快讯》时事分析也给予了重要支持,该刊物为B-1项目写了两个特别报告。由玛莎·朗特编辑的1976年4月的报告督促读者,这时不仅"他们自己亲自而且还要组织他们社区的居民单个地给他们的议员打电话或写信表达他们的观点"。1976年7月份报告主要针对即将到来的参议员拨款投票表决,列出关键参议员,并解释"来自选区的力量能产生巨大的差别"。国防合同审计局对罗克韦尔国际在1974年和1975年间华盛顿办事处的开支审计显示,在1974年和1975年以审计没有描述的原因公司付给普雷斯布瑞协会39350美元。①

从以上军工企业草根运动的地方政治分析中可以看出,地方政治关系在军工复合体政治关系中属于基础性关系,其作用非同小可。军工复合体各主体间的关系基本植根于地方政治关系中,这在多元主义和个人主义文化氛围的美国,以基层为根基的草根运动自然就得到军工企业的青睐。以上两章考察了军工复合体政治关系,包括军工复合体政治关系主体、内容和沟通平台,军工企业的政府关系行为,这是国防政策"铁三角"或内部网络的关键因素。尽管国防采购和国家安全政策对所有美国人都生死攸关,但国防政策和国防采购的决定几乎完全掌握在局内人和政策专家手中,局外人和可替代性看法基本被排除在外。当军工复合体内决策者和专家观点占据优势时,这本身就是政策制定过程的一个缺陷,它导致观点狭窄和共享预期,这种观点和预期认为下一代武器是合情合理和不可避免

---

① Defense Contract Audit Agency, *Audit Review of Washington, D. C. Office Operations and other Expenses, Rockwell International Corporation*, Pittsburgh, PA, Audit Report No. 3191-99-6-0318, 6 April, 1976, pp. 4-5.

的，国防开支必须增长。

冷战数十年来，军工复合体内的"铁三角"关系已经变成一个封闭的社区，主导了有关美国国家安全和为国家安全提供的所需武器系统的争论。军事开支很大程度上与经济复苏、能源独立、就业、健康教育和国家经济的繁荣相悖。军工复合体已经成为美国社会"一个强大的利益集团，主导了整个美国社会"。[1]"通过鼓励产业垄断和增强政策制定的影响，这个庞大利益集团威胁和抵消了反抗力量的效率……削弱了国家对国内秩序的控制，演化为国内暴力的根源。如果美国要避免成为一个军事化社会，公众及其代表必须限制这个集团在反革命和叛乱、战争与和平等核心政策议题上的最终决定权。"[2]

---

[1] Charles Allred Cannon, *The Military-Industrial Complex in Amercian Politics, 1953–1970*, Stanford, University, Doctoral Dissertation, Ann Arbor, MI: Universiy, 1974, p. 14.

[2] Adam Yarmolinsky, *Establishment: Its Impacts on American Society*, p. 420.

第四章 军工复合体与美国经济

经济是军事的基础和决定性力量。冷战期间美国将整个国民经济纳入军事化轨道，一切经济资源向军事领域倾斜，并将军事工业作为调节经济的手段，促进了美国经济的发展。总体来看，这种刺激带来的正面效应是勿庸置疑的，但负面效应也不应忽视。冷战对美国国民经济的塑造作用非常巨大，不仅影响到美国经济的布局、美国经济的发展、美国经济的潜力，还影响到全球经济的发展与稳定。冷战后美国军工兼并浪潮、反恐战争和国家战略回归传统大国竞争等再次深刻影响了军工企业的走向，这对美国经济也产生了重要影响。与此同时，冷战后美国的金融霸权和经济全球化与美国军工企业直接相关。军工产业全球化是美国产业"空心化"、政治极化和经济贫富差距拉大的深层次原因之一。

第一节 军工复合体与美国国民经济

一 战争与经济关系

战争与经济关系密切。一国经济潜力是其军事力量的决定性因素，并且随着生产力的发展和战争武器的日益进步，战争对经济的依赖越来越大。这一点在亚当·斯密的著作中早有论述："火器发明后，战争技术起了大变化。于是，平时训练一定兵额，战时使用一定兵额，所需的费用，都进一步增加。……使得国防费用日益增加。……近代战争中火药费用的浩大，显然让文明国家对野蛮国家立于优胜的地位。"① 而马克思也对战争对经济的依赖以及武器工业的进步对作战方法、军事艺术观念的影响等有过详尽的阐述。马克思曾在致恩格斯的一封信中写道："我们的关于生产资料决定劳动组织的理论在哪里能比在屠杀人类的工业中得到更为光辉的证实呢？"②

恩格斯在其《反杜林论》中对战争与经济关系也有过精辟的论述。他写道："没有什么东西比陆军和海军更依赖于经济前提。装备、战术和战略，首先依赖于当时的生产水平和交通状况。这里起变革作用的，不是天才的统帅的'悟性的自由创造'，而是更好的武器的发明和士兵成分的改变；天才统帅的影响最多只限于使战斗的方式适合于新的武器和新的战士。"③ 准备战争和进行战争需要大量的人力和物力。作战手段的质量和数量随着生产力的发展而改变。战争的历史表明，军事技术的发展势必使准备和进行战争所需物质开支有绝对和相对的增加。据估计，19世纪的历次战争消耗了平均国民收入的8%到14%，而第一次和第二次世界大战则分别消耗了将近50%和50%以上。④

"一战"改变了以往战争的范围和性质，各种新武器和战斗装备竞相出现，这致使战争的物质资源需求急剧增多。"一战"高潮中每天消耗的弹药超过普法战争的总消耗量，1918年美军在欧洲战场上进行一次攻击所发射的炮弹总数就比整个南北战争所使用的总数还要大。"一战"开始几天就表明，各交战国都过高估计了自己的军备数量，战前储备的军备和弹药根本入不敷出，跟不上战争实际的需要。这说明单靠政府的军事力量无法应付战争的需要。"一战"对经济提出了实质性的新要求，要求国家调动所有经济潜力来为战争服务，并使国民经济置于战争体制之下。战争需要为政府干预经济活动提供合理的借口。"二战"则彻底表明，现代战争成败主要取决于各国经济资源的数量和质量，取决于战争动员能力和动员效率。同时表明要将国民经济置于战争体制之下。为

---

① [英] 亚当·斯密：《国民财富的性质和原因的研究》（下卷），郭大力、王亚南译，商务印书馆2004年版，第271页。
② 《马克思恩格斯书信选集》，刘潇然等译，人民出版社1962年版，第191页。
③ [德] 恩格斯：《反杜林论》，人民出版社1995年版，第164页。
④ [苏] R. A. 法拉马江：《美国军国主义与经济》，北京师范大学外国问题研究所译，商务印书馆1977年版，第53—54页。

了赢得战争胜利，交战各国不得不调动它们大部分物力和人力，让整个国民经济为战争服务。"一战"中美国远征军发射的大炮和迫击炮弹不到1000万发，而"二战"美国军队在欧洲每月就发射800万发。这种需求对经济产生了极大的新要求。随着冷战时期导弹、核武器等耗资巨大的先进武器的出现，进一步提高了经济与科技在战争中的作用，促使冷战对经济与科技产生了巨大作用。冷战中的热战和军备竞赛也对经济提出了更高要求，促使战争对经济的影响进一步加大。冷战后，尤其是进入21世纪以来，全球化和互联网等技术对国防产业提出了更高要求和产生了更深远影响。互联网技术的普及、人工智能和无人驾驶技术的应用推动美国国防产业重点的转移。

军事技术的进步使武器性能变得多样化和复杂化，这使得武器制造中劳动强度增大和价格上涨。制造现代军事装备，要求在研发上付出大量开支，采用大量特殊材料、昂贵的电子设备，并要求有完备的工业体系和熟练的技术人员。以七大武器系统所需支出的劳动为例，发展 B–17 型轰炸机总共需要20万工时（1937年完成），用于 B–58 型则是1000万工时（1957年完成），用于 XB–70 型则为1500万工时（1965年完成）。[①]

研发武器对劳动强度及成本也产生巨大影响。举例来说，1957—1958年度和1960—1961年度建造核潜艇的研发开支达14亿美元，占第一批19艘核潜艇总建造费（42亿美元）的33%左右。"二战"期间，用于设计一艘潜艇的开支占其建造费的20%，到20世纪60年代，设计一艘一流潜艇的花费和建造一艘同级别的潜艇基本相同。军事技术的进步导致军备更新速度远远高于民用产品。1955年美国进行的一次专门调查表明，为了保持军队处于高度战备状态，平均每14年就要把军队装备更换一次，1959年的调查表明，军事装备的平均使用年限缩短至10年，并且每年都要更换其中的10%。[②] 这些因素对经济提出了更高要求，使军事资源更深入依赖经济资源，占有和消耗经济资源，更加依赖经济体系的完备和高效率。

战争经验表明，随着军事技术的发展，要达到类似战争目标，需要的

[①] [苏] R. A. 法拉马江：《美国军国主义与经济》，北京师范大学外国问题研究所译，商务印书馆1997年版，第60页。

[②] 同上书，第105页。

花费越来越大。例如，公元前54年，恺撒大帝杀死一个敌兵需要75美分，1800年拿破仑要花费大约3000美元，"一战"美国为消灭一个敌兵大约花费2.1万美元，"二战"则大约20万美元。[①] 据估计，朝鲜战争美国杀死一个人则需要花费57万美元。与过去相比，现代战争优先强调破坏敌人的军事装备、防御设施、工业潜力、心理承受能力等，尤其是经济潜力。

此外，"一战"和"二战"的经验还表明，国民经济要纳入军事化轨道，要调动全国的物力和人力生产军备。这样做的重要意义在于，一个做好战争准备的国家要比没有做好战争准备的国家占很大优势，不管后者拥有多么大的经济潜力，至少在战争初期会使自己处于有利地位。"二战"中的苏德战场就体现了这一点。而且，冷战时期核军备竞赛的空前破坏力使美国不得不采取预先防范措施，在包括经济在内的各个层面做好应付核战争毁灭性的准备，保证国民经济免于崩溃，发展巨大的后备生产力，积累战略物资和原料，等等。

从上面的论述中我们可以看出，随着现代军事技术的进步，战争和经济的关系日益紧密，国家经济潜力成为军事力量的决定性因素。但经济并不是唯一决定性因素，其中还包括政治力量、部队战斗力、士气及政府组织能力等。然而，作为大规模战争最重要的决定性因素还是经济，冷战即是这方面的经典体现。冷战中的热战和军备竞赛深深影响了美国经济的格局，影响了美国经济的增长方式，也影响了美国经济的竞争力。

二 军工复合体对美国经济发展的影响

自从"一战"，特别是冷战以来，军工产业的发展不仅是维护美国国家安全的保障，而且还成为调节经济发展的一种重要手段。20世纪经济的一个重要趋势是政府在国家经济生活中的作用发生重大转变。[②] 大萧条时期美国政府开始广泛地介入国内经济事务，其主要目的是摆脱经济危机，"二战"以后国家介入经济则是致力于防止经济危机和维持市场稳定。这在总统经济报告和预算咨文中经常体现："联邦政府必须调整其计划，以

---

① Henry E. Eccles, *Logistics of National Defense*, Hardcover: Greenwood Pub Group Reprint, 1981, p.7.
② [美] H.N.沙伊贝等：《近百年美国经济史》，彭松建等译，中国社会科学出版社1983年版，第29页。

补私人需求之不足。"① 联邦政府，尤其是总统和国会主导了经济的发展，比如主导经济立法、经济管制和改革等。为了制定经济政策和影响经济发展，总统拥有财政部、管理与预算办公室和经济顾问委员会。经济成绩成为评价一位总统政绩好坏的主要标准。②

为此，经济权力日益集中到联邦政府手中，联邦政府管制经济的一个重要结果就是联邦政府开支的增加，而政府开支比收入增长快的时候，赤字政策也就出现了。在凯恩斯等经济学家的理论论证下，认为萧条年代赤字可以刺激经济，高涨年代可以平抑赤字，这样赤字政策成为美国经济的常态。杜鲁门时期不同年份有大幅盈余和赤字，也有小幅盈余和赤字，1946年的赤字占预算比重为28.9%，而到了1948年财政盈余占到预算的39.6%，大幅反弹。在1952—1974年间，除了期间有四年盈余外，赤字占预算比重基本维持在10%以下，无关大碍。1975—1991年间，美国赤字占预算比重大幅攀升，比重从11.6%到25.7%之间不等，最大赤字主要发生在里根和老布什总统期间。③

这期间军事因素成为影响美国经济的一个主要变量，一方面，美国连年征战和军备竞赛拖垮了美国经济，促使其赤字和国债不断攀升；另一方面，军事开支成为刺激经济增长的重要因素，甚至主要因素。在整个冷战期间五角大楼共花费了接近10.5万亿美元（1990年美元），是年度赤字和国债的主要成因。④ 防务、航天和原子能部门全部开支年均占到国内生产总值的9%—10%，占到全部联邦采购的85%—90%。⑤ 这么庞大的开支显然成为影响美国经济的一个主要因素。军事开支成为"联邦政府在国民经济中作用扩大的主要原因。……如果个人和公司所得税支持的国民经济的一个很大的公共部分是调节需求的杠杆支点，那么，军事开支则是这

---

① *The Annual Report of the Council of Economic Advisers*, Washington, D.C., January 13, 1964, p. 39.
② Richard J. Carroll, *An Economic Record of Presidential Performance: From Truman to Bush*, Westport, Connecticut: Praeger, 1995, p. 19.
③ Richard J. Carroll, *An Economic Record of Presidential Performance: From Truman to Bush*, p. 149.
④ Greg Bischak, *Building the Peace Economy*, Lansing, Mich: Economic Research Associates, 1990, p. 10.
⑤ James L. Clayton, *The Economic Impact of the Cold War: Sources and Readings*, New York: Harcourt, Brace & World, Inc., 1970, p. 54.

第四章 军工复合体与美国经济

个支点赖以升降的枢纽"①。军事引领的产业政策主导了美国经济；物资、装备和研发的全部采购构成它的主要机制。② 为了筹集资金支撑这些开销，政府不得不提高利率，这进一步抑制了非军事领域的私人投资，年复一年，低生产能力、高额赤字和高利率导致经济停滞。

军事力量、经济垄断组织和官僚集团的结合形成了美国冷战期间的军工复合体，它的形成和活动反过来也证明了经济军事化发展的程度。通过这个不断变化的体系，美国政府通过不同时期的国家安全战略获得武装力量的物资装备，调节军工企业的规模、结构和地理分布，刺激军事技术的研发和运用各种措施为战争紧急时期实行经济准备和动员。为此，政府部门给予军工复合体包括财政在内的各种支持，成为军工复合体的物质基础。

那么冷战期间美国军事活动和行为对经济发展产生了什么样的影响呢？这里面不能一概而论，要根据冷战期间不同时期来判断。从影响效果来看，可能会发生以下两种情况：第一，短暂促进经济增长，其前提是军事活动和行为在一定时期有助于增加有效需求，并有助于建立新的生产能力；第二，放缓或阻碍经济增长，其前提是军事活动和行为无助于有效需求的增加，且无助于新生产能力的扩大，甚至扰乱了正常的经济和社会秩序与过程。军事开支对没有闲置生产能力和备用物质资源的先进国家经济发展显然不利，但对有闲置生产能力、剩余资本和后备劳动的高度发达国家来说，在一定时期内军事活动的剧增有助于扩大生产和就业，加速了经济的增长，因为这期间剧增的军事活动使军工企业处于满负荷和超负荷的状态，这就需要新建生产能力。美国的朝鲜战争、越南战争和里根的星球大战就是这样的例子。

朝鲜战争显著地刺激了美国经济的增长。战争爆发后军事拨款猛增，军事开支绝对额的增加催生赤字财政，扩大了国家总需求的规模，推动了经济增长。按1963年价格，政府军用品和劳务采购数量从1950年的207亿美元迅速增加到1953年的651亿美元，增长了214%，同期国内生产总值仅增长了20%。1950年，军需品占国内生产总值的比重仅为5.6%，

---

① John Kenneth Galbraith, *The New Industrial State*, Princeton: Princeton University Press, 1967, p. 229.
② Ann Markusen, Joel Yudken, *Dismantling the Cold War Economy*, Harper Collins, 1992, p. 3.

1953年则升到14.8%。①但这只是暂时性增长，战争不能一直打下去，军费开支不能无止境增加，况且赤字财政还带来通货膨胀的风险。特别是1951年，对美国通货膨胀的恶化非常明显，此间国会授予杜鲁门总统广泛的干预经济权力。战后紧接着就是1954年短暂的衰退。

朝鲜战争结束后，随着美国军费开支的下降，军需品虽然绝对量维持在一个相对稳定的水平，但其在国内生产总值中的比重逐步缩减。1955年为10.5%，1958年为10.2%，1960年为9%。②这样，军事生产对美国经济发展的刺激不如战争时期。随着越南战争的爆发，美国军费开支再次急剧增加。在1965—1966年度，510万吨军需品从美国运到越南，按在越南美军人头数来算，每人大约16吨，这比以往战争要多得多。③从1965年到1972年美国为越南战争直接军事开支超过1000亿美元，其中不包括其他参与者的开支。④军事开支的大量增加催生有效需求的增长，促进了经济的增长，这在战争的升级阶段影响尤为明显。越南战争形成的军事采购不仅促进了就业的增加，也推动美国国民经济进一步军事化。1966—1967年度全国平均就业率比1964—1965年度增长了5.6%，而卷入军事生产的劳动力却增加了34.4%，其间军事工业雇佣总人数增加了104万人，约占全部就业人数的23%。⑤军事生产成为扩大生产规模的一个重要刺激因素，1965年工业增长率显然高于前几年，1966年美国工业总产值比1965年高出9%。根据联邦储备委员会的估计，国防需求的迅速增长是形成1966年经济活动进程的最大因素。⑥

越战的过度扩张也是促成美国经济20世纪70年代滞胀的主要原因之一。里根执政后在"重新武装美国"的口号下，大幅增加军事开支，这对美国经济发展产生了重要刺激作用。1980年国防开支为1359亿美元，1985年增加到2515亿美元，年均增长率为13.1%，比1960年到1980年

---

① *The Annual Report of the Council of Economic Advisers*, 1964, p. 209.
② *The Annual Report of the Council of Economic Advisers*, 1964, p. 209.
③ Murray L. Weidenbaum, *Economic Impact of Vietnam War*, New York: Georgetown University, 1967, p. 45.
④ Richard J. Carroll, *An Economic Record of Presidential Performance: From Truman to Bush*, p. 32.
⑤ Richard P. Oliover, "The Employment Effect of Defense Expenditures", *Monthly Labor Review*, Sept 1967, pp. 9 – 10.
⑥ Murray L. Weidenbaum, *Economic Impact of Vietnam War*, p. 27.

年均5.6%的增长率高出1倍还多。[1] 这期间大幅增加军费开支一方面是美国要与苏联争夺世界霸权的结果，另一方面也是刺激经济的手段，20世纪70年代的滞胀和80年代的经济危机迫使联邦政府采取各种措施刺激经济增长，而国防开支则是其中一个重要措施。军事开支增加促使国防订货在制造业比重中再次上升。军事开支增加对美国就业结构也产生了影响。与国防相关的就业人数占总就业人数比重随之上升，1960年为21.3%，1970年为21.6%，80年代上升到了29%。

一个国家军事工业活动对经济发展的影响程度取决于它们在工业总产量中的比重，取决于这些活动规模的变化与整个国民经济变化之间的关系。如果军工生产占一国经济总量的比重越大，其对经济的影响也就越大，反之亦然。当军工生产比民用生产增长更快时，军事开支对经济增长率就会起促进作用，如朝鲜战争、越南战争的上升期和里根总统时期。当情况相反时，不谈军工生产对民用工业下降的补偿问题，军事部门活动也会延缓或阻碍经济的增长，朝鲜战争结束后到20世纪60年代和越战后的70年代就是如此。因此，看军事活动对经济的影响要看具体时间段和具体问题。

与冷战相比，冷战后美国军事活动对经济影响则呈现出新的特点。冷战后经济全球化导致美国军工产业竞争加大和就业流失。全球化推动劳动力、技术和资金等向全球成本较低国家和地区流动，资源实现合理配置，美国国防部也不例外。如21世纪，美国空军决定购买一组加油机时，它可以选择波音公司独家采购，也可以在波音与空客之间进行公开竞标采购，空客公司与诺斯罗普·格鲁曼公司合作，在亚拉巴马州生产美国空军加油机。[2] 全球化和美国冷战后战略重点的转移还推动美国轴辐体系向网络化转型，交互操作性和技术共享对军事效力变得更加关键。这让美国与盟友分享技术和共同训练与演习。最著名的也许是F-35战斗机。在这个由美国发起的项目中，9个伙伴国共同提供资金开发。这不仅导致美国国防工业商业模式的改变，还引发美国贸易保护主义抬头。如进入21世纪以来，美国数十家航空航天公司被低劳动力成本和靠近美国优势所吸引迁

---

[1] 章嘉琳等编：《变化中的美国经济》，学林出版社1987年版，第365页。
[2] [美]雅克·S.甘斯勒著：《美国军工产业研究》，郑佩芸译，上海财经大学出版社2023年版，第53页。

往墨西哥。下加利福尼亚半岛有超过1.2万名航空航天工人，这引发了相当大政治上的抵制，这不仅是工作机会的流失，还因为一个熟练的焊工在墨西哥每小时赚3美元左右，而在美国则高达24美元左右。这是美国制造业"空心化"的一种重要因素。

第二节 军工复合体促使美国国民经济军事化

除了对美国经济发展产生影响外，使美国国民经济军事化程度越来越深也是军工复合体经济影响的重要方面。"二战"后美国首次成为全球性大国，随着冷战的展开，其国家安全成为国家首要任务。为了维护美国全球地位，美国将军事力量放到了一个特殊的位置，大力促进军事技术的更新，把现代化战争武器生产扩大到和平时期前所未有的规模。这使军事工业成为美国经济的一个重要组成部分，很大一部分制造业和劳务服务于军事目的。此外，为应对大规模核战争需要，国民经济总动员纳入军事化轨道。这些军事行为和行动的结果使早已存在的军工复合体发展壮大，使美国国民经济军事化程度日益加深，在很大程度上成为左右联邦和地方经济的重要甚至主要力量。表现在：军费开支占国民经济的比重持续攀升；军事活动雇员占全美就业人数的比重加大；军事生产结构深入各国民经济部门；各工业部门几乎都直接或间接卷入军事生产；地方经济对军工生产依赖性加大。

一 军费开支占国民经济比重大

"二战"前，美国在和平时期用于军费开支通常不超过国内生产总值的1%，但冷战期间基本维持在10%左右。从国防预算占联邦预算比重来看，1945年国防预算占到联邦总预算的89.5%，1946年下降到77.3%，1948年触底为30.6%，1945—1950年间维持在32%—34%的水平上。朝鲜战争的爆发使国防预算迅速增加，1951年上升到51.8%，占到全部预算的一半以上，1953年为68.1%，而1954年则达到和平时期的高峰

69.5%。大部分是由于冷战的军备竞赛，从此以后国防预算占全部联邦预算的比重就很难降下来了。1955年下降了7.1个百分点，随后的9年以1—3个百分点的幅度稳步下降，直到1964年的46.2%。越南战争爆发使比重又开始上升。在尼克松总统的"越南化"政策下，比重稳中有降，1970年降到41.8%，这种趋势持续了6年，1976年降到24.1%。卡特总统时期基本维持在23%左右。里根执政后，大规模扩军备战，国防预算占联邦总预算的比重再次上升，达到1987年的29.5%。自1974年以来再也没有达到这个高点。① 从中可以看出，冷战期间，军事预算占到全部联邦预算的比重非常大，最高时达到2/3，平均基本维持在联邦预算的1/3。军事开支成为国民经济的主要组成部分，不仅在联邦政府开支中占有最大份额，而且其增长速度也大大超过国内生产总值。仅从1939年到1972年来看，美国国民生产总值增长了11倍之多，但直接军费开支却增加了58倍之多。"战后整个联邦政府预算的模式应牢固确定……军费开支在中央政府开支中占绝对优势。"②

在美国2024财年8860亿美元的国防预算中，拨给美国国防部的预算占到8420亿美元，其余的划拨到美国联邦调查局、美国能源部等其他机构的国防项目。根据美国国会预算办公室（CBO）的报告，美国在2024财年的国防预算请求为9100亿美元，比2023财年的国防预算增加了3.6%。这一数字占联邦政府总支出的12.9%，是自2012财年以来的最高比例。这些预算约一半以上批给了美国军火承包商，其中约3150亿美元被洛克希德·马丁（Lockheed Martin）、波音（Boeing）、雷神（Raytheon）、通用动力公司（General Dynamics）和诺森罗普-格鲁曼公司（Northrop Grumman）五大承包商瓜分。

二 军事活动雇员占全美就业人数比重加大

美国劳工部劳工统计局的理查德·P.奥利弗分析了美国军事开支对就业的影响（见表4—1）。从表中可以看到，武装部队（包括文职人员）和

---

① Richard J. Carroll, *An Economic Record of Presidential Performance: From Truman to Bush*, pp. 144 – 145.
② [美] H. N. 沙伊贝等：《近百年美国经济史》，彭松建译，中国社会科学出版社1983年版，第500页。

军需生产所占总人数从 1964—1965 年度的 570 万人增加到 1966—1967 年度的 740 万人。在 1964—1965 年度，军事就业人数占国家就业总人数的 8.6%，而 1966—1967 年度，这个数字为 10.3%。同期，私人企业从事军事生产的就业人数由 3.9% 上升到 5.2%。[1] 这是在冷战的高峰期，越南战争正酣时。据奥利弗估计，这场战争提供了 180 万个就业机会，占全美增加就业总数的 24.4%。越战后美国就业总人数和与军事相关就业人数再次下降。但从整个冷战期间来看，其比重也基本维持在这个水平。

冷战结束时，美国与国防相关的就业人数降至 200 万左右的低点。到了"9·11"后反恐战争期间，该人数迅速上升到 400 万左右。此外，冷战结束以来，与国防相关的工作性质已经发生了巨大变化。受信息化和数字化影响，1990 年，37% 的劳动力受雇于（广义的）航空航天工业，2000 年，这一比例降至 28%，2006 年进一步降到 16%。这主要是服务业的发展。2007 年，超过 60% 的国防采购是服务类。武器系统成本高且日益复杂，其种类和数量都越来越少，蓝领就业机会大幅减少也是主要因素之一。

表 4—1　　　　　　　依靠国防部经费就业人数估计　　　　　单位：人，%

就业部门	1964—1965 年度 就业总人数（按千计）	军事就业人数 按千计	军事就业人数占比	1966—1967 年度 就业总人数（按千计）	军事就业人数 按千计	军事就业人数占比	1966—1967 年度与越南战争相关的就业人数 按千计	在军事就业人数中所占百分比	在就业总人数中所占百分比
联邦政府	5067	3635.4	72.0	6016	4437.5	73.8	798.8	18.0	13.2
军事部门	2716	2716.0	100.0	3350	3350.0	100.0	634.0	18.9	18.9
文职部门	2351	919.4	39.1	2666	1087.5	40.8	164.8	15.2	6.2
州和市政府	7462	12.6	0.2	8569	19.3	0.2	6.0	31.1	0.1
私营企业	54483	2101.2	3.9	57670	2971.3	5.2	1008.8	33.9	1.7
总计	72079	9384.6	215.2	78271	11865.6	15.2	1813.6	24.4	2.5

资料来源：*Monthly Labor Review*，Sept 1967。

---

[1] Richard P. Oliover, "The Employment Effect of Defense Expenditures", *Monthly Labor Review*, September 1967, pp. 7-9.

三 各工业部门几乎都直接或间接卷入军事生产

军事技术的迅速发展和军事战略的变化导致政府对军事装备的需求在数量和结构上都发生了显著变化,军需生产规模和结构也随之发生变化。受政府对军事装备需求变化影响最大的是那些军工企业,如表4—2所列的那样,军需商品和劳务一半以上都是由这些军工企业提供:飞机、导弹、电子设备、舰艇、大炮、弹药、车辆、石油等。

表4—2　　国防开支经济部门估计(按1958年生产价格计算)

经济部门	1964—1965 按百万美元计	%	1966—1967 按百万美元计	%	1964/1965—1966/1967 增加或减少(±)百分比
农业、林业和渔业	2.6	—	3.1	—	+19.2
矿业	16.6	—	21.6	—	+30.1
建筑业	248.2	0.6	275.2	0.5	+10.9
制造业	18840.7	47.1	29265.6	53.8	+55.3
军械及配件	2052.7	5.1	4200.4	7.7	+104.6
食品及有关产品	520.6	1.3	877.2	1.6	+68.5
军服	149.9	0.4	488.7	0.9	+226.0
药品、清洁卫生设备	61.0	0.2	368.2	0.7	+503.6
石油精炼及其有关工业	954.7	2.4	1306.4	2.4	+36.8
初级钢铁制造业	84.7	0.2	99.0	0.2	+16.9
初级有色金属制造业	87.7	0.2	124.6	0.2	+42.1
金属加工的机器和设备	87.5	0.2	226.2	0.4	+159.1
办公、计算	310.7	0.8	457.5	0.8	+47.2
电子工业设备和仪器	314.7	0.8	562.7	1.0	+78.8
无线电、电视和通信设备	3449.3	8.6	4257.8	7.8	+23.4
电子元件和配件	218.6	0.5	236.6	0.4	+8.2
机动车和装备	410	1.0	867.9	1.6	+111.7
飞机和零件	6945.5	17.4	9655.7	17.8	+39.0

续表

经济部门	1964—1965 按百万美元计	%	1966—1967 按百万美元计	%	1964/1965—1966/1967 增加或减少（±）百分比
其他运输设备	969.8	2.4	906.0	1.7	-6.6
科学和控制仪器	354.2	0.9	523.5	1.0	+47.8
服务业	4287.4	10.7	5643.0	10.4	+31.6
运输和仓库保管	1499.2	3.7	2371.2	4.4	+58.2
医药、教育事业和非营利组织	561.0	1.4	540.2	1.0	-3.7
政府企业	15107.1	37.8	17121.0	31.5	+13.3
进口	1494.0	3.7	2019.2	3.7	+35.2
文具、出差、其他	20.9	0.1	24.2	0.1	+15.8
总计	59058.3	147.5	54372.0	100	+7.9

注：价格计算里不包括运输和销售费用。

资料来源：*Monthly Labor Review*，Sept 1967，p.9。

几乎所有国民经济部门都直接或间接地参与了军事装备生产。[①] 直接参与军备生产不仅生产满足武装部队需要的物品，而且它们的生产需要其他工业提供相应的物资和器材，使其他工业间接参与军事生产。从表4—2和表4—3中可以看出，各工业部门卷入军事程度有很大差异。飞机制造、生产运输设备、电子工业等一些经济部门，其军事化程度已经非常高。飞机制造在1966—1967年度占国防开支经济部门比重的17.8%，军事就业人数占工业就业人数的16%。表内缺少原子能工业数据，其70%是满足军事需要。表4—2和表4—3表明，冷战高潮，即越南战争顶峰时期，美国国民经济受越南战争影响大大改变了其工业结构，在全部军需生产中，军械及配件、军服、运输设备、药品、清洁卫生、金属加工和制造等所占的份额有了显著增长。同时，相应工业在全部军需生产中的相对作用随着其进一步军事化而大增。如果再加上原子能委员会和国家航空航天局的数

[①] [苏] R. A. 法拉马江：《美国军国主义与经济》，北京师范大学外国问题研究所译，商务印书馆1997年版，第161页。

据，我们可以想见，美国在越战期间国民经济军事化程度有多高。实际上，从冷战之初国民经济基本上就纳入了军事化轨道，后来越南战争失败和受国际形势影响，其程度有所下降，但自20世纪70年代末到冷战结束，受里根总统星球大战计划的影响，其军事化程度再次回归到冷战高峰时期的水平。

表4—3 美国私营企业靠国防部开支而雇佣的职工人数估计

经济部门	1964—1965 就业总人数（按千计）	军事就业人数 按千计	工业就业中所占百分比	军事就业人数中工业人数所占百分比	1966—1967 就业总人数（按千计）	军事就业人数 按千计	工业就业中所占百分比	军事就业人数中工业人数所占百分比	1966/1967年因越南战争升级（直接或间接）而增加的就业人数 按千计	工业军事就业人数所占百分比	工业就业总人数所占百分比	因越战升级增加的就业人数在就业总人数中的百分比
私营企业就业总人数	54483	2101.2	3.9	100.0	56670	2971.5	5.2	100.0	1008.0	33.9	1.7	100.0
农业、林业和渔业	5034	48.5	1.0	2.3	4075	75.0	1.8	2.5	32.8	43.7	0.8	3.2
矿业	634	29.9	4.7	1.4	620	40.0	6.5	1.3	13.1	32.8	2.1	1.3
铁	28	1.6	5.7	0.1	29	2.2	7.6	0.1	0.8	36.4	2.8	0.1
有色金属矿	53	3.8	7.2	0.2	56	5.6	10.0	0.2	2.0	35.7	3.6	0.2
煤	145	4.5	3.1	0.2	140	6.2	4.4	0.2	2.1	33.9	1.5	0.2
石油和天然气	291	16.4	5.6	0.8	276	20.9	7.6	0.7	6.4	30.6	2.3	0.6
岩石、黏土、化学原料、无机肥	117	3.6	3.1	0.2	119	5.1	4.3	0.2	1.8	35.3	1.5	0.2
建筑业	319	60.0	1.9	2.8	3277	67.9	2.1	2.3	5.0	7.4	0.2	0.5
制造业	17604	1390.2	7.9	66.2	19318	2021.6	7.5	68.0	737.7	36.5	3.8	73.1
军械及配件	227	106.1	46.7	5.0	284	183.9	64.8	6.2	92.9	50.5	36.6	9.2
食品及有关产品	1752	20.3	1.2	1.0	1767	31.7	1.8	1.1	12.6	39.7	0.7	1.2
军服	1395	16.1	1.2	0.8	1457	46.5	3.2	1.6	30.8	66.2	2.1	3.1
药品、清洁卫生设备	218	3.2	1.5	0.2	241	10.2	4.2	0.3	7.4	72.5	3.1	0.7

军工复合体：美国的支柱与噩梦

续表

经济部门	1964—1965 就业总人数（按千计）	军事就业人数 按千计	工业就业中所占百分比	军事就业人数中工业人数所占百分比	1966—1967 就业总人数（按千计）	军事就业人数 按千计	工业就业中所占百分比	军事就业人数中工业人数所占百分比	1966/1967年因越南战争升级（直接或间接）而增加的就业人数 按千计	工业军事就业人数所占百分比	工业就业总人数所占百分比	因越战升级增加的就业人数在就业总人数中的百分比
初级铁制造业	934	55.2	5.9	2.6	943	82.8	8.8	2.8	30.3	36.6	3.2	3.0
石油精炼及其有关工业	182	10.9	6.0	0.5	182	14.5	8.0	0.5	4.4	30.3	2.4	0.4
金属加工的机器和设备	293	24.0	8.2	1.1	342	38.3	11.2	1.3	16.5	43.1	4.8	1.6
一般工程设备	251	13.8	5.5	0.7	282	21.7	7.7	0.7	9.2	42.1	3.3	0.9
办公用品	179	15.4	8.6	0.7	227	21.9	9.6	0.7	8.0	36.5	3.5	0.8
电子工业设备和仪器	349	33.0	9.5	1.6	418	47.1	11.3	1.6	18.1	38.4	4.3	1.8
无线电、电视和通信设备	533	182.0	34.1	8.7	666	221.7	33.3	7.5	49.3	22.2	7.4	4.9
电子元件和配件	280	71.5	25.2	3.4	379	99.0	26.1	3.3	31.1	31.4	2.2	3.1
机动车和装备	787	14.4	1.8	0.7	841	29.4	3.5	1.0	14.4	49.0	1.7	1.4
飞机和零件	602	365.9	60.8	10.7	803	474.2	59.1	16.0	141.6	29.9	17.6	14.0
其他运输设备	260	69.8	26.8	3.3	285	64.2	22.5	2.2	—	—		
科学和控制仪器	252	31.6	12.5	1.5	292	41.6	14.2	1.4	13.8	33.2	4.7	1.4
服务事业	28092	572.6	2.0	27.3	30380	767	2.5	25.8	220.2	28.7	0.7	21.8
商业服务、研究与发展	1778	92.1	5.2	4.4	1970	126.5	6.4	4.3	35.7	28.2	1.8	3.5

资料来源：*Monthly Labor Review*, Sept 1967, pp. 10–11。

第四章　军工复合体与美国经济

航空工业在美国工业中首屈一指。从工业销售量来看，根据美国航空工业协会数据，1964年工业产品销售总值为173亿美元，1965年为207亿美元，1967年为273亿美元，1968年为298亿美元，1969年为269亿美元，1970年为248亿美元，1971年为217亿美元。1969年航空工业雇佣的全部劳动力为135.4万人，比1965年增长19.5%。在就业数量上早已超过汽车制造业。从研发来看，1966年航空工业雇佣了21.5万名科学家和工程师，占这一工业就业总数的大约10%，其中10.4万人集中在飞机制造厂，9.9万人在导弹生产和空间系统工厂。航空工业占美国私营工业公司雇佣的工程技术人员的大约30%。然而，航空工业大约90%的总产量都由军事机构消费，80%左右政府采购，10%左右出口。

与冷战期间几乎所有部门都卷入军事生产不同，冷战后，尤其是进入21世纪以来，美国军工复合体深入美国人生活和心灵的程度，远超过埃森豪威尔的想象。① 1970年有2.2万名主要承包商与美国国防部有业务往来，2021年，总承包商数量达到4.7万，分包商超过10万，从顶尖级的电脑制造商戴尔到石油巨头埃克森美孚国际公司再到包装运输巨头美国联邦快递，这是一个几乎触及社会各个领域的大型企业集团。五角大楼的财务支出正在入侵以往被忽视的美国人生活领域：娱乐、大众消费、体育等。

四　军事采购占据了联邦政府开支的大部分

美国国民经济军事化的产物就是军工复合体，它已经发展到登峰造极的地步，成为一个名副其实的"国中之国"。② 庞大的军事开支既是国民经济中国家垄断调节的主要工具和军工复合体的基础，同时也逐渐演化为一个美国走向黩武主义的核心推手和威胁到经济安全的特殊利益集团。军费开支在国民经济中的国家垄断调节作用可见表4—4。表4—4表明，军事采购占了联邦采购的商品和劳务的大约4/5。人们秉持凯恩斯观点，认为军事开支是刺激经济和防止危机的一种有效手段，是政府调节经济的最重

---

① ［美］尼克·图尔斯著：《复合体：军事如何入侵我们每日的生活》，李相影、陈学军译，2021年3月版，前言。
② ［苏］R. A. 法拉马江：《美国军国主义与经济》，北京师范大学外国问题研究所译，商务印书馆1997年版，第236页。

要形式，是稳定市场的最有效工具。甚至有些经济学家认为，美国可以借助大量军事开支保持可能的永久的"繁荣"。阿尔文·H.汉森就认为："日益增长的军费开支足以抵销私人资本支出可能出现的下降，这给我们带来几乎无限期的高就业率。"①

美国《纽约时报》2017年9月报道，即便冷战结束30年后，美国经济依然依赖军工生产。美国2.2万亿美元的制造业产值中大约10%用于生产武器。美国《国家》（the Nation）杂志2023年5月报道，如今的美国军工复合体更加强大。拜登总统于2023年12月22日将创纪录的8860亿美元国防支出法案签署为法律。经过通货膨胀调整后，是艾森豪威尔演讲时的两倍多。美国国防费用目前消耗了美国联邦政府可自由支配预算的一半以上。2020年，洛克希德·马丁公司获得了国防部价值750亿美元的合同，超过了美国国务院和国际开发署预算总和。美国政策研究所2023年发布的一份报告指出，美国纳税人每年在武器承包商上的支出为1087美元，而12年义务教育支出仅为270美元，用于可再生能源支出的仅为6美元。②

表4—4　　　　　　军事开支占联邦商品和劳务采购比重

年度	联邦采购的商品和劳务总值（10亿美元）	商品和劳务的军事采购	
		10亿美元	占联邦采购总值的百分比（%）
1950	18.4	14.1	76.7
1955	44.1	38.6	87.5
1960	53.5	44.9	83.9
1965	66.9	50.1	74.9
1966	77.8	60.7	78.0
1967	90.7	72.4	79.8
1968	98.8	78.3	79.3
1969	98.8	78.4	79.4

---

① Seymour E. Harris, ed., *Saving American Capitalism*, New York: Alfred A. Knopf, 1948, p.219.
② William D. Hartung and Benjamin Freeman, "The Military Industrial Complex is More Powerful than Ever," *The Nation*, May 9, 2023. https://www.thenation.com/article/world/military-industrial-complex-defense/.

续表

年度	联邦采购的商品和劳务总值（10亿美元）	商品和劳务的军事采购	
		10亿美元	占联邦采购总值的百分比（%）
1970	96.5	75.1	77.8
1971	97.8	71.4	73.0

资料来源：*Handbook of Basic Economic Statistics*, October 1972, pp. 224 – 225。

除了上面军事开支给国民经济造成威胁外，军事开支还对国家经济潜力产生影响。有人说军事开支是非生产性浪费，虽然有点言过其实，但也点出了军事开支对经济潜力的影响。这里面有以下几个影响：第一，军事活动占用了大量生产性的财力、物力和人力。这在表4—2和表4—3中都有体现。第二，军事研发的主导地位延缓了民用经济技术的进步。第三，军费开支膨胀是联邦预算长期赤字的主要原因。第四，海外庞大的军费开支是美国长期国际贸易逆差的一个主要原因，最终造成布雷顿森林体系解体。

五 国民经济军事化的影响

从第一节分析中可以看出，军事工业可以暂时性地刺激经济发展，带来短期的繁荣，延缓经济危机的爆发，战争催生的赤字和国债攀升最终导致衰退和滞胀。但它还会对整个国民经济带来更多负面影响：国家垄断的强化，经济发展的畸形。

1. 国家垄断的强化

美国国民经济军事化与国家垄断资本主义发展密不可分。美国国防部本身就是最大的国家垄断组织。军工产业的一部分由国家经营，大部分由私人企业经营，政府订货采购，部分军工企业的厂房设备也是由政府提供。同时，第二章已经分析过，军工复合体的政府官员、与国防相关的国会议员和军工企业形成了紧密的"铁三角"关系，他们的结合实质上是国家垄断的一种形式。国家垄断资本主义为军工复合体服务，催生国民经济军事化，而反过来国民经济军事化又促进了国家垄断资本主义的发展。

军工复合体：美国的支柱与噩梦

　　这些垄断可以从第三章军工复合体政治分析中看出，军工企业不断大鱼吃小鱼走向集中，它们还与大型金融垄断企业和大财团结合起来共同左右和支配国民经济部分领域和军工企业集中的地方经济。军工复合体本身包括数量巨大的学生和大学雇员，在20世纪60年代末拥有340万现役军人，130万文职人员，10多万家公司，同时雇佣了380万人，大约每1/6或1/7的家庭要依靠军工复合体生存。陆军航空兵拥有10465架飞机；海军拥有932艘战舰，其中包括423艘战列舰和17艘航空母舰；海军航空兵拥有8491架飞机，10个反潜直升机大队；空军拥有15327架飞机，72个空军联队。此外，战略核力量包括1054处洲际弹道导弹基地，656艘潜射核潜艇，646架核战略轰炸机。国防部拥有的土地、房产和各种物件总值超过400亿美元，以当前价格，这些价值将要翻数倍。国防部成为全美国最大的地主。以当时的价格来算，国防部资产是当时估价162亿美元的4倍，包括国防部拥有的120亿美元的工厂和设备，40亿美元的原材料。全部算下来掌握在军事部门的财产有2025亿美元。这还不算遍布全球30多个国家的429个大型基地和2927个小型基地。1969年国防部10000美元以上的国防合同金额总量为388亿美元，而前100家国防承包商就得到了252亿美元，占总数的64.9%。前10名承包商得到了110亿美元，占总数的28.4%，前5名得到70亿美元，占全部的18%。[①]

　　2003年，五角大楼拥有超过2900万英亩的美国土地。美国国防部控制着日本冲绳岛20%的领土，根据《星条旗报》的说法，它拥有"关岛25%的领土"。查尔莫斯·约翰逊在2004年出版的《帝国的悲哀》一书中指出，美国国防部在38个国家的725个军事基地部署了25.5万名军事人员。根据美国国会研究服务处的数据，美国海外军事基地总数可能高达850个。美国国防部毫不掩饰地将自己称为"世界上最大的'房东'之一"。五角大楼承认有39个国家拥有一个宣称的美国基地，在全球140多个国家派驻工作人员，并拥有一个包括至少57.19万个设施的实体工厂。五角大楼一些数据甚至列出一个更高的数字，58.7万幢建筑物和构筑物。[②] 从中可以看出，军事部门成为国民经济部门里单个最大的财主和最

[①] William Proxmire, *Report form Wasteland: American's Military-Industrial Complex*, New York: Praeger Publishers, 1970, pp.10-13.
[②] [美]尼克·图尔斯著：《复合体：军事如何入侵我们每日的生活》，李相影、陈学军译，2021年版，第32—34页。

· 178 ·

大的垄断组织，军事工业的集中促使美国国家垄断日益强化。

2. 经济发展的畸形

冷战使美国政府将人力和财力向军事部门倾斜，集中于军工工业和为军事工业服务的部门，使美国经济发展的不平衡性和无政府状态进一步加剧，这也是导致冷战期间几次经济危机和经济滞胀的重要原因之一。"二战"前美国固定资产投资总额远超过军费开支，但"二战"及其冷战使之逆反，形成军事开支超过固定资产投资的局面。越战期间的1967—1969年，美国军费开支超过固定资产投资额，占其后者的比例高达52.8%。① 同时，海外庞大的军费开支是形成美国长期国际收支逆差的主要原因之一。

军事工业和民用工业发展极不均衡。军事工业飞速发展，生产导弹、飞机、宇宙飞船的航空业产值在冷战前20年增加了六倍还多，但民用的钢铁行业只增加了15%。很多民用产业发展缓慢，有的甚至减产。一些关键性工业部门的国际竞争力受到削弱，这在20世纪70年代和80年代世界经济美欧日三足鼎立中有所体现。

国民经济军事化的畸形发展在一定程度上阻碍了美国扩大再生产。各种武器不能作为生产资料，也不能消费，且军事技术日新月异致使武器本身耗损巨大。军工企业本身浪费严重，在1970财年国会一次就砍掉约翰逊总统军事预算的80亿美元，后来尼克松总统改为削减56亿美元。② 可见，其浪费程度非常惊人。美国有人作过评估，美国庞大的军事开支使国内消费降低了约15%，使美国经济的年增长率降低了2%。③

海外庞大的军事开支是美国长期国际收支逆差的主要原因之一，结果促使美国的黄金储备日益减少，造成布雷顿森林体系的解体和资本主义货币体系危机。1953年美国黄金储备为218亿美元，到1967年年底，已减少到115亿美元，1969年1月降到103亿美元。④ 黄金储备的急剧下降损害了美元作为世界货币的威望。随着国际收支逆差的进一步扩大，货币与财政困难在美国日益加重，最终导致1971年尼克松总统宣布黄金与美元脱钩的"紧急措施"，这激化了主要资本主义国家间的矛盾，导致了20世

---

① 《战后美国经济》编写组：《战后美国经济》，上海人民出版社1975年版，第508页。
② William Proxmire, *Report form Wasteland: American's Military-Industrial Complex*, Preface.
③ Erwin Knoll and Judith Nies McFadden eds., *American Militarism 1970*, New York: Viking 1969, p. 91.
④ *Federal Reserve Buelltton*, May 1967, p. 888.

纪70年代的货币危机。2021年，美国布朗大学公布了一份20年反恐战争评估报告指出，20年反恐战争让美国经济损失可能高达8万亿美元，这也是美国当前国债不断攀升的根本原因之一。

第三节　军工复合体重塑了美国经济地理版图

一　军工复合体与美国新月武器带

美国国民经济军事化的另一个重要特征就是对地方经济的影响，这主要体现为军事工业在一定程度上使美国经济地理分布重新洗牌，改变了美国经济的地理版图。

"二战"以来，美国经济版图发生了深刻的变化，媒体不断用新字眼来形容这种变化：阳光地带（Sunbelt）、霜冻地带（Frostbelt）、废铁区（Rust bowl）。其本质是老工业核心地带的衰落、新英格兰地区的振兴与南部和西部地区新兴工业地区的崛起。其标志就是匹斯堡钢铁、克里夫兰机械制造和底特律汽车制造的衰落，取而代之的是加利福尼亚州、得克萨斯州、马萨诸塞州和佛罗里达州地区高新技术复合体的出现。

出现这种现象的原因众多，不过军事工业的作用基本成为人们的一个基本共识。[①]"二战"和冷战期间，军事开支已经成为经济繁荣与衰退的一

---

① 所接触的研究美国经济变迁及其经济史著作都认为美国军事工业是冷战期间经济版图变迁的重要因素之一。例如［美］安纳利·萨克森宁：《地区优势：硅谷和128公路地区的文化与竞争》，曹蓬等译，上海远东出版社1999年版，第11页；［苏］R. A. 法拉马江：《美国军国主义与经济》，北京师范大学外国问题研究所译，商务印书馆1977年版；章嘉琳等编：《变化中的美国经济》，学林出版社1987年版；《战后美国经济》组编：《战后美国经济》，上海人民出版社1973年版；Ann Markusen, Peter Hall etc., *The Rise of the Gunbelt*: *The Military Remapping of Industrial America*, New York: Oxford University Press, 1991; James L. Clayton, *The Economic Impact of the Cold War*: *Sources and Readings*, New York: Harcourt, Brace & World, Inc., 1970; Ann Markusen, Joel Yudken, *Dismantling the Cold War Economy*, Harper Collins: BasicBooks, 1992; Robert W. DeGrasse Jr., *Military Expansion Economic Decline*, New York: M. E. Sharpe, Inc., 1983。

第四章　军工复合体与美国经济

个决定性因素。① 所有新兴工业和一系列依赖国防的公司都与新的主管军事部门——国防部紧密相关。国防部的美元创造出了工业复合体，它们坐落在加利福尼亚州的奥克斯纳德、亚利桑那州和新墨西哥州的沙漠、犹他州的盐带、科罗拉多州的落基山脉、佛罗里达州的沼泽地。这使那些曾经是美国工业中心的城市成为废地。

　　在冷战中，国防合同创造出了美国的一个新经济带。由于获得的国防合同不对称，这些地区形成了美国不均衡的经济环带，它们从华盛顿州开始，经加利福尼亚州到中西部的沙漠州，再从得克萨斯州和大平原，穿过佛罗里达州，断断续续地到达东海岸的新英格兰。找一个恰当的比喻，这个经济环带经常被称为"国防新月带"（defense crescent），还有人称为"武器带"（gunbelt）。② 与之相比，五角大楼的合同并没有完全塑造这个国家的内部，特别是大平原的北部，落基山脉诸州，从艾奥瓦州到达科他州，中北部一个宽广地带和东南部诸州，从威斯康星州到俄亥俄州再到田纳西州。尽管这些地区也从本地的军事基地获益，但军事工业影响微乎其微。一些国防美元也投向了中西部的工厂，美国工业的心脏地带，但这些地区都离传统工业区相差甚远。历史数据表明，在冷战初期的20世纪50年代，这是国防工业发展关键的10年，中西部享受到的国防份额却大幅度地缩减，再也没有恢复过来。

　　这个新月武器带是现代美国经济版图的一个主要现象。③ 这个新月武器带是由一系列新的工业带组成，它们完全是新的工业和为冷战生产高技术武器的公司。这在现代历史上是史无前例的。④ 没有任何一个其他西方工业国在如此短的时间内在远离商业和生产中心的情况下，拥有居于领先地位的工业能力。而且，这个新月武器带所产生的文化与老工业城市的敌对的、超党派和国际主义文化完全不同。在冷战期间，新月武器带上的特殊经济和商业深深地扎根于它的主体人群中，刺激形成了一个新的商业和

---

① Ann Markusen, Peter Hall etc., *The Rise of the Gunbelt*: *The Military Remapping of Industrial America*, New York: Oxford University Press, 1991, p. 3.
② Ann Markusen, Peter Hall etc., *The Rise of the Gunbelt*: *The Military Remapping of Industrial America*, New York: Oxford University Press, 1991, p. 3.
③ 也可参见 Ann Markusen, Joel Yudken, *Dismantling the Cold War Economy*, Harper Collins: BasicBooks, 1992, chapter 7。
④ Ann Markusen, Peter Hall etc., *The Rise of the Gunbelt*: *The Military Remapping of Industrial America*, p. 8.

大众文化的成长。新月武器带上的城市已经成为一个永久的现象。在20世纪最后10年，这些完全城市化的经济依靠的是航天航空复合体，而它们又需要持续的政府开支。

在朝鲜战争时期，几乎没有人能预测到新月武器带的崛起和工业核心带的衰落。"二战"使美国军事生产大幅增加，也使全美国几乎各州都受益良多。但随着战争结束，军事生产也大幅减少，许多战时工厂不得不关闭。冷战的开始和1948年的柏林危机使重新武装再次被提上国家日程，1950年的朝鲜战争使重新武装成为现实，但战争还没有完全改变美国经济的地理版图。在冷战初期，老工业核心带生产集中在军事硬件，到了1990年，这种情景就完全改变了。工业核心地带接到的军事订单暴跌，同时它的工业生产能力增长远远慢于美国其他地区。越战后，中西部地区的制造业岗位大批流失，相反，像加利福尼亚州、佛罗里达州等却创造出大量就业岗位。从1982年到1983年，在武器新月带上国防工业就为经济创造了24.2万个工作岗位，而在中西部工业核心带上的制造业工作岗位净损失达到43.6万个。在里根执政的20世纪80年代，国防开支为经济提供了几乎百万个工作岗位，占到从1981年到1985年所有私营部门增长的17%，这些工作岗位都流向新月武器带。[①]

伴随着工作岗位转移的是地区收入分配的转移。处在新月武器带上的州人均收入增加，老工业核心带各州的人均收入减少。在很大程度上，这些地区的不同增长率和收入差距是军事开支不同和与国防相关的高新技术工业复合体建设的结果。冷战初期的经济版图及其随后的转变可以用两个指标来衡量：一是输入标准，即每个州和地区接收到国防合同的美元多少；二是输出标准，即在这些地区提供多少个工作岗位。通过这两个标准，很容易看清军工复合体创造的新月武器带和老工业核心地带之间的差距。

军工复合体对地区经济的影响主要通过国防合同和国防美元的地区分布来体现。国防合同是动辄数十亿美元的生意。自朝鲜战争40余年来，美国全部国防开支年库从来没有低于1500亿美元（以1982年美元计算），或者从来没有低于全部国民生产总值的5%。即使在朝鲜战争之

[①] Ann Markusen, Peter Hall etc., *The Rise of the Gunbelt: The Military Remapping of Industrial America*, p. 9.

第四章 军工复合体与美国经济

前,冷战之始,杜鲁门总统就在民用经济基础上建立起了准永久性国防工业来应对军事需要,因此,创建了一个分析家所称的"永久战争经济"。① 冷战的几个高峰时期——朝鲜战争、苏联发射人造卫星、古巴导弹危机、越南战争和里根的大规模军队建设不用说,即使在这些高峰的间歇,国防开支也没有低于"二战"后复员时期的水平。在冷战高峰期,军事采购开支迅速增长。但在冷战中存在两种不同类型的高峰,在朝鲜战争和越南战争的"热战"高峰期,基本军备需求使国防合同都流向了装备良好的工业核心带。在"冷战"的其他高峰期——20世纪50年代中后期的大规模装备导弹时期,20世纪80年代的战略防御系统——国防合同主要都流向了新月武器带。

代表最大单笔国防开支的主合同涵盖了国防部支付给私人生产的供应和服务的所有资金。在1952年,中西部地区各州接受全部主合同的31%,第二大份额的分享者是中大西洋各州,占国防主合同的26%。到1984年,以上地区的总份额由57%下降到21%。新月武器带,用统计局术语来描述②,这些地区包括新英格兰地区、南大西洋诸州、东部和西南部州、落基山脉和沿太平洋诸州,其享受国防主合同的份额从38%几乎上升到了70%。③ 当这种转变用人均来计算差距就更大了。从1952年到1982年的30年间,相对其他地区来说,太平洋地区和新英格兰地区人均国防采购持续走高,而其他地区不是在中间水平上动摇就是低于中间水平。尤其是重新振兴的新英格兰地区与那些工业核心带相比给人印象更加深刻。1982年

---

① Melman Seymour, *The Permanent War Economy: American Capitalism in Decline*, New York: Simon and Schuster, 1974, pp. 15 – 19.
② 美国国家统计署通常将美国划分为九个部分:新英格兰地区(康涅狄格州、缅因州、马萨诸塞州、新罕布什尔州、罗德岛州、佛蒙特州)、中大西洋诸州(新泽西州、纽约州、宾夕法尼亚州)、东北中部地区(伊利诺伊州、印第安纳州、密歇根州、俄亥俄州、威斯康星州)、东南中部地区(亚拉巴马州、肯塔基州、密西西比州、田纳西州)、南大西洋地区(特拉华州、哥伦比亚地区、佛罗里达州、佐治亚州、马里兰州、北卡罗来纳州、南卡罗来纳州、弗吉尼亚州、西弗吉尼亚州)、西北中部地区(艾奥瓦州、堪萨斯州、明尼苏达州、密苏里州、内布拉斯加州、北达科他州、南达科他州)、西南中部地区(阿肯色州、路易斯安纳州、俄克拉荷马州、得克萨斯州)、落基山脉地区(亚利桑那州、科罗拉多州、爱达荷州、蒙大拿州、内华达州、新墨西哥州、犹他州、怀俄明州)和太平洋地区(阿拉斯加州、加利福尼亚州、夏威夷州、俄勒冈州、华盛顿州)。
③ Ann Markusen, Peter Hall etc., *The Rise of the Gunbelt: The Military Remapping of Industrial America*, p. 12.

· 183 ·

相比于1952年，新英格兰地区人均国防采购增长了两倍，而东北中部地区从1952年的1/3大幅下降，中大西洋地区也是如此。尽管落基山脉地区在20世纪50年代大规模发展军备后落伍，但所有阳光地带人均国防采购都在增长。到20世纪80年代，全国仅有三个地区超过了国家的平均线，而这里面有两个在新月武器带——新英格兰地区和太平洋地区。

二 国防主合同与新月武器带

1. 国防主合同与经济地理版图

从地区角度来分析国防采购，我们发现还有些模糊，从州级别来分析，我们就可以清晰地看出国防生产的地理版图。在朝鲜战争顶峰的1952年，享受国防采购主合同份额最多的前10个州主要集中在工业区，人口密集的中西部地区，外加新英格兰的南部及其毗邻的中大西洋诸州，得克萨斯州和太平洋沿岸西部诸州。密歇根州和俄亥俄州几乎独享国防主合同的20%；纽约州占16%；加利福尼亚州约占13%。所有前10个州占到国防采购主合同的76%（见表4—5）。

表4—5　　1945—1982年享受国防主合同份额前10个州分布　　单位:%

"二战"到1945年6月		朝鲜战争的1952年		冷战中的1958年		古巴导弹危机的1962年	
纽约	11.0	纽约	16.3	加利福尼亚	21.4	加利福尼亚	23.9
密歇根	10.9	密歇根	13.7	纽约	11.6	纽约	10.7
加利福尼亚	8.7	加利福尼亚	12.8	得克萨斯	6.9	马萨诸塞	5.2
俄亥俄	8.4	俄亥俄	6.2	华盛顿	5.8	康涅狄格	4.8
新泽西	6.8	新泽西	5.1	堪萨斯	5.6	俄亥俄	4.5
前5个州	45.8		54.1		51.3		49.1
宾夕法尼亚	6.6	宾夕法尼亚	5.0	俄亥俄	4.8	新泽西	4.2
伊利诺伊	6.1	伊利诺伊	5.0	康涅狄格	4.3	得克萨斯	4.0
印第安纳	4.5	华盛顿	4.3	新泽西	4.2	宾夕法尼亚	3.8
康涅狄格	4.1	印第安纳	4.1	马萨诸塞	3.5	华盛顿	3.7
马萨诸塞	3.4	得克萨斯	3.5	宾夕法尼亚	3.4	密歇根	2.7
前10个州	70.5		75.8		71.5		67.5

续表

越南战争的1967年		越南战争的1972年		重整军备的1977年		里根时期的1982年	
加利福尼亚	17.9	加利福尼亚	18.7	加利福尼亚	22.1	加利福尼亚	21.8
得克萨斯	9.5	纽约	11.0	纽约	9.5	纽约	7.5
纽约	8.7	得克萨斯	7.7	得克萨斯	6.1	马萨诸塞	6.6
密苏里	6.1	密苏里	5.4	华盛顿	5.3	康涅狄格	5.7
康涅狄格	5.2	马萨诸塞	4.5	堪萨斯	5.2	俄亥俄	5.2
前5个州	47.4		47.3		48.2		46.8
宾夕法尼亚	4.4	康涅狄格	4.0	俄亥俄	4.5	新泽西	5.1
俄亥俄	4.3	佛罗里达	3.6	康涅狄格	4.3	得克萨斯	4.0
马萨诸塞	3.8	宾夕法尼亚	3.5	新泽西	3.8	宾夕法尼亚	3.9
新泽西	3.3	新泽西	3.5	马萨诸塞	3.6	华盛顿	3.2
佐治亚	3.1	弗吉尼亚	3.2	宾夕法尼亚	2.7	密歇根	3.0
前10个州	66.3		65.1		67.1		66.0

资料来源：美国国防部《地区和州的国防主合同份额》（年度）。[1]

从表4—5中可以清晰看出来，到1958年，甚至更清晰的1962年，国防生产的地理版图已经开始发生转变。在人均国防开支所占比重中，排名前四位的已经没有中西部州。前10个州主要都集中在国家的沿海和外围地区，这些地区包括新英格兰地区、加利福尼亚州、华盛顿州，还有大平原地区和落基山脉地区及沙漠地区。加利福尼亚已经成为占国防主合同份额最大的州，1958年占21.8%，而1962年几乎占到23.9%；马萨诸塞州已经超过5%，康涅狄格州也接近5%。这些数据印证了一些早期研究成果，即在1952年到1962年的国防开支大幅刺激了太平洋地区和落基山脉地区诸州的收入增长，适度刺激了大西洋地区诸州（纽约除外）的收入增长，同时，包括堪萨斯州和密苏里州等内陆州和东北中部地区增长下滑。[2]

与朝鲜战争不同，越南战争基本延续了以上经济版图的格局，只是稍

---

[1] James L. Clayton, ed., *The Economic Impact of the Cold War: Sources and Readings*, New York: Harcount, Brace & World, Inc., 1970。

[2] Roger E. Bolton, *Defense Purchases and Regional Growth*, Washington, D.C.: Brookings Institute, 1966, pp. 82 - 101.

有不同，比如密苏里州和佐治亚州的上升，国防采购版图几乎维持1962年的格局。加利福尼亚州占国防主合同的份额下降到17.9%，但得克萨斯州却大幅增长，几乎达到10%。尽管中西部州依然保持在平均线以上，但它们再也回不到20世纪50年代早期的顶峰时代。自1952年以来俄亥俄州的份额逐年稳步减少，密歇根州及其中西部相邻州——伊利诺伊和印第安纳再也没有出现在前10名的名单上。

从表4—5中可以看出，越南战争之后，冷战造成的新月武器带重新洗牌，各州获得的国防主合同份额位次再次发生翻转。1972年的国防开支模式与1967年和1962年相类似，虽然各个州之间有浮动，但国防开支总体地理格局维持稳定。而1977年与1982年和1984年相类似。在1972年和1982年，加利福尼亚州一直稳居第一位，占所有国防主合同的份额一直高于18%；马萨诸塞州、康涅狄格州和纽约州共同占大约20%；得克萨斯州达到6%—7%；弗吉尼亚州和密苏里州也表现不俗。在卡特后期和里根大规模重整军备时期，新的国防开支版图已经在很大程度上完全确立起来了。新的国防项目进一步增强了在冷战关键时期的20世纪50—60年代早期建立起来的分配模式。

2. 国防分合同与经济版图变迁

与国防主合同一样，国防分合同同样对塑造美国经济版图产生了重大影响。如同汽车生产被集中在底特律及其周围地区但制造商却从全国各地购买零部件一样，国防分包也有助于国防美元的分散。任何一个武器系统都有成百上千与之相关联的分包部分，比如发动机、无线电通信设备、导航系统和一个轰炸机所应获得独立支援的所有其他部件。有研究表明，尽管远离重新分配的国防美元，然而国防分包倾向于国防主合同的地区。[1]但这并不意味着分包地方化，对国防承包商来说，空间和距离不是限制因

---

[1] 这方面资料比较少，且有些不太相同，况且分包与国防主合同流向有些不太相同，因此在用此资料时比较谨慎，主要有这样几个研究成果：Karaska, Gerald, "The Spatial Impacts of Defense-Space Procurement: An Analysis of Subcontracting Patterns in the United States," *Peace Research Society Papers*, August 1967, pp. 108 – 122; Edward J. Malecki, "Military Spending and the U. S. Defense Industry: Regional Patterns of Military Contracts and Subtracts," *Environment and Planning C: Government and Policy*, February 1984, pp. 31 – 44; John Ree, "The Impact of Defense Spending on Regional Industrial Change in the United States," in *Federalism and Regional Development*, ed., G. W. Hoffman, Austin: University of Texas Press, 1981。

素。研究证明，在全国存在一个分包"自由流动代"。① 同时一些获得国防主合同最大份额的州也会获得众多的分包合同（见表4—6）。只有1965年的五个州和1983年的七个州创纪录地在国防主合同和分包合同的人均获得数量上高于平均水平，它们是加利福尼亚州、犹他州和其他新英格兰地区的三个州。尽管俄亥俄州在两个时间点上都曾出现，但非常明显的是密歇根州、伊利诺伊州和威斯康星州都已消失。因此，从表4—6中可以看出，尽管一些国防分包也流向了工业核心带，但大部分都集中在新月武器带上。

表4—6　　国防导向的船舶制造业：
1965年与1983年的国防主合同与分包合同分布

分包合同	主合同	
	高于全国平均水平的州	低于全国平均水平的州
1983年		
高于全国平均水平	康涅狄格	佛蒙特
	马萨诸塞	宾夕法尼亚
	新罕布什尔	俄亥俄
	马里兰	印第安纳
	犹他	新墨西哥
	亚利桑那	
	加利福尼亚	
低于全国平均水平	缅因	其他全国所有州
	罗德岛	
	弗吉尼亚	
	明尼苏达	
	密苏里	
	堪萨斯	
	得克萨斯	
	科罗拉多	
	华盛顿	

---

① Karaska, Gerald, "The Spatial Impacts of Defense-Space Procurement: An Analysis of Subcontracting Patterns in the United States," *Peace Research Society Papers*, August 1967, p. 122.

续表

分包合同	主合同	
	高于全国平均水平的州	低于全国平均水平的州
1965 年		
高于全国平均水平	康涅狄格	新罕布什尔
	马萨诸塞	佛蒙特
	纽约	新泽西
	犹他	俄亥俄
	加利福尼亚	明尼苏达
		艾奥瓦
		堪萨斯
		亚利桑那
		新墨西哥
低于全国平均水平	佐治亚	全国其他所有州
	密苏里	
	路易斯安纳	
	华盛顿	

资料来源：美国国会统计局，当前工业报告。

三 武器系统与新月武器带

与新月武器带地理版图演变相对应的是单兵武器的性能和不同种类武器的优先顺序的变化。陆军领导的朝鲜战争是使用常规武器进行的一场常规战争。20 世纪 50 年代是导弹和航天武器大规模建设时期，但是空军一直处于领先地位。在 20 世纪 80 年代，随着星球大战有计划地展开，偏爱电子雷达防卫的空军地位进一步加强。由于这些不同武器系统可能需要在不同地区的不同工厂来生产，国防采购构成的变化和居于领先的服务就必然会导致州和地区的兴衰。

三大军种相关权力的起伏也伴随着与之相对应地区国防合同的变迁（见表 4—7）。战争期间陆军份额一直减少。相反，空军却赢得冷战期间和 20 世纪 50 年代与 60 年代初期的大规模导弹建设国防合同的最大部分，随后，它的份额开始下滑。在 20 世纪 80 年代，海军在里根政府优先发展核潜艇战略中受益良多。

表 4—7　　　　　各军种占全部国防主合同百分比　　　　单位：%

	1952 年	1962 年	1972 年	1982 年
陆军	43	24	24	24
海军	26	30	37	35
空军	31	44	30	27
后勤	—	2	9	14

资料来源：Ann Markusen, Peter Hall etc., *The Rise of the Gunbelt: The Military Remapping of Industrial America*, p. 16。

从 1952 年到 1982 年的 30 年间，陆军和海军的采购明显地向南部和西部倾斜。"二战"后到大规模导弹建设之前，尽管"二战"期间太平洋地区的地位已经确立，但两大军种的国防订单都集中在中西部地区和东北部地区。东南地区和落基山脉诸州对国防生产商还不太重要。然而，20 世纪 50 年代冷战政策改变了国防经济地理版图。到 1962 年，相比其他地区，陆军和空军的国防主合同揭开了南部和西部地区的序幕，而空军的扩张更加明显。到 1982 年，空军已经成为西部一个稳定的客户，相反，陆军开始向南方倾斜。相比其他军种海军还是受到地理环境的限制，集中于三大海岸地区。

当用武器系统来分析时，这种转变就变得更加清晰了。过去 30 年，至少 75% 的所有国防主合同仅仅集中于七大武器类型。[①] 但从一种武器类型到另一种武器类型的转变却非常巨大（见表 4—8）。特别引人注目的是，导弹的重要性在 20 世纪 50 年代和 60 年代初大规模建设后下降。飞行器的份额在 20 世纪 60 年代早期增加，达到并保持在全部合同的 35% 左右。电子和通信装备的增长幅度特别大，从开始的 15% 到最后稳定在

[①] 15 个国防主合同类型中，仅有 3 个——油料、建设和服务——能定期接受到全部合同的至少 3%。油料合同主要集中在得克萨斯、路易斯安纳和加利福尼亚。另外两个合同都同军事基地分散于全国各地。参看 Jeffrey Crump, "The Spatial Distribution of Military Spending in the United States, 1941 - 1985," *Growth and Change*, 20, 1989, pp. 50 - 62。

20%左右。每一种武器类型都有自己独特的地理版图。① 目前为止，最大的武器类型——航空器的合同非常集中。在1984年，前五名的州获得86%的主合同。而太平洋地区获得的国防主合同最多，达到1/4左右。但从人均角度来看，这个地区就完全被新英格兰所掩盖，其份额实际上已经下降，而密苏里州和肯塔基州的份额却在增加。由于是相同的公司主导这些武器的生产，它们包括华盛顿州的波音公司、加利福尼亚的通用动力公司、道格拉斯公司、洛克希德公司、罗克韦尔公司和休斯公司。在1982年至少42%的所有导弹主合同都流向了加利福尼亚的承包商，而从人均上来分析，太平洋地区收到的国防主合同要高于全国平均数的三倍。落基山脉地区的诸州也不错，但太平洋地区的份额随后有些下降。在飞行器上新英格兰地区的份额增长最快。相反，中西部的内陆州在国防采购的人均分配上一直低于国家平均水平。

表4—8　　1962—1984年主要武器系统的国防主合同占全部合同比重　　单位:%

	1962年	1967年	1972年	1977年	1982年
导弹系统	37	20	22	18	16
飞行器系统	30	39	36	33	30
电子和通信装备	15	15	19	21	23
造船系统	7	6	8	12	11
坦克系统	5	5	3	6	7
弹药系统	4	13	10	6	5
武器系统	1	1.5	1	2	3

资料来源：Ann Markusen, Peter Hall etc., *The Rise of the Gunbelt*: *The Military Remapping of Industrial America*, p.17.

与航空航天工业相反，造船业一直处于下降通道。在"二战"期间，造船业从来没有低于国防采购总额的26%，但到了1953年，这个份额却降到了7%以下，到了20世纪60年代以后进一步下滑。② 到了20世纪70

---

① Ann Markusen, Peter Hall etc., *The Rise of the Gunbelt*: *The Military Remapping of Industrial America*, p.18.
② Roger E. Bolton, *Defense Purchases and Regional Growth*, Washington, p.123.

年代，在美国的超过400余家造船厂中仅有11家私人拥有的造船厂正在建造新的海军舰艇，即使在里根大规模增加军备的时期，造船厂关闭的数目也在增加：从里根上台到1985年的四年间，110家造船厂就有25家倒闭。① 这些船厂都集中在沿海岸地区，其中新英格兰地区占据主要部分。

坦克和军用车辆是中西部地区仅有的强大国防项目。军用车辆的生产主要集中在东部和中部地区的三个州：密歇根、俄亥俄和印第安纳。但从人均角度来看，加利福尼亚和康涅狄格则使太平洋地区和新英格兰地区高于全国平均水平，并且在1972年后，新英格兰成为最大的获益者。自冷战强调陆基武器系统以来，中西部地区就停滞了，在冷战期间的相对优势也消失殆尽了。

武器和军火也同样反映了新月武器带的演变。作为最小类型的武器生产，早期集中在东北部地区和中西部地区，但逐渐被加利福尼亚取代，其份额从1962年的13%增长到1982年的57%。新英格兰地区的人均武器采购额从1972年到1982年的10年间更是垂直下降，尽管仍保持在平均线以上，但许多工业核心地带的州却失去了这块大饼的份额。在所有武器类型中，军火在国防采购中变化最大，其顶峰是在越南战争期间。加利福尼亚和明尼苏达州的军事承包商数量一直名列前茅，在所有武器类型里军工企业是在空间上最分散的。

尽管相对来说分包是其主要部分，在所有武器类型的主合同中电子和通信设备的份额增长缓慢但稳定。1962年，中大西洋地区和东北中部地区两个部分占所有国防主合同的55%，但到了1982年，这个数字下降到了24%。相反，太平洋地区的份额增长迅速。从人均采购角度来看，结果相同。由于20世纪50年代飞机制造商发展自己的电子能力，军用电子设备与飞行器的分布重合在一起也就是必然结果。

在所有国防预算中，研究、开发、测试、评估的国防合同是其主要组成部分。它们遍布在商业公司、大学研究所、政府机构和其他非营利性组织中。在所有联邦研发开支中（几乎占20世纪80年代中期美国所有研发开支的50%），国防就占了69%，这一数字比20世纪80年代的商务部、教育部、房屋和城乡发展部和内政部所有预算总和还要多。这

---

① Jonathan P. Hicks, "The Long Shipyard Slump," *New York Times*, November 15, 1985: D1.

些合同主要集中在少数几个商业公司,自20世纪60年代初期以来,这一公司数目高度稳定。① 结果,研发开支比国防主合同在地理上更加集中,这也导致中大西洋地区的研发开支持续高于全国平均水平,而新英格兰地区低于全国平均水平,随后研发资金开始转向落基山脉地区和太平洋沿岸地区。

我们把研发组成部分再细化会看得更清楚、更真实,这些组成部分包括商业公司、大学研究所和其他非营利性组织。在所有商业公司的研发中,加利福尼亚州名列前茅,占到1962年和1982年国防研发开支合同的41%,而纽约州自1972年以来一直处于下降状态。从人均角度来看,华盛顿州居于领先地位,主要反映在波音公司的研发合同上,加利福尼亚州排名第二。

从大学研究所来看,1982年的所有国防研发开支是8.5亿美元,无论从绝对数还是人均数,马里兰和马萨诸塞都排在其他州前面,主要反映在居于主导的约翰·霍普金斯实用物理实验室和麻省理工学院林肯实验室。而非营利性组织的研发主要集中在加利福尼亚和马萨诸塞,两者在1982年占到其研发开支的75%,大部分都流入了剑桥的德雷珀实验室和加利福尼亚的航空航天实验室。

美国武器带是不断变化的。以加利福尼亚州为例,冷战结束后,加利福尼亚州军工产业快速下滑。随着反恐战争和中美战略竞争的展开,加利福尼亚州军工产业再次复兴。2020年,美国国防部国防合同总额为5939亿美元,在加利福尼亚州的支出为610亿美元,占当年国防部国防合同总额超过10%。

四 国防雇员的地理分布变迁

上面有关章节已经分析了美国国民经济军事化过程中与军事相关的就业状况,下面分析的是国防合同和国防美元对地区就业产生的影响。上万亿的国防美元产生了数百万个国防工作岗位。但由于许多国防公司也生产民用产品,要想估算国防工业的确切就业数字有些难度。有人估计在1966年,国防雇员总数在240万人左右或占到国家就业人数的3%左右。② 商务

---

① Jacques Gansler, *The Defense Industry*, Cambridge, Mass.: MIT Press, 1980, p. 101.
② James L. Clayton, ed., *The Economic Impact of the Cold War: Sources and Readings*, p. 37.

部的数据显示，1965年与国防相关的工作是90万个，1967年增长到顶峰的125.2万个，随后1975年下降到67.5万个，1983年再次上升到94.8万个。① 在1972年到1983年间，国防工业工作岗位净增24.2万个，相对应的是同期制造业却净失43.6万个工作岗位。

从表4—9中可以看出，在国防大规模重建期的1977年到1985年间，与国防相关的私人雇员估计增长了68%，从191万人增加到320万人。从1980年到1985年，私人部门就业人数净增580万人，而与国防相关的就占100万人，占了全部净增的17%。相反，政府直接的军事就业人数，包括民用和文职岗位，增长缓慢，主要是这个时期的大规模军备建设集中在硬件上，而不是人员上。

表4—9　美国1977年、1980年和1985年国防就业人数

	1977	1980	1985	1977—1980		1980—1985	
	千	千	千	千	百分比	千	百分比
全部国防岗位	5309	5498	6680	+189	3.6	+1182	21.5
陆军人数	2133	2041	2151	-92	-4.3	+110	5.4
联邦民用人数	1263	1243	1322	-20	-1.6	+79	6.4
私企就业人数	1913	2214	3207	+301	15.7	+993	44.9
民用与文职	53	58	72	+5	9.4	+14	24.1
制造业	1038	1200	1812	+162	15.6	+612	51.0
服务业/建筑业	822	956	1323	+134	16.3	+367	38.4

资料来源：*Monthly Labor Review*，August 1987。②

私人部门的国防就业部分弥补了美国在20世纪80年代制造业方面就业人数的大规模流失。1980年至1985年间美国制造业减少100万个就业岗位，而国防制造业却新增60万个就业岗位，增长超过50%。1977年国防工业占所有制造业就业人数的大约5%，1980年占6%，1985年大约占

---

① 这个数字是美国商务部根据92家公司取样测算的结果。见 Ann Markusen, Peter Hall etc., *The Rise of the Gunbelt: The Military Remapping of Industrial America*, p. 20。
② David Henry, Richard Oliver, "The Defense Buildup, 1977–1985: Effects on Production and Employment," *Monthly Labor Review*, August 1987, pp. 3–11.

9%。在耐用性制造业上，1980年所有就业人数的8%是由国防提供，1985年至少占14%；在飞机制造业上，国防就业人数在所有工业就业人数中从1977年的43%增长到1985年的62%；在造船业上，则从1977年的30.7%增长到1985年的85.3%（见表4—10）。①

表4—10　　　1977—1985年主要工业国防就业人数的份额与增长

主要工业	全部国防就业所占百分比			就业人数变化			
	1977	1980	1985	1977—1980		1980—1985	
				千	百分比	千	百分比
军械	44.8	59.9	70.5	13.4	43.4	24.8	56.0
导弹、航天	67.3	68.7	84.2	16.0	36.0	52.5	86.9
通信设备	35.2	41.8	49.6	47.1	42.5	96.7	61.2
航空业	43.0	37.2	62.0	36.6	17.0	167.8	66.7
造船业	30.7	49.3	85.3	39.4	55.8	53.0	48.2

资料来源：*Monthly Labor Review*，August 1987。

与国防采购合同一样，这些就业岗位不均衡地分布在美国全国各地。据估计，在1966年，各地区就业人数的国防依赖从阿拉斯加州的9.7%和犹他州的9.1%到爱达荷州微弱的0.3%不等。加利福尼亚的国防就业人数占其州内所有就业人数的5.4%，即40.5万个就业岗位。1983年商务部和统计局公布的数据对比了当年全部估算的地方制造业就业人数份额，不过有人认为这些数据被严重低估了。② 这可以从表4—11中看出来，以下这些州的就业特别依赖国防工业：新英格兰地区、纽约、华盛顿、哥伦比亚特区、佛罗里达、密苏里、犹他、得克萨斯、亚利桑那和加利福尼亚。而国防就业人数的增长基本集中在以下几个州：加利福尼亚曾经名列前茅，在新的国防就业中，从1967年至1977年几乎增长了17%，从1977年到1983年超过36%；马萨诸塞在第一阶段增长超过5%，第二阶段达到

---

① David Henry, Richard Oliver, "The Defense Buildup, 1977–1985: Effects on Production and Employment," p. 8.
② Ann Markusen, Peter Hall etc., *The Rise of the Gunbelt: The Military Remapping of Industrial America*, p. 20.

7.6%；佛罗里达和得克萨斯在第二阶段各自都在7%左右。从中可以看出，新月武器带是一个强大而又持久的现实，同时表明，军工复合体对美国经济版图的影响十分深刻。

表4—11　1967年、1977年、1983年国防和制造业就业人数所占百分比

	国防就业人数变化（千）		全国国防就业人数变化（百分比）	
	1967—1977	1977—1983	1967—1977	1977—1983
缅因	-0.5	5.5	0.1	2.4
新罕布什尔	-3.0	9.6	0.6	4.1
佛蒙特	0.2	1.3	0.0	0.6
马萨诸塞	-27.7	17.6	5.2	7.6
罗德岛	-1.6	6.1	0.3	2.6
康涅狄格	-27.9	-6.6	5.2	-2.8
纽约	-57.5	9.7	10.7	4.2
新泽西	-25.1	4.7	4.7	2.0
宾夕法尼亚	-36.4	12.2	6.8	5.2
俄亥俄	-36.0	2.6	6.7	1.1
印第安纳	-20.1	4.6	3.7	2.0
亚利桑那	-29.3	6.8	5.5	2.9
密歇根	-11.9	2.4	2.2	1.0
威斯康星	-9.2	2.2	1.7	0.9
明尼苏达	-15.0	6.4	2.8	2.8
艾奥瓦	-6.1	-2.6	1.1	-1.1
密苏里	-23.6	0.1	4.4	0.0
北达科他	-0.2	0.0	0.0	0.0
南达科他	-0.2	0.0	0.0	0.0
内布拉斯加	-4.2	0.8	0.8	0.3
堪萨斯	-19.6	13.0	3.7	5.6
特拉华	-0.7	0.0	0.1	0.0
马里兰	-13.1	8.0	2.4	3.4
哥伦比亚特区	0.1	0.0	0.0	0.0
弗吉尼亚	-3.8	11.5	0.7	4.9
西弗吉尼亚	-3.0	-0.4	0.6	-0.2
北卡罗来纳	-8.0	1.6	1.5	0.7

续表

	国防就业人数变化（千）		全国国防就业人数变化（百分比）	
	1967—1977	1977—1983	1967—1977	1977—1983
南卡罗来纳	0.3	0.5	-0.1	0.2
佐治亚	-31.6	7.5	5.9	3.2
佛罗里达	-2.8	17.0	0.5	7.3
肯塔基	-0.4	0.2	0.1	0.1
田纳西	-14.6	4.5	2.7	1.9
亚拉巴马	-2.0	2.1	0.4	0.9
密西西比	17.7	-14.6	-3.3	-6.3
阿肯色	-2.4	1.0	0.4	0.4
路易斯安纳	-2.3	1.5	0.4	0.6
俄克拉荷马	-4.3	5.7	0.8	2.5
得克萨斯	-33.8	15.5	6.3	6.7
蒙大拿	-0.2	-0.1	0.0	0.0
爱达荷	0.0	0.1	0.0	0.0
怀俄明	-0.2	-0.1	0.0	0.0
科罗拉多	-3.6	6.5	0.7	2.8
新墨西哥	0.5	0.3	-0.1	0.1
伊利诺伊	0.0	4.0	0.0	1.7
犹他	-3.5	3.0	0.7	1.3
内华达	0.3	0.0	0.1	0.0
华盛顿	-3.2	-13.5	0.6	-5.8
俄勒冈	1.8	-0.2	-0.3	-0.1
加利福尼亚	-89.9	84.9	16.8	36.5
阿拉斯加	0.1	0.0	0.0	0.0
夏威夷	-0.2	0.0	0.0	0.0
美国	-536.5	232.6	100.0	100.0

资料来源：Ann Markusen, Peter Hall etc., *The Rise of the Gunbelt: The Military Remapping of Industrial America*, p. 24。

20世纪50年代是美国国防和国防工业的一个重要转折点。在冷战期间，美国给自己赋予了领导全球的新责任。为了支撑这一责任，美国创造了军工复合体：这是一个五角大楼、各军种、私人公司、政治玩家、地区各种力量相互交织在一起的一个生产体系。展现在地理上就是新月武器带的迅速崛起和持续的主导地位，这一武器带从新英格兰地区到大西洋沿岸，跨过中部各州，进入落基山脉的低地和太平洋地区。在冷战40年间，尽管有些其他要素，但这一地区的工业生产和就业主要依赖国防工业。相对应，工业核心带再也没有获得冷战期间航空航天足够的份额，这是它在20世纪70年代衰落的重要原因。

第四节 军工复合体影响经济的根源

解读军工复合体导致的经济版图变迁有很多理由，其中有气候因素，人们更喜欢阳光地带，有利于飞行；教育因素，新英格兰地区大学云集为其经济发展创造了难得的机会；等等。这些只是部分原因，其根本还要看美国战略任务和总统与五角大楼高官对全球地位和角色的看法。正是这些看法的变化，美国战略反应的基本哲学才发生转变，随后才出现洲际导弹和最后的星球大战计划。根据国防生产相连接的一定结构，这里面存在这样几个要素：不同军种的任务和权力；每个军种军事采购的不同需求；军工复合体的演变。这个生产链上展现了一系列各种角色：从将军到大学校长、民间支持者，再到国会议员、企业家、官僚管理者，每个群体都有其偏好与看法。归结起来，当人们寻找可能的军工产地时，这样的地方全国很多，但这些地方及其特征有些时候是明显的，有些时候是潜在的，这就需要那些本地人去挖掘。正是以上这些因素和各个角色一起塑造了新军工产业中心的历史成长轨迹，这个成长轨迹完全不像它证明的那样机械、那样单一；相反，它们的成长轨迹复杂多变，伴随着诸多波折甚至是灾难性的挫折，呈现出多阶段的路径。军工复合体是冷战的衍生物，但反过来它又成为冷战的推动力量，"成为延缓冷战的一个主要因素"[1]。

---

[1] Ann Markusen, Peter Hall etc., *The Rise of the Gunbelt: The Military Remapping of Industrial America*, p. 26.

军工复合体：美国的支柱与噩梦

一 战略任务和军种角色

在20世纪，美国国家战略至少经历了六个阶段："二战"前占主导的孤立主义；全球冲突中的积极干预，随后经历了一段短暂的复员；冷战中的全球角色；越南战争造成的一段怀疑和反复；20世纪70年代战略防御；20世纪80年代星球大战。冷战后，"9·11"后的反恐战争，2017年后中美战略竞争让美国重回大国竞争战略轨道。

"二战"前，孤立主义盛行，为此空军苟延残喘。此时陆军仅仅作为保护海岸的防卫角色。这增强了已经建立起来的陆军和海军两大军种的保守主义，它们反对赋予刚刚起步的空军独立作战的能力。美国陆军航空勤务队副司令威廉姆·米切尔认为，在未来战争中，空军将要担负起攻击敌后战线、摧毁敌人的工业能力和人们的士气。但是米切尔这一大步导致他在1925年受到军事审判，并于1926年辞职。[1] 不过国会最终接受了独立机构莫罗委员会报告，创建了一个由陆军将军领导的半独立空军，计划到1932年拥有1650名军官，15000名军人，1800名飞行员，但由于资金从来没有足额到位，该目标也就流于形式。1934年由贝克委员会进行的调查报告却导致另一个妥协：1935年设立了一个独立的空军司令，这才使空军具有了自己独立的任务和角色。1941年6月，陆军建立陆军航空兵，其司令仍是空军副司令；直到1942年3月，陆军航空兵（AAF）才获得完全独立自主的司令，即亨利·哈利·阿诺德将军。[2]

在孤立主义包围下的空军发展如此艰难，其飞机制造商就更是难上加难，它们仍由机师或前战争飞行员主导。为了在国会和军队中维护它们的立场和利益，它们成立了制造商协会，但起初并不成功。随着20世纪20年代后期商业航线的扩大，飞机制造业迎来了一个小繁荣，出现了一系列重组和兼并。但随着大萧条的到来，依赖衰退的商业市场和空军合同的许多公司破产。尽管20世纪30年代欧洲战前的气氛给美国飞机制造业带来

---

[1] Michael Sherry, *The Rise of American Air Power*: *The Creation of Armageddon*, New Haven, Conn.: Yale University Press, 1987, pp. 23 – 24. 经过1923年和1924年远东之行，米切尔惊人地预测到了日本将要突袭珍珠港。

[2] John F. Shiner, *Foulois and the U. S. Army Air Force Corps*, 1931 – 1935, Washington, D. C.: United States Air Force, Office of Air Force History, p. 94.

第四章 军工复合体与美国经济

有限的发展,鉴于空军的附属角色和其他两大军种的反对,到1936年,陆军航空兵仅有1100架飞机,其中一线作战飞机仅有300架,海军有800架。1938年9月,罗斯福总统改变国防政策,宣布制造1万架飞机,更多空军需求才被释放出来,这才给飞机制造业带来了转折。阿诺德将军后来写道:这是他职业生涯,也是空军发展史上最重要的事情。[1] 获益者是那些在大萧条中生存下来的飞机制造业开创者:洛克希德、道格拉斯、北美航空、格鲁曼、柯蒂斯—莱特和波音,而这些公司聚集于以下这些地区:洛杉矶、西雅图、布法罗、长岛和新英格兰地区。

战争赋予了这些航空人长久的梦想:自主与战略进攻角色。"二战"的轰炸超过了过去,将战线延伸到敌人的纵深地带,摧毁敌人的工厂、交通线、城市和平民设施。而原子弹和氢弹则是空战的巅峰。战争成了刺激航空业最好的催化剂,从而也使空军一跃成为三大军种之一,并在冷战技术发展中一直处于最重要地位。罗斯福总统1940年的目标是年产飞机5万架,这个产量是20世纪30年代的100倍,而这个产量在1942年就实现了,到1944年,美国飞机产量再次翻番。最特殊的例子就是北美航空,从1940年夏天只有1个工厂,雇佣6000人,到1943年拥有5个工厂,雇员达到92000人。从1939年1月到1945年9月,北美航空共生产了4.2万架飞机,超过其对手康维尔10%,占美国"二战"飞机产量的14%。洛克希德生产了1.9万架,雇佣工人数也从1938年后期的2500人扩大到1945年的6万人,成为当时美国最大的飞机制造公司。[2]

从此,空军权力具有了主导地位,一个新军种出现了。在1947年《国家安全法》中设立了国防部长,在五角大楼建立了国家军事机构,由陆军、海军和空军三大军种组成。随着战争的结束,大批军人复员,大量服务于战争的工厂关闭。美国人认为自己的生活又回归正常,在世界事务中要尽可能地少干预,但冷战却打破了这种短暂的"孤立主义"。

脆弱的和平维持不到三年,随着冷战的开始和第一次柏林危机,美国重返世界舞台,但这次重返却永远改变了美国的战略思维和生活方式,也改变了对世界的看法。随后就是朝鲜战争和苏联能生产原子弹,

---

[1] Michael Sherry, *The Rise of American Air Power: The Creation of Armageddon*, pp. 79 – 80.
[2] William Schoneberger, *California Wings: A History of Aviation in the Golden State*, Woodland Hills, Calif.: Windsor, pp. 30 – 32, 50 – 51, 55 – 56.

打破了美国对核武器的垄断。1953年，美国爆炸氢弹，这些因素结合在一起的结果就是美国1954年"大规模报复战略"的出台，这个战略导致美国开始研制和生产复杂的具有巨大破坏力的新武器。[1] 接着，1957年苏联卫星上天和太空军备竞赛的开始，这些事件带来的结果就是航空航天业的变革。

冷战不同于历史任何其他时期。在这个时期，武器第一次设计出来不是为了使用而是寻求其先发制人的价值。美苏任何一方都要持续更新其武器库，以此来遏制另一方使用其武器。武器技术的复杂程度比原来越来越高，制度化创新过程不断更新，这迅速改变了发动战争的模式和那些流行武器及其支持装备生产的复杂程度。这种战略武器主要体现在洲际弹道导弹，更复杂的战斗机、侦察机和巡航导弹等上。以上这些战略思想和战略武器的转变促使军事采购发生重大改变，在几年内，常规战斗机的作用就被带有电子导航和敏感装备的各种类型飞机所取代。"宇宙神"洲际弹道导弹（ICBM）在1954年5月的空军和1955年夏天的美国成为武器发展的重点。1955年11月，中程弹道导弹（IRBM）获得陆军和海军联合发展的重点支持，1957年"雷神"中程弹道导弹（IRBM）发射成功，一年以后，"宇宙神"洲际弹道导弹也发射成功。[2] 当大批工人开始生产新产品，这些新产品需要新的部件、技术和科研与发展时，工业也就面临着重新定位的挑战。因此，军工复合体在"二战"基础上进一步壮大，但它不是壮大在核心工业带上。

随着肯尼迪入主白宫和福特汽车公司老总罗伯特·麦克纳马拉掌管五角大楼，一个新时代开始了。战略思想在延续大规模报复战略基础上转变为灵活反应战略，其战略工具也相应发生转变，计划、项目和预算都倾向于一种新的、理性的、更经济的采购系统。然而，越南战争打乱了其步伐，美国重新进入热战，越战导致美国进入迷茫和反思阶段，但这并没有改变美国军事采购和生产。进入里根的星球大战计划时代，美国军备发展重新驶入快车道，在强调航空航天的新武器系统上国防开支大幅增加，国防研发也持续攀升，特别是在先进的雷达设计、监听、通信系统等方面。

---

[1] Russell Weigley, *The American Way of War: A History of United States Military Strategy and Policy*, New York: Macmillan, pp. 400 – 403.

[2] Roger E. Bilstein, *Flight in America, 1900 – 1983: From the Wrights to the Astronauts*, Baltimore: Johns Hopkins University Press, p. 209.

提供工程和技术援助系统的新公司崭露头角，它们大部分都是因为利益冲突从航空航天公司分离出来的小公司，它们喜欢集中在新的工业中心，比如哥伦比亚特区，这里有五角大楼；科罗拉多的斯普林斯，这里是为战略防御计划进行的战略防御和测试的神经中枢；亚拉巴马的亨茨维尔和佛罗里达的泰特斯威尔—墨尔本地区，这两个地方都是美国军事航天活跃的地区，并且佛州南部还是航空航天工业的总部。

二 各军种的传统和竞争

新月武器带的崛起是空军从私人公司进行外部采购战略对陆军偏爱内部设计和发展战略的胜利。自美国建国，陆军就一直拥有自己的武器供应系统，从武器研发到样品制造，有时甚至武器的生产都由政府控制或操控的厂家进行。海军也如此。但空军发展一开始就依赖那些处于无政府状态的飞机发明者或爱好者，"一战"证明建立自己的飞机制造厂非常昂贵。[①] 因此，美国军事飞机采购就主要来自那些初创的飞机制造厂。直到1938年飞机大规模生产实现后，这些飞机制造公司自然就成为航空业的主体。

但在20世纪50年代的航空航天大变革中，空军和陆军的紧张关系再次出现。当时洲际弹道导弹的主要设计者伯纳德·施里弗将军完全秉承了空军信条，即让私人工业企业为空军生产。而空军的竞争者是沃纳·冯·布劳恩和工作在亚拉巴马州亨茨维尔美国陆军红宝石兵工厂的前德国同事，这些人都喜欢在军队内部系统发展导弹，合同都给了那些陆军的老朋友、汽车公司等。最终，还是空军在这场斗争中胜出。避开陆军模式，空军形成了自己的拥有科学家、有组织劳工和产业的军工生产体系。随后在1960年，布劳恩和他的团队成为国家航空航天局的核心成员，他的事业也达到了顶峰。从那时起，在非常相近的导弹和航天领域就存在两个有效率的国防研发和采购系统：一个是以国防为基础在空军控制之下的系统；另一个是与航天相关的在前海军团队和前陆军兵工厂控制下的系统。但结果很有讽刺意味，陆军团队发现它的系统不能生产复杂装备，不得不使用空

---

① Ann Markusen, Peter Hall etc., *The Rise of the Gunbelt: The Military Remapping of Industrial America*, p. 32.

军的承包商。因此,以私人企业为主的、利益导向的合同制体系最终战胜了陈旧的内部兵工厂体系。这也是军工复合体形成的一个重要根源。

三 新的地方化产业中心效应

以上这些因素使军工复合体产生了不同于传统工业中心的地方化产业聚集。首先,新的武器系统产生了远离传统中心的新生产复合体。飞机等复杂武器的技术和生产过程完全不同于那些钢铁、汽车类消费品,尤其是飞机场的选址要考虑到不同于老工业区的气候与地形等因素。此外,军事生产的以下特征也偏爱那些传统中心之外的新中心地区,这些特征包括保密性强、小批量生产、强调团队作业和有经验等。

其次,持续的创新压力产生和增强了这样一种趋势,航空航天工业的产业聚集效应。然而,军工复合体与商业性厂家不同的地方在于它持续的创新压力。在军工复合体中,产品从来达不到大规模生产的地步。因此,制造商避免了分散生产地来降低成本的压力。五角大楼的需求和美元经常为那些年轻和创新型工业创造条件。军工复合体的其他特征使得以上这些特点得到加强和复杂化。竞争者的稀少增强了军工厂的优势。只有同一行业的竞争者才会关注本行业公司的搬迁、运营和市场份额。增强垄断性的特殊军工复合体促进了这种聚集。而政府作为垄断买方的唯一特征使得这种产业聚集趋势超过了相近的同行业,不仅是竞争者和供应方,还包括了买方和卖方。无论多么复杂,在只有唯一一个买方的情况下,买方支付的不会有太大出入,这就保证了市场持续稳定地供应新军事产品。因此,航空航天工业就像一个"营地追随者",至少建立一些自己的工厂,同时去那些存在买卖双方特殊关系的地方寻找军事采购机构、战略计划者和资金拨款部门。五角大楼和各军种远离主要产业中心,但它们作为垄断的买方却有权利决定新军事产业中心的选址。

五角大楼作为垄断买方还增强了军工生产地理上分散的模式。由于成本不是首选问题,对工人、交通诸如此类的传统最小化成本的压力基本就不存在。相反,公司需要找到的是一个在质量、稳定性和快捷性上最大化的地方。当然,太高成本也会受影响。工人提供了一个很好的例子。军工生产占据了非常大而持续的高技术工人份额,然而本地这样的高技术工人可能对军工复合体没有什么用处。这是因为政府不仅允许经销商掌控人力成本和跨地区熟练技术工人流动，而且还允许他们将这些费用包括在成本里面。由于承包商将他们的利润都增加到成本里面，他们就有动力来促进熟练技术工人的流动。因此，人们认为，在冷战期间，政府一直在控制着那些因逐利而不断大规模迁徙人口的项目。

军工企业的兼并重组也有助于军工生产商在新的地方聚集。冷战武器的日益复杂更是不断强调设计平台的重要性，这使得单个公司很难胜任一个新武器系统的研发与生产。在20世纪80年代，正如各军种自己也被迫走向联合指挥与更大合作一样，那些大的承包商也不得不联合起来设计、研发和生产新的武器系统。这加强和促进了那些已经存在的地区和合作方之间的合作。

冷战军事采购合同促使的持续创新也会带来负面效应。具有巨大计算能力的高级复杂计算机的演化可能会导致供应此设备的私人承包商份额更大，最终会危害到军方对此设备的使用。在20世纪80年代建立的有利于现代武器性能发挥的新联合指挥系统增强了承包商的优势，这些承包商提供国防战略规划服务和在哥伦比亚特区的 C^3I 系统，这可能会威胁到国家军事指挥中枢。

从以上新月武器带的演化中，我们可以看出，美国军工复合体经过了三个发展阶段：第一，新的军工生产中心的出现，这是冷战战略任务确立后功能发挥的结果。第二，这些军工复合体走上特殊聚集的轨道，这是由冷战军工复合体创新和政府作为唯一买方的特征所决定的。第三，因为创新改变了战争技术，新战略和新武器自身喜欢新的军工生产中心，开始适应时代的需要。老工业中心也想要竞争，但由于业已存在的商业文化使这一竞争困难重重。总之，上面军工复合体各个层面的东西增强了其集中的趋势，并促使这种集中向军方喜欢的地方化发展。这些特征也透视出了军工复合体中各个角色的地位：创立者、管理者、军方高层、促进者、支持者和其他。

四　军工企业落户条件因素

许多因素被假定影响了军工企业的地址选择，这些因素包括地势、气候、企业精神、工人、政府实验室、大学、军事基地和本地文化与商业氛围等，特别是那些条件好又有高科技的地区更受欢迎。许多学者强调作为飞机场和导弹建设理想条件的阳光、清新的空气和平坦的地形对小公司非常重要。而沿海地址为国际市场提供了便利。以上提到的这些个案都好像符合以上规则，但也有不符合的：波音坐落在西雅图，格鲁曼坐落在长岛，霍尼韦尔坐落于明尼阿波利斯。其中，导致这些军工企业落户的根源背后都有军工复合体的影子。

1. 人力资本

由于企业家的高度流动性，他们不能被看作地方军工生产中心的决定性因素。不过，有些军工复合体还是可以这样解释：波音所在地西雅图就是创立者的家乡，道格拉斯所在地洛杉矶是创建者的定居地。当然，企业家也可以被看作他们环境的产物，这有助于理解他们经历过的那些文化和工业氛围。

熟练的技术工人才是关键因素。许多高技术地区强调把专业技术工人的数量作为必要条件。[1] 但如上所述，工人具有高流动性，也不能看作军工复合体的决定性因素。由于新的军工复合体出现在距离传统工业中心较远的区域，就有证据表明在20世纪40年代到50年代热战期间有大规模人口迁徙，并在冷战期间得以持续。而大批熟练工人就来自于此。确实，军事基地本身就是工人来源地。士兵来自全国各地，但军事基地却相对集中在阳光地带。从1969年到1976年，那些退役和退休的军事人员构成了跨地区单个最大集团。[2] 他们明白在他们基地周围的就业市场要比家乡好，鼓励这些人留在这些未开发的处女地。因此，军工复合体通常坐落在这些地区，该地区的人拥有武器系统和国防采购方面的知识，他们能清楚自身特点，在操作一定武器上有过专门训练，也是维护这些武器的专家。

大学也是地区工人供应的一个重要因素。军工复合体可能会落户在理工类院校附近，比如美国加州理工学院、麻省理工学院等，这可以使军工复合体首先抢到应届毕业生。那些寻找提高职业技能的工人是在大学期间就受到雇佣的，一些特别的"行政"项目是为做兼职的学生设计的，这样

---

[1] 参见 Rees John and Howard A. Stafford, *A Review of Regional Growth and Industrial Location Theory: Toward Understanding the Development of High Technology Complexes in the United States*, Washington, D. C.: Office of Technology Assessment, 1983。

[2] Ann Markusen, Peter Hall etc., *The Rise of the Gunbelt: The Military Remapping of Industrial America*, p. 42.

军工复合体坐落在大学附近有利于接纳好大学的学生。还有就是大学教授为军工复合体做顾问，甚至少数大学教授自己开公司为军事服务，这些都是大学为军工复合体提供人力资本的重要途径。大学在跨地区分配工程和科学天才中起到了决定作用。大量事实表明，高新技术企业一直强调公司吸引和拥有高技术人才的重要性。职业和技术工人在劳动力市场上占有重要地位，有效地推动了那些寻求生存的公司落户。

传统上蓝领工人也是航空航天公司的一个主要关注因素。在最早的十年，公司需要接近中等规模的城市。在战争期间，政府机构帮助雇佣了大量失业工人，并且在很多地方，为竞争蓝领工人而出现紧张气氛。新英格兰地区的飞机发动机制造厂一直吸纳大批工人，其次是中西部的飞机制造厂。[①] 但蓝领工人的"素质"（quality）很重要。许多国防承包商对工会和受到工会控制的城市和地区特别厌恶和憎恨，这倒不是因为工资要求，而是因为停产和反对改变工作规则，这些规则在军工复合体中非常重要。像军人一样，这些公司把自己看作在完成军事任务，它们想让产品达到最好，它们需要一个由具有奉献精神和团队精神的工人构成的工厂。作为潜在的军工复合体中心，它们缺少类似芝加哥、底特律、纽黑文或费城那样发达的商业文化。新英格兰地区在军工复合体振兴前曾经历过20年边缘化过程，从强大的教育体系中获益良多。洛杉矶曾经是一个反工会地区，最后不得不接受工会作为战争时期协议的一个部分，允许组织但不允许罢工。尽管蓝领工人原来不是地区的一个要素，但武器越来越依靠发明创造，因而对那些更高水平的工程师和技术专家的需求越来越大，这些人基本都拥有大学的博士学位而不是来自贸易学校。一个典型的国防工人更可能是一个工程师而不是一个机械师，是一个软件程序师而不是一个铆钉，是一个熟练的技师而不是一个流水线工人，是一个物理学家而不是一个电焊工。更重要的是，他是一个职业组织的成员，而不是工会成员。

2. 梦工厂：政府、大学和公司实验室

另一个地区因素是梦工厂：一个军事发明持续制度化的地方。联邦政府掌管和资助许多实验室，包括几个顶尖级实验室，其中有劳伦斯·利弗莫尔国家实验室、洛斯阿拉莫斯国家实验室，它们都是纯粹研究武器。在

---

① Bluestone, Barry and Bennett Harrison, *Aircraft Industry Dynamics: An Analysis of Competition, Capital and Labor*, Boston: Auburn House, 1981, pp. 140 – 148.

空间上，它们比大学或公司实验室更加分散。

大学实验室产生企业家需要的思想。美国有几个知名的高技术产业聚集区，这里面有着重要的国防背景，如波士顿地区的128公路、加利福尼亚的硅谷、新英格兰地区的剑桥科学园。公司实验室也有很多参与国防活动，通常这些实验室集中在传统工业核心地带，接近大公司总部城市，比如纽约、芝加哥等，作为特殊城市的关键工业区，比如底特律。

这里主要以硅谷和128公路为例进行论证分析。20世纪70年代，加利福尼亚州北部的硅谷和马萨诸塞州波士顿的128公路地区成为世界上电子产业主要创新中心，引起全球的关注。这两个地区都以技术活力、创业精神和非凡的经济增长著名。两者的共同点都是战后军事美元的结果。"二战"后，美国联邦政府通过引导资源流向大学实验室，发展军工技术来刺激新行业和地区发展。麻省理工和斯坦福作为国防和航天合同的主要受益人，成为马萨诸塞和加利福尼亚北部经济转型的引导者。它们在雷达、固态电子学、物理学和计算机科学等方面开拓性的研究，促使技术和产业向当地集中，形成了当地新的经济形态和趋势。这种产业集中和技术进步最初是由国防美元支持，到20世纪70年代早期开始达到自我维持，但国防美元依然在某些领域不可替代，这样确立了128公路和硅谷作为国家电子创新和产业中心的地位。两地最终走向两条不同道路，这在一定程度上也与国防美元息息相关。

128公路，马萨诸塞州有着长期的工业传统，1861年麻省理工学院建立就表明了这一点。与毗邻而居的哈佛不同，麻省理工提倡为私人企业搞研究和做咨询。1918年，麻省理工就制订了科技计划，鼓励通用电气、柯达和杜邦等这样的大公司为其提供持续的财政资助。其电子学在20世纪初就确立了全国的中心地位。其主要领导人为凡尼瓦·布什。与电子联邦研究基金相比，私人研究基金显得相形见绌，它使麻省理工成为"二战"中美国主要研究中心，承担了比其他大学要多得多的军事工业研究，这归功于布什。1940年，布什来到华盛顿，在国防部为罗斯福效力，1941年被任命为新成立的科学研究与开发办公室（OSRD）主任。这是美国第一个致力于科学与研究的联邦机构。布什将美国联邦研发资金导向了大学而不是政府实验室，进行基础军事工业研究。

在20世纪40年代和50年代麻省理工共获得科学研究与开发办公室授予的合同款的1/3，总共款项为3.3亿美元。波士顿的其他大学，包括哈佛大学也在雷达、导弹导航和海军武器等方面获得了数百万美元的军事研究经费，大量的军事美元为新英格兰地区的工业经济复苏注入了活力。

如后面军工复合体对美国科技和科学的影响所述，麻省理工利用军事研发经费确立了其在电子、物理、材料等学科和科技的领头羊地位。这些科技很快就推动了地方工业的发展。例如布什帮助建立的美国器械公司，后来改名为瑞森制造公司，赢得了许多生产雷达设施的电子试管和磁极的政府合同。这个公司非常小，但在军事合同的资助下却奇迹般地发展壮大起来，其销售额从1940年的300万美元增长到1945年的1.73亿美元，相当于通用电气当时的销售额，其雇员也从1400人增加到16000人。并且公司在20世纪50年代获得导弹导航系统合同。[1]

战后波士顿地区形成了"科研一条街"，其成员有麻省理工、哈佛大学、其他地方大学和不断增长的实验室，它们提供了全美最强大的知识分子和技术工人。随后冷战加速了军事研发资助力度，应国防部各军种要求，麻省理工建立一系列实验室，包括林肯实验室、科学仪器实验室、电子研究实验室等，发展远程雷达技术、空中预警系统以及高速数字数据处理器等，研制出航空装备、太空竞赛的导弹导航系统。很快128公路就从"毫无前途之路"更名为"美国科技高速之路"，128公路汇聚了军工学研机构迅速发展起来。公路从双向六车道迅速扩展到了八车道。截至1961年，在128公路上直接落户的企业和公司就达169家，雇员达2.4万人，附近还聚集着数量相当的自称为128公路地区的公司。据麻省理工研究人员计算，1965年这个地区已有574家公司，这个数目在以后的八年中不止翻了一番。[2]

该地区最重要的载体是新兴技术公司，它们从军事和航天合同中获得巨大支持。随着冷战、朝鲜战争和太空竞赛的展开，与国防有关的研发资金急剧膨胀。20世纪50年代，马萨诸塞州的公司与国防部签订的合同价值为60亿美元，60年代平均每年的合同额都超过10亿美元。1962年，联邦政府的采购额度达到128公路地区销售额的一半还多。到20世纪70年代初，128公路已经成为全美国最主要的电子产品中心。

---

[1] ［美］安纳利·萨克森宁：《地区优势：硅谷和128公路地区的文化与竞争》，曹蓬、杨宇光等译，上海远东出版社2000年版，第15页。

[2] 同上书，第17—18页。

但成也萧何，败也萧何。随着越战以失败结束和太空竞赛的趋缓，冷战气氛也缓和下来，这导致该地区的军事合同迅速下降。在1970年至1972年间，与国防工业相关的近3000个工作岗位不复存在，高科技部门失业率达到20%，仅瑞森公司一家就解雇了10000名工人，占其总劳动力的40%。[①] 到了20世纪70年代末国防工业再次复兴，重点转移到了微型计算机上，128公路虽然在计算机上也有了很大发展，但相比硅谷来说，其对军事的依赖更强。虽然不能完全结束该地区的产业衰落，然而随着1984年后军事资助额度的减少加重了该地区经济的困难。

相比128公路来说，硅谷在"二战"前还名不见经传，但冷战成就了圣克拉拉谷。这里面有个重要人物，即后面科技发展中提到的特曼教授。他在20世纪40年代初放弃了斯坦福大学的教职，到哈佛大学无线电研究实验室担任战时所长。战后1946年再次回到斯坦福大学担任工程系主任，特曼开始雄心勃勃地发展斯坦福科技产业。朝鲜战争和太空竞赛给斯坦福大学带来了大量军事科研经费，也使本地的电子产业和其他工业受益匪浅。同时国家航空和电子方面的公司——洛克希德等大型军工复合体都在此设立公司，而西屋、菲尔克—福特、斯尔凡尼亚、瑞森、美国国际电话电报等公司在20世纪五六十年代在此设立实验室或生产车间。IBM在此设立研发中心。1970年施乐公司创建了其帕罗阿尔托研究中心。国家航空咨询委员会——国家航空航天局的前身在莫菲特牧场租地建立了研究中心。这些机构和分厂吸引了众多优秀工程师来到硅谷，促进了当地经济的发展。到20世纪60年代后期，圣克拉拉县已经被公认为航天工业和电子工业的中心。

圣克拉拉县之所以被称为"硅谷"，是因为以硅为原料的半导体工业已成为当地经济最大和最有活力的一部分。这个县成为美国处于领先地位的半导体发明和生产基地，甚至超过了128公路的行业群体。其背后支撑力量就是军事。代表性的是仙童半导体公司，发展迅速，其客户主要是美国政府，先是空军，随后是国家航空航天局。到1963年，仙童公司销售额达到了13亿美元，主要客户是军方。随着计算机的兴起，人们对晶体管和集成电路的需求急剧增加，军事订货份额开始下降。20世

[①] [美]安纳利·萨克森宁：《地区优势：硅谷和128公路地区的文化与竞争》，曹蓬、杨宇光等译，上海远东出版社2000年版，第17—18页。

纪60年代政府半导体订货占半导体市场份额的一半,到1972年下降到了12%。与128公路对军事依赖较大相比,硅谷成功实现了商业转型。30年间,硅谷把自己变成了一个充满活力的技术复合体并获得自我增强的能力,这与最初跟军工学研的密切结合分不开,尤其与军事资助和支持分不开。

第五章　军工复合体与美国科技发展

第二次世界大战和冷战期间，美国的国家安全战略是以技术优势为基础。美国"星球大战"是通过技术投资而不是扩军来抵消苏联的军事数量优势。1991年海湾战争和21世纪的反恐战争更加强调技术的重要性。2017年以来，美国国家安全战略重回大国竞争，其国家安全战略再次强化对技术优势的重要性。科技发展是冷战军备竞赛的战略工具之一，军工复合体内军事、工业与大学的联姻是这个战略工具的载体。冷战期间，美国建立了历史上最为完善的科技政策和体系，联邦政府尤其是军方与大学间形成了新的互惠关系。军工复合体影响了美国联邦政府的科学政策，促使联邦政府对大学研究进行史无前例的资助，对大学的研究方向和内容及其性质产生了重大影响。大学学术研究军事化和为冷战目的服务使得一些新的学科和研究领域获得重要发展，产生了一些重大科技进步和新兴工业产业，但也加速了学术自由和国家安全间的紧张关系，导致基础研究和应用研究、民用研究和军事研究的不平衡。

第一节　冷战时期美国科研政策与体系

一　美国联邦科技政策的演变

1. 美国联邦政府与科研关系

学术研究成为美国大学一项基本职能是与美国现代大学的建立同步

的。① 美国现代大学建立过程中深受德国大学学术自由经验影响，同时还赋予了大学研究服务社会功能。在美国宪法中没有规定联邦政府管辖教育的权力，但保留了为实现国家利益国会有权制定相关法律和政策的"一般福利"条款。在内战即将爆发的1862年林肯签署了《莫里尔法案》，这个法案标志着联邦政府资助高等教育以满足国家需要的"一般福利"原则正式确立，此原则为以后联邦政府资助学术研究提供了强大保障。

1791年批准通过的《美国宪法修正案》第十条明确规定："宪法未授予合众国，也未禁止各州行使的权力，由各州各自保留，或由人民保留。"② 这从法律上规定了联邦没有管辖教育的权力。但1787年宪法第一章第八款第一条规定，国会有权"规定和征收直接税金、间接税、进口税与货物税，以偿付国债、提供合众国共同防御与公共福利……"同时此款的第十八条规定，国会有权"制定为行使上述各项权力和以本宪法授予合众国政府或其任何政府部门或官员的一切其他权力所必要的和适当的法律"。③ 这项规定被公认为是宪法的"一般福利"条款，其核心内容是为了满足国家利益需要，国会有权制定相应的法律和政策，这为联邦支持教育提供了法律保障。

依据"一般福利"原则，独立后美国制定了许多与高教有关的法律和政策，其中《莫里尔法案》最具开创性，揭开了联邦资助高等教育新篇章。该法案规定，联邦政府依照每州参加国会的议员人数每人拨给3万英亩土地，并将这些赠地所得的收益在每州至少资助开办一所农工学院，又称"赠地学院"，主要讲授有关农业和机械技艺方面的知识，为工农业的发展培养所需的专门人才。法案实施后，联邦政府共拨地1743万英亩用以赠地学院的建设，这极大地刺激了美国高等教育的发展。有人评价："《莫里尔法案》开创了运用联邦政府资助实现联邦政府所希望达到的特定目标的惯例，这个惯例成为以后年代联邦发展以增进'一般福利'的一个强大武器。"④ 这个法案标志着联邦政府资助高等教育来满足国家需要的"一般福利"原则正式确立。

---

① 於荣：《冷战中的美国大学学术研究》，北京师范大学出版社2008年版，第16页。
② 李道揆：《美国政府和美国政治》（下册），商务印书馆2004年版，第790页。
③ 同上书，第779页。
④ Brubacher S. John, Rudy Willis, *Higher Education in Transition: A History of American Colleges and Universities* (Fourth Edition), New Brunswick: Transaction Publishers, 1997, p. 228.

· 211 ·

联邦政府通过对高等教育的资助与大学学术研究建立起了联系。两次世界大战使美国大学的学术研究应用性和重要性得到确认,联邦政府与大学学术研究开辟了新关系,这为冷战时期军工研的结合发展奠定了基础。美国一些教育学家认为战争对联邦政府高等教育产生实质性影响是在20世纪。随着20世纪初美国学术职业化的完成,学术研究军事化倾向越来越明显和重要,学术研究不仅军事化,而且成为决定战争胜负的关键因素,尤其"二战"和冷战期间,联邦与学术研究关系愈加密切。

2. 美国冷战期间科研发展阶段和政策

"二战"期间发展新武器成为美国国防战略的主要部分,政府扩大了它为数不多的几个军事实验室,又建立了一些新的实验室。建立了国防研究委员会,后来扩大为科学研发办公室,动员学校和私人产业中的科学家和工程师。它与贝尔实验室、通用动力和成千上万的企业签订军事合同,产生了大批技术,成为维持军事力量的主要因素。

冷战的爆发使科技发展上升到国家战略高度,成为维护美国国家安全的关键因素之一。联邦政府对科技发展给予高度重视,从教育入手加强美国的科技发展规划。"二战"后期的1945年素有美国科学之父称谓的科学研发办公室主任万尼瓦尔·布什以科学研发办公室的名义向当时总统杜鲁门递交了一份《科学——无止境的前沿》的报告。报告论述了科学对美国国家安全和社会福利的重要性,强调联邦政府要承担促进科学发展和培养人才的重任,建议政府成立一个资助和协调科学研究和研发的联邦机构,运用公共资金支持大学的基础研究,培养"年轻人中的科学天才"。[1] 由此揭开了冷战现代科研体系的序幕。

总体来看,美国冷战期间政府主导科研发展体系经历了三个阶段。第一个阶段是冷战之初海军、陆军和空军科研机构领跑美国科研发展,包括国家科学基金的建立。到20世纪60年代早期,每个武器系统独自需要花费大约10亿美元的研发费用,动用60万名科学家和工程师参与。[2] 第二个阶段是越南战争时期,这个时期的特点是军事主导研究,并扩大了对民用研究的支持。第三个阶段是里根军备重建时期,对军事上的高科技武器

---

[1] Adam Yarmolinsky, *Establishment: It's Impacts on American Society*, New York: Harper & Row, Publishers, 1971, p. 293.

[2] Ann Markusen, Joel Yudken, *Dismantling the Cold War Economy*, New York: Basicbooks A Division of Harper Collins Publishers, 1992, p. 105.

第五章 军工复合体与美国科技发展

研究起到了推动作用。

在美国战后科研政策上，由于多种因素，直到1950年3月国会才通过《国家科学基金法案》，指导和协调国家科学技术研发的国家科学基金才得以建立。实际上，基金建立的延迟并没有改变美国对研发的支持。"二战"的经历和冷战的迅速爆发促使军方迫不及待地承担起科学研发的任务，军方建立的研发机构取代了后来成立的国家科学基金的职能。这些机构第一个就是1946年产生的原子能委员会。1949年原子能委员会发起一项以合同为基础的、由大学科学家执行的基础研究计划，这一年资助了67所大学，与大学签订了144个非秘密研究合同。

第二个是海军研究办公室，该机构是通过1946年8月国会批准的一项法案而建立的，目的是促进海军武器开发的基础研究。海军研究办公室被授权发起、规划、促进和协调海军研究计划。海军研究办公室成立时已经有177个合同，总值2400万美元，涉及81个实验室。海军研究办公室还继承了许多战时实验室，到1949年雇佣了1000名科学家，在200个研究机构中资助1200个项目，涉及3000多名科学家和2500多名研究生。[1] 因此，有人称从1946年到1950年是其"黄金时代"。[2] "二战"后的10年内海军研究办公室在资助基础研究方面扮演了主要角色。在国家科学基金成立前，海军研究办公室发挥了其主要职能，建立了回旋加速器和电子加速器，资助航空学家、化学家、心理学家和植物学家研究，还涉及陨星和植物细胞等非军事领域研究。1948年在美国物理学会会议上提交的论文，有近80%得到海军研究办公室的资助。[3]

1948年成立的国家卫生所（NIH）对涉及医疗卫生的研究进行了资助，这个机构前身是1930年成立的国家卫生研究所。战后科学研发办公室的50个医学研究合同都转给了国家卫生研究所，并将预算从1945年的300万美元提高到了1950年的5200万美元。1951年，全国医学研究基金

---

[1] Ann Markusen, Joel Yudken, *Dismantling the Cold War Economy*, p. 105.
[2] Sapolsky M. Harvey, *Academic Science and the Military：The Years since the Second World War*, in Nathan Reingold, ed., *The Science in the American Context：New Perspectives*, Washington D.C.：Smithsonian Institution Press, 1979, p. 386.
[3] Daniel J. Kevles, *The Physicists：The History of a Scientific Community in Modern American*, New York：Knopf, 1977, pp. 363–364.

中，国家卫生研究所占1/2，私人基金占1/3，原子能委员会和军方占1/6。[①]国家卫生所也是个军事研究部门，不过其功能实际上由海军研究办公室、陆军和空军相似机构所承担。

1946年6月战争部和海军部建立了研究与开发联合委员会（JRDB），其目的是保持军方和民用研究的密切关系。1947年《国家安全法》建立的研究与开发委员会取代了研究开发联合委员会。布什担任首任主任，然后是卡尔·康普顿。委员会雇佣250名专职人员、1500名顾问协调数千个军事研究和开发项目。1949年，国防部和原子能委员会占到所有联邦资助的以大学为基础的自然科学研究的96%。[②]同时，20世纪40年代伴随着海军研究办公室的建立，空军科学研究办公室和陆军研究办公室相继建立。此外，陆军、海军和空军三个军种下属各自作战单位都有自己的研发机构，比如陆军信号部队等，还有中央情报局以及大型军工企业等都是军事资助科学研究的重要力量。

以上机构的发展表明，由于外部冷战因素的介入，军事对科研的干预，战后美国科技政策并没有形成一个联邦机构协调管理的局面，而是形成了多个机构同时进行干预与管理的多元科研政策体系，1950年成立的国家科学基金也没有改变这一格局。国家科学基金的建立旨在成为联邦协调和指导科技政策发展的机构；但在此前已经建立了诸多的科研管理机构，并且确立了军事研究资助的优先权，国家科学基金在全部研发经费占有量上非常小。没有哪个单一部门或机构负责联邦政府的研究事务。美国国家科学政策是这些部门科学政策的总和。

除了上面这些军事研究机构外，1957年苏联卫星上天后，美国再次整合研究部门，除了原有部门外，1957年在国防部又设立了高级项目研究局，这个局由民用科学家掌管，旨在让国防部管理民用科学资助。同年还设立了总统科学顾问委员会作为总统科学技术方面的顾问机构。为了强化航天技术的发展，1958年又成立了国家航空航天局负责航天技术研发的管理。1962年，为了进一步强化对科学技术的作用，在总统办事机构内又设立了科技办公室，接受总统科学顾问委员会和总统办事机构的双重领导。

[①] Rivlin M. Alice, *The Role of the Federal Government in Financing Higher Education*, Washington D. C. : The Brooking Institution, 1961, p. 42.

[②] Daniel Lee Kleinman, *Politics on the Endless Frontier: Postwar Research Policy in the United States*, Durham: Duke University Press, 1995, p. 149.

第五章　军工复合体与美国科技发展

尼克松总统时期又创建了全国目标研究参谋部。1976年国会通过成立了科技政策办公室，其职责是向总统提供科学、工程和技术的分析和判断，协助总统制定科技政策和协调全国的科技工作。

军事技术的需求几乎主导了科技发展的各个方面。国家安全机构在冷战期间地位的上升、能力的加强为其资助科技经费提供了先决条件，使它们在冷战之初迅速出手，在自然科学各前沿领域确立了自己的位置。随着新机构的产生，科技发展的一定领域开始由国防部门转向其他部门。比如，1954年以后国家科学基金逐渐承担起了低温物理的资助责任，20世纪60年代后期根据协议，海军研究办公室在大学资助的核物理项目也基本转移到了国家科学基金名下。1965年，国家科学基金还接受了基地自动项目的资助。[1]

这种军事优先的政策决定了联邦研发经费是被用来分配开发而不是研究，这些经费的大部分都给了国防承包商。多数联邦研究费用被用来资助应用研究而不是基础研究，甚至联邦政府资助的基础研究也被军事应用项目所控制。1956年国防部基础科学研究预算为7200万美元，原子能委员会为4500万美元，在基础科学中"小科学"项目的主要资助者国家卫生研究所基础研究预算仅为2600万美元。到1960年，经过10年发展，国家科学基金仅占联邦研发经费的7％。[2] 冷战的军事驱动在确立美国科学研究议程方面也发挥了极其重要的作用，正如美国科学史学家保罗·福尔曼所说："冷战政策的目标确保了军方在资助研究方面的重要作用。"[3] 而有的美国学者也认为，"二战"后形成的"国防部、原子能委员会和国家航空航天局是自第二次世界大战以来在美国科学发展中最大的决定性因素"。[4]

军事工业对工业化时代的技术变迁产生了重大影响。这种影响可以至少追溯到18世纪，其范围从直接参与技术创新到间接为技术研发提供赞助。历史学家经常从四个角度来研究技术变迁。第一种是最常见也是最古

---

[1] Adam Yarmolinsky, *Establishment*: *It's Impacts on American Society*, p. 298.
[2] Graham Hugh Davis, Diamond Nancy, *The Rise of American Research University*: *Eliters and Challengers in the Postwar Era*, Baltimore: The Joint Hopkins University Press, 1997, p. 32.
[3] Paul Forman, Behind Quantum Electronics: National Security as the Basis for Physical Research in the United States, 1940–1960, *Historical Studies in the Physical and Biological Sciences*, 18 (1) 1987, p. 226.
[4] Geiger L. Roger, "Universities and National Defense, 1945–1970", *Osiris*, Vol. 7, 1992, p. 26.

老的视角，把技术看作知识扩张的一种形式。这种形式，学者描述从纯学术研究到更复杂的工业体系都有。其特点是主要集中在技术的有形方面、技术的变迁和认识论特征。第二种普遍的描述方式是把技术当作社会力量。这种视角也是把技术放在社会的中心，强调技术的社会影响。第三种视角把技术看作社会产品，这种产品主要是由起源于这些技术并由它们创造和反映的价值观和意识形态组成的文化塑造而成。这种研究通常把工厂里的技术创新与更广泛的工业社会、地理区域和国家文化上的技术变迁相提并论。第四种视角把技术变迁看作一个社会过程，不过揭示出其社会过程中与人类关系的脆弱和持续紧张。[1] 本章技术界定除了以上四种内容外，主要侧重于技术变迁的军事因素。

冷战及冷战后，美国经济从国防开支的衍生品中获得的利益超过国防工业从私人研发中获得的好处。然而，进入21世纪，国防从商业研发支出，特别是信息技术领域中获得相当大的好处。为此，美国国家研发支出越来越多地来自商业领域，国防部也越发关注和依赖这些商业研发。在20世纪50年代的大部分时间里，与国防有关的研发支出占联邦研发总支出的80%以上，并且从1949年到2005年，很少低于联邦研发支出的50%。但自20世纪90年代以来，商业研发一直占据主导地位，在21世纪，几乎占全国研发总支出的70%。过去半个世纪的大部分时间里，工业界，主要是国防工业，完成了国防部资助的60%—70%的研发工作，政府实验室完成了大约20%—30%，而美国大学完成了3%—5%，美国大学主要是从事基础研究。[2]

二　美国科技发展体系

美国科学研究分散于政府、私营企业和大学三个大系统中，其费用总称为研发经费。[3] 联邦政府的科研机构主要有国防部、国家航空航天局、原子能委员会、美国科学基金会以及商务部、农业部所属科研机构。这些

---

[1] Merritt Roe Smith, *Military Enterprise and Technological Change: Perspectives on the American Experience*, Cambridge, Massachusetts: The MIT Press, 1985, pp. 2–3.
[2] [美] 雅克·S. 甘斯勒：《美国军工产业研究》，郑佩芸译，上海财经大学出版社2023年版，第259页。
[3] 《战后美国经济》编写组：《战后美国经济》，上海人民出版社1974年版，第484页。

科研机构除各部直属外，还有80余个设在企业和大学的合同研究中心，多数从事各种武器的基础研究。本书主要集中在前四个机构。这四个机构的研发绝大部分都与国防密切相关，并且它们所制定的科技政策也是冷战期间影响美国科技发展的最大因素之一。[1] 这里的企业主要指军工企业，它们侧重于研发。大学是基础理论研究的主要领域，承担着全国一半以上的基础研究工作。冷战后在联邦政府的资助下，大学在基础研究和实用研究中的作用都得到加强。

军工复合体对联邦政府层面的科技影响主要通过两种途径，一个是管理和使用国家实验室，另一个是分配联邦科研经费。国家实验室是美国政府进行科学研究的主要场所，军事研究是其主要功能之一。虽然美国政府是全国科研经费的主要资助者，但它只承担全国科研工作量的1/6，其承担者就是国家建立的这些实验室。[2] 早期小型实验室建立于"一战"期间。大批具有现代设备的国家实验室是在"二战"和冷战期间建立起来的，它们主要从事应用研究和少量的基础研究，不过它们的界限不是非常明显。20世纪70年代隶属于联邦政府的大小实验室有700多个，占其联邦科研经费总额的1/3左右。

联邦直接投资的实验室包括联邦直属实验室和联邦资助的实验室两种。联邦直属实验室指联邦政府各部门及直属专门机构直接拨款建立和管理的实验室，这些实验室主要进行军事技术研究，间或少量民间研究。这些项目都是那些短期不能带来经济效益，但对美国经济及实现全球战略目标具有重大意义的项目，基本都是风险大、周期长、一般企业没有能力也不愿意从事的项目，是美国军事技术的重要来源。除了几个大的实验室外，其他实验室规模都不大，与外界的经济部门交流不多，专业性强，其成果很难在物质部门推广和应用。这些实验室基本都隶属于国防部，为革新和完善各军种作战武器和装备提供最新技术。国家航空航天局和原子能委员会等其他各部也都建立了实验室，其中国家航空航天局和原子能委员会建立的实验室多半为军事服务。国家实验室中最大的研究机构是以军事研究为主的位于新墨西哥州的桑迪亚研究所和洛斯阿拉莫斯研究所，以及

---

[1] Roger L. Geiger, "Science, University, and National Defense, 1945–1970", *Osiris*, Vol. 7, 1992, pp. 26–48.

[2] 崔维：《科技·教育与美国经济发展》，北京师范大学出版社1987年版，第59—60页。

位于加利福尼亚州的劳伦斯·利弗莫尔实验室。这些实验室雇员都超过8000人，年度预算超过10亿美元。①"曼哈顿计划"和"阿波罗计划"都是这些部门实验室的杰作。

由于"二战"后初期军费的大幅削减和一些联邦直属的实验室管理不善，战后美国联邦政府将一部分国家实验室转交给了工业企业、大学或非营利性科研机构来管理，联邦政府依据合同进行拨款资助其活动。例如，能源研究和研制局拨款在田纳西州建立的橡树岭实验室交给几所大学和联合碳化物公司共同管理，新墨西哥州的洛斯阿拉莫斯实验室由加州大学管理，匹斯堡的贝奇斯原子能实验室转交给了维斯汀豪斯电气公司管理，国家航空航天局建立的喷气飞机公司由加州理工学院管理。② 这些实验室相比联邦政府直属实验室有很大优势。一方面，这些实验室便于把政府、产业、大学和非营利性机构科研方面的人、财、物结合起来，发挥综合和集中优势，短期内完成国家特殊任务和加强国家对全国科研的调节和规划；另一方面，这种跨学科研究极大地推动了边缘学科的发展和新兴产业的成长。冷战中国防部指导这些实验室的研究，将它们主要集中在军事领域，作为受益者，军工复合体中的各方都积极推动和支持这种科学发展模式。总之，随着工业和大学实验室的发展，国家实验室有所削弱，但并不意味着这些实验室功能和作用的弱化和联邦对美国科学干预的减少。

通过主导联邦研发经费的分配，军工复合体进一步强化了对美国科技的影响。联邦研发经费的分配决定着美国科技的发展方向和侧重点。受冷战影响，美国将联邦研发经费大部分给了与军事科技密切相关的行业。"二战"后美国军工研发和生产大部分都转租给私人企业和大学，面对动辄数亿美元的合同，中小企业很难承担这样的业务，只能转包次级国防合同，这变相促进了与政府密切的大企业大公司的联姻，使这些公司企业成为主要军事研发者和生产者。这种共同军事背景决定了美国联邦研发经费的主要流向。

美国科研经费的使用与美国军工复合体发展阶段息息相关。"二战"前的1940年仅为7400万美元，到1956年就增加到48.5亿美元，并且稳

---

① [美]雅克·甘斯勒：《美国国防工业转轨》，张连超等译，国防工业出版社1998年版，第101页。
② 崔维：《科技·教育与美国经济发展》，北京师范大学出版社1987年版，第62页。

步上升，冷战即将结束的 1989 年则达到了 600 多亿美元（见表 5—1）。

表 5—1　　　　冷战期间美国全国研发开支来源和目标

单位：百万美元，%

年份	总计	经费来源					目标（全部比重）			研发类型		
		联邦政府	工业	大学	非营利	非政府	国防	航天	其他	基础研究	应用研究	开发
1960	13711	8915	4516	67	123	90	51	4	44	1286	3065	9360
1961	14565	9484	4757	75	148	101	48	7	45	1512	3123	9930
1962	15637	10138	5124	84	179	112	49	7	44	1824	3698	10115
1963	17519	11645	5456	96	197	125	42	14	45	2115	3865	11540
1964	19104	12764	5888	114	200	138	37	19	44	2396	4201	12506
1965	20254	13194	6549	136	225	150	33	21	46	2664	4374	13215
1966	22073	14165	7331	165	252	160	32	20	48	2930	4653	14490
1967	23348	14563	8146	200	271	168	35	14	50	3168	4848	15332
1968	24668	14964	9008	221	290	185	35	14	52	3376	5137	16154
1969	25996	15228	10011	233	316	208	35	12	54	3491	5454	17051
1970	26272	14984	10449	259	343	237	33	10	56	3594	5752	16925
1971	26952	15210	10824	290	366	262	33	10	58	3720	5833	17399
1972	28741	16039	11715	312	393	282	33	8	59	3850	6147	18743
1973	30953	16587	13299	343	422	302	32	7	61	4099	6655	20197
1974	33359	17287	14885	393	474	320	29	7	64	4511	7344	21504
1975	35671	18533	15824	432	534	348	28	7	65	4875	8091	22706
1976	39435	20292	17702	480	592	369	27	8	65	5373	8976	25085
1977	43338	22071	19642	569	662	394	27	7	66	6008	9662	27667
1978	48720	24414	22457	679	727	443	26	6	68	6959	10704	31056
1979	55380	27225	26097	785	791	482	25	6	70	7836	12097	35445
1980	63225	29986	30929	920	871	519	24	5	70	8745	13714	40765
1981	72293	33739	35948	1058	967	581	24	5	70	9658	16329	46305
1982	80748	37133	40692	1207	1095	621	26	5	69	10651	18218	51879
1983	89950	41451	45264	1357	1220	658	28	4	68	11880	20298	57771
1984	102243	46470	52187	1514	1351	721	29	3	68	13332	22451	66461
1985	114671	52641	57962	1743	1491	834	30	3	67	14748	25401	74522

续表

年份	总计	经费来源					目标（全部比重）			研发类型		
		联邦政府	工业	大学	非营利	非政府	国防	航天	其他	基础研究	应用研究	开发
1986	120248	54622	60991	2019	1647	969	31	3	66	17154	27240	75855
1987	126361	58609	62576	2262	1849	1065	32	3	65	18481	27951	79929
1988	133880	60130	67977	2527	2081	1165	30	4	66	19786	29528	84566
1989	141889	60464	74966	2852	2333	1274	28	4	67	21889	32577	87723

资料来源：U.S. National Science Foundation, National Patterns of R & D Resources, Annual; Statistical Abstract of the United State。

第二节 企业与大学科研的军事化

一 企业科技发展的军事化

工业科研对美国技术进步和经济发展起着重要作用，是美国科研体系中极为重要的一环。现代工业科研最早始于19世纪80年代。著名发明家爱迪生在1876年创建了最早的工业实验室。到了19世纪末，美国从自由资本主义向垄断资本主义过渡，一些大财团，比如洛克菲勒、卡内基、摩根、杜邦、梅隆、标准石油、通用等为了增强竞争力，牟取暴利，扩大自己的经营范围，纷纷建立工业实验室进行创新研究，这些实验室培养了大批科技人才，成为工业发展的原动力。到20世纪初美国工业实验室已经初具规模，有50多个。这些实验室在"一战"中发挥了巨大作用。此后，美国工业实验室得到迅速发展。到"二战"前，工业实验室已有2200多个，工业科研经费达3亿美元之多，科研人员达到7万人之多。并且已经摆脱欧洲影响，建立了自己的科研力量。"二战"中科研为赢得战争作出了巨大贡献，随着在冷战期间的展开，工业科研达到了空前的规模。战前工业科研主要是私人企业，"二战"和冷战使政府成为科研经费的主要贡献者，到了1980年，工业科研经费再次超过政府。冷战期间美国工业科研发展势头如此之快，其原因除了应对国内外市场激烈的竞争外，联邦政府的支持是最主要原因。为了保持冷战中的经济和军事优势，政府将科研放到了国家安全战略的高度来认识，不惜耗费巨资来支持工业科研。

美国工业科研高度集中和高度军事化。冷战结束之际，美国从事科研的15000家公司中最大的100家占用了全部科研经费的75%，最大100家中的前20家占据了全部工业科研经费的一半以上。① 除了这些公司实力雄厚因素外，政府将其2/3的科研经费以合同的形式拨付给这些能够承担起庞大科研任务的大公司也是促使科研高度集中的主要原因之一。在这些大公司中军事性质的科研占据优势地位，这保障了公司昂贵的科研经费来源。按照美国国防部制度，军事承包商利用这些科研费用从事研究，成功后拥有这些新技术的专利权，并获得此项军事产品的订货权。如果失败，国防部会报销这笔费用。这保证了这些大公司和企业在尖端军事领域的大胆投入，且没有任何损失。这也是促使军工复合体快速成长的原因之一。

科研是军工复合体一枚硬币的两个面。这些大企业科技发展促进了军事技术的发展，反过来军事技术进步也促进这些公司民用产品的开发和进步。举例来说，20世纪80年代美国开始研制超高速集成电路，这是一种超大规模的集成电路，是为满足军用高速信号处理、抗核辐射、故障容限和芯片自检要求而研制的。此项目从1980年开始实施，是20世纪60年代后美国政府最大的半导体发展计划，参与公司大约有25个。立项的原因有三个方面：第一，这是冷战中与苏联军备竞赛的必要技术，国家安全需要。第二，美国军工产业技术发展需要，这是国防部第二次影响半导体技术发展，第一次是在冷战前期。在20世纪50年代到60年代早期，军事需求促进了半导体技术的发展，到20世纪70年代逐渐脱离军事领域转向民用领域。第三，在国际半导体市场上与日本相比，美国处于不利地位，这些大公司希望借助政府力量和通过军方的研究重新取得市场主导权。从中我们可以看出，前两个属于军工复合体的目的，后一个是纯商业目的，希望通过军事研究提升自身全球经济竞争力，既是经济军事化的表现，也是军转民的表现。这个计划的结果是，超高速集成电路制造的卫星和小型超高速计算机广泛应用到美国多种先进武器系统上，比如F-15和F-16战斗机、"海尔法"反坦克导弹、"毒刺"便携式弹道导弹、"战斧"巡航导

---

① 崔维：《科技·教育与美国经济发展》，北京师范大学出版社1987年版，第34页。

弹和"爱国者"防空导弹等。这使军方达到了预期军事目标,取得了对苏技术优势;军工企业取得了军事订货,并将其转为民用后占据了国际经济市场的主导权。① 这是一个典型的军工复合体发展模式。

工业科研军事化程度最高的是军工企业。这些企业既是美国和全球超大型公司又是大军火商,它们的产品很大部分都是服务于军事,甚至有的完全生产军工产品,比如洛克希德。在军事需求的强大支持下,那些与美国国防有关的企业获得迅速发展,并且促进了一系列新兴工业的兴起,突出的有航空、通信和电子工业。美国航空业举足轻重,产品大部分都与军事有关,如战斗机、轰炸机等各种战机,人造卫星、航天飞机等都是它们的杰作。到1986年,美国在太空大约有1500颗卫星,并且不断增长,这些卫星成为军队的千里眼,帮助军队导航、定位、预警、通信、预报天气、评估等。② 同时这也是军工企业扎堆的领域。

20世纪80年代的重整军备再次将美国军事研发开支推向20世纪60年代中期创纪录的水平。③ 在冷战政治经济中,科学不是学术,科学是由军事规划的国家产业政策蓝图。④ 由工业巨头组成的国防承包商赢得军事研发拨款的大头,这些巨头包括洛克希德、通用动力、通用电气、美国电报电话公司。总之,在这些年的全部工业研发开支中国防部占据大约1/3的份额,但在依赖军事的相关部门,比如说电子和航空等,其比重在3/4左右。⑤ 国防承包商雇佣了全国1/4的电气工程师,1/3的物理学家和数学家。⑥

---

① Andrew L. Ross, *The Political Economy of Defense: Issues and Perspectives*, New York: Greenwood Press, 1991, pp. 68 – 70.
② Ann Markusen and Joel Yudken, *Dismantling the Cold War Economy*, New York: Basicbooks A Division of Harper Collins Publishers, 1992, p. 38.
③ Stuart W. Leslie, *The Cold War and American Science: The Military-Industrial-Academic Complex at MIT and Stanford*, New York: Columbia University Press, 1993, p. 1.
④ Thomas Misa, "Military Needs, Commercial Realities, and the Development of the Transistor, 1948 – 1958," in Merritt Roe Smith, ed., *Military Enterprise and Technological Change: Perspectives on the American Experience*, Cambridge: MIT Press, 1985, pp. 253 – 288.
⑤ House Committee on Science and Technology, *Science Support by the Department of Defense*, pp. 280 – 283.
⑥ Stuart W. Leslie, *The Cold War and American Science: The Military-Industrial-Academic Complex at MIT and Stanford*, p. 2.

第五章 军工复合体与美国科技发展

二 大学科技发展的军事化

冷战重新定义了美国科学。"二战"后的10年间，国防部成为美国科学的最大赞助人，在物理和工程学上占据主导，在许多自然和社会科学领域也举足轻重。在国家安全和五角大楼高科技竞争优势理念的推动下，朝鲜战争结束后国防研发开支远远超过战时高峰，比"二战"前高出5倍，随后在苏联卫星上天后攀升至最高点，1960年达到55亿美元，在整个20世纪50年代国防部占据了所有联邦研发预算的80%。[1] 但在随后的20年中，联邦研发预算开支中国防部份额逐步减少，在20世纪70年代后期达到战后历史最低点20%，这种下降仅仅反映在国家科学基金、国家航空航天局和国家卫生研究所，而不是军事科研在美国科学研究上的削弱。到20世纪80年代再次上升。

1. 军事资助成为研究型大学经费主要来源

大学研究在国防部的账单上可能只代表相对很小的部分，但大学却是军工复合体不可缺少的部分，这里的大学主要是研究型大学。因为只有大学才能既创造和复制知识，又能在这个过程中训练下一代科学家和工程师。大学为国防工业提供了诸多基础研究和所有人力。军事机构的"铁三角"，高科技产业和研究型大学创造了一个新型的战后科学，它打破了传统的理论与实践、科学与工程、民用和军用、保密和公开之间的区别，它拥有自己的特色。这种伙伴关系的短期利益非常明显，更大的预算，更好的设备，在华盛顿更多的政治小团体，甚至更复杂的军事硬件和诺贝尔大奖。但其长期利益只能逐渐地体现出来，推动学术进步，创造公司新产品，有些太偏向尖端军事技术性能，以至于它们没有给民用经济带来什么好处。[2] 因此，艾森豪威尔总统在告别演说中直接指出了军工复合体是对政治和知识自由的一种威胁。"政府合同完全变成知识分子好奇心的替代品"，"专家主导型政府，统

---

[1] House Committee on Science and Technology, *Science Support by the Department of Defense*, Science Policy Study Background Report No. 8, 99th Cong., December 1986, pp. 34 – 35.
[2] 这个研究经典的是 Seymour Melman, *Pentagon Capitalism: The Political Economy of War*, New York: McGraw, 1971.

一分配项目和统一控制财力依然存在，应当引起严重关注"。① 然而重要的不仅是资金流向哪儿，而且它来自哪儿。危险不仅在于联邦资金使知识分子在无形中丧失独立精神，而且还在于军事资金使他们腐化堕落。

"战争将意味着研究。"② "一战"中企业家为战争动员工业的同时，科学家也正在动员科学为战争服务。"二战"期间，大学通过研发合同获得了大量资金，那些最大的大学承包商占据了这些资金的主要部分。排在第一位的麻省理工学院，独自获得1.17亿美元，加利福尼亚理工学院获得8300万美元，哈佛学院和哥伦比亚学院分别获得3000万美元，与之相比，西电才获得1700万美元，通用获得800万美元。雷达、近炸引信、固体燃料火箭和原子弹等武器颠覆了军方传统的自满，认识到大学和科研机构研发的力量，战后军方迫不及待地想要延长和维持战时合作研发模式。艾森豪威尔将军更是为科学、产业和军方在战后扩大为伙伴关系起草了详细的计划。③ 海军上将哈罗德·鲍恩对未来战争准备中科学的重要性也得出同样的结论，为海军研究办公室制订了相似的计划，作为其内部运作的一种方式，与大学和工业合同进行竞争。④

在"二战"后复员大潮和杜鲁门财政斧头下，全部军事开支大幅削减，但军事研发预算仅比战时高峰稍有下降，并且在柏林危机、苏联第一次原子弹爆炸和"失去"中国的推动下，冷战紧张局势导致研发预算开始上升。到1950年，军事研发预算又回归到战时水平。⑤ 在这期间军方为了保住主要战时学术实验室，一方面它们选择与这些实验室签订新合同协议，比如海军的约翰斯·霍普金斯实用物理实验室，陆军在加利福尼亚理工大学设立的喷气推进实验室，原子能委员会在伯克利的洛斯阿拉莫斯武器实验室；另一方面

---

① D. Dwight, Eisenhower's Farewell Address Delivered to the Nation, Washington, D. C., January 17, 1961, in Herbert I. Schiller, Joseph D. Phillips, *Super State: Readings in the Military-Industrial Complex*, Chicago: University of Illinois Press, p. 32.

② Daniel J. Kevles, *The Physicists: The History of a Scientific Community in Modern American*, New York: Knopf, 1977, p. 116.

③ Seymour Melman, *Pentagon Capitalism: The Political Economy of War*, pp. 231 - 234.

④ Harvey M. Sapolsky, "Academic Science and the Military: The Years Since the Second World War," in Nathan Reingold, ed., *The Sciences in the American Context: New Perspective*, Washington, D. C.: Smithsonian Institution Press, 1979, pp. 379 - 399.

⑤ Stuart W. Leslie, *The Cold War and American Science: The Military-Industrial-Academic Complex at MIT and Stanford*, p. 9.

与部分实验室保持业务往来,以保证其短期资金来源,直到它们妥善安排完毕,以避免被裁掉。

朝鲜战争完成了美国科学的动员,使大学第一次成为军工复合体的全能伙伴。几乎一夜之间,国防研发拨款增加了两倍,达到了 13 亿美元。军事资金如潮水般涌向工业和学术实验室。军事部门为实用和基础研究大规模拨款来补贴已经存在的大学合同,并且在大学管理下建立完全新的实验室:主要有空军防务的麻省理工林肯实验室,伯克利的劳伦斯·利弗莫尔国家实验室侧重于核武器研究,斯坦福的实用电子实验室侧重于电子通信和干扰研究。[①]

1957 年苏联卫星上天更刺激了美国加大对基础研究的投入。按 1972 年美元价格计算,1953 年美国基础教育拨款为 4.4 亿美元,到 1980 年增加到 31.44 亿美元,使基础教育在全国科研经费的比重从 1953 年的 8.3% 提高到了 1980 年的 13.6%。[②] 高等院校占据美国基础研究的 3/5 份额,因此得到联邦政府的大量拨款,政府拨款占学校科研经费的 70% 左右。给大学资助和拨款最多的,冷战前期是国防部门,20 世纪 50 年代国防部给大学拨款占其科研经费的 47%;冷战后期是国家科学基金。1980 年,国家科学基金 9 亿美元的科研经费 80% 都给了大学,但国防部对大学的资助依然不容小觑。20 世纪 70 年代以来,国防部每年同 260 所大学签订 5500 多项军事科研合同,80 年代为了加强战略武器的研制,国防部再次将其科研经费的 40% 给了大学。总之,美国大学研究的军事化程度很深。

2. 军事资助确立了美国科学学科范式

美国大学研究军事化的衡量不仅依据预算、科学家和工程师的数量,还要依据美国科学界理解和控制世界的能力。战后军事为美国科学确立了学科范式。冷战中军事驱动的技术让美国科学家和工程师界定了主要学术议程。实际上,这些技术重新界定了一个科学家或工程师的知识领域——微波电子和雷达系统知识而不是选择交流电理论和电力网;弹道导弹和惯性制导知识而不是商业飞机和仪表着陆系统;微波声延迟线和大功率行波管知识而不是电解质和 X 射线管。这些新挑战决定了科学家和工程师研究什么、设计什么

---

① Daniel Kevles, *Cold War and Hot Physics: Science, Security, and the American State, 1945–1956*, Historical Studies in the Physical and Biological.

② Statistical Abstract of the United States 1963, p. 543; Statistical Abstract of the United States 1981, p. 624.

和建造什么，决定他们去哪里工作，到那里后他们做什么，什么时间取得成果。

艾森豪威尔认识到导弹已经成为战后科学与政治的标志后，惊叹"几乎我们国家从事的唯一一件深入我们自己思维的事情就是武器装备和导弹"。只有认识到军事利益和意图如何定义战后美国科学结构与议程，其学科结构、研究重点、研究生和本科生教育，甚至其教科书编写，我们才能理解这个新世界思维和技术的东西，并且只有这样我们才会领会军事在学术议程设定上起关键作用的危险性。

冷战年代部分有选择的科学敏感读物已经开始揭露一些更广泛的政治意图植根于现代科技知识的途径。[①] 在核导弹指导研究中，唐纳德·麦肯齐正确地坚持"一个人对内幕了解越深，他对'技术'认识就越清晰，实际上就是现实的政治世界"[②]。战略武器控制斗争中的惯性制导历史表明，其研究的最终目的是在冷战军备竞赛中获得国际霸权，这样的例子在冷战中举不胜举。这些器物背后体现的是普遍的政治文化。"大科学"是战后大学和企业证明自己的途径之一，其命运与国家安全前景密切相关。它不仅产生于洛斯阿拉莫斯、橡树岭、劳伦斯·利弗莫尔或洛克希德、通用动力、波音、麦道，而且还存在于那些全天工作在这些机构的受训人员之中。

3. 军事资助使学术研究向应用领域集中

大学研究军事化的第三个衡量标准是学术研究向与军事相关的应用领域集中，特别是物理学、电子学、固态物理学、核科学、计算机科学。比如20世纪60年代早期，工程学研究经费的65%来自国防部和国家航空航天局，仅有6%来自工业。从学士和博士学位来衡量，其间博士学位数量增长了数倍，所占人口比例不断变化，自然科学和工程学占所有学士学位和博士学位的比重自1900年以来各自基本保持在25%和50%。[③]

[①] Wiebe Bijker, Thomas Hughes, and Trevor Pinch, eds., *The Social Construction of Technological System: New Directions in the Sociology and History of Technology*, Cambridge: MIT Press, 1987.

[②] Donald MacKenzie, *Inventing Accuracy: A Historical Sociology of Nuclear Missile Guidance*, Cambridge: MIT Press, 1990, p. 381.

[③] Adam Yarmolinsky, *Establishment: It's Impacts on American Society*, pp. 310 – 311.

三 军工复合体内科技军事化的特征、作用和问题

1. 科技军事化的特征

第一，科技军事化导致科技研发的集中化，包括资金和人员的集中。冷战期间超过50%的科学家和工程师服务于航天、防务和核能以及与国家安全有关的领域。

第二，专家日益进入政府决策层，成为影响政府决策的重要力量。这些技术性专家进入政府决策层不仅要回答和解决技术层面的问题，而且要帮助形成科学技术政策。"二战"和冷战初期最初的高级技术顾问都是有实验室经历的科学家，后来的这些高级顾问好多都是原来这些人的学生。在进入政治过程中，科学保留着其传统的中立立场，体现在国家科学委员会和总统科学顾问委员会成员上，他们都是总统任期内任命，很多都随着政府更替。

第三，形成了新的研发地域和资源分配制度模式，强调选择最好的机构、大学或企业来完成手头最紧要的任务。与传统上联邦资金分散化和地理上均分、研发活动集中于联邦农业部和内政部不同，基础研究选择项目的标准是依据科学技术的特性、机构以前的名誉和效率。这与工业研发项目发展有相似之处，其结果就是导致科技研发在全国部分地区的集中化，产生了地区经济依赖国防合同的问题。

第四，研发以国家安全为导向。这种导向包括与苏联在先进技术上的竞争、打造技术帝国等。这对科学研发产生了深远的影响。国家安全战略影响科学的演化，决定科技发展的方向，这样为美国高科技产品提供了相对贸易竞争优势。这种趋势加速了科技人才向政府和工业的战略决策层集中，成为影响政府和工业政策的重要力量。

2. 科技军事化的作用

第一，促进科技发展。美国军事资助科学获得了极大的成果，掀起了世界第三次科技浪潮。这次革命的序幕则是"二战"期间参与曼哈顿计划的科学家1945年制造出第一台计算机。随后1948年晶体管的意外发现使电子工业有了突破，不仅用在军用设备上，而且制成了收音机和计算机。苏联卫星上天刺激美国进行"阿波罗"计划，在这个过程中美国将集成电路发展成大规模集成电路，将电子工业向前推进一大步。整个"阿波罗"

计划动员 42 万人，耗资 300 亿美元，以此为开端掀起了一场以原子能利用、电子和空间技术发展为目标的三次科技革命高潮。这次科技革命浪潮还波及西欧和日本，成为人类历史上影响最深远的科技大革命。[①] 它使各门学科和一切技术领域都发生了质的飞跃。在国防部门的大力资助下，美国在基本粒子、高能物理、高分子化学、分子生物学、计算数学、电子技术和空间技术等尖端领域都有重大突破，同时在激光技术、遥感技术、生物工程、农业科学、医学、新材料和新能源等方面都取得了显著成果，成为三次科技革命的领头羊。

第二，军转民技术促进了民用科技和经济的发展。"二战"结束后到冷战初期，由于大批军事项目被削减，军方迅速介入那些非国防机构没有能力支持的项目，给它们注入急需的资金，挽救和维护了科技的持续发展，这些后来被证明是维护了国家利益。在原子能委员会和国家航空航天局，主要军事项目都是用民用方式来管理，并没有让这些项目为国防利益牺牲，其结果是这些技术迅速进入民用核能和航天领域，促进了美国核能与航天技术的发展。此外，军转民的技术还有大型客机、便宜的核能、外层空间的利用、高速计算机和其他电子技术。很多人认为，在一定程度上，军用研发开支挤占了民用研发开支。但这些军用研发开支对民用部门也产生了明显的影响，使这些民用部门大批投入研发。在冷战初期的 20 年中，军事研发增长了两倍，但卫生部、教育部和社会保障部却增长了七倍，起到了鲶鱼效应。[②]

此外，科技革命极大促进了美国经济发展。科技革命的一些重大进步和突破引起了一系列新兴工业的出现。例如，原子核物理学的突破产生了原子能工业，数理逻辑和电子学的新发展产生了计算机工业，流体力学、材料科学和电子学的新成果促进了空间工业的发展，固体物理学的进步产生了半导体工业，量子论产生了激光技术，等等。并且这些技术使传统工业部门和其他物质生产部门的技术得到根本改造，极大提高了社会劳动生产率。[③]

3. 科技军事化的问题

第一，导致学术自由与国家安全的关系紧张。许多学者认为这些国防

[①] 崔维：《科技·教育与美国经济发展》，北京师范大学出版社 1987 年版，第 12—13 页。

[②] Adam Yarmolinsky, *Establishment: It's Impacts on American Society*, p. 300.

[③] James L. Clayton, *The Economic Impact of the Cold War: Sources and Readings*, New York: Harcourt, Brace & World, Inc., 1970, p. 129.

研发资金侵犯了大学自由和美国社会的根基,还有学者徘徊在道德边缘,认为研制核武器和生化武器违反了自己的学术道德底线。人们认为军工复合体中的军事对科技的干预导致大学独立性的丧失,特别是作为社会独立批评角色的丧失。为了获得国防合同,研究人员和学生不得不顺从体制以避免批评政府,特别是资助机构。此外,秘密研究可以轻易地用来掩盖那些次级和不合格的科学项目。以上这些使大学学术自由与国家安全的关系日益紧张。

第二,民用与军用研发不平衡。在一定程度上,军用研发开支挤占了民用研发开支。美国是个实用主义国家,这点也在科技发展上非常突出。冷战期间受军事因素影响,民用技术发展延缓,损害了国家利益。涉密研究的解密问题也使很多人认为迟滞了民用技术的发展和应用。此外,研发过度集中于某些地区,使美国很多非常有能力的智力研究太过集中,比如主要集中在加利福尼亚、得克萨斯、新英格兰南部和中大西洋诸州,一定程度上损害了国家的长远利益。

第三,基础研究和应用研究不平衡。在美国科技发展历史上,一度只重视应用而忽视基础理论研究。冷战期间美国科研向军事化发展,其结果导致科研经费基本集中于与军事有关的应用研究,与苏联卫星的竞赛促进了美国基础研究的发展,但多半都是与军事关系密切相关的基础理论研究,如物理学和电子学等。这使美国在20世纪50年代有关地球、海洋、大气圈和宇宙等方面的研究缓慢,虽然几经调整,但效果依然不是太大。1960—1979年工业基础研究开支占科研总开支的比重由8%降到4%,且在20世纪70年代和80年代依然忽视基础研究。

第三节 冷战时期大学军事承包商两大巨头

从以上分析中可以看出,冷战重新解释了美国科技研发,定义了科技研发的范式和内容,并正式形成了美国科技研发中军事—工业—大学联合体的新模式。国家安全机构、企业与研究型大学构建的"铁三角"成了美国冷战军工复合体的主体和主要内容之一,创造了一种全新的战后科学,模糊了传统的理论与实践、科学与工程学、民用与军用、秘密研究与非秘密研究间的界限。冷战对美国科技发展产生了深远影响。在军工复合体与美国经济章节里以及本章部分描述和分析了工业企业,本节以下内容主要围绕着军工复合体中的大学教育展开来分析军工复合体内的军工研关系,以麻省理工学院和斯坦福大学为案例透视冷战军工复合体对美国科技产生的影响。

麻省理工学院和斯坦福大学为解释军事、高科技产业和大学间的结合提供了一个独特的视角,揭示这些结合如何根本性地改变了战后美国科学的手段和任务。麻省理工学院在战争之初就是国家最大的大学国防承包商,战后进一步巩固了其领导地位,几乎没有被撼动过。斯坦福大学是"二战"中的替补,但它向麻省理工学院学习,很快将自己由一个地区大学转变成一个科学和技术全明星的大学。到1967年,斯坦福大学已经攀升至大学国防合同排名的第三位,[1] 在电子工程学、航空学、材料科学、物理学和其他领域已经稳居全美第一。麻省理工学院和斯坦福大学从五角大楼的联系中获益良多,使自己繁荣壮大起来,其中既包括财力也包括人力。相似的大学还有加州大学伯克利分校、密歇根大学、加利福尼亚理工学院、佐治亚理工学院和卡耐基·梅隆大学。但战后许多战略性学科,比如电子学、航空学、材料科学、物理学,特别是有关微波、固体电子学以及与核工程相关的物理学,麻省理工学院和斯坦福大学一直居于领先地位。它们是最大的国防承包商,排名一直是最好的。[2] 它们供应五角大楼顾问和国防产业顾问,它们训练走向国防工业的研究生,它们的师资在特殊专业编教材,通过这些教材在全国重构学科,它们的老师和学生在硅谷和128公路开公司,许多都与国防相关。冷战过去的半个世纪对大学独立和自由构成的最大威胁来自国家,特别是军事机构。参议员富布赖特提醒:"当大学脱离其中心目标而转向适应政府的议程,关注的是技术而不是目的,开支而不是理想,循规蹈矩而不是新理念,它不仅失去了满足学生的责任,也背叛了公众的信任。"[3]

---

[1] James Clayton, ed., *The Economic Impact of the Cold War*, p. 42.
[2] David Webster, "America's Highest-ranked Graduate Schools, 1925 – 1982," *Change*, May-June, 1982, pp. 14 – 23.
[3] J. William Fulbright, "The War and Its Effects: The Military-Industrial Academic Complex," in Hebert I. Schiller, ed., *Super-State: Readings in the Military-Industrial Complex*, Urbana: University of Illinois Press, 1970, pp. 177 – 178.

一 非国防产业的最大科研承包商——麻省理工学院

"二战"结束后,麻省理工学院是美国最大的非国防产业承包商,拥有75个独立国防合同,价值1.17亿美元。随后它在整个冷战期间都居于领先地位,经常是居于国防合同金额第二位学校的三倍,并一直领先于一些大国防承包商。在20世纪60年代早期它与国防部的合同总值是4700万美元,此外还有它的联邦合同研究中心、林肯实验室仪器仪表实验室附加的8000万美元。1968年,麻省理工学院在所有国防承包商中排名第54位,居于导弹巨头汤姆森·拉莫·伍尔德里奇公司和乙硫橡胶化学有限公司中间。[①]

资金流向和如何花费与资金总量一样重要。麻省理工的资金大部分流向了跨部门实验室、电子研究实验室、核科学与工程实验室、林肯实验室等。这些都变成战后麻省理工学院的核心部门,重要研究所在地,学生教育场所,教科书编纂和未来研究所领导人诞生地。这些实验室还为麻省理工学院的竞争者和模仿者提供了标准、模式和师资力量。而电子研究实验室是麻省理工学院第一个跨部门实验室,并成为后来者的样板。在其组织、资金和项目选择上电子研究实验室都是军事与大学合作的典范。电子研究实验室迅速引起美国军方的注意,这个实验室非常成功地完成了诸多科学和工程项目,覆盖范围从微波电子到通信理论。在20世纪60年代早期,电子研究实验室培养了300名博士、600名硕士和600名本科生。这里面包括了许多研究机构的未来领导人,其中包括两名总裁、三任林肯实验室的主任、多名系主任和数十名杰出的教授。它还孕育了在军事电子学、人工智能学、固态和等离子物理学等方面的其他重要实验室,产生了数十个私人公司。[②]

1. 冷战军事资助延续了麻省理工学院战时科研资源

1940年6月27日,罗斯福总统建立了美国全国国防研究委员会来动员美国科学和技术资源。这个想法来自万尼瓦尔·布什,他升任麻省理工学院工程系主任和副总裁后就到华盛顿另谋高就,成为康奈尔研究所总裁

[①] Stuart W. Leslie, *The Cold War and American Science: The Military-Industrial-Academic Complex at MIT and Stanford*, p. 321.

[②] Stuart W. Leslie, *The Cold War and American Science: The Military-Industrial-Academic Complex at MIT and Stanford*, p. 15.

和国家航天顾问委员会主席。他说服总统,认为军方太保守,不能相信他们自己的研发计划,建议通过公司和大学成立一个进行国防研究的可替代的民间机构,例如国家航空顾问委员会。布什为国防研究委员会起草了一份计划,赢得了总统的赞同,并成为第一任主席,其他成员包括卡尔·康普顿和贝尔实验室的总裁弗兰克·朱伊特。国防研究委员会第一个紧急任务就是研究微波雷达。卡尔·康普顿成立了一个微波委员会,成员来自贝尔实验室、通用电力、西屋、汤姆森·拉莫·伍尔德里奇的代表。10月又成立了辐射实验室,他获得国家研究委员会50万美元预算,并迅速到位。辐射实验室的人喜欢说雷达赢得了战争,原子弹结束了战争。① 确实,实验室在规模和重要性上与曼哈顿计划相匹敌,人员有4000多人,年度预算1300万美元,国防工业合同价值达15亿美元。其职责涵盖从管理理论研究到操作,成为国防承包商和军方间的联络人。项目还涵盖从微波航空探测器到远程低频船舶导航系统。

随着战争的结束,实验室的去留非常不确定。但冷战改变了一切,麻省理工学院实验室的一名负责人在战后写道:"25年前人们谈论的是结束战争,今天谈论的是第三次世界大战,海军和空军正在制订严肃的计划为第三次世界大战做准备。毫无疑问,国家意志将体现在国家教育政策上……我们将不得不将继续与陆军和海军打交道,作出些让步满足他们的要求。"② 为此,艾森豪威尔将军已经制定好了战略:"'二战'教训已经非常清楚。军事力量不能独自赢得战争。科学家和企业贡献的武器和技术能使我们智取和战胜敌人。他们对军队需求的理解使最高程度的合作成为可能。这种整合的模式必须转化成一个和平时期的对应物,它不仅熟悉军队要跟上科学和工业上的进步,而且要以国家安全名义写进我们的计划,整合所有民用资源为国家防务作贡献。"③

当国会和行政部门为它的存在方式和一个国家科学基金会控制权争吵不休时,新建立的海军研究办公室积极资助了大学科学和工程学。很多学术机构都得益于战争而繁荣起来,获得大批资金支持。但也有人害怕这种结果,预测很悲观,"那些担心工业主导科学自由的人,现在也在担忧军

---

① Daniel J. Kevles, *The Physicists: The History of a Scientific Community in Modern American*, p. 308.
② Stuart W. Leslie, *The Cold War and American Science: The Military-Industrial-Academic Complex at MIT and Stanford*, p. 24.
③ Ibid..

第五章　军工复合体与美国科技发展

事的主导"①。

军事部门迅速采取措施巩固和拓展了与大学的战时合作关系，最大获益者是麻省理工学院。军事部门采取的第一步就是将麻省理工学院的辐射实验室基础研究部门转变为电子研究实验室。害怕在战后复员中失去这个唯一的资源，陆军同意在1945年年末官方中止辐射实验室后继续资助其研究部门六个月，并向其转移了价值百万美元的设备。在1946年3月设立的军种联席电子项目接管了正在接受财政支持的电子研究实验室和在哈佛大学和哥伦比亚大学相似的电子实验室。电子研究实验室向商业开放，17名研究员来自麻省理工学院的物理和电子工程系，27名工作人员，外加多名辐射实验室雇佣的研究生，来自军种联席电子项目，年预算为60万美元。②

开始谁也没有意识到这些基础研究和研究生教育能重新定义战后世界。最初几年实验室研究的重点都不机密，但许多工作直接与军事相关，比如微波电子、保密通信、导弹遥测和一个由军事科学家组成的技术顾问委员会监督的特殊领域。电子研究实验室组织和积极参与许多麻省理工学院举行的技术研讨会和所谓的夏季研究，这些都由军方资助，主要集中在相关特定议题上，包括空防，这是林肯实验室的项目，核动力飞机是莱克星顿的项目，海运护卫是哈特韦尔的项目。不久，通过流量项目（Project Meteor），即来自海军数百万美元的空空导弹合同研究项目，实验室发现自身陷入机密军事研究之中。

尽管国防部一直是主要捐助人，在20世纪50年代97%的资金都来自国防部，但电子实验室也没有忽略产业部门。它经常举办一系列研讨会、实验室参观和演讲，以保持有选择的公司工程师了解研究项目的最新进展，同时也为军事权势集团举行同样的研讨会，向它们展示微波通信、遥测、制导等方面的最新进展。通过其研究项目和培养的研究生，电子实验室还帮助地方大幅提升了电子产业，帮助大学更新了教学大纲。

2. 空军在麻省理工学院创建林肯实验室

1950年11月，空军要求麻省理工学院拓展其机密研究，于是创建了一个新的防空实验室——林肯实验室。林肯实验室迅速显示出其实力，成

---

① Daniel J. Kevles, *The Physicists*: *The History of a Scientific Community in Modern American*, p. 355.
② "The Research Laboratory of Electronics—A Review," December 15, 1946, MIT AC12/RLE, 1946 – 1958.

· 233 ·

长为一个拥有 2000 名员工的企业,包括 700 名科学家和职业工程师,其中 1/3 来自麻省理工学院,年度预算接近 2000 万美元。1954 年实验室搬到离校园 12 英里的地方,毗邻 128 公路附近的汉斯科姆空军基地。其第一个项目就是半自动地面环境数据链系统,这是一个全国性的用计算机数据链连接的雷达和高炮武器防空系统,它代表着麻省理工学院基础电子研究项目的终结。这个项目促进了远程雷达、通信理论、微波电子和计算机数据的发展,也是曼哈顿计划后最大的军事研发工程。这个项目占据了林肯实验室很多预算,第一个十年结束就花去了政府 80 亿美元。这个项目还为空军提供了先进的计算机和计算机仿真系统,促进了计算机的发展。

半自动地面环境数据链系统项目的核心是旋风计算机。[1] 但计算机研发团队的主要目标是达到世界最好,为此费用昂贵,与哈佛大学和普林斯顿大学相比不具竞争力,项目有受到削减的危险。林肯实验室挽救了旋风项目。实验室的瓦利使空军意识到这个项目的计算机未来潜力非常巨大,这样很快得到空军财政预算 50 万美元资助。在这 50 万美元资助下,计算机团队将精力集中于搜寻和跟踪敌方炮弹的雷达研究上。1951 年这个项目成为林肯实验室第六部,即数字计算机部。企业小承包商随后把林肯实验室的发明转化为产品。国防商业机器公司(IBM)赢得了二代旋风计算机的生产合同,60 台机器,每台 3000 万美元。这是国防商业机器公司在当时最大的一笔单个合同,其中包括近 8000 人和公司研发预算的一半。[2]

林肯实验室在教育上的贡献是巨大的。在第一个十年间,它培养了数十个研究生,旋风项目在 1954 年春天就有 27 名电子工程研究助理,其中大部分拥有硕士学位,而共同倡议这个项目的员工就有 21 个麻省理工博士生。同样的时间,55 个林肯实验室研究人员获得麻省理工学位,包括 16 名博士。林肯实验室员工经常回原来的部门和校园里授课,他们教授 21 门课程。大批的学生在林肯实验室参与机密项目。著名的远程预警系统主要是借用了电子研究实验室创造的"基础"概念。1952 年夏季一个学习研讨会提出建立一个跨极地的雷达探测网,林肯实验室直接建造了电子实验室的分散广播基站和高性能雷达。远程预警系统还包括林肯实验室设

---

[1] Kent C. Redmond, Thomas M. Smith, *Project Whirlwind: The History of a Pioneer Computer*, Bedford, Mass.: Digital Press, 1980. 这本书提供了这个项目的原始信息和资料。
[2] Stuart W. Leslie, *The Cold War and American Science: The Military-Industrial-Academic Complex at MIT and Stanford*, p. 37.

计的自动预警雷达系统。最终，1957年远程预警系统投入使用。从1955年开始，实验室将重点逐渐转移到导弹、卫星探测和跟踪上，最终形成弹道导弹早期预警系统，并于1961年投入使用。

为了使林肯实验室不成为另一个工业承包商，麻省理工学院在1958年成立了非营利公司——麻省理工学院研究与工程公司，由联邦政府资助，负责建造美国空军的半自动地面环境（SAGE）防空系统。半自动地面环境防空系统是第一套实时监视美国空域的数字化电子指挥及控制系统。麻省理工学院研究与工程公司早期管委会成员主要来自麻省理工学院和兰德公司。林肯实验室1/3的职业员工都转移到这个新公司工作。麻省理工学院研究与工程公司创建之后，林肯实验室发现其首要任务是设计高性能雷达和反导系统。它设计和生产雷达与激光设备，来探测导弹再入大气层，用计算机系统来分析数据，并在太平洋导弹测试场部署用于测试的导弹。为卫星通信和监视太空，特别是在越南丛林战斗中探测敌方士兵的活动目标指示器雷达、核潜艇的水下通信系统以及其基本雷达和天线研究，它开发了非常强大的干草堆雷达，直径达120英尺。[①]

林肯实验室比电子研究实验室在地方电子工业上的贡献更大。一个美国空军的半自动地面环境（SAGE）防空系统就花费数十亿美元。弹道导弹防御项目从来没有部署过，但在生产合同上花去了10亿美元。这些钱大部分进入了企业的腰包，林肯实验室衍生出了数十个公司。这些公司许多都聚集在林肯实验室附近，这样公司创立者可以与他们以前的同事保持密切联系，在这附近都是关于数字计算机、系统分析、仿真、对流层无线电通信系统和机载雷达的公司。这些公司做得最好的是那些最接近这些专家的公司，它们充分利用了林肯实验室的技术发明。到了1986年，林肯实验室衍生出来的48家公司年产值达到了86亿美元，雇佣了10万余人。[②]

自麻省理工学院林肯实验室成立以来，其研究领域已经从最初的防空扩大到21世纪的太空监视、导弹防御、水面监视和物体识别、通信、网络安全、国土安全、高性能计算、空中交通管制及情报、监视和侦察等。实验室核心能力是传感器、信息提取、通信、集成传感和决策支持。截至

---

① Massachusetts Institute of Technology, *Review Panel on Special Laboratories*, Final Report, October 1969, p. 147. 这个文件包含了林肯实验室的历史及其技术成就，非常全面。

② "Spin-Off of Companies from MIT Lincoln Laboratory," April 1987, MIT Archives, p. 17.

2022年，实验室衍生出来的公司超过100家。事实上，美国在这些深度科技领域的风险投资大幅上升。2016年波士顿咨询集团发布的深度科技报告显示，2016年美国在深度科技风险投资约为160亿美元，2020年这一数字增至约600亿美元。5年间，每个深度科技公司平均投资额从2016年的1300万美元增至2020年的4400万美元。[①]

二 电子学的尖塔——斯坦福大学

美丽的斯坦福大学坐落在帕拉托市，帕拉托指的是旧金山湾的红杉树。1876年，老斯坦福在这里购买了263公顷土地，作为养马牧场。后来又扩大到3237公顷，成为今天斯坦福大学校园的地盘。在斯坦福大学的徽标以及体育运动标志中就有红杉的标识。老斯坦福出身于一个富裕的农场主家庭，1861年担任加州州长，1863年他和夫人珍妮成立了中央太平洋铁路公司，斯坦福担任总裁。1884年，他的爱子小斯坦福随父母在欧洲旅行时，感染了伤寒不幸病逝。悲痛的斯坦福夫妇返回美国后，决定将他们的2000万美元积蓄和他们在帕拉托的3561公顷土地用来创建一所宏伟的大学。

想到斯坦福就会想到硅谷，斯坦福大学与硅谷彼此的发展之所以能联系起来，一方面是时代发展与演进所提供的机遇；另一方面一些个人或集团的主观创造力是不容忽视的。实际上，斯坦福大学与硅谷相得益彰的关系来自它们的桥梁——斯坦福研究园区。斯坦福研究园区是由斯坦福大学副校长特曼教授于1951年创建的，是世界上第一个研究园区，其也被誉为"研究园区之父"。

"二战"结束后，冷战的爆发，尤其是1957年苏联卫星上天促使美国联邦政府决定加大对教育的投入。对当时偏于一隅的斯坦福来说，无法与东部的名牌大学相提并论，西部远不如东部发达，人才流失严重。当时的斯坦福大学副校长特曼教授认为，高校的未来在于人才。为此，特曼提出了他的"学术尖端"的构想，其中包含两层意思，一是吸引顶尖人才。对此，特曼经常这样解释："一个运动队里与其个个都能跳6英尺高，不如

---

① Main Author and Livio Valenti, Deep Tech Entrepreneurship: From Lab to Impact, Belfer Center for Science and International Affairs, May 2022, PDF, p. 12.

有一个能跳 7 英尺高"①。同样的道理，如果有 9 万美元在手，与其平均分给 5 个教授，每人得 1.8 万美元，就不如把 3 万美元支付给其中一名佼佼者，而让其他人各得 1.5 万美元。"只要有好的教授，他们就会吸引政府的投资，也会吸引研究生和有发展潜力的年轻人，使学校兴旺发达。"

二是建立若干学术上的顶尖科系。他选择化学、物理和电子工程三个学科作为突破口。直到今天，物理和电子工程还是斯坦福大学享誉海内外的两大优势学科。同时，特曼教授和当时的校长华莱士·斯德林决定把斯坦福的土地变成金钱，而把钱——通过聘请著名教授——变成学术上的威望。他们的办法就是如此简单，出租土地为学校挣钱。在原来老斯坦福的赠予书内，写明了这些馈赠的土地（斯坦福校区）不许出售，但没有禁止出租。所以，他们就划出 7.5% 的校园土地，约 655 英亩，出租给从事高科技产业的工厂，这便是后来的斯坦福工业园区。

正如上面所说，固然有人为因素，但斯坦福大学也离不开时代的发展与演进提供的机会。在战后初始阶段，斯坦福大学以牺牲研究和教学项目换取军事项目为代价促进了其快速发展。与麻省理工学院相比，斯坦福大学属于后来者，但追赶速度却非常快。能让斯坦福大学这么快速发展的动力就是军事需求，"西部一直梦想有一个坚实的本地产业来平衡其农业资源"，特曼教授写道，"战争促进了这个希望的实现，并把西部带入了一个新工业化时代的开端。依靠外来知识和二手观念不可能有希望超越别人，并将永远处于受人指责的弱势竞争地位上，因此，一个强大而独立的工业必须发展自己的科技智力资源。"② 在 1946 年，斯坦福大学包括国防在内的全部政府合同仅有 12.75 万美元。10 年后，仅国防部合同就达 450 万美元，随后的 10 年又增长了近 3 倍，达到 1300 万美元。到 20 世纪 60 年代中期，斯坦福大学已经取得学校国防承包商排名第三名的好成绩，这还不包括斯坦福大学线性粒子加速中心的 5000 万美元。③

朝鲜战争加速了学术向商业的转变。在国家危急关头，海军想的是把斯坦福大学的基础电子研究转变为实用军事硬件，这个合同第一年就获 30

---

① Stuart W. Leslie, *The Cold War and American Science: The Military-Industrial-Academic Complex at MIT and Stanford*, p. 45.
② Ibid., p. 55.
③ Ralph Lapp, *The Weapons Culture*, New York: Norton, 1968, pp. 191–197.

万美元，第二年为45万美元。① 一夜之间，斯坦福大学电子项目在内容和方向上没有任何重大变化的情况下，其电子研究项目规模就扩大了两倍。到20世纪50年代中期，斯坦福大学作为微波电子的知识中心已经将本地工业转移。正如朝鲜战争改变了斯坦福大学的研究项目一样，它也将本地工业转向依靠这些项目和它们研究生的电子公司。雷达、电子对抗和通信对微波管的需求急剧增加，导致本地接受国防合同的电子公司奋起直上，特别是研发合同。在战争期间，加利福尼亚获得的主国防合同份额增加了近两倍，从13.2%增长到26%，超过纽约州，位居第一，以前纽约州一直名列前茅。②

这种成功吸引了东海岸想要在军事电子市场投资的公司的注意。与东海岸相比，西海岸草创的公司依然微不足道。工业巨头通用和汤姆森·拉莫·伍尔德里奇公司在1956年的销售额都是7.25亿美元，其他数十个公司的销售额也都在1亿美元以上。而西海岸最大的新公司瓦瑞安在1956年的销售额才2500万美元。当年军方所有电子订货为60亿美元，并且其份额随着导弹、航空电子等高科技装备的增加而不断增长。正如《财富》指出，军事电子代表着"商业之鲸"，因为国防市场通常比商业伙伴要稳定得多，而军事研发合同又为公司进入新领域提供了较低的准入门槛，使其产生连带的商业效应。这样各个公司开始发展起来，比如喜万年获得陆军信号部队的合同，建立了一个导弹对抗研究的新实验室。信号部队要求在电子战中具备快速反应能力。迫于朝鲜战争，信号部队1952年又给斯坦福大学提供了500万美元用于开发制导导弹对抗的"工程测试模型"，第二年，信号部队又奖励喜万年一个300万美元合同。

1954年，通用动力也来到了西部，通过与斯坦福大学的公司接触考虑寻找扩大其在国防电子领域份额的途径。通用动力已经在康奈尔建立起一个先进的雷达实验室，来帮助其主要军事电子集团。在斯坦福大学通用动力又在投资微波管中看到了机会。1954年通用动力在斯坦福大学建立了通用动力微波实验室。不久，这个实验室就确立了其在雷达上的高能量行波管和电子对抗上的低音行波管研究上的显赫声誉。实验室为通用动力的彩

---

① Stuart W. Leslie, *The Cold War and American Science: The Military-Industrial-Academic Complex at MIT and Stanford*, p. 60.
② James Clayton, "Defense Spending: Key to California's Growth," *Western Political Quarterly* 15, 1962, pp. 280–293.

第五章　军工复合体与美国科技发展

虹提供了行波管，这是第一代频率分集雷达，为"大力神"导弹雷达提供调速管，为西屋导弹防御系统提供巨型调速管，为喜万年的对抗系统提供低音行波管。这个部门的规模两年后就扩大了两倍，三年后又扩大了两倍，四年后再次扩大两倍，1958 年达到了 336 名雇员和年预算 500 万美元。

为了进一步促使斯坦福大学实验室和高科技企业的联姻，特曼教授积极地支持和创建了斯坦福工业园。这大大促进了电子工业的发展。也正是微波电子设立了硅谷的模式。微波管技术主导了斯坦福大学附近的工业，没有几个原创公司能成功地转型，但它们在学术、公司和军方研发上的整合模式原型随后被硅谷继承。西海岸占有了东海岸的思想和人员，并将其进行重新整合，创造了一个技术上的"迷你"革命。

为增强电子学，斯坦福大学一直深切地关注着新机遇。自 1947 年宣布晶体管诞生以来，特曼教授一直密切关注着该领域的研究。为此，他派一些研究生于 1953 年夏天在伊利诺伊大学学习晶体管物理学。为了寻找强大的公司关系，他与诺贝尔奖获得者威廉·肖克利保持联系。在特曼教授的支持下，肖克利在斯坦福工业园建立了肖克利半导体公司，但肖克利管理能力不佳，1957 年公司最好的八个工程师离开肖克利并创建了仙童半导体公司，从此代表着硅谷时代的来临。

到 1948 年晶体管还很脆弱、笨重，然而，10 年内晶体管就发展成为一个年销售额超过 1 亿美元的大市场，成长为电子产业中快速增长的核心部门。这种从发明到大规模市场化的转变在很大程度上是美国军方特别是陆军信号部队引导和资助的结果。在这一过程中，以陆军信号部队为首的军方通过赞助应用研究，保证了快速发展的晶体管新技术向电子产业的转变。通过资助制造设备建设，监督标准的设定，军方影响了新型晶体管产业的规模和结构。最终，军方尤其是产业向特定类型晶体管方向发展。军方帮助保护晶体管新技术免受批评和经济限制，并且通过商业化为其提供了必要的动力。①

斯坦福固态电子学走的是与早期微波一样的冒险路径。在林威的领导下经过数年的发展，固态电子成为斯坦福大学电子实验室的主打产品。与以前的微波电子一样，斯坦福的固态项目反映了军方重点的变化，重心目

---

① Merritt Roe Smith, *Military Enterprise and Technological Change*, pp. 254-255.

军工复合体:美国的支柱与噩梦

标在于为制导导弹、通信和第一代所谓的"智能"武器,开发小巧、稳定和耐用的小电子产品。为提供军事电子系统的稳定性,一个空军25万在恶劣环境下美元的合同专门研究适应系统。信号部队的一个合同是研究硅击穿,这对导弹锥体部分很重要。所有研究都与军事硬件和系统有关。以斯坦福大学电子实验室预算为例,在1960年,它获得330万美元合同,其中230万美元来自陆军、空军和海军,只有20万美元来自非军事部门。此时国家航空航天局的贡献戏剧性地增长,在随后十年中,从一分没有到几乎稳居实验室预算第三位,其间国防部的金钱和利益一直占据主导。[1]

从斯坦福大学的四十余年发展史中可以看出,以特曼为首的斯坦福人充分认识到冷战在军事上给研究和教育带来的机遇,并充分利用了这些机遇,顺时势迎头赶上。当然这些成功的背后也带来一定程度的问题,这些问题就是军事权势集团设定规则和决定游戏如何玩。

第四节　军工复合体与科技发展

军事工业在美国工业强国路上一直扮演着主要角色。[2] 实际上,自从独立开始,工业就与军事力量有联系,无论机械化大生产还是现代最新的自动化工厂,都留有军事工业的印记。自"二战"以来,军事科技促进了化学、物理学、工程学、材料科学、计算机科学、数学,甚至社会科学的发展与繁荣,产生了一系列著名的工业产品,如计算机、声呐、喷气发动机、掠翼飞机、杀虫剂、晶体管、防火防水服、抗菌药物、数控机床、高速集成电路、核武器,这个名单还可以继续延伸下去。本节主要以麻省理工学院和斯坦福大学的航天技术、核技术和材料科学为例来揭示军工研复合体对这些科技的推动作用及其带来的影响。

---

[1] Stuart W. Leslie, *The Cold War and American Science: The Military-Industrial-Academic Complex at MIT and Stanford*, p. 73.

[2] Merritt Roe Smith, *Military Enterprise and Technological Change*, p. 4.

第五章　军工复合体与美国科技发展

一　斯坦福大学与洛克希德的航天技术

当1957年尼古拉斯·霍夫从布鲁克林理工学院来到西部做斯坦福大学航空工程项目主任时，他继承的是一个只有两个年老研究员、几个学生，年度研究预算4500美元且内斗不断的部门。仅六年，他就将它转变成全国顶尖的系，拥有12名研究员，179名研究生，研究预算657546美元。更惊奇的是，他做所有这些没有让学校承担任何成本。但这些资金的来源说明了其成功的原因。几乎所有资金都来自军事合同或军事承包商，这里面洛克希德的贡献巨大。它从加利福尼亚南部到金山湾重新配置了它的导弹和航天部门，在斯坦福工业园建立了一个补充研究实验室。数百个洛克希德员工参加了这个荣幸的合作项目。公司还派出一批自己的研究员来斯坦福大学教学，并从研究院直接雇佣数百个新员工。然而，把产业和学术相互转化的共同依赖是国防资金。

1. 冷战初期斯坦福大学与洛克希德结合的桥梁：航空和导弹

"二战"后美国航空业迅速萎缩。在对日战争胜利日，政府取消了价值90亿美元的飞机合同，到1945年，再次取消了120多亿美元的飞机合同。到1947年，飞机销售从1944年战时最高峰的160亿美元下降到12亿美元，与之伴随的是就业和利润双降。飞机制造企业损失巨大，关闭了大批新的飞机制造厂，边缘公司则全部倒闭。

但冷战迅速给飞机产业注入了新的活力。1947年《国家安全法》创建了独立的空军，与之伴随的是飞机采购的热潮。同一年，一个重要委员会的主席托马斯·芬勒特认为，空军力量将是国家未来国防的重点，要强有力地用大规模国防合同支持重建飞机产业。1949年芬勒特被任命为空军部长，这些建议很快被付诸实施。伴随着朝鲜战争的爆发，政府又追加80亿美元采购飞机，这时飞机产业再次恢复到战时的高峰水平。

冷战还为战略力量增加新的变量：弹道导弹。曾经有段时间人们认为火箭不能代替人造炸弹，因为它不够精确和不稳定，军方限制防空导弹和远程巡航导弹的发展。1946年第一个弹道导弹合同交给了康威尔，但一年后因为经济原因被迫取消。然而1952年美国氢弹爆炸成功，苏联核武器的秘密情报和洲际弹道导弹促使1953年美国空军建立了一个战略导弹评估委员会，在"导弹沙皇"伯纳德·A.施里弗将军的领导下给予导弹研

· 241 ·

发最优先发展。

洛克希德是迅速获悉这些消息的公司之一。"二战"本身把洛克希德塑造成了一个主要国防承包商和工业巨头，它战时卖了10000架P-38闪电式战斗机和20000架其他飞机，赚了20亿美元。① 很快，像其他传统飞机公司一样，洛克希德进入导弹时代，但发现自己在超音速、精密制导系统和特殊材料上面临巨大挑战。弹道导弹和卫星改变了国防承包商的游戏规则。正如涡轮喷气发动机把航空工业从传统的制造活塞发动机公司转变到像通用动力和西屋的高速涡轮喷气公司一样，导弹革命也产生了新的规则，导航和系统工程公司80%的产品都卖给国防部。伴随着导弹份额重要性的加强，飞机制造商没有选择，只有在高技术竞争中去生存。

对洛克希德来说，挑战更为严峻，到1956年公司还没有导弹销售。为了争取导弹和航空生意份额，洛克希德不得不学习新的技术，并迅速消化，甚至冒着在新的市场增长中被淘汰的风险。洛克希德看中了空基侦察的机会，1954年《吉里安报告》认为要优先发展洲际弹道导弹，同时强调要开发情报侦察的高科技。洛克希德赢得了在U-2飞机上超高空摄影侦察的合同，在中央情报局的资助下，1956年夏U-2开始盘旋在苏联的上空。1960年5月1日，苏联防空导弹最终击落了U-2。于是，间谍卫星开始接替高空侦察任务。实际上"二战"结束后空军就考虑过这个选择。1946年兰德（这时还是空军资助的麦道一个部门）公司提交的一系列秘密报告中就建议，建造和部署侦察卫星。于是洛克希德就紧跟这个工作，还雇佣了兰德公司起草报告的几个作者作为内线联系。1956年洛克希德打败其他公司赢得了卫星侦察的合同，价值1200万美元。

《吉里安报告》还支持以发展海基和中程弹道导弹系统来弥补洲际弹道导弹项目。海军特别项目办公室与陆军合作，后来又自己操作，为潜艇开发了固体燃料的丘比特导弹。洛克希德赢得了这个导弹合同，1956年改名为北极星，合同价值6200万美元。为此洛克希德1954年成立了一个新的导弹系统部门，因为军方喜欢，这样军方容易控制单个项目，总部设在加利福尼亚的伯班克。为了使这个羽翼尚未丰满的部门获得顶尖级科学家，也是为了未来合同着想，洛克希德聘请了海军退役将军E. P. 克萨达

---

① Stuart W. Leslie, *The Cold War and American Science：The Military-Industrial-Academic Complex at MIT and Stanford*, p. 111.

为新团队的最高管理者。克萨达雇佣了他能找到的最好的研究天才,付给他们最高的薪酬,然后让他们凭自己的直觉去做。但这个团队很快就发现与洛克希德公司传统文化格格不入,克萨达很快辞职,随后16名顶尖科学家离开,组建了系统研究公司,最终这个公司演变成福特航空部门的一部分。

2. 美国航空和导弹发展的催化剂:斯坦福大学与洛克希德的结合

最终洛克希德还是选择在加利福尼亚与大学合作,在斯坦福工业园落脚,这种合作改变了公司和大学的特色和方向。于是尼古拉斯·霍夫出现,洛克希德将宝都押在了布鲁克林理工学院航空电子系主任霍夫身上。霍夫于1939年来到斯坦福之前在匈牙利和德国飞机制造厂做了10年设计者,与最著名的俄国工程师铁木辛柯一起学习。1942年获得学位后,他在布鲁克林理工学院谋得了一个教职。在布鲁克林理工学院霍夫证明了自己是一个杰出的管理者和富有抱负的建设者。战争迅速扩大了以前的研究规模和领域,开发了新的方法。战后延续了这些国防合同。利用这些合同资金他又招募了12名研究员和数十名研究生,并将这些最好的学生送到康奈尔大学、乔治·华盛顿大学和其他大学及产业部门深造,这些人很多最后进了国防部门。这又为他带来滚滚财源。这期间霍夫也成为军事部门的高级顾问和许多公司的顾问,特别是洛克希德。在洛克希德的支持下,霍夫来到了斯坦福大学。斯坦福大学工程学院院长特曼教授向洛克希德报告说:"由于霍夫教授杰出的领导能力,使我们有了显著增长,正在斯坦福建设一个独立的航空工程部,按照系的规模来配备人员和研究活动。"[①] 随着洛克希德将重点转向航天和霍夫来到斯坦福大学,斯坦福大学引起了军方的关注。为了加快空气动力学方面的研究,霍夫提名自己学生时代的老友,在空气动力学方面很有名气的沃尔特·文森特担任新的超声速风洞研究中心主任。

为了强化与大学的联系,洛克希德还贷款给空气动力研究项目主任丹尼尔·伯沙德,要他来做兼职,伯沙德是高温空气动力学专家,在普林斯顿大学获得博士学位。这些任命完全改变了航空工程部的特色,使其成为斯坦福大学工程学院中一个主要部门。它们构成了一个学术"铁三角":

---

① Stuart W. Leslie, *The Cold War and American Science: The Military-Industrial-Academic Complex at MIT and Stanford*, p. 118.

学术上是霍夫，工业方面是伯沙德，政府关系方面是文森特。这很快在随后的发展中体现出来。1956年这个系有两名研究员，包括本科在内的12名学生，4500美元合同，两个工程学位点。两年后，这个系有4名研究员和1名副研究员，包括毕业生在内的61名学生，20.7万美元合同，9个学位点。再过一年，这个系有了9名研究员，92名学生，46万美元合同和19个学位。[①]

洛克希德在斯坦福大学的投资还重构了导弹系统部门，1959年改名为导弹和航天系。1956年洛克希德赢得了两个主合同，一个是海军北极星导弹系统，最初价值为6200万美元；另一个是空军高级侦察（卫星）系统，最初价值为1200万美元。这些项目尽管最初非常困难，但迅速确立了其作为导弹和航空生意蛋糕的主体地位，成为这个新系财政收入的第三大来源。随着1957年苏联卫星上天，洛克希德立刻获得四倍合同拨款，达4800万美元，随后再次涨了近3倍，达到1.5亿美元。尽管受到苏联卫星上天的打击，但洛克希德与中央情报局合作的高空摄影侦察提供的技术能力使苏联在接下来的时间里再也没有赶上美国，它可以提供高清晰度照片，甚至还可以拍电影。

空军还资助洛克希德一个独立项目，即卫星和导弹观测系统，与此相关联，空军还资助了导弹防御预警系统（MIDAS），洛克希德研制的这颗卫星装备了极为敏感的红外线探测器，并能在高轨道运行，它能捕捉到苏联导弹发射时的热气柱，项目价值4.23亿美元。为了增强这些系统运作，洛克希德1959年还赢得了2500万美元的设计和建造空军卫星控制设备合同，1960年早期蓝水晶（the Blue Cube）服役，它是全球卫星和跟踪站的中心。

直到20世纪70年代初汤姆森·拉莫·伍尔德里奇公司开始挑战外，洛克希德一直在卫星成像上占据主导，在冷战期间为美国提供了大批的侦察照片。20世纪60年代后期，导弹与航天部成为公司重要部门，其销售额占公司销售总额的1/3，利润的大部分。这个部门1956年雇佣200人，1958为9000人，1964年为25000人，其中1200人是斯坦福工业园实验

[①] Stuart W. Leslie, *The Cold War and American Science: The Military-Industrial-Academic Complex at MIT and Stanford*, p.119.

室的人，成为这个地区最大的雇主。①

总体来说，洛克希德影响斯坦福大学要比斯坦福大学影响洛克希德多，斯坦福大学不能为洛克希德提供所有的技术支持，尽管有一些关键的技术，但洛克希德在斯坦福大学的资金、教育和人才雇佣上都是斯坦福大学的主要支持者。在这种相互渗透中，以军事为纽带，促进了高温气体动力学、轨道力学、空间飞行器设计、超高音速结构、等离子物理学和制导系统等学科和技术的发展。洛克希德的工程师罗纳德·斯梅特和文森特开发了所谓的热射式风洞来研究高温下的空气动力学，风洞能产生14000℃高温。

洛克希德对斯坦福大学附近的航空复合体起到了催化剂的作用。斯坦福大学的航空科学和工程中心在1969年建成，这个中心将军方、产业和学术利益结合在一起并拥有了共同的目标。罗杰·刘易斯是这个中心资金赞助的协调者，同时又是空军部长、通用动力总裁和学校董事，完成了这个"铁三角"的创立。这个中心建立的资助者有空军、国家航空航天局和一个财团。空军想尽快地扩大制导和控制实验室，愿意给斯坦福大学100万美元建立新设施。国家航空航天局为其项目想要与斯坦福大学研究人员及其所属公司联盟建立更紧密的关系，在其预算中给斯坦福大学200万美元，希望斯坦福大学继续为发展一个地区科学技术产业复合体做其领头羊。刘易斯给了100万美元，不过他的钱都是来自北美公司、洛克希德、诺斯罗普。当发起过程中资金有点紧张时，刘易斯自己又慷慨地给了10万美元。

中心建成后的杜兰德大厦成为斯坦福大学航空电子学历史和遗产的标志，拥有200名学生，年预算100万美元，39个硕士，26个博士研究生，作为全国航空电子学博士培养的领头羊，在1970年斯坦福大学超越了麻省理工学院，这时霍夫已经退休。斯坦福大学的辉煌上没有人比霍夫做得更好。"研究资金的最大部分都是由政府机构提供，"霍夫写道，"因此，问题也就出现了，是否研究赞助者的政府或产业在研究上的限制有可能导致我们学术理想的丢失呢？难道可取的做法就是为了适应提高真正学术工作，学校更少依赖合同或应当修改合同符合学术精神？"② 结果是，国防工业合同最终重新定义了战后航空电子工程学的"真正学术工作"。

---

① Stuart W. Leslie, *The Cold War and American Science: The Military-Industrial-Academic Complex at MIT and Stanford*, pp. 117 – 121.
② N. J. Hoff and V. Salerno, "Graduate and Research Work in Universities and the Use of College Men in Industrial and Government," *Journal of Engineering Education 40*, No. 10, June 1950, p. 595.

二 麻省理工学院和斯坦福大学与核技术

1. 冷战军事需求促进麻省理工学院核技术

"二战"极大促进了核物理学的发展,战后也不例外。做了10年(1946—1955)核科学与工程实验室主任的扎卡赖亚斯给麻省理工学院留下了丰厚的遗产。在他任期内,核科学与工程实验室培养了数百名研究生,他们中的117名去了大学教书,106名去了国防产业,57名进了政府实验室和军事机构。上千名本科生在这里做项目。[①] 他们编写的物理学教材培育了一代本科生和研究生。麻省理工学院物理系是20世纪50年代中期全国最好的研究生培养地,每年能毕业30—40名博士,是处于第二位哈佛大学的两倍,加利福尼亚大学伯克利分校和美国加州大学合起来的数倍。到1964年核科学与工程实验室已有340万美元预算,55名研究员,38名博士后,110名研究生和114名本科生。系里一半的博士研究生都成为美国物理项目的精英,他们去了加利福尼亚大学伯克利分校、哈佛大学、普林斯顿大学和斯坦福大学。[②]

核科学与工程实验室的变化不仅是物理学在麻省理工学院如何发生变化,而且是为什么这么变化,为谁变化。战前物理学主要受公司和个人慈善捐助支持,战后虽然也受到一些工业支持,但起决定性的是军事支持。两种物理的共同点都是依靠技术和实用。不同点是战后在这个领域的聚焦点越来越窄,比如核科学。与它的姊妹实验室——电子研究实验室一样,核科学与工程实验室反映和加强了新的政府议程和军事优先内容。

"二战"的"曼哈顿计划"在芝加哥、橡树岭和洛斯阿拉莫斯建立实验室,雇佣了美国最好和最优秀的物理学家研制原子弹,这一过程设定了战后物理学的研究议程。麻省理工学院在这方面明显缺席。麻省理工学院意识到战争使核物理学与微波电子学一样进入一个新时代,它们明白麻省理工学院必须迅速赶上。此时,加利福尼亚大学伯克利分校、康奈尔大学和芝加哥大学都已经建立起核物理学项目。首先是招人,建立一支"年轻

[①] S. S. Schweber, "The Mutual Embrace of Science and the Military: ONR and the Growth of Physics in the United States after World War Ⅱ," in Everett Mendelsohn, M. Roe Smith, and Peter Weingart, eds., *Science, Technology and the Military*, Boston: Kluwer Academic, 1988, pp. 3 - 45.

[②] Bernard Feld, "Laboratory for Nuclear Science," *MIT Annual Report*, 1963 - 1964, p. 289.

第五章　军工复合体与美国科技发展

的'精英团队'"。在扎卡赖亚斯的运作下，很快招来了一批物理学天才。接下来建立了核物理和工程实验室，将这些物理学天才的能量聚积起来。但接下来是最难的运作资金，找合同。这一过程首先从石油公司开始，但最终军方还是成为决定性因素。军方的资助使实验室运作起来，并且开创了诸多核物理学的新起点。

1946年4月海军和核科学与工程实验室签订一个初始合同研究用于实践的核技术和理念，一年提供60万美元资金。这个数目一年内就增加到150万美元，人员从20个增加到155个，其中包括50名教授。[1] 其发家路径与麻省理工学院基本相同，建立与军方的联系，搜罗人才，培养研究生，在与军方合作的基础上开发核科学，逐渐成为这个领域的领头羊。这里面很重要的一点是它们是军方的顾问。1950年，海军初创阶段，扎卡赖亚斯协调成立了一个代号为哈特维尔工程的反潜作战夏季研讨会，类似于麻省理工学院的其他夏季研讨会，这个研讨会将学术机构，包括核科学与工程实验室和电子研究实验室的6名优秀成员、产业和军队三者组成一个最高级秘密团体，对紧急的国防重点项目进行为期三个月的全面审查，消除苏联潜艇日益增长的威胁。其主要建议：升级雷达，开发声学和磁探测系统，研究战术核武器。所有这些思想和技术都在核科学与工程实验室和电子研究实验室得到了重点支持。有人还称哈特维尔工程是"下一个十年研究的效仿典范"。[2]

战后学术性的核研究中心主要有康奈尔大学的核研究实验室、芝加哥大学的核研究所、加利福尼亚大学伯克利分校的辐射实验室和麻省理工学院的核科学与工程实验室，但这里只有麻省理工学院的项目最优秀，无论从名字还是从实际上，对核工程的贡献都是如此。这些实验室和研究所的基本路径都是与军方的曼哈顿项目紧密合作，建立自己的核反应堆，搭建一个在目前项目和未来发展之间的桥梁，进而使自己取得发展。麻省理工学院不同的是还获得了另外一个机会，海军想要自己的核计划，它们给麻省理工学院一个独立的核项目，想要建造核潜艇，这个想法美国海军实验室在1938年就想过。麻省理工学院核科学与工程实验室的研究人员在这个项目的推动下，研究中子和γ射线屏蔽，意在减少移动反应堆防护的重

---

[1] Stuart W. Leslie, *The Cold War and American Science: The Military-Industrial-Academic Complex at MIT and Stanford*, p. 145.

[2] Leslie, Stuart W. Leslie, *The Cold War and American Science: The Military-Industrial-Academic Complex at MIT and Stanford*, p. 148.

量和容积问题，使反应堆能装在潜艇上。

即使核科学与工程实验室那些纯学术部分也都期望着能对核工程产生直接的影响。核科学与工程实验室在政府、产业、学术之间如同在理论和实践之间一样起到了桥梁作用，将其相互结合起来形成一个整体。为了将最新技术及时转化到产业上去，麻省理工学院的产业联络官为企业代表组织了一个有关核能量的秘密夏季会议。等到里科弗掌管了海军核部门后，即代号 390 工程，他开始派遣高级军官直接到麻省理工学院进行核物理和工程上的高级训练，他亲自选择军官并密切监视他们。他偶尔还建议升级教学大纲来反映海军最新利益。这些人毕业后去监督和建造了美国第一艘核潜艇，并且核科学与工程实验室还参与了核飞机的工程。

1951 年麻省理工学院在核工程学上设立了第一个研究生学位，最初是为了提高军官的训练。并且为了促进军工学的结合，麻省理工学院组织了一系列夏季研讨会。研讨会最初目的是提高钚生产和从废电池中回收钚和铀，后来分为核能经济学和民用问题。1953 年艾森豪威尔的"和平利用原子能"的计划解密了一些反应堆设计细节，这给麻省理工学院带来了机会。麻省理工学院拨款 150 万美元与北卡罗来纳州立大学、密歇根大学和宾夕法尼亚州立大学一起进行争夺。1958 年麻省理工学院反应堆建造完成，耗资 240 万美元，成为研究中子衍射、核化学、铁磁质，甚至试验性治疗癌症的大学级研究设施。到 20 世纪 60 年代早期，核工程系已经授予许多博士学位，一年达 18 个，还授予 20 多个硕士学位，随后这些学生引领了这些年的核工程学方向。到 1964 年，系里的 192 名研究生中，46 名仍在军队工作，19 名工作在萨瓦纳河国家实验室及橡树岭、洛斯阿拉莫斯和其他实验室，其余 115 名都在海军核承包商那里工作。仅有 12 名走上了学术道路，而他们中的三分之一都在麻省理工学院。[1]

1962 年经过仔细观察后，系里的一个观摩委员会得出这样的结论："核工程系可以看作美国现代教育历史上的一个案例。它汲取了各学科精华并跨越了学科界限。支持它的资金主要来自政府。基础研究和应用研究相互交融，在基础发现和应用间没有时间间隔。需求催化了基础科学的发展。'象牙塔'的老概念在这个系里没有市场，许多人不得不花费大量时

---

[1] Leslie, Stuart W. Leslie, *The Cold War and American Science*: *The Military-Industrial-Academic Complex at MIT and Stanford*, p.157.

间在华盛顿销售他们的商品。"① 然而，系里卖的完全依靠军方所买。在一定程度上，军事需求决定了民用核能的方向和进度。里科弗工程学设计的轻水反应堆本来是用在核动力航母上，经过修改后用于民用核能发电，装在了宾夕法尼亚州的西坪港（PA），这个设备归杜克森照明公司所有。于是这个核电站成为世界上第一个轻水反应堆，当今世界超过一半的正在运营的核电站，其中包括美国60%的核电站，使用的都是西屋电气的核电技术。核潜艇的主承包商西屋为这个轻水反应堆的主承包商。②

冷战的军事需求不仅没有分散一些基本科学任务，而且很自然地延长了它。核科学与工程实验室成为军方和麻省理工学院间合作的典范，它们签订了一个书面合同，其协议的一部分是新兴的物理学，这个物理学融合了理论与经验、科学与工程、基础与应用、保密与公开、研究与政策。问题不是物理学家是否能深度地思考，而是他们思考有多深。军方给予这些物理学家前所未有的资源和地位，他们也塑造了国内著名的项目，但他们付出了太多，这种付出不是为了自我形象，就是为了他们的独立。

2. 冷战时期斯坦福大学核技术的标志：斯坦福线性加速器

战后推动斯坦福大学业绩最明显的标志是斯坦福线性加速器中心，1966年建造完成，它是当时最大的（两英里长）、能量最大（20个GeV）、最昂贵（1.14亿美元）的科学工具。这个中心使斯坦福大学成为高能物理学的世界中心。

斯坦福线性加速器中心是斯坦福大学物理学家威廉·A. 汉森和他的学生及其同事的遗产，也是战后军方资金和想法主导的产物。这个中心表明大物理学，即大批资金、大批机器、大的研究团队的胜利，也证明了物理学能拥有自己的特色。一个斯坦福线性加速器中心的设计者坦承："在微波领域的研究必须，也是必要，是实用研究，而在其他领域的研究一定要指向一个有用的目标。"③ 斯坦福大学的其他领域是高能微波管，它推动了斯坦福的物理理论发展和资金的募集。同样类型的管和技术能为大型加速器增加能量，能解答自然界一些最基本的问题，催生新的复杂雷达和其他

---

① Report of the 1961–1962 Visiting Committee on the Department of Nuclear Engineering, MIT AC 31/6.
② George Basalla, *The Evolution of Technology*, New York: Cambridge University Press, 1988, pp. 162–168.
③ Stuart W. Leslie, *The Cold War and American Science: The Military-Industrial-Academic Complex at MIT and Stanford*, p. 160.

重要国防系统。斯坦福大学物理学家在这两方面都取得了成功。在这一过程中，他们确立了一个战后物理学依靠和针对军事实用的发展模式。

早在1946年保罗·科克帕特里克就预测："战后斯坦福大学的未来属于我们掌控的只有那么一点，我们将被推向边缘，而世界和国内经济、政治和社会形势将裹挟着其前行。"① 冷战验证了他的判断。冷战期间，相对于手段来说，物理学更缺少目标，大部分都是为军事服务。在冷战中，物理学家不仅是战争的新工具，也是新方向和新目标。这种短暂的越轨，即将实用科学变成物理学的中心，像做生意一样正常。

尽管和其他人一样从新物理学中获益良多，但霍夫斯塔特还是承认它的高成本——限制学术独立。"在自由大学的自由精神"，他警告研究机构和中心日益增长的危险，"我们必须认真对待大学内那些半独立研究组织的成长，它们不会导致大学行政和学术功能由这些组织控制或部分控制，即使看起来好像是为了一个很好的动机原因。相比那些教书育人，提倡开放学风，鼓励自由的大学来说，这些研究组织目的狭窄。尽管规模是研究组织的关键，但这些组织产生的思想都会落脚到大学广泛知识的小角落里。"② 为了在物理学方面迅速达到全国顶尖大学水平，斯坦福大学充分利用这些小角落把自己迅速推向了学术的中心。

三 麻省理工学院和斯坦福大学与材料科学

1. 冷战成为美国材料科学发展的主要动力

随着冷战的展开，武器对材料科学的要求逐渐提高，军方和军工企业开始关注美国材料科学的发展，并成为材料科学的主要推动力量。从喷气涡轮到抗辐射加固电子设备等重要武器技术，无处不用到材料科学。

此外，苏联在航空和核武器方面取得的成就促使国防政策规划者将目光聚焦到材料科学上来，认为材料科学已经成为提高军事技术的软肋。陆军电子司令部下属的冶金和材料独立分支研究机构、海军研究办公室的固态科学顾问小组和海军赞助的国家材料科学学术委员会都同时建议立刻采

---

① Stuart W. Leslie, *The Cold War and American Science: The Military-Industrial-Academic Complex at MIT and Stanford*, p. 186.

② R. Hofstadter, "The Free Spirit in the Free University," June 13, 1962, SA SC 160 Ⅲ 3/4.

取行动协调全国的材料研究，要么建立一个国家材料实验室，要么建立一些类似材料研究所等机构。[1] 新组建的总统科学顾问委员会也同样提出把材料科学作为一项急迫的国家优先发展项目。威廉·贝克在1958年3月提交的背景论文《协调美国材料研究》中呼吁全力以赴通过资助设备与建设场地为跨学科和跨部门研究团队提供支持，建立材料科学和工程的基础设施。总统科学顾问委员会认为，"非常明显，政府应该在鼓励所需的材料科学研发上起领导作用"。[2] 这里的政府主要指国防部门，只有它们有动力和资金花费在这类研究上。

1958年12月总统科学顾问委员会划时代的研究报告《增强美国科学》被提交给总统，再次强调了材料科学的重要性。考虑到太依赖产业和政府实验室，这些实验室主要集中在应用研究，这最终导致科学的贫乏，总统科学顾问委员会强烈督促将更多的注意力集中于大学的材料研发。它建议将主要资金用来支持大学材料科学学术研究，包括为新实验室和器材提供资金，给予大学长期研究合同以保证更大的稳定性和持续性。[3] 报告的主要起草人詹姆斯·基利安，同时也是总统科学与技术特别助理，被任命为材料研发协调委员会主席，执行总统科学顾问委员会的建议。而委员会则设立了高级研究战略计划局作为执行材料项目的联邦领导机构。

从一开始的1960财年国防部就授权为材料项目特别拨款1700万美元，比国防部所有材料科学研发预算增长25%，其中600万美元用于大学实验室的建设。[4] 一个军事科学家小组也建议以最快速度加强当时国防部租用的大学研究实验室。高级研究战略计划局的最大目标就是建立跨学科大学的实验室，通过培养未来材料科学的领军人物，使他们成为真正的国家材料科学基地。最终确定了五个中心，包括斯坦福大学、麻省理工学院、哈佛大学、芝加哥大学和布朗大学，而斯坦福大学是唯一

---

[1] Robert L. Sproull, "Materials Research Laboratories: The Early Years," in Peter A. Psaras and H. Dale Langford, eds., *Advancing Materials Research*, Washington, D. C.: National Academy Press, 1987, pp. 25 – 34.

[2] PSAC report. quoted in Baker, "Advances in Material Research and Development," p. 23.

[3] *Strengthening American Science: A Report of the President's Science Advisory Committee*, Washington, D. C.: GOP, December 1958, p. 28.

[4] Richard J. Barber, Associates, *The Advanced Research Projects Agency, 1958 – 1974*, Washington, D. C.: ARPA, December 1975, pp. Ⅳ – 21 – 22.

个西部大学。这给这些大学带来了新研究人员、新合同和新的学生。以斯坦福大学为例，从1963年开始，所有支持材料科学的合同增加到130万美元，空军从原来的36.5万美元增加到448691美元，海军从27.1万美元增加到349918美元，陆军从18.9万美元增加到195985美元，电子司令部从7.2万美元增加到143700美元，国家科学基金从7.7万美元增加到235850美元。非高级研究战略计划局支持的材料科学也持续增长，从1961年到1968年增长了三倍，达到了400万美元。研究人员和研究生数量也已稳步增长。[①]

2. 麻省理工学院与材料科学

1955年年末，美国陆军电子司令部（AEC）的研究主任莱斯特领导一个蓝带小组，"引导美军在冶金、陶瓷和固态物理上提高效率"。[②] 这个小组强烈建议，美国陆军电子司令部的资助资金给那些将培养出下一代科学家和工程师的领导型大学的跨学科研究中心。这个司令部要求莱斯特及麻省理工学院的同事们沿着电子研究实验室和核科学与工程实验室的路线做些东西出来。莱斯特向陆军电子司令部提交了一个在麻省理工学院急剧扩大材料科学研究的建议。先期投入550万美元，随后一年内再次追加150万美元，但这超出了陆军电子司令部的承受能力。与此同时，莱斯特还游说美国国家科学基金资助化学与固态物理实验室。但国家科学基金的资助杯水车薪，最终还要靠国防部。

事实的确如此，从20世纪50年代后期开始麻省理工学院在材料科学上每年收到至少400万美元资助，4/5都来自军方。空军每年投入100万美元以上，许多都是来自研究中心，例如赖特空军发展处和空军通信研究所（AFCRC）；海军也不少于100万美元，陆军50万美元，陆军电子司令部56万美元。而全部国家科学基金才贡献425760美元，全部非政府组织，包括产业界仅459195美元。[③]

与科学和工程学其他领域一样，苏联卫星上天增加了弥补"材料鸿沟"的急迫性。1958年联邦国防预算包括为材料研究提供的5500万美元"应急资金"。第二年联邦科学与技术委员会任命了一个来自陆军电子司令

[①] Stuart W. Leslie, *The Cold War and American Science: The Military-Industrial-Academic Complex at MIT and Stanford*, p. 225.
[②] Ibid., p. 201.
[③] Ibid., p. 203.

部、国防部和国家航空航天局的高级别委员会，它起草了一个提高美国材料科学的规划大纲。这个委员会考察了美国国内产业、学术和政府的实验室后得出结论，真正的危机在于教育。在材料领域只有几个学生受过训练，并且其学科面太窄。委员会最终批准了一个计划，增加国家材料领域的博士产出量，资助在重点大学内跨学科实验室，十年内增加75%。[1]

材料科学的控制权迅速落入了高级研究战略计划局，这个机构是由军方最新和最积极的成员组成。[2] 在苏联卫星上天的刺激下，五角大楼的航天机构开始用上不封顶的预算和野心追赶。高级研究战略计划局因此失去了许多原有的预算和项目，现在正在寻找机会做些事情来弥补其在弹道导弹防御和军事卫星上的缺失。新上任的国防部研究主任认为，材料科学好像很适合高级研究战略计划局作为在科学和技术上"快速打击力量"的新定位。他给高级研究战略计划局安排1700万美元应急拨款，在最短时间内提高其结构和能量转换材料，以满足地面、空中和导弹项目的军事需求。

1959年春，高级研究战略计划局派出一个代表考察麻省理工材料科学项目。拥有林肯实验室、国家磁场实验室和材料科学与工程实验室，麻省理工学院有机会巩固在固态物理学术研究中心领头羊的地位，这给高级研究战略计划局代表留下了深刻印象，高级研究战略计划局邀请麻省理工学院为它资助的新跨学科实验室提交一个正式提案。于是，高级研究战略计划局就采用麻省理工学院的模式资助其他重点大学的跨学科实验室。这促进了康奈尔大学、西北大学和宾夕法尼亚大学在材料科学上的快速发展，培养了大批研究生，为日后材料科学研究奠定了坚实的基础。但麻省理工学院却在第一轮中落选。

麻省理工学院马上寻找失败原因，提出新建议。建议重新强调通过研究所在材料科学与工程项目上和研究中心协调合作的重要性，并且积极争取第二世纪基金和高级研究战略计划局的支持。材料研究中心再次成为第二世纪基金的资助中心，高级研究战略计划局也向麻省理工学院的材料科

---

[1] Robert L. Sproll, "Materials Research Laboratories: The Early Years," in Peter A. Psaras and H. Dale Langford, eds., *Advancing Materials Research*, Washington, D. C.: National Academy Press, 1987, pp. 25–34.

[2] Richard J. Barber, Associates, *The Advanced Research Projects Agency, 1958–1974*, Washington, D. C.: ARPA, December 1975, Chapter 3.

学与工程研究中心注资330万美元,第二世纪基金为实验室复合体追加300万美元。再加上其他实验室的共同努力,中心签约了115名教授,126名博士后,395名研究生,[1] 形成了材料科学研究的主力军。

材料科学与工程实验室主要围绕着更广泛的科学与工程专业展开研究,但它的核心项目却明确支持高级研究战略计划局的技术日程,这包括化学与固态物理、电子、磁场、材料的光学特性、设备的应用以及冶金。并且中心的一些研究明显属于应用技术,包括高温冶金、电子材料、半导体材料、第二类超导体冶金。同时这些技术也吸引了企业的兴趣,在1962年春的产业研讨会开幕式上吸引了50家公司的145名企业代表参加。30家公司直接通过合同和奖学金等形式进行支持,其中包括通用电子、联合技术等。工业对研究生的需求也非常强烈,材料研究中心发现很难有足够的研究生来扩大项目。

1965年材料科学与工程研究中心拥有了自己的建筑,进一步证明了其项目的影响力,并且超额完成了给予高级研究战略计划局的承诺。中心拥有132名教授,170名博士后,419名研究生,几乎从一开始,这个中心就是麻省理工学院最大的研究单位。但与其规模相比,更重要的是这个中心使材料科学作为一门独立的学科得到兴起,不仅在麻省理工学院,而且在全美国。其毕业生充实到了政府和企业的各个材料科学和工程方面的研究中心和实践部门,其教授保持住了美国半导体电子教育委员会的主导地位和工业资助项目的领先地位。通过培养的研究生,麻省理工学院使材料科学拥有了自己独立的特性,适应了电子使用的需求。这些最终为新的学术规范确立了方向。由于出色的表现,中心于1972年移交给了国家科学基金会。经历过这个过程的人曾这样评价:"大学表明,研究需要报酬,实验室需要利润;为了国家安全,大学设计新武器,国家遍布实验室。其研究的结果就是为了寻求认识自然界与我们时代的和平。"[2]

3. 斯坦福大学与材料科学

跟麻省理工学院一样,斯坦福大学战后在材料科学上也落后于人,但在军事部门的强力支持下,迅速转为材料科学研究的重镇,冷战塑造了斯

---

[1] Stuart W. Leslie, *The Cold War and American Science: The Military-Industrial-Academic Complex at MIT and Stanford*, p. 207.

[2] Ibid., p. 211.

坦福大学材料科学的领先地位。

1954年麻省理工学院的冶金学者罗伯特·哈金斯来到斯坦福大学，他加入的只是一个两个人的冶金工程系，过去是美国第三十一任总统赫伯特·克拉克·胡佛毕业的矿物学院，当时暂时停办，目前是矿物学院下设的一个系，只有十几个小熔炉，一个研究合同，仅有数个本科生和研究生。但在随后的20年内，哈金斯建立了一个在规模上只有麻省理工学院能与其匹敌的处于全国第二位的材料科学研究基地，拥有65名研究人员，400余名研究生，700万美元的合同，一年培养出70名博士。[1]

哈金斯建立的学术重镇是斯坦福大学的材料研究中心，成立于1961年，哈金斯直接领导了15年。到1970年，材料研究中心已经有59名研究员，79名副研究员，293名研究生，年度预算140万美元。更重要的是这个研究中心服务于校际材料项目（这个项目资金为550万美元），这使中心赫赫有名，斯坦福大学已经成为材料科学的世界领导者和硅谷中微电子的一个世界中心。而这样的成就根源于冷战政治气氛造成的战后科学。像其他领域的同事一样，哈金斯敏感地意识到材料科学对军事的重要意义，冷战氛围下国家在国防和航天技术的优先重点使斯坦福大学的材料研究中心在电子和航空等材料科学的特定方向上迅速成功。军工复合体事实上创建了一个材料科学学科，并在冷战期间全额资助其研发。国防部通过高级研究战略计划局在斯坦福大学、麻省理工学院和其他学校建立和支持了一个跨学科的实验室网络，到了20世纪70年代后国家科学基金会更加积极。1987年国防部仍然为此材料和冶金学术研发机构提供了3140万美元，占其全部资金的32%，能源部2070万美元，占其全部资金的21%，国家科学基金会2050万美元，占其全部资金的21%。[2]

斯坦福大学非常清楚20世纪50年代的材料科学革命。相比其他科学革命发生在学术领域内不一样，材料科学的转型发生在产业和国家实验室。对此，在贝尔实验室和政府决策圈内对材料革命发挥关键作用的威廉姆·贝克反复呼吁："来自联邦和独立机构的国家材料项目可能是这个学

---

[1] Stuart W. Leslie, *The Cold War and American Science: The Military-Industrial-Academic Complex at MIT and Stanford*, p. 213.

[2] *Federal Support to Universities, Colleges and Selected Non-Profit Institutions: Fiscal Year 1987*, NSF Surveys of Science Resources Series, p. 27.

科的主要前沿，这些研究最初是来自学术圈外的技术和工程领域。"[①] 最早认识到军事通信中电子小型化巨大意义的是陆军信号部队，它立刻为这些项目提供赞助。在20世纪50年代中期它赞助了贝尔实验室晶体管研发的一半以上资金，这使贝尔实验室的商业晶体管研发迅速赶上，其他美国电子公司迅速落后于美国军事相关部门。

在航空产业也是如此，20世纪50年代的前沿材料科学，包括高温喷气涡轮风扇、轻合金、纤维复合材料、耐热鼻锥、弹道导弹发动机等，以及军事用途的相关高性能产品。哈金斯在麻省理工学院读研究生的时候就了解政府赞助的优势，他利用这方面的经验使斯坦福大学的冶金学恢复了生气。首先斯坦福大学迅速从空军科学研究办公室获得一个研究高温下铝特性的合同，接着哈金斯和同事们又赢得了国防机构、工业和国家科学基金的数个合同。实际上，空军合同为冶金项目提供了动力之源。在此基础上，哈金斯在空军和海军的资助下不断拓展研究领域，调整学生课程结构，砍掉本科教学过时课程，增加和扩大新的学科课程，自己编发《斯坦福冶金学》送给2000多名高校教师。他还向全美国每个冶金系主任和西部一半以上化学和物理系主任邮寄斯坦福大学冶金工程方面的研究生海报。在他的精心谋划下，斯坦福大学的材料科学蒸蒸日上，迅速跃居材料领域的前沿。

4. 反战运动和里根的重整军备

20世纪60年代的反主流社会运动和越南战争的失败导致人们对军事与科学关系的反思。1969年1月麻省理工的研究员们通过号召罢课搅乱了学术殿堂。罢课不仅是反对麻省理工学院自身，组织者强调主要是激起全民大讨论，讨论"我们国家生活中科学与技术目前角色的问题和危险所在"。[②] 他们号召其同事和学生们反对对科学的扭曲和滥用。48名麻省理工学院研究员签署了3月4日宣言，其中很多是科学家和工程师，还有3名系主任。随着他们的呼吁，美国日益拉响了科学军事化的警钟，而越南战争和反弹道导弹系统成了这件事的催化剂。1969年春天人们批评麻省理

[①] William O. Baker, "Advances in Materials Research and Development," in Peter A. Psaras and H. Dale Langford, eds., *Advancing Materials Research*, Washington, D. C.: National Academy Press, 1987, p. 12.

[②] B. Magasanik, J. Ross, V. Weisskopf, "No Research Strike at M. I. T.," *Science 163*, February 7, 1969, p. 517.

第五章　军工复合体与美国科技发展

工学院是"东部国防部"。1968财年麻省理工学院获得1.19亿美元军事研发预算，在大学国防承包商中排名第一，是第二名约翰斯·霍普金斯大学全部研发费用的两倍，是处于第四位的斯坦福大学的七倍。①

然而，3月4日宣言对斯坦福大学影响不大。当时有人这样描述："3月4日宣言在斯坦福大学没有对军工复合体产生太大挫折。"② 这部分归功于斯坦福大学早期的反战运动，部分归功于斯坦福大学的保守。变化发生在1966年5月，斯坦福大学老师和学生要求公布学校里的保密研究，迫于压力，校方公布了斯坦福大学电子实验室受中央情报局资助研究电子通信和监控已经8年的事实。这引起老师和学生的进一步抗议。1967年一个学院公布了一个详细的斯坦福战争研究的名单，号召大规模集会游行控诉校董事会的战争罪行。这个名单的第一个就是斯坦福研究所（SRI），它代表着学校中军事的存在。1946年斯坦福研究所是作为非营利性研究所建立起来，最初目的是促进地区经济增长，同时提高斯坦福大学的教育目标。但运营初期资金短缺，不得以换了一个富有进取精神的新所长，在新管理团队的带领下，研究所开始为海军研究电子小型化，为空军研究电子导航，为陆军研究通信，为原子能委员会研究核武器测试与评估。短短几年，斯坦福研究所就将合同收入从200万美元增加到1000万美元，扭转了每年欠债6万美元的局面，有了32.5万美元的盈余。③

到1965年军事合同占到其全部收入的82%，这些项目包括一些有争议的越战陆地改革研究、泰国的监视反叛行为和化学武器。到1968年研究所可以与斯坦福大学相匹敌了，拥有1500名专职研究员，而斯坦福大学才1000名，当年合同收入6400万美元，而斯坦福大学全部收入才7600万美元，斯坦福研究所矮化了大学。1969年它赢得了2870万美元军事合同，是第三大智囊团和非营利性研究所，位居麻省理工学院之后，在兰德公司之前。与之相对比，斯坦福大学当年为1640万美元军事合同，在大

---

① Stuart W. Leslie, *The Cold War and American Science*: *The Military-Industrial-Academic Complex at MIT and Stanford*, p. 235.
② Elinor Langer, "A West Coast Version of the March 4 Protest," *Science 163*, March 14, 1969, pp. 1176 – 1177.
③ Stuart W. Leslie, *The Cold War and American Science*: *The Military-Industrial-Academic Complex at MIT and Stanford*, p. 243.

学排行榜上位居第四位。① 树大招风，这使斯坦福研究所成为反战运动的明显目标。

但总体来看，这些运动对美国军事—工业—大学之间的关系影响不是很大，部分受学生运动影响。1973年德雷珀实验室从麻省理工学院的仪器实验室分离出来，形成了一个非营利性公司。但实际上它却在新的角色中发展壮大起来。在技术广场建立了它新的气派漂亮的总部，保持住了其惯性制导的领先地位和荣誉，赢得了更新老北极星和民兵系统合同，发展海军替代者三叉戟潜艇和空军MX导弹。年度预算从剥离后的7100万美元增加到1984年的2.06亿美元。实验室还与麻省理工学院保持着老关系。每年赞助麻省理工学院50名研究生来实验室完成学业，为本科生提供研讨班，每年吸引131名学生，实验室夏季专业研讨会还会为麻省理工学院提供170个学生名额。② 实验室每年还为保密班特招20名学生，外加130名从产业承包商处来的本地工程师。其运作方式跟原来麻省理工学院没什么两样。

受学生运动影响，尽管改变了其联邦资助的地位，林肯实验室依然保持着与大学的紧密盟友关系。与麻省理工学院学生互换依然如故，如果有什么变化，那就是其研究项目更加转向实用研究和直接军事应用。1986年林肯研究委员会指出："目前最大的研究机会就是以军事应用为最终目的。"冷战后期，林肯实验室的四分之一预算来自战略防御计划。斯坦福研究所也是如此，合同收入受学生运动和越南战争影响从6500万美元下降到5900万美元，反映了国防预算的削减。但随后合同收入稳定地增长到1987年的8200万美元，使斯坦福研究所成为世界最大的独立研究机构之一。③ 从中可以看出，学生运动和越南战争几乎对实验室没有什么太大影响，事实上这种批评反而促进了这些实验室更加依赖军事合同。德雷珀实验室联邦合同在20世纪70年代中期下降，但随着里根的星球大战计划迅速反弹，1983年为6500万美元，1986年则达到2.5亿美元。国防部占

---

① "Can Defense Work Keep a Home on Campus," *Business Week*, June 7, 1969, p.70, in Stuart W. Leslie, *The Cold War and American Science: The Military-Industrial-Academic Complex at MIT and Stanford*, p.244.
② Report of the Ad Hoc Committee on the Military Presence at MIT, May 1986, Appendix C., p.34.
③ *Federal Support to Universities, Colleges, and Selected Non-Profit Institutions: Fiscal Year 1988*, NSF Surveys of Science Resource Series, p.74.

据其全部收入的90%还多，还不算国家航空航天局。斯坦福研究所也是如此，经过20世纪70年代的下降后，1988年迅速攀升至5900万美元。国防部占据其全部收入的74%。[1]

20世纪80年代的大学研究，包括麻省理工学院和斯坦福大学，再次回归到20世纪60年代的模式，其资金也再次攀升到冷战高峰时期的水平。国防部在大学科学与工程上的花费从战后最低点的1975年占全部联邦研发费用的8%迅速攀升到1983年的18%。即使没有德雷珀实验室和林肯实验室，麻省理工学院也同样保持着国防承包商第一的位置，1983年国防合同价值为5600万美元。斯坦福大学紧随其后，1983年合同总额为3200万美元。[2]

实际上，资金流向更能证明一些领域的科学和工程学依赖国防资金的程度。尽管国防部支持学术科学与工程学的资金从来没有超过其全部的1/5，与国家科学基金相同，但它在特定领域的介入非常明显。1983年，国防部学术研究预算的82%用在电子工程学，54%用在航空电子学，29%用在计算机，29%用在材料科学，14%用在物理学。如果加上国家航空航天局和能源部的预算，数字会更高。从单个麻省理工学院工程学来看，国防部占其预算最低在1977年，份额为20%，到1984年则上升到36%，占其电子工程赞助的50%，航空电子学的46%，材料科学的18%。对于一些实验室，数字更高。国防部为计算机科学实验室提供了71%的财政支持，人工智能实验室的62%，电子研究实验室的40%，材料中心的31%，[3] 由此可见一斑。

20世纪80年代军事复兴至少回应了一些科学家和工程师长期质疑的关于大学对公共利益的责任问题。对学生来说，他们想知道是否把合同放在良心、学术进步和广泛的社会愿望之前。正在受训的下一代科学家和工程师难道如此依赖浪费的军事采购，以至于他们在民用技术上畏缩不前，甚至忽略不顾。

---

[1] Stuart W. Leslie, *The Cold War and American Science: The Military-Industrial-Academic Complex at MIT and Stanford*, p. 251.

[2] *Federal Support to Universities, Colleges, and Selected Non-Profit Institutions: Fiscal Year 1987*, NSF Surveys of Science Resource Series, p. 19.

[3] Stuart W. Leslie, *The Cold War and American Science: The Military-Industrial-Academic Complex at MIT and Stanford*, pp. 251–252.

回顾 1965 年冷战高峰时期的国防开支,贝尔实验室非常杰出的电子工程师约翰·皮尔斯在《科学》上的文章曾问他的同事:"我们正在做的工程学是什么?"他认为,美国把那么多年轻人都动员起来服务于国防而不顾及长远后果,美国的工程学教育正在远离民用经济,这样会导致国家未来社会和经济财富处于危险之中。皮尔斯没有给出清晰的描述,但他指出了把教育改革作为解决问题的一个重要部分。"本科生工程学是反映工程学教育学术带头人的前沿思想和态度,这些人都是那些已经成为大学工程学研究和教学中的学术带头人,他们的思想反映了他们研究的东西。相反,研究生的研究和态度反映了他导师的研究和态度,研究生是大学下一代的教授和导师,同时也是产业里受过最好训练最有能力的工程师。"[1] 只有当美国国防部门在其产业伙伴的帮助下才能打破防务和航空研发开支自我加强的圈子,这样美国才能走上注重科学与工程学教育的良性循环。"如果我们想要保持强大与繁荣",皮尔斯警告,"我们必须采取行动规划工程学教育与民用产业紧密结合"。

皮尔斯的老板,贝尔实验室的总裁詹姆斯·菲斯克也很早就清醒地意识到让军事议程设定高技术政策的危险性。作为全国首屈一指的企业实验室主任,其主要业务是商业技术,但也并非没有自己的大量国防合同。菲斯克见到了这种政策的局限性。从 1960 年到 1967 年,美国电话电报公司(AT & T)在所有主军事合同承包商奖励中排名第八,400 万美元,然而,其全部销售收入才占 10%,相比其他航空公司却占到 60%。尽管有一些很成功的合同,但菲斯克还是反对把主要精力放在由军事资助和期望驱动的产业竞争模式上。在菲斯克看来,致命危险在于这样的假设,国防开支通过培育高科技创新为美国经济竞争力作出了贡献。菲斯克指出,一些地区比如硅谷和 128 公路看起来可能显得是创新的孵化地,然而,那些对军事很重要的孵化出来的创新不一定会转化为"持久的有生产力的高就业国家主导产业"[2]。菲斯克坚持认为,美国真正需要的竞争政策是增强目标导向和复兴已经建立的商业取向的产业政策,而不是军事取向的创造政策。

随后 128 公路和硅谷的历史也验证了菲斯克的预测。正如许多企业家、工人和政治家艰难学到的教训那样,国防开支是"硅谷热"和"马萨

---

[1] J. R. Pierce, "What are We Doing to Engineering?", *Science 149*, July 23, 1965, p. 398.

[2] Leslie, *The Cold War and American Science*, p. 253.

诸塞奇迹"魔力的核心。电子和航空业复合体的繁荣是以日益脱离商业世界之外为代价的。这些公司几乎没有几个打破其依赖国防合同的命运,还有许多公司,例如洛克希德事实上还完全放弃了民用市场的份额。其他公司,比如通用动力、喜万年和福特都用它们的军事部门的高科技来复兴它们的商业生意,但它们发现军事研发的衍生物通常在民用市场上竞争时太专业和昂贵。但无论怎样,国防部继续主导美国高科技日程。即使是特曼教授最终也承认两者的平衡差得太远了。他曾在1970年与斯坦福大学老师表达了他私下的期望,希望老师们在培养博士时应当注重他们更多的非航空、非国防产业需求。

在20世纪70年代新的联邦能源、生物化学、环境科学和民用制造技术政策为科学家和工程师指出了新的方向。但到20世纪80年代,在国防优先发展项目上其规模增长了三倍,接近冷战初期和中期的军工研复合体的模式和规模。

代表性的新军工研复合体伙伴是国防部—大学论坛,这是一个1983年由五角大楼和最大游说团体共同创建的联盟,目的是重建国防机构和重点大学在越南战争以来萎缩的联系。这个组织通过大学研究计划提供1.25亿美元,目的是刺激特殊军事利益领域的高科技跨学科研究,包括电光系统、材料、推进技术、亚微米电子和其他互惠培训计划,这样再次将国防部和顶尖级大学联系起来。[1] 由于国防部—大学论坛和相关部门的共同努力,在高科技领域军事再次成为商业重要性的首要考虑。例如,斯坦福大学成立于1980年的集成系统中心初始900万美元资金就来自国防部的高级研究战略计划局,其高速集成和计算机科学甚至主要依靠国防部的参与。[2]

复制早期麻省理工学院和斯坦福大学的模式,那些积极进取的机构比如卡内基·梅隆大学、佐治亚理工学院等都将军事资金作为自己成名的工具。佐治亚理工学院雇佣特曼教授,并最终在很大程度上使佐治亚理工学院具备了斯坦福的形象。1987年,佐治亚理工学院超过麻省理工学院成为学术科学和工程学国防资助的最大接受者。卡内基·梅隆大学也通过国防美元让自己在计算机科学和人工智能领域挤进了全国知名大学的行列。空

---

[1] Leslie, *The Cold War and American Science*, p. 255.
[2] David Dickson, *The New Politics of Science*, New York: Pantheon, 1984, pp. 125-126.

军、西屋、国防部高级研究战略计划局和海军研究办公室共同赞助了它的软件工程研究所和机器人研究所。宾夕法尼亚州立大学、南加利福尼亚大学和得克萨斯大学都采用了相同的路径，运用国防合同将自己推向了学术的尖塔。

战后事实在很大程度上验证了从康乃尔大学到麻省理工学院的物理学家菲利普·莫里森和其他人的恐惧，他们认为军事最终会将以分期付款的形式垄断美国的科学和工程学。但五角大楼抵押国家高科技的所有成本只能用做不同事情失去的机会来衡量。没有人能再回到冷战初期遵循的那种模式。然而长期以来高科技的设计前提假设就是有利于五角大楼的，就是有利于美国商业和美国大学的。但美国军工研复合体的"利润"已经在持续几代的复杂尖端武器系统中和占据主导的美国科学与工程学学术思维定式中得到充分证明。而打破这种思维定式需要时间、决心，而不仅仅是金钱。如果美国能号召所有政治和道德意志将科学和工程学置于一个国家有价值的议程之上，充分利用长期积攒的和平红利，那么美国将考虑重新分配大批资金来重建民用科学和技术的基础设施，而这些科学和技术因准备战争而消耗掉了两代多人的时间已经一去不复返。

第六章　军工复合体与美国外交

"二战"永久性地改变了美国对外部世界的看法，其孤立主义失去了其在外交上的主流地位。随着冷战的到来，通过干预和介入国际事务来维护国家利益成为国内共识。在冷战的共识下，美国开始全方位地与苏联展开争夺，美国外交裹挟着国家安全成为美国头等大事。而作为冷战催生出来的军工复合体随着自身的壮大和与外部联系的密切，其对外交的发言权也日渐增长，最终成为影响美国外交的一个不容忽视的力量。正如通用汽车公司总裁查尔斯·威尔逊指出的那样："凡是对国家有利的，就对通用汽车公司有利，反过来也是如此。双方不存在根本分歧。"

第一节　军工复合体与美国外交军事化

冷战使美国军人地位在历史上空前提高，通过海外驻军、军售和军援、制定国家战略等方式军人集团在美国外交中日益挤占外交部的空间，成为制定美国外交政策的主导性力量之一。其间军工企业逐渐成为军人集团制定和执行外交政策的重要组成部分，这些力量相互作用导致美国外交军事化色彩越来越浓。

一　军人阶层在美国外交地位的演变

1. 军人在美国内政外交无足轻重时期

美国宪法确立的文官控制军队原则决定了军人在美国政治生活中的地

位。文官控制军队,军人不干政,已成为美国的传统。① 这与美国国父们的信仰分不开。受洛克、卢梭和孟德斯鸠等政治理论家的影响,再加上英国军队在殖民地行为的验证,当年这些人相信庞大的军队同暴政密切相关。因此,《独立宣言》中控诉英王乔治三世和平时期未经立法机关同意在殖民地驻屯常备军,使军队独立于文职机关并凌驾于文职机关之上。制宪者们认为必须把军队置于文职机关和文职人员的控制之下。这就是文官控制军队的原则。

美国宪法多条款项规定和体现了这一原则。最主要的是第二条第二款:"总统是合众国陆军、海军和征调合众国服役的各州民兵的总司令。"这明确规定了总统是美国武装力量的总司令。朝鲜战争中,杜鲁门总统解除麦克阿瑟的职务就是这一条的经典体现。美国宪法第一条第八款规定:国会掌握宣战权、招募军队、制定有关军事立法、决定军事拨款等权力。1947年《国家安全法》(1949年修订)建立国防部统一领导美国三军的原则。国防部长及其领导下的海陆空三军部长都由文官担任,军职人员担任参谋长,是文职部长的顾问。参谋长联席会议在国防部长的领导下工作,是国防部长、总统和国家安全委员会的顾问机关。1950年,杜鲁门总统任命马歇尔将军为国防部长时,国会为此还专门通过决议,暂停执行军人退役后10年内不得担任国防部长的法律。1950年国会制定的《统一军事司法法典》也规定军事上诉法院法官由文职法官担任。美国现役军人也不得竞选议员和民选官员。

可以说,美国在防止军人干政上法制完备,彻底堵死了军人干政的途径。美国历史也表明,军人在美国政治中地位不高,也从未发生过军事政变。政党轮替、政府更迭都是依照法律程序和平有序地进行。"二战"以前军人对美国内政外交政策的影响几乎微乎其微,"未起过什么重要作用"。② 看下1932年美国军队的编制就一目了然。按当时兵员计算,美军在世界上居第16位。如果月饷17.85美元、士兵全部满员的话,也只有132069人服现役。并且大部分官兵都在边境上巡逻,参谋长手头只有3万部队。陆军质量差得惊人,在危急关头,麦克阿瑟能够投入战场的只有

---

① 李道揆:《美国政府和美国政治》(上册),商务印书馆2004年版,第66页。
② [苏]苏联科学院世界经济和国际关系研究所编:《美国对外政策的动力》,北京编译社译,世界知识出版社1966年版,第132页。

第六章 军工复合体与美国外交

1000辆坦克,还全是过了时的,1509架飞机,唯一的机械化团,1932年刚组建起来,还是骑兵开路。麦克阿瑟是全国唯一的四星将军,下边也没有三星将军。当时麦克阿瑟的副官艾森豪威尔去国会游说还得先填表格领到两张电车代金币到宾夕法尼亚大街上等电车。①

此外,美国是所谓商人和平民的国家,根深蒂固地信奉洛克式小政府,乃至于有美国式"反国家主义"(anti-statism)之说。这导致美国人自立国起即一直对大规模常备军和军人权力深怀戒惧,奉"文官控制军队"为基本政治准则。20世纪以前,美国大概可以说是西方大国中比较不尚武也比较少军人干政的国家。政府和军队都是"必要的恶",不得不有,但总是要把它们的规模和权力影响压到最低限度才好。与此相关,美国人自华盛顿以来就以孤立主义自称,觉得在国际商业之外,最好不要卷到海外的纷争中去。这样,政府小,与外交和军事相关部门的规模更小。所以,美国虽然经过19世纪末和20世纪初的海外扩张热潮,又参加了第一次世界大战,但直到20世纪30年代中期,按照哈佛大学历史学家厄内斯特·梅的说法,美国联邦政府的设计仍然大体上面向内部事务,掌管对外事务的机构规模小,地位边缘。当时,三个主要的对外事务部门——国务院、陆军部和海军部——居然都挤在一座办公楼里,与财政部一个部的办公面积差不多大小。的确,在当时的美国联邦政府里,财政部、农业部、劳工部和商业部才是最显赫和权力最大的联邦政府部门。

2. "二战"和冷战使军人阶层在美国迅速壮大

"二战"迅速改变了这种状况。虽然文官控制军队的原则没有变,但"二战"和冷战使军事因素在美国内政外交上日益重要,成为美国政治经济力量中不可忽视的主要组成部分,甚至在安全等领域起决定性作用。"在第二次世界大战以后,军事因素在美国的对外政策中取得了最重要的意义,而且对于某些问题还具有决定性的意义。"②

1947年《国家安全法》奠定的美国国家安全的组织体制,几十年冷战期间历经局部修改而大体延续,以至今日。由五角大楼作为形象代表的令人生畏的战争机器还包括世界瞩目的运作帝国武力、筹划秘密行动的国

---

① [美]威廉·曼彻斯特:《光荣与梦想:1932—1972年美国社会实录》,广州外国语学院美英问题研究室翻译组、朱协译,海南出版社2006年版,第3—4页。
② [苏]苏联科学院世界经济和国际关系研究所编:《美国对外政策的动力》,北京编译社译,世界知识产权出版社1966年版,第132页。

· 265 ·

家安全委员会、国防部和中央情报局,还有被一些美国人认为权力过大、对经济自由和民主制度构成威胁的"军事工业复合体"或者"国家安全权势集团",所有这些,对美国来说都是"二战"以后出现的新东西。

冷战中无论是大规模报复战略还是灵活反应战略,无论是尼克松主义还是里根的重整军备,都是基于美国实力地位来进行。这个冷战期间的实力地位包括各个方面,政治、经济、外交、意识形态、军事等,但实力地位中的硬实力,即军事力量是其最主要体现之一,也成为美国维护全球地位的主要工具。美国前国务卿艾奇逊曾十分坦率地确定了军事因素在美国对外政策中的地位。1951年艾奇逊在参议院听证会上指出:"我们应当从实力地位出发来行动,我们应当建立这种力量;如果我们建成这种力量,到那时,我想,国际形势就会开始改观……就会出现有关进行谈判的各方面条件的变化,而且我希望,这种情况将会迫使克里姆林宫至少要着手解决一些目前存在于东西方关系的意见分歧。"[1] 这表明,军事已经成为美国对外政策的主要工具。

不仅如此,一个由军人组成的社会阶层在美国产生,这个阶层以军工复合体为主,形成美国军事权势集团。这个权势集团拥有自己的价值观和利益链条,并随着冷战中几次热战核军备竞赛的展开,其利益链条日益完善,与经济权势集团和政治权势集团的结合越来越紧密,最终构成美国权势集团的一个分支,成为美国内政外交决策中的一个主要力量,打破了军人不干政的传统。

军工复合体的壮大是与军人在美国国家政治经济生活中取得发言权和决策权越来越大分不开的。军人在掌握国家领导权方面逐渐占据有利位置。他们有着自己的特殊集团利益,这种利益影响到了美国内外政策的制定。根据美国人的调查,军人具有右倾侵略性。1954年美国梅斯兰和雷德韦两位教授为弄清楚美国军队领导人政治观点性质而进行了一项研究。他们向美国576名将军和国防部高级军官提出这样一个问题:"你在内政问题上认为自己是保守主义者、接近保守主义者、接近自由主义者还是自由主义者?"绝大多数人都表示自己支持右派观点。大约22%的将领认为没有必要隐瞒自己战争的思想,45%的人表示他们支持接近保守主义者的观

---

[1] U. S. Congress, Senate, Committee on Armed Services, *Military Situation in the Far East*, Congress Record, Washington, 1951, p. 2083.

第六章 军工复合体与美国外交

点，只有5%的人表示他们支持自由主义者的观点。[①]

二　美国外交政策军事化

"二战"与冷战期间军人广泛参与美国外交政策制定成为常态，使美国外交政策日益军事化。军人对外交政策制定的影响比任何时期都大。参谋长联席会议主席作为总统最高的军事顾问，在外交政策上的作用等于甚至超过副国务卿的作用，而国防部长在外交上的作用自不待言，且日益获得独立的地位，军事权势集团有时甚至主导了总统的委员会。[②] 部分原因是冷战期间外交政策的讨论关涉美国急迫的战争或冲突，部分原因是海外指挥、军事援助或顾问任务经常引起外交政策问题。然而，更重要的是，无论文职还是军人都形成了冷战共识的信念和思维，把外交政策放到国家安全的层面来考虑，成为国家的最高政治。为了遏制共产主义在全球的扩张，避免美国处于不利地位，美国决策者都采用了军人的思维方式和习惯，依据实力原则而不是敌人潜在的目的来评估外部紧急情况，把苏联看成是富有侵略性和威胁的力量，强调可能出现的最坏情况。他们认为远程轰炸机、导弹和核武器终结了美国历史上的"自由安全"[③]。这些思维和想法很容易影响到国会和公众，使他们相信美国所面临的危险。实际上很少有证据表明这些紧急情况的出现，但却为职业军人接近白宫决策提供了渠道和便利条件。在杜鲁门总统时期、艾森豪威尔总统后期、古巴导弹危机时期、约翰逊总统发起越南战争和里根重整军备时期这些表现尤为明显。这样在决策过程中突出军事就成为美国军事安全优先政策的一项主要功能，通过第二章介绍的"旋转门"，军事集团及其军工企业日益渗透进美国外交事务中，从而导致美国外交政策日益军事化。

1. 军人成为对外决策的核心人物

"二战"后美国现行的外交和军事传统领导方式已经不适合当时的地位和国际形势，为此1947年美国进行了战后大规模政府改组，其核心是

---

① M. Janowitz, *The Professional Soldier, A Social and Political Portrait*, New York: The Free Press, 1960, pp. 236, 238.
② Adam Yarmolinsky, *Establishment: It's Impacts on American Society*, New York: Harper & Row, Publishers, 1971, p. 111.
③ C. Vann Woodward, "The Age of Interpretation," *American Historical Review*, October 1960.

1947年的《国家安全法》，随后几年美国政府改组了外交机构，成立了能贯彻实力地位政策并协调各部门工作的新机构——国防部、国家安全委员会、中央情报局和国家安全资源管理局[①]。这一系列高级军事国家机关的成立具有重大政治意义。"二战"以前，美国没有协调对外政策和军事政策的统一中心，没有管理武装力量的统一机构和制度。这些改组表明，通过立法程序使军事因素永远成为今后美国实现对外政策的主要工具之一。这些安全机构恰恰是美国军工复合体的主要主体之一。

国防部的建立在美国政治生活中意义特殊。这是为贯彻美国在全球的实力地位最主要工具之一，不可避免地介入和影响到美国的内政外交，并对其各方面产生巨大影响。冷战的历史也表明，美国外交的推动力经常出现在五角大楼之中。

首先，军人进入外交决策圈，成为对外决策的核心人物。在"二战"后的一系列政府改组中，军人地位和作用上升，在美国政治中起到了特殊的作用。美国研究者在这方面写道："从前小得可怜的军事部门，在人们心目中无足轻重，但现在它们则变成了政府工作中最大和最值得重视的部门。由于经常存在的战争危险，人们把高级军官置于有特权的地位；事实上，目前在政治和经济领域的一切措施都是从现实环境中以军事评价的立场来考察……总之，高级军官（或军人权势集团）在当前领导层占据了牢固的地位……并且，在许多学识渊博的观察家看来，他们完全能够成为作用大的老大哥。"[②]

"二战"后多名军人当选总统、进入内阁也就顺理成章。"二战"英雄五星级上将艾森豪威尔连任两届总统应该是美国人冷战初期寻求心理安全的一种表现，更是给予军人特殊地位的象征。随后的肯尼迪、尼克松和老布什都有过"二战"的经历。截至奥巴马总统后期，美国200多年历史中有44位总统，其中23位系军人出身，且有1/4在任总统前即晋升为将官。他们对美国政治历史发展及军事政策产生过重大影响。但在冷战氛围下，总统的军人背景会更好地动员内外资源与苏联展开全球争夺。

除了总统，军人入阁和进入各级决策层也成为正常现象，这在"二战"以前很难做到。杜鲁门总统任命马歇尔为国防部长和国务卿，为此还

[①] 经过多次改组，国家安全资源管理局于1953年被裁掉。
[②] R. Mills, *The Causes of World War Three*, New York：Simon & Schuster, 1958, p. 23.

第六章　军工复合体与美国外交

要停止针对军人卸任后10年不得参政的法律。在艾森豪威尔任总统期间，白宫许多主要职位都落到了军人手中。帕森斯少将担任了总统助理这一重要职务，古德帕斯特将军担任了白宫行政秘书这样重要的职位。在1948—1950年间，美国高级军官占据了国家非军事机关的150个最重要职位，并从那时起，军人涌入联邦各机关的人数从来没有减少过。1957年，在华盛顿政府机构中担任文官职务的约有200名将军、1300名上校和6000名左右的其他各级军官。① 从中可以看出，美国对外政策决策中军事化程度有多深。

军人担任政府各级外事职务迅速增多。冷战中美国与苏联全球争霸战略促使美国外交事务千头万绪，外交业务繁重，军事、经济、间谍、宣传等都是其组成部分，这促使美国对外机构数量猛增，导致国务院的部分职能转化到其他部门，最重要的是转移到五角大楼。1951年，一个研究美国对外政策领导问题的政府专家委员会建议："国务院不能领导全部对外事务，设置谈判工作也不能由国务院独揽了。"并举例为证，1950年从事美国对外政策方面的机构有43个，国外职员总数为7.1万人，其中国防部占了5.1万人。五角大楼的很多军官都转移到国务院岗位上去了。在1947—1949年马歇尔将军任国务卿时期，政府各部20个主要职位中有10个由军人担任。曾担任过助理国务卿的有拜娄德将军、希尔德林将军、史密斯将军，曾任美国驻外大使的两位海军上将为艾吉顿和拜斯。此外，还有数十位其他高级军官于不同时期在美国外交中起过重要作用。肯尼迪政府也不逊色。他派詹·贾文将军担任驻法国大使，曾任国防部战略计划管理局副局长的海军中将派克担任军备控制与裁军署副主任。②

肯尼迪最亲密的助手马克斯韦尔·泰勒，开始他是总统私人顾问，1962年被任命为参谋长联席会议主席。他在1962年古巴导弹危机中起了决定作用。而前国防部长罗伯特·麦克纳马拉则进入白宫里圈，积极参与和决定对外交决策，定期发表对外政策声明。例如，在1963年1月31日众议院军事委员会会议上他就发表了《国际局势述评》报告，阐述了政府对一些世界重大事件的观点，而这一职责应该属于国务院的权限范围。

---

① ［苏］苏联科学院世界经济和国际关系研究所编：《美国对外政策的动力》，北京编译社译，世界知识产权出版社1966年版，第138页。
② 同上书，第139页。

军工复合体：美国的支柱与噩梦

1963年3月麦克纳马拉在一次记者招待会上再次代替国务院阐述了美国对古巴的政策。《纽约时报》评论道："以前历届政府中，特别是杜勒斯、贝尔纳斯或艾奇逊担任国务卿时，这类事件只能由国务院来做……在发表美国对外政策声明和实行美国对外政策中，五角大楼比以前任何时期都大得多。"约翰逊总统时期，五角大楼更加积极地参与到对外政策之中。熟悉华盛顿事务的记者约·艾尔学谱写道："国防部长罗伯特·麦克纳马拉成为比肯尼迪更明显的强有力的人物。"在1961年，国防部发言人针对对外政策发表了598篇声明和演说，同期国务院仅为160次。

在行政部门如此，在国会也是如此，在军工复合体与美国政治中，我们已经论述和论证了美国军工复合体参政的各种形式。它们通过这些渠道与国会议员保持密切联系，保证自己的利益和政策能得到议员们的支持。在美国国会里涉及国防的委员会主要有：两院的武装力量委员会、拨款委员会、对外关系委员会、退伍军人事务委员会、两院的原子能委员会、参议院在1952年设立的战备小组委员会等。国防部雇佣大批院外说客游说议员，与以上常设委员会，尤其拨款和武装力量委员会议员密切联系。在冷战共识环境下，国会议员在支持国防部的对外政策和军备政策上基本没什么分歧。这里面既有冷战国会作用下降的因素，也有国防部游说的因素，还有党派因素，更有国会议员考虑到所在选区军工复合体的因素。①

冷战前期军人大规模参与政治引起美国政界部分人物的不安。其代表人物是参议员富布赖特，他在1961年的《军人针对舆论所作的宣传活动备忘录》中充分表达了对军人大规模参政带来的忧虑。他指出军人参与国家政治生活的规模令人忧虑，在今日美国，"公众监督军队的宪法原则大受质疑"。他还举出很多事例来说明军人凌驾于文官之上，把自己对内对外各项政策强加于人。富布赖特认为，军人集团的政治活动给美国现在的国家管理形式造成严重的危害。在他看来，军方的积极活动"现在已经成为公众同意总统及其领导机构政策的严重障碍"。甚至他还担心美国军人发动军事政变的可能性，因为在他看来，美国军人已经占据了发动政变的强有力地位。他指出："也许可以任意把法国将军们的叛乱说成是这种严重危险的例子。实际上，无论他们是法国人还是美国人，军官们都有他们

---

① Stephen Archibald Cobb, *The Military-Industrial Complex and Foreign Policy*, Dissertation, 1971, Chapter 3.

的共同职业特点,那就是全世界的军人都是把手指紧扣在扳机上面的。"

2. 军事力量成为执行外交政策的主要工具之一

军人不仅直接介入外交政策的决策环节,而且成为美国外交政策的执行者。

(1) 军队发动战争、干预别国内政和驻军直接处理外交

军队直接干预和颠覆国外政权。著名的有1965年4月28日约翰逊总统以保护美国人安全为由,出动400名海军陆战队员登陆多米尼加共和国,并很快将美军增加到22000人,对多米尼加共和国国内冲突进行直接干预。1964年进一步动用军队介入刚果(金)国内事务。[1] 在整个冷战期间,美国发动地区性热战三次:朝鲜战争、越南战争和海湾战争,小规模战争数十次之多,在全球建立各种安保军事性条约,包括北大西洋公约、东南亚条约等。总之,冷战期间美国的外交思维和实践体现了军事化趋势,军事力量成为执行国家外交战略的主要工具。

军人在政治决策上的影响是政治决策者赋予军人任务的重要功能。到了1961年早期,海外驻军尤其是驻扎在欧洲的北约军队开支造成的美国国际收支不平衡已经非常严重,并成为美国一个长期性问题,也是造成美国巨大财政赤字的主要原因。但海外驻军的削减是长期的结果,短期急需的是在没有减少海外驻军的情况下减少美元向欧洲的流动。经过调查和试验后,国防部认为减少军事对国际收支影响最有效的办法是通过与驻军所在国,尤其是德国和英国签订协议,让这些国家购买与美国军队在这些国家花费等值的美国军事装备,从而抵销美国海外驻军造成的国际收支不平衡问题。国防部极力推行这个政策,这对美国与英、德关系产生了一些无法预料的结果,甚至在一定程度上间接鼓励了通过德国向第三世界国家出售二手或三手军事装备的问题。国防部军售政策和项目是由国务院和国家安全委员会来审查,但国防部帮助和鼓励私人军工集团大批军售产生了外交决策者所不能预测也不能控制的结果,最终导致1967年国会的调查,为此国会收紧了海外军售的工具——信贷机制。

1937年日本进驻上海后,美国太平洋舰队司令就建议保护美国利益,并在世界要塞地区驻军以显示其存在。这个建议在国务院和白宫间争吵了数天,但在"二战"前美国军人在外交决策上人微言轻。"二战"改变了

---

[1] 刘绪贻、杨生茂主编:《美国通史》(第六卷·上),人民出版社2002年版,第294—296页。

这种局面。艾森豪威尔将军在北非处理了美国与法国的关系，随后又主导了意大利投降。其他美国军人也发挥着越来越大的独立外交作用。在欧洲的美国驻军司令肩负着与任何一个大使职责同样的通信任务，在远东，军队代表着美国处理各种外交关系。战后杜鲁门总统在占领区主要依靠战区长官处理外交关系，驻德国的是克莱将军，驻日本的是麦克阿瑟将军，这些人是美国在海外的外交主要决策者和执行人。1948年后美国试图将外交政策文职化，杜鲁门总统试图改变华盛顿和海外外交政策军事化倾向。1949年他用一个文职行政长官取代了克莱将军，1950年开始与日本进行签订和平协定谈判，这意味着麦克阿瑟在远东的命运也即将结束。但杜鲁门认为北大西洋公约组织不在此范围内，因为北约是遏制苏联的核心力量，因此将北约置于美国最高指挥官控制之下。朝鲜战争的爆发促使麦克阿瑟和后来的李奇薇在亚太外交上与华盛顿争吵不休。

20世纪50年代和60年代，北约最高司令在设定美国外交政策和维护特殊政策方面发挥了核心作用。他的继任者及其僚属们在重新武装德国、建立和提高欧洲集体防御体系、应对苏联在欧洲的各种挑战、倡议创建多边军事力量等方面作用非凡。随着法国退出北约，北约最高司令在外交上的地位有所下降，但依然保持住了与其他任何文职机构同等的外交权力，例如，削减美国欧洲驻军的开支以弥补海外巨额赤字。①

1953年艾森豪威尔总统重组了防务力量。亚太由第七舰队驻扎，其司令在定义亚太地区政策上起首要作用。随着美国在越南战争的升级，美国驻越军援司令部（MACV）的作用和身份越来越独特，同时它在外交政策上的作用通过太平洋舰队驻地火奴鲁鲁的传递而进一步放大。其他海外军事组织在外交政策制定过程中发挥着同样的作用。战略空军指挥官卷入禁试条约谈判的争论。外交决策者不得不就外交政策经常与盟国远征军最高统帅部（SHAEF）、盟军最高司令（SCAP）、欧洲盟军最高司令部（SHAPE）、欧洲盟军最高司令（SACEUR）、太平洋地区盟军最高司令（COMPAC）这个圈子打交道。

（2）海外军援和军售也是军工复合体影响外交的主要途径

海外军事援助同样反映了军方在外交政策上的影响力。自冷战以来，美国对外援助中军事援助比例越来越大，1950—1968年美国军援占到全部

---

① Adam Yarmolinsky, *Establishment*: *It's Impacts on American Society*, p. 113.

外援的一半以上。① 从 1959 年到 1969 年间大约有 78 个国家获得了 346 亿美元军事援助。② 这些援助的主要接受者是西欧国家，但随着冷战的深入，非洲、拉丁美洲和中东国家也逐渐增加。从 1962 年开始，海外军援逐渐向海外军售转移，并逐渐取代了海外军援。1966—1968 年间在西欧军售就达 18 亿美元，而同期在西欧的海外军援减少到 10 亿美元以下。③ 其间进出口银行经常开列"国家 X"的账户来资助那些缺少资金的国家，因为不能具体写出这些国家的名字，其担保人一律都是国防部。这使那些贫穷国家越陷越深，而美国军方不仅获得军售美元和利息，还获得了这个国家或地区的主导权。这种情况国防部很少知会国会，国防部和中央情报局经常隐瞒国会进行秘密活动，包括支持和颠覆一些国家政权。国会也不断通过制定法律来约束这种行为，但收效甚微。1969 年对外军援项目和海外军售项目合并办公，统一到负责军事援助和销售的副国防部长下面，但军方包括中央情报局通过各种途径来影响美国对外政策依然没有停止，到里根总统时期反而进一步扩大，伊朗门事件就是这种行为败露的结果。

在军援和军售项目中，除了提供硬件外，这些项目还负责帮助训练外交和军事人员，军工企业是这些海外军事行动的重要辅助力量。美国在国内外 175 个训练中心每年为国外培训大约 1 万名外交军事人员。军售项目和军援项目数字表明从 1950 年到 1968 年间，美国在东亚地区培训了 107044 名外交军事人员，位居首位，其次是欧洲，62386 人，主要是法国，随后是意大利和西班牙。西北亚和南亚为 46773 人，主要集中在土耳其、希腊和伊朗的领导人。接下来是拉丁美洲，46479 人，非洲较少，5198 人。④ 这些军援和军事培训在增强美国军事外交能力的同时，也为美国介入或卷入这些国家和地区冲突埋下了伏笔，并且美国基地经常成为驻在国反对派攻击的对象。

国会在批准对外援助标准时也以军事援助效率来衡量。向国外派驻军事顾问团就是这些标准的自然结果。到 1968 年，美国军事顾问团至少遍布全球 55 个国家。这些军事顾问团类似美国外交驻外机构，对美国外交产生影响。其人员数量是美国国务院所有驻外人员的一倍。当然这也要分

---

① Adam Yarmolinsky, *Establishment: It's Impacts on American Society*, p. 115.
② Ibid., pp. 138 – 139.
③ Ibid., p. 143.
④ Ibid., p. 144.

情况，不能一概而论，这里要看具体国家和具体时间，毕竟军事援助和顾问团从程序上要服从大使和文职官员。在有些军人占据主导的国家，美国的军事顾问在外交上就处于特殊地位。比如1961年到1965年的多米尼加共和国，最初美国军援占其援助少于4%，军事顾问团人数从来没有超过45人，总统一切指示都是通过大使。当1965年多米尼加共和国发生内战后，在华盛顿看来军事顾问团要比大使作用大，因为与这个国家的关系主要是通过军事援助来进行。这种情况同样发生在越南，美国军事人员成为美国与该地区外交关系的主体，而外交人员则处于次要地位。

海外驻军和军事援助对驻在地区外交产生了重大影响。驻扎在欧洲的第七军和第六舰队成为影响美国国际收支平衡问题的一个重要因素。这样的问题在全球其他驻军地区同样存在。军事集团不仅是向总统提供建议，更多的是创设外交议程来解决这些问题。比如，有证据表明空军的将领们就在西班牙马德里与反对驻军的反对派进行谈判，他们向美国大使施加压力，以美国政府名义向其作出保卫西班牙的保证以换取基地使用权。空军在国防部的支持下，正在担负起国务院在外交谈判中的部分责任。

（3）军工复合体介入国外学术研究，主导国外危机处理

美国军方还以军事权势集团名义介入其他国家的学术研究领域。1968年富布赖特委员会在听证会上将军方介入国外社会科学研究抖搂出来。当参议员富布赖特问为什么国防部应该支持国外社会的社会结构研究，防务与工程局局长约翰·S.福斯特回答："很简单，是因为敌意的爆发或敌意的可能性。面对突发事件中的联合国盟友或朋友，国防部要经常为了国家利益考虑，采用哪种类型行动。因此了解这些不稳定的属性和根源就是我们的兴趣点所在，况且各种国家不稳定经常发生"[1]。1966年5月18日美国前国防部长麦克纳马拉在加拿大蒙特利尔的讲演中指出："在我们当中很多人有一种根深蒂固的观念，他们始终认为我们的安全问题完全是一个军事问题……我们理解我们最有效的军事任务需要了解我们执行任务的政治、社会和经济背景。"[2]

决策者不仅关注军事潜力，而且从军事角度来思考外交问题，其第一

---

[1] *Defense Department-Sponsored Foreign Affairs Research*, Hearing before the Committee on Foreign Relations, U.S. Senate, May 19, 1968, p. 11.

[2] Robert S. McNamara, *The Essence of Security*, New York: Harper & Row, 1968, p. 142.

第六章　军工复合体与美国外交

个体现就是他们从敌人的能力而不是敌人的意图来避免自己在决策中出现的任何可能错误。当年一个参议员问国务卿杜勒斯是否有苏联在中东行动的证据，杜勒斯回答道："没有人能依赖是否，如果如何如何，什么时间，共产党军队将要入侵，但有三件事是清楚的：第一，共产党的能力；第二，诱惑；第三，缺少任何道德约束。"[1] 第二个就是强调对可能出现的偶然事件做最坏情况的解读。这在欧洲非常明显，美国在军事力量上保持对苏联的优势以防止苏联突然进攻欧洲。第三个就是建立强大的军事力量，并在全球各地驻军，防止最坏的突发偶然事件发生。军事力量的崛起以及在外交上的作用使美国总统在处理外交事务中有了更多的选择，但也增加了这种可能性，相对其他选择来说，危机期间的总统会优先考虑军事选择，非危机期间总统考虑军事选择的可能性较小。

冷战期间军事力量国外危机处理与传统处理外交事务的国务院作用有限也有很大关系。传统上国务院是处理外交的核心部门，在美国各部中位居首位，国务卿是总统的重臣。但冷战期间这种角色有所改变。国务院在海外的行动能力受到限制，尤其是美国的外交事务不仅局限在报告和谈判等事务，更多地涉及美国在全球的利益保护和维护全球和平与安全的稳定问题，这需要必要的军事部门和情报部门参与处理。首先意识到这个问题的是杜鲁门总统。上任伊始杜鲁门总统曾声明国务院是处理对外事务的中心，但经过一段时间后，1945年7月13日他对福里斯特尔说："国务院用来打交道的资源不多。"[2] 肯尼迪总统也得出相同的结论，1961年夏天他发现国务院是"一碗果冻"。[3] 不管杜鲁门和肯尼迪总统评论如何，美国国务院在冷战期间有时候的确无法获得白宫想要的东西。传统上国务院在外交谈判等外交事务上拥有娴熟的技巧，但作为一项规则，它却对偶发事件进行的细节规划和行动选择没有实践理由，这是职业军人的领域，因此在执行此类任务时国防部和中央情报局的作用要大于国务院。

---

[1] *Hearings*, *The President's Proposal on the Middle East*, *Congress*, Senate, Armed Services and Foreign Relations Committee, 85th Congress, 1st Session, p. 5.

[2] Walter Millis and Eugene S. Duffield, eds., *The Forrestal Diaries*, New York: Viking, 1951, p. 62.

[3] Arthur M. Schlesinger, Jr., *A Thousand Days: John F. Kennedy in the White House*, Boston: Houghton Mifflin, 1965, p. 406.

三　影响外交决策的主要力量

国家安全政策和战争以及国家安全政策和战略之间有着直接联系。国家安全政策形成战争目的，确定战略的性质和方向。战略的使命是要利用在战略支配下的手段来保证国家安全政策目标。战略本身也对国家安全政策产生反作用。要想达到国家安全政策目标，国家必须具备必要的军事工具。国家安全政策军事条件的原则，使得国家安全战略在很大程度上决定着对外政策的范围和性质。从这个角度来说，相对国家外交政策影响来说，国家安全战略理论具有同等的重要意义。因此，美国国防部门制定的各个阶段国家战略理论也就为美国外交政策发展提供了方向和指南。

美国国家安全战略理论的出台是安全部门和与安全相关的工商界对美国当时实力地位和国际形势认知的反应。这说明美国国家安全理论虽然由总统或国防部以官方形式来发布，但它的产生涉及所有国家安全的强力部门及其与国家安全相关的工商界、学界等，是它们共同作用的结果。美国国家重大战略很多是来自工商界，尤其与军工有关的企业和学界。比如1940年9月23日美国主要企业代表在底特律举行会议讨论美国企业在战争中的目的，通用汽车董事长的私人政治顾问杜恩提交了以《战后世界中的美国》为题的报告，这个报告断言"战争胜利后接踵而来的应当是一个武装起来的盎格鲁—撒克逊的世界"[1]，这个世界美国要起领导作用，并建议美国干涉其他国家的内政。

战后初期美国在全球的强大实力催生了美国从实力地位出发的遏制政策。早在1946年夏天在芝加哥大学举行的一次美国对外政策讨论会上就有人指出："最近几个月以来，国务院认为与苏联战争不可避免。国务院这种情绪是受陆军部直接影响的结果，陆军部对国务院制定政策影响比从内战以来任何时候都大。"[2] 由此不久冷战就拉开帷幕，在冷战遏制的总政策下，干涉别国内政的杜鲁门主义，扶植和恢复欧洲的马歇尔计划，保卫

---

[1] 苏联科学院世界经济和国际关系研究所编：《美国对外政策的动力》，北京编译社译，世界知识出版社1966年版，第165页。
[2] Quincy Wright, *A Foreign Policy for the United States*, Chicago: University of Chicago Press, 1947, p. 18.

欧洲的北大西洋公约组织等应运而生。艾森豪威尔和杜勒斯的大规模报复战略、肯尼迪和约翰逊的"灵活反应"战略、尼克松和基辛格的缓和战略、里根时期的"星球大战"计划都是冷战期间美国对外关系的指导理论和思想。这些战略界定了当时美国对外政策的性质和范围。

第二节　军工企业与美国外交政策

本节用实证分析方法解析国防承包商和跨国公司间的联系，进而发现军工企业对外交的影响。

一　军工企业与美国对外决策过程

有人认为，目前手头上的政据不足以证明跨国公司与战争和军事活动有强大联系。为了证明这个命题，美国学者莫德尔斯基（Modelski）还抽取了1945—1970年间的65个主要军事冲突来证明几乎没有几个跨国公司参与到这些武装冲突中来。这个证据坚持了传统的想法，即跨国公司尽量避免政治不稳定地区，跨国公司子公司的数量在低冲突地区更多。[1] 然而，有证据表明不能保证这个结论的准确性。"二战"后，至少有4个案例证明跨国公司卷入小规模武装冲突，它们是1953年中央情报局策动伊朗的政变，1954年和1963年分别策划的危地马拉政变和1971年的玻利维亚暴动。

跨国公司为了自身的利益对外国政府武力相向或用武力威胁只是问题的一个方面。在经济领域拥有自身利益的跨国公司不断加大影响外国政府决策，比如税收政策、反托拉斯法、国有化补偿。此外，跨国公司还影响国际组织，比如世界银行、国际货币基金组织、经济合作与发展组织等。曾经有人大胆提出这样一个命题，当跨国公司在国内喜欢社团主义时——

---

[1] G. Modelski, "Multinational Business: A Global Perspective," in Jonathan F. Galloway, "The Military-industrial Linkages of U. S. -Based Multinational Corporations," p. 502.

"社团主义为富人,自由企业为穷人"① ——它们在国外推崇自由企业,因为那里的市场结构非常适合跨国公司发展,甚至它们比它们的竞争者还要平等。实际上,这是一个真实的命题。

军援和军售。对外援助,国防商业和军工企业的跨国公司之间有着密切联系。援助项目为美国制造商每年提供十多亿美元的销售额,为运输公司提供出口总收入的1/4。1971年,国防部把对外援助作为给予军工企业的奖励:给了麦道1.75亿美元的飞机合同,给了通用电气1.16亿美元的飞机发动机合同,给了洛克希德6100万美元的飞机及其维护合同,给了贝尔直升机8900万美元的直升机合同,给了劳斯莱斯1000万美元的汽车合同,等等。② 而且,联合经济委员会发现,1970财年全部军援项目总值为4.09亿美元,而事实上该财年的全部军援至少是29亿美元。参议员威廉·福布赖特给出的一张表格表明,1971财年对外军售和军援超过了69亿美元。据估计,从1945年到1970年,对外军援大约为1750亿美元。③ 对军工企业来说,这是一块很大的蛋糕。

如果把军售政策与援助欠发达国家私营企业权势集团特定目标相联系,我们会得出这样的结论:国防部承包商和以美国为基地的跨国公司有着一种自我强化的趋势。如果两个角色集中在一个公司,那这种趋势更加明显。1971财年国防部前25名承包商中有20名都在大规模军售和军援主要供应商名单上。考虑到武器制造商的人数,会发现国防部鼓励全部大约1500家中的1480家到国外去销售武器。④

以上是跨国公司与军工权势集团相交会在一些领域产生的影响,当然还有军备竞赛等领域。通过这些分析可以看出,美国主要产业以及这些产业的大公司财团要依靠防务市场,国外市场和国内民用市场间需要平衡。在国防部门的这些公司还面临着三个方面的压力:严重依赖不可预测的技术创新、大量的经营资本需求和国内防务市场订单时起时降,第三个因素在20世纪70年代体现得尤为明显。这迫使军工企业寻找其他市场和更多

---

① W. C. Mitchell, *Public Choice in America*, Chicago: Markham, 1971.
② Jonathan F. Galloway, "The Military-industrial Linkages of U. S. -Based Multinational Corporations," p. 504.
③ U. S. Congress, "Hearings, Economic Issues in Military Assistance," *Joint Economic Committee*, *Subcommittee on Economy in Government*, Ninety-Second Congress, First Session, 1971, pp. 4-5.
④ J. Stanley and M. Pearton, *The International Trade in Arms*, New York: Praeger, 1971, p. 89.

的资金来源,一些公司把目光投向国外。

美国通过有意识的政策来控制跨国公司与军工权势集团之间这种日益紧密的趋势。军工企业在国内经常超越州权,在国际上大多数国家推行分而治之、权力平衡、遏制和扩张并行的政策。民族国家,尤其那些超级大国不会被取代,但寡头垄断的推动和技术与利润的鼓舞使军工领域跨国公司形成利益与共的持续共同体。因此,强调国家与公司或经济与政治的冲突是不完全正确的,因为我们正在分析的是一个深入现行制度的共生体系,它们的重要结合点不是领土而是日益增长的功能和共同的利益。

二 军援、军售与地区热点冲突

自20世纪70年代以来,世界上领先的石油和军火公司利益日益趋于一致。在20世纪50年代和60年代民族主义的崛起和工业竞争的加剧,主要国际石油公司失去了一些它们在中东地区早期的利益。同时,大量美国和欧洲以制造业为基础的跨国公司深入这一地区,面对这一地区民用市场的激烈竞争,这些公司对军事合同和武器出口的依赖不断增加。在20世纪70年代和80年代,这些情况帮助塑造了主要军火和石油公司间的武器美元和石油美元联合体,这些联合体利润的好与坏取决于来自中东地区持续的"能源冲突"造成的不断上升的石油价格和扩大的武器出口间的"良性"互动。[①]

在1966年至1991年,国防部最大的100家承包商占据了国防部全部合同的62%—72%,这里面不全是与中东有关系。我们选取了16家与中东有密切联系的大军火商:波音、通用动力、通用电气、格鲁曼、霍尼韦尔、利滕工业、洛克希德、麦道、马丁-玛丽埃塔、诺斯罗普、雷神、罗克韦尔国际、得州仪器、德事隆、联合技术和西屋。这些公司包括了1966年以来每年的前10名国防承包商,是军工复合体中国防承包商的核心。这些公司在1966年至1991年间比其他美国公司获得了更多的国内军事订货:一般来说,这16家公司占据了国防部全部主合同的36%,最低是

---

① Jonathan Nitzan and Shimshon Bichler, "Bringing Capital Accumulation Back in: The Weapondollar-Petrodollar Coalition-Military Contractors, Oil Companies and Middle East's Energy Conflicts'," *Review of International Political Economy*, 2: 3, Summer 1995, p. 458.

1966 年的 30%，最高是 1985 年的 41%（见表 6—1）。[①]

表 6—1　　　　　16 家军火承包商的总体财务数字　　　单位：百万美元

年份	销售额	国防部主合同	公司自有权益	净利润
1966	27341	9876	7211	1058
1967	33558	12776	8584	1091
1968	37482	13168	9507	1194
1969	37545	11419	10067	1016
1970	38913	10425	10534	926
1971	38579	10427	11492	107
1972	39818	12845	12348	1282
1973	45999	11948	13448	1625
1974	53457	13309	14040	1666
1975	56237	15030	15164	1711
1976	61997	15640	17678	2358
1977	67516	18372	19746	2919
1978	75797	23399	21990	3270
1979	90309	22245	25294	4509
1980	105959	25849	29044	5099
1981	115385	30969	32238	5183
1982	116553	42029	34670	5220
1983	125323	48843	38448	5610
1984	135633	53262	42378	7629
1985	147223	61265	45057	7416
1986	164808	58041	47642	5796
1987	164808	58041	47642	5796

[①] Jonathan Nitzan and Shimshon Bichler, "Bringing Capital Accumulation Back in: The Weapondollar-Petrodollar Coalition-Military Contractors, Oil Companies and Middle East's Energy Conflicts'," *Review of International Political Economy*, 2：3, Summer 1995, pp. 458 – 459.

第六章　军工复合体与美国外交

续表

年份	销售额	国防部主合同	公司自有权益	净利润
1988	192924	52244	56408	9019
1989	205536	50094	61309	9941
1990	221451	49107	63717	9380
1991	225101	47505	65226	5423

资料来源：公司销售数据、公司自有权益数据和净利润数据都来自1986年的标准普尔和《财富》各种年份数据。国防部主合同数据来自国防部、华盛顿总部服务处（Washington Headquarters Services）、信息作战和报告总部（Directorate for Information Operations and Reports）（现为信息分析科）、获得国防主合同最大的100家公司（100 Companies Receiving the Largest Dollar Volume of Prime Contract Awards）历年数据。

"二战"后，美国经济在全球经济中的分量日益减少。1960年，美国国内生产总值比冷战后欧洲12个国家和日本总和的1.5倍还多；经过30年后到了冷战后的1992年，美国衰落到仅占其全部总和的一半。[1] 在20世纪50年代和60年代，美国经济相对来说仍是一个"封闭"市场，进出口总值仅占全部国内生产总值的10%左右，顺差较多。然而，20世纪70年代以后，形势开始发生变化。外贸开始上升到占国内生产总值的20%左右，美国开始变得日益"开放"，出现贸易逆差，并越来越大。这种衰落还反映在美国出口的全球份额上，在20世纪50年代初期，美国出口占全球份额的20%左右，但到冷战结束初期仅占到10%左右。[2] 最后，外国公司日益渗透进入美国国内市场，主要来自欧洲和日本。到了20世纪70年代后期，外国公司在美国的直接投资达到780亿美元，是美国对外投资130亿美元的6倍。到1989年，美国在国外直接投资总额为3740亿美元，但已经低于外国在美国的投资总数，在同一年，这个数字达到4010亿美元。[3]

美国这种结构性衰落导致美国跨国公司在国际上的扩张和国内市场经

---

[1] Computed form Commission of the European Communities, Directorate-General for Economic and Financial Affairs (1992) European Economy, No. 51, May, Table 5, p. 185.

[2] Calculated from Data Published by the International Monetary Fund, in Its International Financial Statistic Yearbook, 1979, p. 62; and 1993, p. 109.

[3] Bureau of the Census, Statistical Abstract of the United Sates, 1979 (100th edn), Table 1496, p. 850; and 1991 (111th edn), Table 1388, p. 793.

营重要性的逐渐下降。这种产业相对"空心化"可以从美国公司利润的地理分布重构中得到证据：20世纪50年代早期，美国跨国公司海外经营的净利润仅占其全部利润的10%左右，但到了冷战结束后的20世纪90年代初，已经翻了三倍，占到了30%左右。

这种转变使人们很容易理解为什么在过去几乎30年中美国最成功的公司是那些主要依赖于军事活动相关的公司。面对国内市场竞争的日益加剧，越来越多的美国大公司更加依赖有吸引力的美国政府合同。冷战的军备竞赛和美国对盟国军事保护进一步加速美国大公司国际化步伐。随着公司利润的很大部分来自国外，国内政府政策对这些公司盈利影响日益减少，因此，在所有条件相同的情况下，一个公司利润不断增长就需要国内军事合同不断扩大。这种条件下，任何削减军事开支的企图都会冲击宏观经济，还会对一些大公司造成严重伤害。

军工企业还面临武器需求和武器销售的矛盾。从工业角度来说，技术密集型武器生产需要持续的研发和开放的生产线。而且，现代军事硬件的制造是一个高度专业化过程，很多技术不会很快转化成民用技术。军工企业要考虑武器需求稳定增长，但事实上在武器交易中这种情况不会经常发生。作为对国家资源的浪费，军事开支必须要有外在威胁的合法基础，这正好与动荡的国际政治形势和持续不断的武装冲突遥相呼应。其结果是，国内武器采购的内在不稳定性给大军工企业带来严重困难。如果这些企业能保持它们的生产线长期开工，它们就不能完全依赖国内采购，必须不断寻找有景气的出口市场。

最简单的解决之道就是用国外军售来弥补国内市场，但一开始并不明显，原因是武器制造通常是国家专营，没有卖给潜在敌人的冲动。随着武器生产私营化，武器交易开始扩张到复杂的国际市场。这种私人权益与国外军售相结合的案例在1913年的德国就体现出来，当时在第一次世界大战前夕克虏伯卷进了腐败丑闻。德国战争部长约西亚斯·冯·黑林根对此进行了辩护，他认为，为了维持足够的战时能力，军事生产在和平时期不得不向外出口。他坚持，这只有通过私人公司才能完成。确实，到了19世纪末期，最大的军火公司，比如克虏伯、诺贝尔、阿姆斯壮、威格士、杜邦、电船公司和卡内基，都是私人公司，并都高度依赖国外市场。在很大程度上，武器生产和销售处于无管制状态。

20世纪20年代和30年代，军事工业第一次受到严格监管。"一战"

后，国联认为军火公司是国际冲突的一个主要因素。因此，对军火企业进行了严格的官方审查，尤其对欧洲和美国。随后在杰拉德·P.奈委员会的听证会上，孤立主义的国会通过了1935年中立法，赋予国家军需控制委员会特别条款以监督美国武器出口。1941年的租借法案进一步把美国推向武器贸易的中心舞台，到"二战"末，武器出口不仅是私人事务，而且是国家外交政策的一个重要组成部分。

战后，杜鲁门把武器出口，特别是对欧洲武器出口作为遏制共产主义的一个主要组成部分，后来延伸到向东南亚武器出口合法化。这个新政策重点对解决工业内在不稳定需求问题起到很大作用。20世纪50年代和60年代冷战持续的军事扩张使国内资源向主要军工企业倾斜，到越战结束后，这些军工企业对削减军事预算非常脆弱，它们再次寻找国外市场的替代。

出口市场重要性的再次凸显，在表6—2中的数据中得到了验证。表6—2对比了1963年到1989年间美国国内军事采购总值和美国国外军售总值。两个数据都代表了实际交付的武器，并以不变价格计算。看下数据，我们就能看到在20世纪60年代中期，对外军售（主要指南越）如何开始上升，又如何随着国内采购的增加而增加以维持越战的需要。20世纪60年代后期，这种正相关的关系又如何变得不明显。当1968年国内军事采购开始出现下降时，对外军售（流向中东的逐渐增加）持续增加，直到1973年。从20世纪70年代中期开始，国内军事开支再次上升，这种势头一直持续到20世纪80年代中期。另外，对外军售却没有表现出任何弥补性下降趋势，并且这个时期持续稳定在20世纪70年代初期水平上。

表6—2　　美国国内军事采购总值和美国国外军售总值　　单位：10亿美元

年份	国内军事采购总值	国外军售总值	所有与军事有关的利润比
1963	59	15	14
1964	60	14	13
1965	59	18	15
1966	63	22	17
1967	73	26	16
1968	88	29	16
1969	78	35	22

续表

年份	国内军事采购总值	国外军售总值	所有与军事有关的利润比
1970	68	30	21
1971	51	32	26
1972	50	35	29
1973	52	45	35
1974	48	37	33
1975	49	34	30
1976	51	38	31
1977	53	40	32
1978	52	35	29
1979	50	30	26
1980	58	30	25
1981	61	37	27
1982	72	38	24
1983	85	47	24.5
1984	90	39	20.5
1985	102	39	18
1986	111	31	15
1987	110	50	21
1988	102	50	23
1989	98	34	17

考虑到两组数据相关重要性，有人可能试图得出这样的结论，对外军售相比美国武器制造商无关紧要。出口数字有很大的差异，最低的1964年为41亿美元，最高的1987年达到143亿美元，然而国内采购数字却一直居高不下，从1974年最低的471亿美元到1986年最高的1096亿美元。这种对比导致部分学者反对在美国对外军售上使用经济人理性假设，但这种推断过于草率。值得注意的是，对武器制造商造成影响的不仅是销售水平，还有利润的大小，而在这一点上国外军售要远远高于国内采购。国防部内部研究估计国外军售利润是国内采购的2.5倍，相同的比率——幅度在2—2.3倍——出现在工业材料上。这就表明武器出口不仅对军工企业财

第六章 军工复合体与美国外交

富作出重要贡献,而且还在国内需求萎缩时对它们的生存也至关重要。

考虑到以上因素,美国外交政策与军售密不可分也就不足为奇了。这种贸易与政策紧密交织反过来又被这两者亲密关系所影响。仔细分析这些数据,表6—3中的数据提供了在1950年到1990年40年间美国年度军售总额,还有20世纪90年代初的一些最初数据。对数据进一步细分,首先按照项目类型,随后按照财务分类。从项目类型进行细分,可以看出这里面存在从财政援助项目到现款购买的逐渐变化。[①] 在20世纪50年代,军事援助占到几乎全部武器转让的95%,但自那以后开始系统地下降,一直下降到20世纪90年代初的1%以下。然而,军事赠款项目总值的下降却通过对外军售得到了更多的补偿,其绝对值和相对值都在上升,从20世纪50年代的5%上升到20世纪80年代和90年代初期的大约2/3。自20世纪80年代以来,企业与政府直接销售往来也有了显著增长,到20世纪90年代初达到了全部交付的1/3,而在20世纪60年代和70年代最高才1/10。

表6—3 按项目类型和财政分类划分的美国武器出口构成[1] (年度平均)

时间段	全部 (百万美元/年)	按项目分配(全部百分比)			按金融分配(全部百分比)	
		对外军事 援助[2]	直接军事 销售[3]	商业销售[4]	军事援助与 捐赠[5]	贷款或现 金[5]
1950—9	2210	94.8	5.2	0.0	94.8	5.2
1960—9	2391	61.4	28.1	10.5	61.4	38.6
1970—9	6414	27.4	63.2	9.4	33.4	66.6
1980—9	13382	1.4	69.6	29.0	28.5	71.5
1990—2	13430	0.7	67	32.3	31.9	68.1

注:1. 这些数据比美国军控与裁军署出版发布的数据更全面,此外,在防务文章中,他们也把军事建设和服务价值包括在内。
2. 这包含军事服务援助资助计划(MASF)、军事援助计划(MAPs)等。
3. 包括对外军售计划内的商品、建设和服务的出口。
4. 涵盖在直接商品销售计划(DCS)下的所有企业与政府间的直接交易。
5. 1979—1982年数据是后来插入的。
资料来源:这些数据都来自美国商务部、经济分析局、美国数据简编。

---

① Jonathan Nitzan and Shimshon Bichler, "Bringing Capital Accumulation Back in: The Weapondollar-Petrodollar Coalition-Military Contractors, Oil Companies and Middle East's Energy Conflicts'," p. 469.

这种逐渐转变的背景在表6—4的相关数据中能得到证明。这个数据表明，与它们地区热点持续变化一样，这些地区的武器转让总量处于持续扩张状态。在1963—1964年的第一个时间段，全球武器进口（或出口）达到年度平均117亿美元，大约一半都出口到欧洲（所有美元数字都是以1987年的价格来计算的）。"二战"后，在20世纪60年代中期前欧洲大陆一直被认为是持续不稳定地区，美国一直把它的大部分军事援助给了北约盟国，主要以剩余库存赠款的形式。1965年以后重点开始发生变化。东西方冲突的热点转移到了东南亚地区，伴随着的是在这个地区全球武器贸易迅速扩大。在1965—1973年这个时间段，世界武器出口提高了65%，年均达到了194亿美元，其中有超过三分之一流入了东亚地区。对美国来说，从欧洲向第三世界武器消费热点地区的转移重新定义了美国军售政策。武器交付给越南和其他东南亚国家仍然通过援助资助，很大部分是通过军事服务援助资助项目（MASF），但欧洲国家越来越被要求用美国制造的武器来付款。

表6—4　　　　　　　　地区武器进口（年均）

时间段	世界总量（百万美元/年，1987年价格）	所属地区（世界全部百分比）				
		北约和华沙条约	东亚	中东	非洲	其他
1963—1964	11711	49.9	17.3	9.9	4.3	18.7
1965—1973	19356	28.9	35.2	16.8	3.8	15.3
1974—1984	45598	18.7	11.3	36.3	16.3	17.4
1985—1989	51069	18.0	12.4	32.9	9.5	27.1

资料来源：当时价格数据来自美国军控和裁军署的《世界军事开支和武器转让（各年份）》。（由于重复更新，数据都是来自最新的年度出版物）隐含的国内生产总值紧缩指数来自美国国会的《总统经济报告：1993》，表格B—3，第352页。

在一定程度上这种标志着战前武器销售商业模式回归的转变不可避免。"二战"后美国把武器转让看作外交政策的一个工具，但只有这些出口保持在一个相对小的规模上才能维持。问题是通过军事援助遏制共产主义政策主要取决于政府拥有足够援助资金的能力，并且随着时间的推移，这变得越来越困难。美国在国际市场地位相对的衰落也逐渐导致国内的财政危机。20世纪50年代仅占年度国内生产总值0.4%的联邦预算赤字也开始上升，从20世纪60年代的0.5%迅速上升到70年代的1.9%，80年代的4.1%，1990年的4.8%。长远的发展对更大的武器出口商业化施加了持续的压力。在艾森豪威尔、肯尼迪和约翰逊政府时期，与北约盟国的主要交易受到限制，但到了20世纪60年代后期卷入越南战争后加速了最终政策的逆转。从1969年开始，"尼克松主义"规定所有武器转让，包括第三世界，无论什么情况，都应当依靠买家的支付能力，而不是美国直接军事介入。

促使从援助到销售转移的最大因素是1973年石油危机，这次石油危机导致了全球收入再分配。欧佩克国家石油收入爆炸性的增长使它们成为美国军售的理想对象，在1974年，美国从越南撤军后，中东就变成了世界上最大的武器进口地区。1974—1984年，中东国家占到了全球武器贸易量的36.3%，增长了136%，年均为456亿美元，同期，非洲国家的武器进口份额也有了较大升幅，特别是石油出口国利比亚。在这个过程中，全球收入分配的主要角色几乎没有太大变化。20世纪80年代后期石油收入的下滑对武器交易产生了负面影响：在1985—1989年这个时间段，全球军事转让增幅很小，年均仅511亿美元，这种僵持主要归因于中东进口的衰落，它仅占全部军售的32.9%。冷战后，东亚地区再次成为武器销售的热点地区，包括中国台湾地区及印度尼西亚、马来西亚、韩国等。

总之，冷战期间有几个影响武器生产和出口的重要因素。越南战争后大国防承包商在主体经济中占据越来越大的份额。美国经济对军事的持续倾斜也影响到了这些军工企业的相关增长，反过来也使美国跨国公司在全球民用市场上的份额逐渐减少。这种强大的企业集团结合促使其政治诉求，主要体现在国内预算和外交决策上不断加强。"二战"后，美国政府把军售作为外交政策的一个重要工具，政策选择的每一个菜单与军工企业的发展日益紧密。最初，国外市场的需求相当有限，通过美国军事援助很容易完成。但是，军工企业持续上升的影响最终对武器出口施加了压力，在一定程度上不再由政府单独财政授权援助。

随着事态的发展，美国军工企业发现自身已经置身于中东"能源冲突"的中心舞台——一个影响深远的结构性结果的产物。早期主要依赖国内军事开支和国外军事援助的大军工企业发现，它们的经济命脉日益与石油生意紧密相连。然而，这仅仅是这种更大转型的一个部分。最终证明，这些大军工企业发现自己不是唯一玩家，还有欧佩克国家、危险的西方国家政府和在世界石油市场上占据主导地位的广受质疑的主要石油公司。作为世界冲突热点和主要武器进口地区的中东改变了这些跨国公司间的关系和它们与母国和东道主国的关系；而且，看似不断往复循环的地区战争和石油危机却把石油公司带进了一个新的、在一些方面与军工企业结成前所未有的联盟。

三 美国军工企业与国际冲突

（一）中东"能源冲突"

20世纪70年代初期，美国几个大的跨国公司就意识到它们的利益与中东结合在一起。这第一批就包括大军工企业，它们转向中东寻找出口市场。第二批集中在石油公司，包括欧洲一些公司，它们与欧佩克国家结成广泛的联盟。其中包括工程公司，比如柏克德工程公司、福陆公司，这些公司最好的合同不断地来自石油地区，大的金融公司对石油相关的存款和贷款依赖日益增强。这些集团的每一个都从高油价中获利，但这些公司谁也不能单独完成这些，解决的办法就是通过这些集团组建"武器美元—石油美元联合体"。随后进行的，无论是否故意为之，这些集团的行动使能源危机和军事冲突之间活跃的互动永久化。在能源冲突过程中，中东地区持续的军事化和敌对行为的间歇性爆发构成了一种石油危机的氛围，刺激石油价格的上涨，这反过来又为新武器进口提供了资金，因此又引发新一轮的紧张和敌对军事行动，再次引发能源价格上升。

自"二战"后，尤其20世纪60年代开始中东石油重要性日益上升。到1972年，中东石油已经占到全球总产量的36%，探明储量的62%。这种重要性引起超级大国的注意，成为大国争夺的前沿。同时，伴随着民族主义的上升给这个地区带来了不稳定和武装冲突。首先，20世纪60年代后期中东地区持续的军事化给这个地区能源供应带来了严重威胁。其次，时断时续的武装冲突造成了一种"能源危机"的氛围。原油价格与主要能源冲突的爆发密切相关。自1973年以来，冲突或许成为影响原油价格最大的因素。

紧张和冲突的局势与更高石油收入的联系并不是单向的。相反，更高的石油出口会有助于军事进口，进而进一步助长了地区军备竞赛。20世纪60年代后期以前，石油收入提高缓慢，而武器进口增长也非常小。两个超级大国都在忙于欧洲和亚洲事务，对中东地区有限的军事输入基本都是军事援助。但到了20世纪70年代早期，随着武器出口日益商业化和中东在大国视野中的分量日益增加，形势开始发生变化。回顾冷战，可以看到这个时期中东地区的武器进口如何受石油出口日益影响。

大石油公司和主要军工企业在中东能源冲突中都获益匪浅，首先是冲突的高溢价和随后的大规模军事订单。对军工企业来说，冲突的利益来自两个部分：一个是冲突前的军备建设，另一个是随后冲突造成的石油高收入加大了武器的未来输入规模。因此，能源冲突从中长期来看推动了武器出口。

如果说资本聚集是全球商业和国际政治推动的主要力量，那么中东就是一面很好的镜子。一般来说，武器美元—石油美元联合体的结合点是高油价的共同利益。要想达到这个目的就要中东持续地军事化，而这得到联合体所有成员的支持，特别是20世纪70年代以来。当出现公开的军事敌意后，联合体的立场并不总是一致的。军工企业成员通常来说都支持，但大石油公司要一直支持冲突主要依靠盈利程度。这从20世纪70年代到80年代发生的事情中得到了惊人的验证。第四次中东战争，1979年伊朗革命、两伊战争、海湾战争期间的石油走向再次强调了相关商业业绩。对大型财团来说，老生常谈的是对权力的追求会化身到对金钱积累的目标之中，反过来又会导致这些财团超越所谓的正常回报率的企图。

从上面的分析中，可以看出中东地区的武器美元—石油美元的交织关系为解释美国军工复合体与地区冲突关系提供了很好的案例。作为美国外交工具的对外军售日益商业化，而一直属于商业范围的石油进口却越来越政治化。将两个领域统一在一起的过程是不同领域经过资本积累产生的权力需求。不同领域影响资本积累的各种因素不仅仅是理论建构，还是商人和政客集中精力关注的结果。其间，当经济和政治权力手段越复杂，权力也就变得越抽象。这为军工复合体参与和影响地区冲突提供了机会和可能。

（二）美军工对菲律宾的控制

美国军工介入外国冲突较深的案例是对菲律宾的控制。早在菲律宾独立前，美国军工在控制菲律宾殖民地上起到了主要作用，突出体现在美国远东军司令部与当地大财团的结合。1935年，麦克阿瑟调任菲律宾自治政府总统奎松的军事顾问，此后先后出任菲律宾陆军总司令、美国远东军司令部司令。其间，麦克阿瑟和菲律宾大地主、大买办等关系亲密。麦克阿瑟在阿克耶铁路公司、安塔莫尔金矿等矿产公司持有股份。麦克阿瑟还介入菲律宾独立后首任总统选举，推举盟友哈罗斯为总统。1946年1月，美军将领艾森豪威尔宣称27.9万驻菲律宾美军的任务是打击游击队，维持菲律宾的法律与秩序，同时维持总体选举的"秩序"。1946年7月4日，菲律宾独立后，美国撤销了对菲律宾的占领状态，但维持了美国对军事基地的占有，美国军队在菲律宾依然占有重要地位。1947年3月14日，美菲签订了有效期长达99年的《美利坚合众国和菲律宾共和国关于军事基地的协定》，对美国驻军和美国在菲律宾划定、建立、保持和运用军事基地做了详细规定。根据该条约，美国拥有持续使用菲律宾23处海陆空军事基地的权利，并可根据"军事需要"任意改建、扩大、迁移、增补、新建军事基地，尤其是美国有权招募菲律宾公民志愿加入美国武装部队服役。1969年，美国在菲律宾常驻军事人员超过5万人。庞大的军事基地和驻菲美军在菲律宾国民经济中扮演着重要角色。如20世纪80年代，美军雇佣菲律宾员工超过7万人，加上家属及间接服务，依靠美军生计的菲律宾人高达几十万人，其创造的价值占到菲律宾国内生产总值的5.16%。

此外，军援和军事顾问团作用"非凡"。仅1984年至1988年，美国就向菲律宾提供了9亿美元的军事援助和贷款。1991年前，菲律宾武装部队近67%的经费来自美国军事援助。此外，美国还在菲律宾设有一个由美军陆军组、海军组、空军组组成的美国军事顾问团，为菲律宾提供建议和训练军队。美国军事顾问团是控制菲律宾军队的主要抓手，也是干涉菲律宾内政的重要抓手。每次总统选举，军事顾问团都到菲律宾各地巡回，操控选举。

进入21世纪，美菲军事合作随着反恐战争和大国竞争再次升温，美国军事力量借助菲律宾进行反恐同时，加大对南中国海的介入。2022年，美菲签署《后勤互助协议》，扩大美菲"肩并肩"年度联合军事演习的规模。奥巴马上台后，菲律宾是美国"重返亚太"战略的主要抓手之一，美国借助菲律宾进行亚太再平衡。

随着中美战略竞争的展开，美国将菲律宾打造成为对华竞争的前沿国家。2014年4月，美菲签署《强化防务合作协议》，允许美军使用菲律宾的5个军事基地，并在其中设置临时设施，允许美军增加在菲律宾的轮换部署。2024年4月3日，菲律宾政府同意向美军开放使用4个军事基地，其中 3 个位于吕宋岛北部，1 个位于巴拉望省的巴拉巴克岛。美联社、路透社和菲律宾《商报》在解读基地选址时指出，吕宋岛的基地朝北即与中国台湾岛"隔海相望"，其中 1 处距离台湾岛仅约 400 公里，而巴拉望省巴拉巴克岛的基地则靠近中国南沙群岛，面向的是中国南海海域，该地区在全球贸易版图中极为关键。此外，这些基地为美军提供了靠近中国的"集结地"，可能会激怒中方。

同期，美国也在通过加大军售和军援影响菲律宾。2001—2020 年，美国向菲律宾出售了价值 5.34 亿美元的武器装备，其中 2011—2020 年就出售了 4.49 亿美元。2015—2021 年，美国提供给菲律宾的军事援助超过了 10 亿美元。1991 年至 2021 年，两国"肩并肩"联合军演已经超过 30 多次。[①] 正是借助这种密切的军事关系，美国军工资本通过渲染中国威胁，炒作南海问题，挑动地区紧张局势，进一步强化对菲律宾的控制。在阿基诺三世政府时期，美军多次利用菲律宾提供的军事基地在南海开展所谓的"航行自由行动"，渲染中国的"安全威胁"。美国军方还怂恿菲律宾政府挑起黄岩岛事件，制造所谓"南海仲裁案"，严重侵犯中国主权、安全和发展利益。2023 年以来，美国军方则怂恿小马科斯政府蓄意挑起仁爱礁风波，再次将"黑手"伸向南海。美国想把利用南海、台海两个潜在冲突爆发点围堵中国的"算盘"，转化为菲律宾军事上的对美需求，为此不断怂恿菲方以维修、加固仁爱礁"坐滩"军舰为由发起挑衅。

[①] 杨桃飞：《战后美国军工资本对菲律宾的控制关系研究》，硕士学位论文，外交学院，2022年，第 86 页。

结　论

本书在梳理中外文献基础上对美国军工复合体的起源、特征和演化历程，尤其是其各方面影响进行了描述和分析。通过该书让读者对美国军工复合体的时间线和横向运作机制有了一个比较清晰的印象，基本上把原来若隐若现的美国最大利益集团的全貌呈现了出来，不仅让读者认识到美国军工复合体的强大，美国军民融合力度如此之深，而且对美国政治社会制度和政治社会运作认知也有一定的帮助。

美国军工复合体既是美国走向全球霸权的结果，也是美国自由民主体制自身演化的结果。从产生的时间线来看，内战时期的大规模军备建设并没有持续下来，19世纪末20世纪初的海军建设模式与"一战"大规模军备建设衔接起来，让美国军工复合体有了雏形，"一战"教训让美国在和平时期开始注重军备建设，为军工复合体奠定了基础。"二战"让军工复合体完全确立起来。冷战的爆发才让军工复合体真正地兴起并强大起来，冷战使美国历史上首次面临生死攸关的生存问题，为此开启了全球争霸历程，经过三次大规模军备建设，军工复合体在冷战期间发展到了极致。冷战后尽管经过短暂的"消沉"，但美国的全球霸权让军工复合体依然保持了强大的力量。21世纪初的反恐战争，尤其是阿富汗战争和伊拉克战争，让军工复合体再次进入新高潮，相比冷战的高潮，这次则纳入了国土安全因素，私有化倾向让军工复合体的发展渗透进美国肌肤的每个毛孔。2017年以来的中美战略竞争让军工复合体作用再次凸显。

第一，军工复合体的产生过程与美国从地区强权走向全球霸权的时间基本吻合，军工复合体的起源与每次起落都与美国对外战争息息相关，正是对外拓展的步伐让美国军工复合体日益壮大起来，同时反作用于美国发展与安全战略。最初军工复合体弱小，影响力比较小，但海军建设和"一战"还是引起决策者和学者及民众的关注和抵制。随着"二战"后的壮

结 论

大，军工复合体开始大幅度介入美国内政和外交决策，在维护美国全球战略上发挥了越来越大的影响和作用。与此同时，其历次海外冲突与战争背后是军工复合体的过度扩张，成为美国国力周期性衰落的重要因素之一，尤其是越战后美国国力的衰落和21世纪反恐战争后国力的下降，这与军工复合体的过度渲染安全威胁和强调其自身利益息息相关。

第二，军工复合体的崛起历程也是美国军民融合不断深化的过程。从书中可以看出，内战时期美国军事采购被军队垄断，军队对民营经济的排斥根深蒂固，军民的合作还没有开始。19世纪末和20世纪初大规模海军建设的低效和固执让自己吃尽苦头，军民合作开始破冰。"一战"让军民合作机制逐渐有了雏形，"二战"和冷战则让军民合作完全深化，冷战后反恐战争让军工复合体完全深入到国土安全及私人领域。从发展历程来看，美国军工复合体的发展过程也是美国军民融合的过程。最初这是一个自发过程，后来则是决策者有意为之的过程，随着军工复合体的不断发展壮大，到最后军民融合程度过高反而侵犯了私人领域，一定程度上成为美国国内外发展和安全战略的包袱，即军工复合体的负面影响。总的来看，美国军工复合体为军民融合提供了一个很好的正反两方面案例，军民融合需要有一个度，适度发展则会促进军民共同发展，过度则会阻碍民用经济发展，成为经济的障碍。

第三，军工复合体也是美国自由民主体制发展的结果。美国自由民主体制有一个逐渐发展的过程。笼统来说，大萧条前，美国自由民主体制中国会占据权力体系的核心与主导地位。随着美国国力的上升和向海外扩张，掌握行政权的总统地位逐渐上升，尤其以大萧条时期和"二战"为代表，亟须处理国内外事务的总统在美国权力体系中占据了主导，直到尼克松时期的"帝王般总统"达到了顶峰。"水门"事件后国会收回了部分权力，但总统依然占据主导地位。虽然美国是一个联邦制国家，但随着经济社会的快速发展，州权逐渐衰落，联邦权力逐渐扩大，权力体系从州分权逐渐走向了中央集权。军工复合体的演化也同样吻合了美国自由民主体制的发展过程。军工复合体是伴随着总统权力占据主导和中央集权的大趋势而发展起来的。19世纪末20世纪初海军大规模建设的模式经过"一战"的实践使军工复合体逐渐有了雏形，实际上这个时期是其萌芽时期。虽经20世纪30年代的大萧条，但军工复合体的雏形在两次世界大战期间得到了延续和强化。这部分归功于军工复合体前期制度化的发展，部分归功于

· 293 ·

罗斯福总统及其后人苦心经营的福利国家播下了军工复合体制度和思想的种子。自"二战"以来，作为美国社会中的一个超级利益集团，军工复合体已经发展成一个大社会，美国社会就是一个军工复合体，没有美国自由民主制度和集权趋势作为制度和意识形态及思想基础，这是不可能完成的。

作为美国最大的利益集团之一，人们对军工复合体耳熟能详的是"旋转门"，再深入探讨其运作机制和模式就显得若隐若现，很难说透。本书对军工复合体的这一运作机制和模式尝试着进行了描述和梳理，从政治、经济、科技和外交四个维度比较全面地分析了军工复合体的关系网络和各领域影响，全景式展示了军工复合体如何深度嵌入美国自由制度和精神，嵌入的方式和途径、深度和广度，对美国自由民主体制的积极和消极影响及其引发人们深思的根源。通过对军工复合体的剖析，本书希望能够透视美国自由政治制度的运作和美国全球霸权的演变及未来走向，了解美国当代政治，吸取其经验教训，为大国军工合作及军民融合提供借鉴。

军工复合体政治关系是其所有关系的核心，也是"旋转门"的主体部分，其嵌入美国自由民主制度的方式和途径也多集中在这个领域。1947年国会通过的《国家安全法》确立了军方在国家政治中的地位，冷战爆发后美国全球扩张战略的确立，巩固和发展了"二战"建立起来的军事与工业关系，军工复合体在公共政策制定过程中占据了一个特殊的位置，为军工复合体全面嵌入美国自由民主制度提供了合法性。

军工复合体政治关系的主体主要来自这样几个部分：行政部门的安全机构，国会涉及军事和安全的主要委员会及其议员，与国防相关的军工企业和科研机构等，这三方在国家安全政策制定过程中形成了紧密的政治关系网络，它们相互依赖，即所谓的"铁三角"。有人把科研院所单独列出来，本书将其与军工企业放在一起，不单独拎出来作为一方。冷战期间军工复合体中行政部门的安全机构主要是国防部、国家航空航天局、原子能委员会、中央情报局和国务院等。21世纪反恐战争后加入的部门包括新成立的国土安全部、能源部、退伍军人部、海岸警卫队等。冷战期间军工复合体军费开支范围主要是武器采购与研发和人员薪资等，冷战后的21世纪国防合同采购范围远超过上述范畴，国土安全合同采购急剧增长。根据美国学者研究，国防与安全相关部门占据了联邦政府部门最大份额的人财物，地位独一无二，是美国社会中一个主要"社会主义"部门。

结　论

军工复合体的另一个主要政府部门是国会及其议员，这是军工复合体政治关系的主要一环。国防战略和军费开支都必须经过国会批准同意，这赋予了美国国会两院的军事委员会和拨款委员会巨大权力。第三环是军工企业和科研院所。自19世纪末20世纪初介入国防建设开始，军工企业逐渐成为美国武装的重要力量，"二战"以来大学和科研院所又加入进来，构成"铁三角"第三极。本书选取了八大国防承包商作为代表，科研院所选取了麻省理工学院和斯坦福大学作为代表。除了"铁三角"外，军工复合体主体还包括金融审计和地方支持者在内的几乎囊括所有阶层和各界的人员，有城市官员、投资者、产业工人、与国防和安全相关的股民、媒体、银行、足球队等，他们为军工企业提供土地、基础设施、金融服务等。

军工复合体间互动关系网络非常复杂，除了传统上的"旋转门"外，网络中还包括其附属和参与部门与领域人员流动等。这其中包括政府高级官员和军工企业高管间的相互流动；现役和文职人员在行政部门和军工企业间的流动；军工企业的研发是获得国防合同的关键，同样构成了军工企业关系网络的重要方面；虽然金融集团和审计是军工复合体的技术辅助部门，但它们的地位和性质决定了它们同样是这种关系网络的重要组成部分。为了及时获取情报信息，军工企业纷纷在华盛顿设立各种机构，其中最重要的是华盛顿办事处，其职能和作用除了获取信息而施加影响外，还肩负起公司战略规划重任。这些关系网络互动构成了军工复合体运作机制的主要内容。

军工复合体政治关系的内容主要有三点：获取信息、施加政治影响和反对敌人。利用政治、经济、社会等网络关系搜集信息，为军工企业影响政府决策提供参考和支撑。除了"旋转门"外，军工企业各行业协会、各种顾问委员会和特定的娱乐活动成为军工复合体内部互动的黏合剂，在这些平台上的互动让军工复合体各方形成针对特定目标的小团体，在信息上互通有无，加强沟通，在政治关系上施加影响，完成特定目的。

军工复合体政治关系网络中最重要的部分是施加政治影响。军工复合体通过什么途径施加政治影响，如何深度嵌入美国自由民主体系？本书主要从立法、选举和地方关系三个角度展示了军工复合体施加政治影响的途径。在对立法影响上军工企业的华盛顿办事处发挥了核心作用，它们组成院外游说集团，尽管很大部分不注册和报备，但其规模非常庞大，专门针对国会议员进行游说和获取信息，影响立法决策。作为回报，国防部和安全部门在这些议员所在州修建军事基地，从事与军事和安全相关的商业活动，建立政治行动委员会为国会议员捐献政治献金。作为金钱政治的美国，政治选举捐献对所有参与公职的候选人都至关重要，军工企业最初通过企业和工人进行，后来通过政治行动委员会，合法公开进行政治捐献，影响各层级主要官员的决策。在地方关系上，广告和草根运动等成为军工复合体影响地方与联邦相关决策的主要途径，尤其是草根运动，动员广大和国防与安全相关的工人与民众给地方官员或联邦政府及国会议员打电话、发邮件以及示威游行等施加影响，成为军工企业为达成特定目的的惯用手法。

总之，军工复合体通过各种渠道从国会和行政部门获取信息和情报以满足自己的需求，利用民主参政各种途径对选举、立法乃至整个政治体系和决策过程施加影响以达到其目的。这些渠道和途径包括：各种顾问咨询委员会、金融机构网络、政治行动委员会、高层人员流动、草根运动、华盛顿办事处、广告、娱乐、制定国家战略、军售、军事援助、军事研发以及各种行业协会等。

除了参与政治，对政治体系施加重大影响外，军工复合体还深度干预和影响了美国的经济和科技发展。经济是军事和国家安全的基础和决定性力量。美国建国以来战争和经济分隔，军民相互独立，但19世纪末20世纪初的海军大规模建设结束了这种状况，美国逐步将国民经济纳入军事轨道，尤其是"二战"和冷战，包括21世纪初的反恐战争，美国完全将国民经济纳入军事化轨道，一切经济资源向军事倾斜，并将军事工业作为调节经济的手段。

具体来说，军工复合体对美国经济的第一个影响主要体现在干预和塑造美国经济布局、美国经济发展方向，促使美国国民经济军事化，军民融合达到前所未有的高度。"二战"以来，美国经济版图发生了深刻变化，阳光地带、霜冻地带、废铁区等是这种变化的代名词，其实质是老工业区的衰落和新兴工业区的兴起，从区域来看，匹斯堡的钢铁、克利夫兰机械制造和底特律汽车制造等老工业区的衰落，加利福尼亚州、得克萨斯州、马萨诸塞州和佛罗里达州等新兴工业区的兴起。这其中因素很多，但军工企业的作用是主要因素之一。冷战的军费开支成为各州经济繁荣与衰退的决定性因素，新兴工业大部分都与国防有关，国防美元创造出诸多军工企业，它们远离传统的商业和工业区，形成了美国一个不均衡的经济环带，从西北的华盛顿州开始，经加利福尼亚州到中西部的沙漠和大平原，再到得克萨斯州，经佛罗里达州达到东部新英格兰地区，美国人称之为"国防新月带"，也有人称"武器带"。这种经济版图的变迁在经济史上也是前所未有，成为现代美国经济版图的一个主要现象，一直持续到现在。这个新月武器带产生的文化与老工业城市的敌对、超党派和国际主义完全不同，它们成长为美国新的商业和大众文化中心，影响了美国经济发展的走向。美国西部的硅谷和东部新英格兰地区以高科技著称的128公路都是军工复合体塑造美国经济走向的产物。

军工复合体对美国经济的第二个影响是国民经济军事化。冷战以来，军事力量在美国处于一个特殊位置，国家大力促进军事技术的更新换代，把现代化战争生产扩大到和平时期前所未有的规模，军民融合达到历史极高水平，军事工业成为国民经济的主要组成部分。为应对大规模核战争需要，国民经济总动员纳入了军事化轨道，国民经济军事化不断加深，军民融合程度持续攀升，左右了联邦和各州的经济发展。主要体现在军费开支占国民经济比重持续上升；军事部门雇员占全美就业人数比重加大；军事生产结构深入国民经济各部门；各工业部门几乎都直接或间接卷入军事生产；地方经济对军工生产依赖性不断加大。

军工复合体对美国经济的第三个影响是军事工业成为美国调节经济的手段。其主要背景是大萧条以来美国联邦政府广泛地介入国民经济活动，致力于缓解经济危机和维持市场稳定。冷战期间多次对外战争和军备竞赛拖垮了美国经济，使其赤字和国债不断攀升。另外，军费开支成为刺激经济增长的重要因素，甚至是主要因素。有人算过，冷战期间国防部门开支占到国内生产总值的10%左右，全部联邦采购的85%—90%，军事开支是联邦政府调节国民经济的主要工具之一。

军工复合体对美国经济的第四个影响是军工企业对政府的依赖改变了传统自由企业制度模式。军工复合体对政府的依赖非常严重，有的国防承包商完全依赖国防订货，而在各个生产和技术领域，有的对政府依赖程度高达60%—80%。军工企业对政府采购的依赖把国防承包商和他们所在的选区置于一个特殊位置。随着国防承包商的快速发展，更多其他公司的利润会受到影响。国防纯利开始从承包商到劳动力和社区向外扩散。在缺少选择的情况下，国防合同向特定群体提供工作，他们包括科学家、工程师、技术员和产业工人。因此，他们创造了"政府关系学"，动用各种工

军工复合体：美国的支柱与噩梦

具和关系，这些已经完全超越了自由企业制度的传统模式。

美国军工复合体对美国经济影响的主要途径是美国国家战略和美国的全球定位与角色。美国国家战略和领导人眼中的全球定位与角色决定了军工产业布局和影响。换句话说，美国国家战略决定了不同军种的任务和权力，其军事采购的需求和方向，从而决定了军工复合体在经济中的定位，催生国民经济全面军事化，让其干预和塑造了美国经济发展方向。

美国军工复合体对美国科技产生了同样的影响。军工复合体影响了美国联邦政府的科技政策，促使联邦政府对科研院所研究进行了史无前例的资助，对科研院所的研究内容和方向及其性质产生了重大影响，这也促使其科技军事化。冷战的军备竞赛在一定程度上是技术的竞赛。"二战"前美国的科技研究基本都来自私人，但"二战"和冷战彻底改变了这一局面。冷战以来，美国建立了历史上最为完善的科技政策和体系，联邦政府尤其是军方和安全部门与大学间形成了互惠关系，国家在科技研发上逐渐发挥了主导作用。但这些科研成果首先是用作军事用途，成为美国对外政策的重要工具。1940年联邦科研经费开支占全部国家科研经费比重不过1/7，但到1963年就达到了2/3还多，这些联邦科研经费开支大部分都花在了与军事相关的科研上面。为了赢得冷战，联邦政府动员了包括大学和科研机构在内的全国所有力量。美国联邦政府为此制定了关于自然科学、社会科学和人文科学的研究政策，对不同领域科学研究给予大力资助。联邦政府对科研的资助不仅为学术研究提供了动力，也决定了科研的内容和方向。

军工复合体对美国科技的影响主要有以下几个途径。

第一，联邦政府强化对科技发展的规划。通过《国家科学基金法案》，以立法的形式建立国家科学基金，指导和协调国家科学研发政策。此外，国防部高级项目研究局、总统办事机构——科技办公室、国会的科技政策办公室、国家航空航天局、原子能委员会、海军研究办公室、国家卫生研究所、1947年成立的研究与开发委员会、空军科学研究办公室、陆军研究办公室都各自承担起制定和指导国家或各领域科研政策的责任。如原子能委员会1949年发起了基础研究计划，资助了67所大学144个非秘密研究合同。

第二，分配联邦科研经费，资助科研院所相关学科和实验室。联邦研发经费的分配决定着美国科技发展的方向和重点。冷战以来，美国研发经

结　论

费大部分给了与军事科技密切相关的企业和科研院所，美国军工研发和生产大部分也转租给了它们。

第三，直接管理和使用国家实验室。冷战以来联邦政府成为全国科研经费的主要资助者，但承担的全国科研工作量很小，只占全国总量的1/6，这些工作主要通过国家实验室来完成。联邦直接投资的实验室包括联邦直属实验室和联邦资助实验室。这些实验室发挥了综合和集中官方与民间力量的作用，有利于短期内完成国家特殊任务，强化对全国科研的调节和规划，同时极大地推动了边缘学科的发展和新兴产业的成长。

冷战重新定义了美国科学，军工复合体让美国科技发展军事化。具体体现：军事资助成为研究型大学经费的主要来源；军事资助确立了美国科学学科范式；军事资助使学术研究方向向实用领域集中。本书以麻省理工学院和斯坦福大学作为案例，详细剖析了军工复合体对美国科技发展的影响，可窥一斑。

在军工复合体资助下，高科技产业与研究型大学创造了一个新型的战后科学，它打破了传统的理论与实践、科学与工程、民用与军用、保密与公开的界限和区别。国防主导的创新过程完全不同于资本主义历史上以前任何创新。无论如何从理论上来解释，经济史学家认为创新是个人或公司把冒险和资助假设为获得超额利润回报的行为。然而，一旦国家为狭窄的军事目的介入和主持长久的研究和创新，创新的本质就会发生变化。在美国，联邦政府占所有研发支出的70%，而其中3/4都与国防有关，因此，创新已经制度化，不断增长，更多受政治形势影响，很少受经济形势影响。即使军工复合体的市场影响很小，它也已经成为持续工业创新的新形式。

随着在政治、经济和科技上发言权的确立，军工复合体在国家战略政策制定和外交决策权上同样改写了美国历史，成为美国国家战略和外交决策的主导型力量之一。冷战让美国军人和与军事相关的各领域在历史上空前提高，通过海外驻军、军售和军援、制定国家战略等方式，军工复合体在制定和执行美国外交政策上的分量越来越重，导致美国外交军事化色彩越来越浓。

冷战让美国外交军事化。首先，军人成为外交决策的核心力量之一。"二战"前美国军人参政比较难，"二战"后美国军人当选总统、进入内阁和各级决策层已经顺理成章，成为正常现象。军人担任政府各级外事职务迅速增多。其次，军事力量成为执行外交政策的主要工具之一。这主要体现在军队发动战争、干预别国内政、处理国外危机、海外驻军直接处理与所在国外交、军援和军售等。最后，通过制定国家安全战略成为影响外交决策的主要力量。

正因为拥有了强大的政治动员和政治参与能力，对美国经济、社会、科技和外交拥有巨大的干预和塑造能力，美国军工复合体已经成为一个超级利益集团。与其他利益集团相比，它以国家安全的名义渗透进美国社会各个角落，触角伸向政府各个机构，在很大程度上垄断了国家安全政策制定和武器研发与生产的话语权，成为美国经济和科技的引领者，成为国家决策的主导性力量之一。其在政治经济社会中形成的垄断性力量和决策中的主导性对美国民主制度中的冲突与共识产生了重大影响，在一些领域已经成为民主体制的破坏性力量，对美国民主体制构成了威胁。本书通过政治网络分析深入透视了军工复合体参与政治的平台、途径、内容和影响，对美国民主政治稳定构成的威胁及程度，对认识美国自由民主制度具有重要的现实和理论意义。

美国军工复合体这种垄断属性和消极作用从一开始就引起了美国决策者和民众的普遍关注和警觉。从本书文献梳理中可以看到，美国学者在论述军工复合体多是从批评角度来分析，尽管军工复合体在美国崛起和塑造全球议程中发挥了关键作用，但决策者、学者和美国民众还是把其消极作用放在了首位。19 世纪末 20 世纪初海军大规模建设、军工刚要结合时，美国就有学者开始分析其中的弊端。20 世纪 30 年代富兰克林·罗斯福总统提出了军工复合体与军事影响的范围。与此同时，国会成立以杰拉德·P. 奈为首的委员会开始调查"一战"以来的军工关系。杰拉德·P. 奈委员会清楚地指出，工业化战争为国家带来了一个新的问题。为了赢得现代化战争，甚至准备一场现代化战争，这会侵蚀公与私和民用与军事机构间的界限。此外，杰拉德·P. 奈委员会还发现了军工复合体的人事网络。杰拉德·P. 奈委员会的调查让美国人对这个复合体有了更多的了解。

军工复合体之前的代名词"军事监狱国家"和"军事警察国家"体现了人们的担忧，人们悲叹国防权势集团逐渐上升的威望，拥有公众和国会以及高层决策中的影响力。"军队正在长出他们的牙齿"，有人写道，"相当多的证据表明他们的目标是在和平时期进行绝对的战备，这个目标使国家走向军事化，最终破产和毁灭"。最高法院大法官威廉·O. 道格拉斯认

结　论

为，对民主最大的威胁在于相信那些慢慢渗透进政府并扩大其权力的军事集团。

美国哥伦比亚大学社会学家怀特·米尔斯的《权力精英》成为研究这个问题的权威。米尔斯断言，"二战"后具有决定性政治意义的军事领导已经深入企业和政治小集团的上层，这些小集团一直主导着美国社会。"现在美国资本主义很大部分是军事资本主义。"《以科学的名义》的作者尼布格认为："几乎三十年来军事需求支配了国家资源，在军事优先下政治和经济权力得到强化。最初紧急情况下的制度通过既得利益的阴谋被常规化……所谓的军工复合体不仅是个阴谋，而且还是这种历史趋势的高潮。这是现代公共生活的事实，它正在吞噬我们社会的核心，减少真正经济和社会成长的潜力，削减民主多元主义的根基。"

美国学者亚蒙林斯克认为军事权势集团是与美国政府相结合的美国社会最大的制度性复合体，其他政府机构与它相比是小巫见大巫，并且存在得更持久，其影响几乎渗透进美国的每个社区。这个复合体影响来自其庞大的规模及其与其他重要公共部门的关系网络。最后作者认为，"如果美国想要避免变成一个军事化社会，公众及其代表们就必须在反革命和叛乱、战争与和平这些核心政治议题上拥有最终决定权"。

类似的担忧不胜枚举。本书将人们对美国军工复合体的担忧放入一个理论分析框架，从这个视角来分析军工复合体对美国自由民主制度的支撑和破坏性作用，既能充分利用该书内容来佐证，透视出军工复合体的多面性和复杂性，又对美国自由民主体制有了更深入了解，加深对美国当代政治的认知。

美国政治社会学大家西摩·马丁·李普赛特通过分析和比较提出一个政治社会学命题，民主（指以美国为首的西方民主）的稳定条件需要经济发展和政治的合法性。本书主要集中于政治合法性问题上，所谓政治合法性是指"该制度产生并保持现有政治机构最符合社会需要的这种信念的能力"[①]。当代民主制度的合法性主要取决于历史上分裂社会的那些关键问题是以何种方式解决的。一切民主制度固有的内在威胁是群体冲突，这是民主的生命线，它有可能固化以致瓦解社会。因此，稳定的民主要求在对立的政治力量之间保持比较缓和的紧张局面。政治的缓和局面由于该制度具

[①] ［美］李普赛特：《政治人：政治的社会基础》，刘刚敏等译，商务印书馆1993年版，第53页。

军工复合体:美国的支柱与噩梦

有在新问题出现以前解决关键性分歧问题的能力而容易形成。如果让这些关键性分歧问题积累起来,彼此相互激化,分裂的根源基础越深,牵连越广,政治上容忍的希望也就越小。

总结起来,本书的核心假设是稳定的民主需要一个社会冲突与共识的适度平衡,这里的民主是美国民主。社会冲突界定为允许争夺统治地位,对执政党挑战,更换执政党,等等;社会共识是指一种允许和平地行使权力的政治制度,在野党服从执政党决定,而执政党承认在野党权力。冲突有利于社会组织的整合,并为它们提供对这种制度效忠的基础,而以社会组织接受的容忍准则为基础的共识,常常是由于基本冲突才发展形成的,并要求继续存在冲突才能维持。

第一,军工复合体吻合了美国"二战"以来的中央集权化趋势,这一定程度上与民众信奉的大社会小政府理念背道而驰。"二战"确立起来并在冷战崛起的军工复合体既是美国介入国际事务的结果,也是美国民主制度演化的产物。美国进步时代和罗斯福的福利国家奠定了军工复合体的制度和意识形态种子,同时从这个时期开始美国也"开始了一种集权化的等级关系结构,这是一种抵制民众参与,而且至少是与强调个人主义的民主处于紧张状态的结构"[1]。这种缺乏政治容忍度的趋势不利于社会冲突在现有民主制度框架下解决,这种趋势构成了对美国民主秩序稳定的重大威胁和障碍,军工复合体正是这种趋势的代表。

第二,军工复合体混淆了公私之间的界限,催生权力集中,破坏了民主稳定的基础。自"二战"以来,军工复合体已经成为美国政府决策的主导性力量之一,一个政策上的次政府或"铁三角"已经出现。这个"铁三角"成为在公共政策制定领域内汇集的联邦政府机构、国会主要委员会及其成员和军工私人利益集团三个主要参与者之间的政治关系。这三者之间相互依赖,政策制定者和管理者可以在这两个领域自由流动,那些拥有共同价值观、利益和观念的参与者讨论政策事务,解决问题。军工复合体政治关系的产生不是一朝一夕,需要各方参与者积极的努力。随着经济环境的变化,所有三方都要保持住这种关系。这需要三方持续的沟通,保证出现分歧时能协调共识。一旦融合在一起,它们就会形成一个牢固的关系。

---

[1] [美]罗伯特·H.威布:《自治:美国民主的文化史》,李振广译,商务印书馆2006年版,第300页。

结　论

三方参与者尽全力保持这种关系的牢固和保护免受外部观点的影响。有时它们自己无意识地成为自己孤立的牺牲品，它们需要说服自己，它们正在做的不仅是为了它们自己，还有公共利益。

在国会，与国防相关的委员会及其成员都小心翼翼地捍卫着他们在国防立法和拨款上的主导权，其他委员会及其成员很容易遵从他们的领导。国会其他国防政策辩论论坛基本没有立法权力，这决定了其在国防政策上也就没有什么发言权。即使联邦行政机构在军工复合体内也鲜有反对意见。由于在定义国家安全上具有牢固而又举足轻重的作用，军工复合体内国防"铁三角"已经形成一个特殊的小集团并免受批评。"铁三角"的发展在一定程度上已经终结了政治学理论上的"分权"，即国会立法，行政部门执行，企业公司与政府在军备上做生意。相反，这种关系正在导致双方结合成互为所有的共同体，混淆和减少美国经济中重要领域的公私活动的区别。

"9·11"后这种趋势进一步强化，尤其是私人安保公司的介入。私人安保公司从冷战期间的较小国防承包商演化为"9·11"后的主要国防承包商，其独一无二的能力，让它们成为美国军工复合体战略中心的军事组织。美国有分析认为，私人集团参与决策影响到了国家命运，公众对私人军事公司的反对意见反映了一系列问题。同时，私人军事服务合同带来的挑战是显而易见的，它们是围绕冲突来展开的。很明显，私人军事公司从冲突和战争中获利，即便不损害业主的利益，它们也不会追求和平，其行动的合法化给社会公平和正义带来巨大挑战。

军工复合体正在扼杀民主。即便是爱好和平并获得2009年"诺贝尔和平奖"的奥巴马总统2016年也同意从美国武器制造商手中购买2000亿美元武器，并向其他国家出口230亿美元武器。公众是否有能力控制和约束军工复合体并阻止战争产业影响安全决策，这是这个时代美国面临的最重要问题之一。如果一小部分追求利润的武器制造商继续影响外交和安全决策，美国如何继续称其为民主共和国？"我们需要结束这种军国主义。"[①]

来自美国加利福尼亚州南部的前国会议员麦凯恩竞选的捐助者名单简直就是一个军工复合体的长名单，美国军工复合体前五大国防承包商正好

---

① Justin Yun,"*The American Military-Industrial-Complex Kills Democracy*," September 13, 2016. https://chimesnewspaper.com/24948/opinions/american-military-industrial-complex-kills-democra/.

是前五名捐助者：洛克希德·马丁、诺斯罗普·格鲁曼、通用原子、通用动力和波音。这五大国防承包商自1991年至2014年向麦凯恩捐助了70万美元。这些国防承包商之所以青睐麦凯恩，主要是其选区里拥有数个军事基地和大批国防制造设施，这些国防承包商在阿富汗战争与伊拉克战争期间的军事支出达到了冷战以来最高水平。2011年至2015年麦凯恩执掌国会众议院军事服务委员会，对军费开支具有最后决定权，对此毫不奇怪。2014年麦凯恩退休，同年2月他在华盛顿成立了一家名为"麦凯恩集团"的顾问公司，希望用他的背景和经验为顾客提供战略咨询服务。

军工复合体里的国防承包商注册国会游说团体，2014年多达866人，用于议员游说资金达1.26亿美元，这还不包括以华盛顿为基地的国防捐客数量与开销。2004年至2008年，约80%的美军退役三星和四星将军都成为国防承包商的高级顾问，1994年至1998年这一数字少于50%。[①] 美国国防部甚至举办"旋转门"培训班，培训这些退役将军们如何从军事部门转型到薪资丰厚的军事承包商。这种"旋转门"不仅存在于军队和承包商之间，还存在于军队与武器制造商资助的智库与媒体之间，覆盖美国政治各个领域，使自由和民主遭遇危险。

第三，军工复合体形成团体文化，排斥公众和其他社会组织参与，动摇了民主制度的根基。通过书中分析我们可以看到，国防政策和国防采购的决定几乎完全掌握在局内人和政策专家手中，局外人和可替代性看法基本被排除在外。当军工复合体内决策者和专家观点比重更大时优势非常明显，这种政策制定过程的封闭本身就是一个缺陷，它导致观点狭窄和共享预期，这种观点和预期认为下一代武器是合情合理和不可避免的，国防开支必须增长。冷战数十年来，军工复合体内的"铁三角"关系已经变成一个封闭的社区，主导了有关美国国家安全和为国家安全提供所需武器系统的争论。军工复合体主导了整个美国社会。通过鼓励产业垄断和增强政策制定的影响，这个庞大利益集团威胁和抵消了反抗力量的效率，削弱了国家对国内秩序的控制，演化为国内暴力的根源，动摇了民主制度的根基。

第四，军工复合体破坏了美国社会公平，加剧了国际紧张局势，威胁

---

① Amie Alpert, "*The Military-Industrial-Complex 54 Years after Eisenhower*", American Friends Service Committee, April 16, 2015. https://www.afsc.org/story/military-industrial-complex-54-years-after-eisenhower.

到美国民主制度的稳定。冷战期间军事权势集团普遍渗透进美国的内政和外交领域，破坏了美国民主和代议的政治体系，同时加剧了国际紧张局势。并且军事权势集团不断挑起冲突以增强其力量，扩大军工企业生产。甚至国防部控制着美国许多产业的命脉及它们巨大的宣传机构，成为塑造武装美国形象的永久性力量。实际上军工复合体卷入的不仅是全部防务问题，还包括社会福利和国内经济等诸多层面，涵盖了美国社会各个方面，渗透进美国人生活的各个细节。它通过占用稀缺资源，优先完成国内经济项目，加剧社会不公平和不平等，最终导致由公司控制的美国政治永久性的社会不公平。由于在决策体系中日益占据主导地位和牺牲公共福利的利益驱动，军工复合体已经变成美国政治体系失调因素。

此外，从军工复合体发展历程来看，随着其规模的不断壮大和美国全球扩张步伐的不断演进，军工复合体越来越挤占大量公共预算，造成国防预算和民生投入的对立，这是进入21世纪以来美国相对衰落的根本性原因之一。2017财年，美国国防预算开支达到5827亿美元，占全球的37%，是政府预算中最大部分，超过在教育、运输、环保、科研、农业等领域投入的总和，如此高昂的军费开支与军工复合体的长期游说不无关系。2019财年特朗普再次将国防预算提升至7000多亿美元，可见军工复合体的强大影响力。

中国资深外交家周文重在《斗而不破：中美博弈与世界在平衡》一书中指出，21世纪初美国2001年的阿富汗战争和2003年的伊拉克战争直接军费开支为1万亿美元，间接开支为3万亿美元，其直接后果之一是2012年美国联邦债务突破16万亿美元，2018年则突破20万亿美元，相当于每个美国人平均负债6万多美元。这些军费开支导致对国内经济发展投入大幅减少，使美国在发展、教育和科技方面滞后于其他国家，形成了目前科技和发展相对滞后的局面。

不仅如此，21世纪初美国发动的反恐战争是2008年金融危机的直接导火索。美元次贷危机与20世纪70年代美元危机有着惊人的相似之处：两次危机都发生在美国全面介入越南战争和美国发动反恐战争的第六年。美国著名经济学家斯蒂格利茨估计反恐战争的3万亿美元开销超过美国国内生产总值的20%，使美国财政赤字大幅增加，极大挤占了同期美国用于民生发展的投入。随着美国贸易逆差的增长，发展中国家外汇储备大幅增加，世界经济不平衡加深。随后是国际金价暴涨，国际货币体系崩溃，世界陷入全面的金融危机。这不是巧合,这有着内在的联系,这是美国如今在部分科技领域,如5G等赶不上世界潮流的主要原因,更是当今世界地区局势和全球经济不确定和不稳定的根源之一。

第五,军工复合体强化了美国两党和社会的极化。21世纪初,令人困扰的美国军政关系仍给美国带来巨大而重要的影响。[①] 美国武装力量拥有独具特色的强制能力,又对国家资源有巨大需求。在当今美国外交和安全政策中,大国军事手段起着超乎寻常的重要作用。军工复合体演化趋势。参军人口比例持续下降。传统上由军队支持功能开始私有化。两大国家政党极化,军官的党派身份变得更加明显,且集中在一党之内。[②] 除了大选政治献金需要军工复合体支持外,两党越来越看中军人力量。2000年大选中民主党努力吸收前任军官做国会候选人,在攻击小布什对伊朗政策时,民主党用了"亲军事"(pro-military)措辞。不过,职业军官的意识形态始终是保守主义。20世纪60年代后,军官们公开表明自己是共和党人。冷战以来,军工复合体另一个变化是军事专业人员的党派公开化。民主党曾因"二战"和朝鲜战争被打上"战争党"标签。到了20世纪70年代,民主党开始反对军事开支,反对使用武力。

在民主政治成熟的国家,军人参与政治日渐成为一个常态现象,具有积极作用。比如"政治拉拢活动"(politicking),军人以集体力量通过投票发挥政治影响力。军人对选举的影响主要体现在两个方面。第一,军队规模、军队深入社区程度、选民中退伍军人的人数及退伍军人组织中退伍军人的会员数等,这决定着军人在该地区有多大程度的政治影响力。第二,公开支持候选人,通过退休军官的支持及公开发表支持性声明来影响选举结果,尤其是通过寻求前知名高级军官的支持来影响选举结果。近些年的大选,这种支持越来越普遍。

经过不断演化发展,军工复合体的党派与政治倾向属性已经非常清晰。出于自身利益考量,军工复合体支持枪杆子,支持美国对外干预,再加上多数军工企业位于美国中部和南部地区,使其成为共和党保守派的强大支持者。除上面加利福尼亚州麦凯恩案例外,在共和党大本营得克萨斯

---

① [美]苏珊娜·C.尼尔森、唐·M.施耐德:《文武之道:新时代的军人与国家》,刘辉译,哈尔滨工业大学出版社2020年版,前言。
② [美]苏珊娜·C.尼尔森、唐·M.施耐德:《文武之道:新时代的军人与国家》,刘辉译,哈尔滨工业大学出版社2020年版,第21页。

州，军工复合体同样影响巨大，并与油气集团利益高度一致。军工复合体为美国民间组织"全国步枪协会"和"退伍军人协会"提供运营经费，两者会员均超过百万，是共和党的重要票仓。在此背景下，保守的共和党政客更容易获得竞选经费和基层支持，"温和派"则不断式微，导致共和党和民主党的党派分歧更加激烈，是美国政治极化和两党极化的重要原因之一。

第六，自冷战以来，军工复合体成为历次美国国力衰退的重要因素。冷战以来，美国国力大体上经历了两次大的衰退，一次是越战让美国的实力减弱，另一次是 21 世纪初反恐战争让美国实力大减，两次国力大幅减弱的根本原因之一都是过度扩张和战争，其背后都有军工复合体的影子。随着冷战和"9·11"恐袭的爆发，美国社会形成冷战共识和反恐共识，在军工复合体的推动下，国家过度安全化，国家政治经济社会资源过度向军事和安全倾斜，造就了军工复合体及相关产业和人群的富裕，但挤占了国家和个人正常发展的资源，让美国国力两次陷入下行通道。一定程度上，军工复合体形成的过度安全共识已经反过来危及国家安全和美国自由民主体制，超越利益集团的范畴，具有不可逆性，构成美国自由民主体制破坏性因子，让美国自掘坟墓。

从以上分析可以看出，军工复合体在一定程度上超过了美国政治合法性中的共识界限，构成对美国民主制度稳定的重大挑战和威胁，成为民主制度不断弱化的一个重大因素。国内政治集权化趋势和国外过度军事扩张即是佐证，不过这种挑战与威胁还是局限在民主体制内，没有冲破现有民主制度内冲突的框架。

从军工复合体产生根源和政治关系中可以看出，军工复合体还是民主制度稳定的积极因素。

首先，军工复合体本身就是一个超级利益集团，是美国内部各种社会力量冲突的代表之一。

其次，军工复合体是维护美国民主制度稳定的主要力量之一。冷战期间美苏以意识形态为核心展开全方位争夺，在美国看来，美国是在维护全世界的民主价值观，是在与集权作斗争。其中的军事力量及其在国内衍生的军工复合体是维护这种民主价值观的主体之一。从以上参政渠道来看，军工复合体维护了民主体制的共识性，组建公关公司、建立公司办事处和政治行动委员会、组织草根运动和利用竞选广告等方式都表明了这一点。军工复合体承认美国宪政的合法性,积极在这个框架下参与政治,既是这个民主制度的产物,又是这个制度的维护者,并努力延续和发展这种制度。

另外,军人对国家工业的现代化有着重大贡献。有人认为军队是一个现代的组织,并且是现代化的代理人。[1] 那些接受现代科技训练的军人在促进工业化方面起到了很大积极作用,有助于经济发展。[2] 军工复合体还参与制定了美国国家战略,并成为其执行这些海外战略的主要载体。

再次,国际因素也是一个国家民主秩序稳定与否的重要根源。一个国家民主秩序的稳定依赖于经济发展和政权的合法性,当然还有其他国内因素,但国际根源也同样不可小觑。在美国看来,冷战意识形态上的争夺关乎美国自由世界的生死存亡,为此必须动用各种力量来维护自由世界,军工复合体正是这种努力的产物。然而,这种努力的结果有点适得其反,本身是维护民主秩序主要力量的军工复合体在发展中却逐渐成为民主秩序的挑战者,这反映出民主体制自身的不足和局限,使我们认识到历史上任何成熟的制度都不是完美无缺的制度,它同样需要演进和发展。

最后,使我们充分认识到美国民主秩序的局限性,破除对其盲目崇拜。从军工复合体给美国民主带来的挑战可以看出,美国民主制度内部存在诸多不足和局限性,这种民主制度的很多条件只有在美国具备,不一定适应其他国家。正如托克维尔所说:"美国的联邦宪法,好像能工巧匠创造的一件只能使发明人成名发财,而落到他人之手就变成一无用处的美丽艺术品。"[3]

军工复合体是在美国民主制度下发展起来的,是其演化的产物,同时又体现了民主制度的内在矛盾性,对这种制度构成了挑战和威胁。因此,笔者认为军工复合体是美国民主制度的双刃剑,既是维护美帝国的支柱,又是美帝国过度扩张的根源。如果将其控制在政治合法性的冲突范围内则是一个积极因素,如果过度扩张则会冲击政治合法性的共识性,构成对现有民主制度稳定的消极因素,埋下帝国走向衰落和坟墓的因子。

---

[1] Lucian W. Pye, *Aspects of Political Development*, Little, Brown and Company, Inc., 1966, pp. 172 – 187.
[2] 陈鸿瑜:《政治发展理论》,吉林出版集团有限责任公司2009年版,第187页。
[3] [法]托克维尔:《论美国的民主》(上),董国良译,商务印书馆1997年版,第186页。

参考文献

英文书目

Anonymous, *Report from Iron Mountain: On the Possibility and Desirability of Peace*, New York: The Dial Press, 1967.

Adam Yarmolinsky, *Establishment: It's Impacts on American Society*, New York: Harper & Row, Publishers, 1971.

Adam Yarmolinsky, *The Military Establishment*, New York: Harper & Row, 1971.

A. Ernest Fitzgerald, *The High Priests of Waste*, New York: Norton, 1972.

Alfred Vagts, *A History of Militarism: Civilian and Military*, New York: Free Press, 1959.

Andrew Shonfield, *Modern Capitalism: The Changing Balance of Public and Private Power*, New York: Oxford University Press, 1965.

Ann Markusen and Joel Yudken, *Dismantling the Cold War Economy*, New York: Basic Books, 1992.

Ann Markusen, Peter Hall etc., *The Rise of the Gunbelt: The Military Remapping of Industrial America*, New York: Oxford University Press, 1991.

Ann R. Markusen, Peter Hall and Amy Glasmeier, *High Tech America: The What, How, Where, and Why of the Sunrise Industries*, Boston: Allen & Unwin, 1986.

Anthony Giddens, *The Nation-State and Violence*, Berkeley: University of California Press, 1985.

Arthur M. Schlesinger, Jr., *A Thousand Days: John F. Kennedy in the White House*, Boston: Houghton Mifflin, 1965.

Arthur M. Schlesinger, Jr., *The Crisis of Confidence: Ideas, Power, and Violence in America, Boston: Houghton Mifflin, 1969.

Baumgartner and John Stanley, *The Lonely Warriors: Case for the Military-Industrial Complex*, Los Angeles: Nash Publishing, 1970.

Benjamin Franklin Cooling, *War, Business, and American Society: Historical Perspectives on the Military-Industrial Complex*, New York: Kennikat Press, 1977.

Carroll W. Pursell, Jr., *The Military-Industrial Complex*, New York: Harper & Row, Publishers, 1972.

C. Wright Mills, *The Power Elite*, New York: Oxford Press, 1956.

Charles Allred Cannon, *The Military-Industrial Complex in American Politics, 1953 – 1970*, Stanford University, Doctoral Dissertation, Ann Arbor, MI: University, 1974.

Douglas Cater, *Power in Washington*, New York: Random House, 1964.

Donald H. Riddle, *The Truman Committee: A Study in Congressional Responsibility*, New Brunswick: Rutgers University Press, 1964.

Donald R. Hall, *Cooperative Lobbying: The Power of Pressure*, Tucson, AZ: University of Arizona Press, 1969.

Fox J. Ronald, *Arming American: How the U.S. Buys Weapons*, Boston: Harvard University, 1974.

Fred G. Cook, *The Warfare State*, New York: International Publishers, 1963.

Fred J. Cook, *The Warfare State*, New York: Macmillan Company, 1962.

Frederick Watkins, ed., *Rousseau: Political Writings*, Edinburg, 1953.

G. William Domhoff, *Who Rules America?*, Englewood Cliffs, N. J.: Prentice-Hall, 1967.

Galbraith, *How to Control Military*, New York: Doubleday and Company, 1969.

George Seldes, *Iron, Blood and Profits: An Exposure of the World-wide Munitions Racket*, New York: Harper & Brothers, 1934.

Glenn H. Snyder, *Stockpiling Strategic Materials: Politics and National Defense*, San Francisco: Chandler Publishing Co., 1966.

Gordon Adams, *The Politics of Defense Contracting: The Iron Triangle*, New York: New Brunswick, 1982.

Gregory Michael Hooks, *Forging the Military-Industrial Complex: World War II's Battle of the Potomac*, Chicago: University of Illinois Press, 1991.

参考文献

Guiles Davenport, *Zaharoff, High Priest of War*, Boston: Lothrop, Lee and Shepard Company, 1934.

Harmon Zeigler and Wayne G. Peak, *Interest Groups in American Society*, 2nd ed, Englewood Cliffs, N. J.: Prentice Hall, 1972.

Herbert I. Schiller and Joseph D. Phillips, *Super-State: Readings in the Military-Industrial Complex*, Chicago: University of Illinois Press, 1972.

H. C. Engelbrecht, F. C. Haneghen, *Merchants of Death: A Study of the International Armaments Industry*, New York: Dodd, Mead, 1934.

Irwin Suall, *The American Ultras: The Extreme Right and the Military-Industrial Complex*, New York: New American, 1962.

Jack Raymond, *Power at the Pentagon*, New York: Harper & Row, 1964.

James L. Clotfelter, *The Military in American Politics*, New York: Harper & Row, 1973.

James L. Clayton, ed., *The Economy Impact of the Cold War: Sources and Readings*, New York: Harcounrt, Brace & World, Inc., 1970.

John C. Donovan, *The Cold Warriors: A Policy-Making Elite*, Lexington, Mass.: D. C. Heath, 1974.

John Kenneth Galbraith, *The New Industrial State*, Boston: Houghton Mifflin, 1967.

John M. Swomley, *The Military Establishment*, Boston: Beacon Press, 1964.

John Zysman, *Governments, Markerts, and Growth: Financial Systems and the Politics of Industral Change*, Ithaca, New York: Cornell University Press, 1983.

Julius Duscha, *Arms, Money, and Politics*, New York: I. Washburn, 1964.

Juan Bosch, *Pentagonism: A Substitute for Imperialism*, New York: Grove Press Inc., 1968.

J. Stanley and M. Pearton, *The International Trade in Arms*, New York: Praeger, 1971.

Kenneth Boulding, "The Role of the War Industry in International Conflict," *Journal of Social Issues*, XXII, January 1967.

Kenneth R. Mayer, *The Political Economy of Defense Contracting*, New Haven: Yale University Press, 1991.

Kurt von Fritz, *The Theory of the Mixed Constitution in Antiquity*, New York,

1954.

L. Harmon Zeigler and G. Wayne Peak, "Interest Groups in American Society," 2nd ed. Englewood Cliffs, N. J.: Prentice Hall, 1972.

L. L. Nieburg, *In the Name of Science*, Chicago: Quadrangle, 1966.

Leon S. Reed, Military Maneuvers: An Analysis of the International of Personnel Between Defense Contractors and the Department of Defense, New York: Council on Economic Priorities, 1975.

Max L. Stackhouse, *The Ethics of Necropolis: An Essay on the Military-Industrial Complex and the Quest for a Just Peace*, Boston, Mass: Beacon Press, 1971.

Melman, Seymour, *The Permanent War Economy: American Capitalism in Decline*, New York: Simon and Schuster, 1974.

Merritt Roe Smith, ed., *Military Enterprise and Technological Change: Perspectives on the American Experience*, Cambridge, Massachusetts: The MIT Press, 1985.

Merton J. Peck and Frederic M. Scherer, *The Weapons Acquisition Process: An Economic Analysis*, Boston: Harvard University, 1962.

Michael Balfour, *The Kaiser and His Times*, Boston: W. W. Norton & Company, 1986.

M. Janowitz, *The Professional Soldier, a Social and Political Portrait*, New York: The Free Press, 1960.

Moncure Conway, ed., *The Writings of Thomas Paine*, 4 Vols., New York, 1967.

Morton J. Peck and Frederic M. Scherer, *The Weapons Acquisition Process: An Economic Analysis*, Boston: Harvard Graduate School of Business Administration, 1962.

Nathan Reingold, ed., *The Science in the American Context: New Perspectives*, Washington D. C.: Smithsonian Institution Press, 1979.

Nathan M. Pusey, *American Higher Education 1945 – 1970: A Personal Report*, Massachusetts: Harvard University Press, 1978.

Paul A. C. Koistinen, *The Military-Industrial Complex: A Historical Perspective*, New York: Praeger Publisher, 1980.

Paul Kennedy, *The Rise and Fall of Great Powers*, New York: Random House,

1987.

Paul W. Cherington and Ralph L. Gillen, *The Business Representative in Washington*, Washington: The Brookings Institution, 1962.

Peter Laslett, ed., *John Locke: of Civil Government: The Second Treatise*, Cambridge, 1967.

Phyllis S. McGrath, *Redefining Corporate-Federal Relations*, New York: Conference Board's Division of Management Research, 1979.

P. Kataenstein, ed., *Between Power and Plenty*, Madison: University of Wisconsin Press, 1978.

P. Evans, D. Rueschemeyer and T. Skocpol, ed., *Bringing the State Back in*, New York: Cambridge University Press, 1985.

Quincy Wright, *A Foreign Policy for the United States*, Chicago: University of Chicago Press, 1947.

Ralph E. Lapp, *The Weapons Culture*, New York: W. W. Norton, 1968.

Richard K. Betts, *Soldiers, Statesmen, and Cold War Crises*, Cambridge: Harvard University Press, 1977.

Richard J. Barnet, *The Economy of Death*, New York: Atheneum, 1969.

R. Mills, *The Causes of World War Three*, New York: Simon & Schuster, 1958.

Robert W. DeGrasse Jr., *Military Expansion, Economic Decline: The Impact of Military Spending on U.S. Economic Performance*, Armonk, New York: M. E. Sharpe, 1983.

Robert S. McNamara, *The Essence of Security*, New York: Harper & Row, 1968.

Ronald J. Fox, *Arming American: How the U.S. Buys Weapon*, Boston: Harvard Graduate School of Business Administration, 1974.

Russell F. Weigley, ed., *The American Military: Readings in the History of the Military Society*, Reading, Mass., 1969.

Richard M. Freeland, *Academy's Golden Age: Universities in Massachusetts, 1945 – 1970*, New York Oxford: Oxford University Press, 1992.

Samuel P. Huntington, *The Solder and The State: The Theory and Politics of Cilvil-Military Relations*, New York: Vintage Books, 1957.

Samuel P. Huntington, ed., *Changing Patterns of Military Politics*, New York: Free Press of Glencoe, 1962.

Sam C. Sarkesian, *The Military-Industrial Complex: A Reassessment*, London: Sage Publications, 1972.

Sidney Lens, *The Military-Industrial Complex*, Philadelphia: Pilgrim Press, 1970.

Stephen Archibald Cobb, *The Military-Industrial Complex and Foreign Policy*, Dissertation, 1971.

Stephen Skowronek, *Building a New American State: The Expansion of National Administrative Capacities, 1877 – 1920*, New York: Cambridge University Press, 1982.

Steven Rosen, *Testing the Theory of the Military-Industrial Complex*, Lexington, MA: Lexington Books, 1973.

Stuart W. Leslie, *The Cold War and American Science: The Military-Industrial-Academic Complex at MIT and Stanford*, New York: Columbia University Press, 1993.

Thomas S. Burns, "Inside ITT's Washington Office," *Business and Society Review*, Autumn 1974.

Tristam Coffin, *The Passion of the Hawks: Militarism in Modern America*, New York: Macmillan, 1964.

Tristam Coffin, *The Armed Society: Militarism in Modern America*, Maryland: Penguin Books, 1964.

U. S. Senate, Committee on Government Operations, Subcommittee on Reports, Accounting and Management, *The Accounting Establishment: A Staff Study*, Washington, DC: GPO, 1976.

Victor Perlo, *Militarism and Industry: Arms Profiteering in the Missile Age*, New York: International Publishers, 1963.

Walter Millis and Eugene S. Duffield, eds. , *The Forrestal Diaries*, New York: Viking, 1951.

Wayne S. Cole, *Senator Gerald P. Nye and American Foreign Relations*, Minneapolis: University of Minnesota Press, 1962.

William Hyland and Richard Shryock, *The Fall of Khrushchev*, New York: Funk & Wagnalls, 1968.

William Proxmire, *Report form Wasteland: American's Military-Industrial Complex*, New York: Praeger Publishers.

W. C. Mitchell, *Public Choice in America*, Chicago: Markham, 1971.

英文期刊文章

Ann R. Markusen, "The Military Remapping of the United States," *Built Environment*, November 1986.

Barton J. Bernstein, "The Debate on Industrial Reconversion: The Protecting of Oligopoly and Military Control of the Economy," *American Journal of Economics and Sociology*, 26, April 1967.

C. J. E. Harlow, "The European Armaments Base: A Survey," *London Institute for Strategic Studies*, June, July 1967.

C. Vann Woodward, "The Age of Interpretation," *American Historical Review*, October 1960.

Gordon Adams, "Disarming the Military Subgovernment," *Harvard Journal on Legislation*, 14, No. 3, April 1977.

Hanson W. Baldwin, "The Military Move In," *Harper's*, CXCV, 1947.

Harold D. Lasswell, "The Garrison State," *American Journal of Sociology*, XLVI, 1941.

Harold D. Lasswell, "The Garrison State," *American Journal of Sociology*, XLVI, 1941.

Itzhak Galnoor, "Government Secrecy: Exchanges, Intermediaries and Middlemen," *Public Administration Review*, 35: 1, January, 1975.

Joel D. Auerbach and Burt Rockmen, "Bureaucrats and Clientele Groups: A View from Capital Hill," *American Journal of Political Science*, 22, No. 4, Nov. 1978.

John O. Membrino, "The MX Contract: It was a Case of Square Shooting," *The Boston Globe*, 17 February, 1980.

John Swomley, "Economic Basis of the Cold War," *Christian Century*, LXXXV, 1968.

Jonathan F. Galloway, "The Military-industrial Linkages of U. S. -Based Multinational Corporations," *International Studies Quarterly*, Vol. 16, No. 4, December 1972.

Kenneth H. Bacon, "Pentagon and Contractors Grow Cautious after Disclosures of Wining and Dining," *The Wall Street Journal*, April 8, 1976.

Lasswell, "Does the Garrison State Threaten Civil Rights?", *The Annals*, CCLXXV, 1951.

Lester V. Salamon and John J. Siegfried, "Economic Power and Political Influence: The Impact of Industry Structure on Public Policy," *American Political Science Review*, 71, No. 3, Sept. 1977.

Lipset, Seymour Martin, "Some Social Requisites of Democracy: Economic Development and Political Legitimacy," *Amercian Political Science Review*, 53, March 1959.

Marc Pilisuk, Thomas Hayden, "Is There a Military Industrial Complex Which Prevents Peace? Consensus and Countervailing Power in Pluralistic System," *Journal of Social Issues*, XXI, January 1965.

Marcus Raskin, "A National Security State," *The Progressive*, XXXIII, July 1969.

Matthew Josephson, "The Big Guns," *Nation*, CLXXXII, 1956.

Michael T. Hayes, "The Semi-Sovereign Pressure Groups: A Critique of Current Theory and Alternative Typology," *The Journal of Politics*, Vol. 40, 1978.

Michael T. Klare, "Science for the Pentagon: The Secret Thinkers," *Nation*, CCVI, 1968.

Murray L. Weidenbaum, "The Defense-Space Complex: Impact on Whom?", *Challenge*, XIII, April 1965.

Peter Gourevitch, "The Second Image Reversed: The International Sources of Domestic Politics," *International Organization*, Vol. 32, No. 4, Autumn 1978.

Richard Armstrong, "Military Industrial Complex: Russian Style," *Fortune*, LXXX, August 1, 1969.

Richard P. Oliover, "The Employment Effect of Defense Expenditures", *Monthly Labor Review*, September 1967.

William O. Douglas, "Should We Fear the Military?", *Look*, March 11, 1952.

中文书目

陈鸿瑜：《政治发展理论》，吉林出版集团有限责任公司2009年版。

［法］托克维尔：《论美国的民主》（上、下），董国良译，商务印书馆1997年版。

［加拿大］康拉德·布莱克：《罗斯福传——坐在轮椅上转动世界的巨人》，张帆、蒋旭峰、王珊珊译，中信出版社2005年版。

李道揆：《美国政府和美国政治》（上册），商务印书馆1999年版。

李寿祺：《利益集团和美国政治》，中国社会科学出版社1998年版。

刘军宁：《共和·民主·宪政——自由主义思想研究》，生活·读书·新知三联书店1998年版。

刘军宁主编：《民主与民主化》，商务印书馆1998年版。

刘绪贻主编：《战后美国史：1945—1986》，人民出版社1989年版。

刘绪贻、杨生茂主编：《美国通史》（第六卷·上），人民出版社2005年版。

［美］J. R. 波尔：《美国平等的历程》，张聚国译，商务印书馆2007年版。

［美］阿伦·米利特、比德·马斯洛斯金：《美国军事史》，军事科学院外国军事研究部译，军事科学出版社1989年版。

［美］阿瑟·林克、威廉·卡顿：《一九〇〇年以来的美国史》（中），刘绪贻等译，中国社会科学出版社1983年版。

［美］埃尔斯特、［挪］斯莱格斯塔德编：《宪政与民主——理性与社会变迁研究》，潘勤、谢鹏程译，生活·读书·新知三联书店1997年版。

［美］埃里克·方纳：《美国自由的故事》，王希译，商务印书馆2002年版。

［美］戴维·斯泰格沃德：《六十年代与现代美国的终结》，周郎等译，商务印书馆2002年版。

［美］戴维·伊斯顿：《政治生活的系统分析》，王浦劬译，华夏出版社1999年版。

［美］丹尼尔·J. 布尔斯廷：《美国人：民主历程》，中国对外翻译出版公司译，生活·读书·新知三联书店1993年版。

［美］丹尼尔·J. 布尔斯廷：《美国人：民主的历程》，谢廷光译，上海译文出版社1997年版。

［美］丹尼尔·贝尔：《资本主义文化矛盾》，严蓓雯译，凤凰出版传媒集团、江苏人民出版社2007年版。

[美] 弗朗西斯·福山:《历史的终结及最后之人》,黄胜强、许铭原译,中国社会科学出版社 2003 年版。

[美] 弗雷德里克·西格尔:《多难的旅程:四十年代至八十年代初美国政治生活史》,刘绪贻等译,商务印书馆 1990 年版。

[美] 汉密尔顿等:《联邦党人文集》,程逢如等译,商务印书馆 2004 年版。

[美] 加里·沃塞曼:《美国政治基础》,陆震纶、何祚康、郑明哲、杨景厚译,中国社会科学出版社 1994 年版。

[美] 杰里尔·A. 罗塞蒂:《美国对外政策的政治学》,周启鹏等译,世界知识出版社 1997 年版。

[美] 里夫斯:《美国民主的再考察》,吴廷佳等译,商务印书馆 1997 年版。

[美] 理查德·霍夫施塔特:《美国政治传统及其缔造者》,崔永禄等译,商务印书馆 1994 年版。

[美] 列奥·施特劳斯等主编:《政治哲学史》(上、下),李天然等译,河北人民出版社 1998 年版。

[美] 罗伯特·H. 威布:《自治:美国民主的文化史》,李振广译,商务印书馆 2006 年版。

[美] 罗伯特·达尔:《多元主义民主的困境》,尤正明译,求实出版社 1989 年版。

[美] 罗伯特·达尔:《论民主》,李柏光、林猛译,商务印书馆 1999 年版。

[美] 罗伯特·达尔:《民主理论的前言》,顾昕等译,生活·读书·新知三联书店 1999 年版。

[美] 迈克尔·卡门:《美国文化的起源:自相矛盾的民族》,王晶译,凤凰出版传媒集团、江苏人民出版社 2006 年版。

[美] 内森·米勒:《美国海军史》,卢如春译,海洋出版社 1985 年版。

[美] 施密特等:《美国政府与政治》,梅然译,北京大学出版社 2005 年版。

[美] 唐纳德·怀特:《美国的兴盛与衰落》,徐朝友等译,江苏人民出版社 2002 年版。

[美] 托马斯·戴伊:《谁掌管美国:里根年代》,张维等译,世界知识出

版社 1985 年版。

［美］托马斯·帕森特：《美国政治文化》，顾肃等译，东方出版社 2007 年版。

［美］瓦尔特·蒙代尔：《掌权者的责任：争取总统克尽厥责》，曾越麟等译，商务印书馆 1978 年版。

［美］威尔逊：《国会政体：美国政治研究》，熊希龄等译，商务印书馆 1985 年版。

［美］威廉·曼彻斯特：《光荣与梦想：1932—1972 年美国社会实录》，广州外国语学院美英问题研究室翻译组、朱协译，海南出版社 2006 年版。

［美］西奥多·索伦森：《肯尼迪》，金铣译，上海译文出版社 1981 年版。

［美］西摩·马丁·李普赛特：《政治人：政治的社会基础》，刘刚敏等译，商务印书馆 1993 年版。

［美］希尔斯曼：《美国是如何治理的》，曹大鹏译，商务印书馆 1986 年版。

［美］约翰·普拉多斯：《掌权者：从杜鲁门到布什》，封长虹译，时事出版社 1992 年版。

［美］约瑟夫·熊彼特：《资本主义、社会主义与民主》，吴良健译，商务印书馆 2004 年版。

［美］詹姆斯·M. 伯恩斯等：《民治政府》，陆震纶等译，中国社会科学出版社 1996 年版。

［美］章嘉琳：《变化中的美国经济》，学林出版社 1987 年版。

倪峰：《国会与冷战后的美国安全政策》，中国社会科学出版社 2004 年版。

钱满素：《美国自由主义的历史变迁》，生活·读书·新知三联书店 2006 年版。

［苏］苏联科学院世界经济和国际关系研究所编：《美国对外政策的动力》，北京编译社译，世界知识出版社 1966 年版。

孙大雄：《宪政体制下的第三种分权：利益集团对美国政府决策的影响》，中国社会科学出版社 2004 年版。

孙哲：《左右未来：美国国会的制度创新和决策行为》，复旦大学出版社 2001 年版。

佟福全：《新经济：美国经济长久不衰之奥秘》，中国经济出版社 2001 年版。

王辑思：《国际政治理性思考》，北京大学出版社 2006 年版。

王辑思主编：《高处不胜寒：冷战后美国的全球战略和世界地位》，世界知识出版社 1999 年版。

王希：《原则与妥协：美国宪法的精神与实践》（修订本），北京大学出版社 2005 年版。

杨生茂、陆镜生：《美国史新编》，中国人民大学出版社 1990 年版。

应克复：《西方民主史》，中国社会科学出版社 1997 年版。

［英］M. J. C. 维尔：《宪政与分权》，苏力译，生活·读书·新知三联书店 1997 年版。

［英］安东尼·吉登斯：《民族国家与暴力》，胡宗泽等译，生活·读书·新知三联书店 1998 年版。

於荣：《冷战中的美国大学学术研究》，北京师范大学出版社 2008 年版。

张立平：《美国政党与选举政治》，中国社会科学出版社 2002 年版。

周琪主编：《国会与美国外交政策》，上海社会科学院出版社 2006 年版。

周琪主编：《意识形态与美国外交》，上海人民出版社 2006 年版。

资中筠：《战后美国外交史——从杜鲁门到里根》（上、下），世界知识出版社 1994 年版。

中文期刊文章

刘恩东：《军工复合体与冷战后美国的外交政策》，硕士学位论文，中共中央党校，2003 年。

李春梅：《军工复合体与美国外交政策的制定》，硕士学位论文，吉林大学，2006 年。

李歌：《冷战时期军工复合体对美国科学发展的影响》，硕士学位论文，厦门大学，2007 年。

陆伯斌、李真：《和平地理学：21 世纪的东亚》，《国际政治》2000 年第 11 期。

彭晓枫：《军工产业在当代社会发展中的地位——以美国为例》，《战略与管理》1999 年第 6 期。

桑红：《当代美国军事经济与军事霸权的关系——兼论军工利益集团的影响》，硕士学位论文，河北师范大学，2001 年。

宋玉华：《后冷战时期美国军事工业的重组、发展及其影响》，《世界经济与政治》2004 年第 9 期。

张春燕：《美国军工综合体与国家导弹防御系统》，《云南社会科学》2002 年第 5 期。

牛可：《军工复合体：美国历史上的战争经济学》，《看历史》2013 年第 6 期。

章节根：《美国军工复合体与美国的军控政策》，硕士学位论文，复旦大学，2003 年。

赵可金：《美国军工集团与中美关系》，《和平与发展》2004 年第 3 期。

朱文江：《美国军工—思想库复合体与小布什对外政策》，《国际资料信息》2008 年第 2 期。

阎晓杰、李文兴：《美国军工产业发展与加工业转移的主要做法及启示》，《北京交通大学学报》（社会科学版）2007 年第 3 期。

杨斌：《美国霸权战略与军工、石油垄断财团利益》，《开放导报》2006 年第 3 期。

杨明杰：《美国国家安全战略决策中的军工"铁三角"》，《现代国际关系》2002 年第 7 期。

索　引

A

安布洛（Ambro）
安永会计师事务所（Arthur Young & Co.）
安达信公司（Andersen Delaney & Co.）
埃利奥特·哈伍德（Elliot Harwood）
艾尔弗雷德·E. 桑塔杰罗（Alfred E. Santangelo）
爱德华·鲍尔（Edward Ball）
爱德华·卡特（Edward Carter）
A. 卡尔·科奇安（A. Carl Kotchian）

B

比利·李·埃文斯（Billy Lee Evans）
巴克莱诉瓦莱奥案（Buckley v. Valeo）
波音民用飞机公司（Boeing Commercial Airplane）
波音计算机部（Boeing Computer Services）
北美保险公司（Insurance Company of North America）
布朗兄弟集团（Brown Brothers Corp.）
波士顿第一国民银行（First National of Boston）
巴特尔纪念研究所（Battelle Memorial Institute）
本·普莱梅尔（Ben Plymale）

C

参议院政府工作委员会（Senate Government Operations Committee）
查尔斯·皮戈特（Charles Piggott）

D

达文波特（Davenport）
丹尼尔·帕特里克·莫伊尼汉（Daniel Patrick Moynihan）
蒂普·奥尼尔（Tip O'Neill）
电子产业协会（Electronics Industries Association）
大西部金融财团（Great Western Financial Corp.）
第一城市储蓄与借贷协会（First City Savings & Loan Assn）
大通银行（Chase Manhattan Corp.）
独立银行家协会（Independent Bankers Association）
电子工业协会（the Electronics Industries Association）
戴尔·巴比尔尼（Dale Babione）
丹·霍顿（Dan Haughton）

E

厄尔·布朗特（Earl Blount）
恩格尔布雷希特（Engelbrecht）
二战（The Second World War）

F

弗雷德·G.库克（Fred G. Cook）
防务和宇航产业协会联合理事会（Coucil of Defense and Space Industry Association）
弗卢努瓦（Flournoy）
富得利信托公司（Fiduciary Trust Co.）
弗雷德里克·拉金（Frederick Larkin）
佛兰克·施龙茨（Frank Shrontz）

G

国家安全（National Security）
国会名录（The Congressional Directory）
国会记录（The Congressional Record）

国会季刊（Congressional Quarterly）
国会图书馆（Library of Congress）
国防生产联合委员会（The Joint Committee on Defense Production）
国际武装力量杂志（Armed Forces Journal International）
国防（National Defense）
戈登·奥森瑞德（Gordon Ochenrider）
国防科学委员会（Defense Science Board）
国防采购条例委员会（Defense Acquisition Regulation Council）
国家档案顾问委员会（the National Archives Advisory Council）
国防部国防采购规则委员会（Defense Procurement Regulation Council）
共同防务（The Common Defense）
国家防务（National Defense）
国家安全产业协会（National Security Industrial Association，NSIA）
国家制造业协会（National Association of Manufacturer）
古瑞斯（Gurash）
公平人寿保险公司（Equitable Life Assurance Society）
国民商业银行（Commercial National Bank）
国防部航空航天技术咨询小组（Technical Advisory Panel on Aerospace）

H

哈尼根（Haneghen）
华盛顿代表（Washington Representatives）
哈罗德·拉斯韦尔（Harold Lasswell）
汉森·鲍德温（Hanson Baldwin）
怀特·米尔斯（Wrights Mills）
胡安·博施（Juan Bosch）
航空周末（Aviation Week）
汉弗莱（Humphrey）
怀德勒（Wydler）
航空系统部门顾问委员会（Aeronautical Systems Division Advisory Group）
海军研究顾问委员会（Naval Research Advisory Committee）

海军转售咨询委员会（the Navy Resale Advisory Committee）

海军协会（the Navy League）

海曼·里科弗（Hyman Rickover）

汉华银行（Chemical Bank）

汉诺威制造（Manufacturers Hanover）

汉胜螺旋桨（Hamilton Standard Propellers）

惠普（Pratt & Whitney）

哈罗德·J. 海恩斯（Harold J. Haynes）

航空工业协会（the Aerospace Industries Association）

华里（Hua Lin）

哈里·格里（Harry Gray）

海军海上系统司令部（Naval Sea Systems Command）

海军作战部（Navy Operation）

I

冷战（Cold War）

里腾（Litton）

陆军通信与电子协会（Armed Forces Communication and Electronics Association）

J

军工复合体（Military-Industries Complex）

杰拉德·P. 奈（Gerald P. Nye）

军事监狱国家（Garrison-Prison State）

军事警察国家（Garrison-Police State）

加利福尼亚棕榈泉（Palmdale）

加恩（Garn）

杰普森（Jepson）

杰拉尔德·迪宁（Gerald Dineen）

加州联合银行（United California Bank）

加利福尼亚德莱斯银行（Lloyds Bank of Calif）

家庭金融集团（Household Financial Corp.）

· 325 ·

加利福尼亚三太银行（BanCal Tri-State Corp.）

K

空军杂志（Air Force Magazine）
卡尔弗（Culver）
卡尼（Carney）
卡尔·文森（Carl Vinson）
空军科学咨询委员会（Air Force Scientific Advisory Board）
空军协会（Air Force Association）
克罗克国民银行（Crocker National Corp.）
开利公司（Carrier Corporation）
空间与导弹系统组织（Space and Missile Systems Organization）
柯里（Currie）
克莱斯勒汽车公司（Chrysler Corporation）

L

拉里·钱内（Larry Channave）
拉塞尔·赖特（Russell Light）
莱特-佩特森机场（Wright-Patterson Field）
赖特-帕特森空军基地（Wright-Patterson Air Force Base）
兰德（Rand）
雷金纳德·琼斯（Reginald Jones）
雷神公司（Raytheon）
里德（Reed）
理查德·J. 巴尼特（Richard J. Barnet）
理查德·弗拉姆森三世（Richard Flamson Ⅲ）
理查德·古德（Richard Goode）
立法重组法（Legislative Reorganization Act）
联邦顾问委员会法（the Federal Advisory Committees Act）
联邦竞选委员会（Federal Elections Committee）
联合飞机（United Aircraft）
联合航空（United Airlines）

索引

林恩（lynn）
陆军科学委员会（the Army Science Board）
陆军协会（Association of the U. S. Army）
伦纳德·沙利文（Leonard Sullivan）
伦特（Lent）
罗伯特·L. 约翰逊（Robert L. Johnson）
罗伯特·弗里兹（Robert Freese）
罗克韦尔国际北美航空部（North American Aerospace Operation）
罗克韦尔国际新闻（Rockwell International News）

M

民主（Democracy）
美国证券交易委员会（Securities and Exchange Commission）
美国政治年鉴（The Almanac of American Politics）
美国总务管理局（General Services Administration）
马修·约瑟夫森（Matthew Josephson）
马库斯·拉斯金（Marcus Raskin）
美国教友服务委员会（American Friends Service Committee）
美国海军学会月刊（U. S. Naval Institute Proceedings）
麦肯世界集团（McCann Erickson Worldwide）
摩根（Morgan）
米利奇维尔（Milledgeville）
米切尔·马尔滨（Michael Malbin）
马丁·玛丽埃塔公司（Martin Marietta Corporation）
美国无线电公司（Radio Corporation of America，RCA）
麻省理工学院研究与工程公司（MITRE Corp.）
莫阿布牧区顾问委员会（Moab District Grazing Advisory Board）
美国出口与安全援助协会（American League for Exports and Security Assistance）
美国造船商理事会（Shipbuilders Council of America）
美国防务预防协会（American Defense Preparedness Association，ADPA）
美国宇航产业联合会（Aerospace Industries Association，AIA）

美国商会（U. S. Chamber of Commerce）

美国财务会计准则委员会（Financial Accounting Standards Board，FASB）

美国注册会计师协会（American Institute of Certified Public Accountants，AICPA）

梅利银行（Melli Bank）

美国国民银行与信托公司（American National Bank & Trust Company）

麦克弗森（McPherson）

梅隆银行（Mellon Bank）

摩根保证信托银行（Morgan Guaranty）

美国联邦储蓄保险公司（Federal Deposit Insurance Corporation，FDIC）

美国货币监理署（Comptroller of the Currency）

美联储（Federal Reserve Board）

N

内政部（The Department of the Interior）

纽约证券交易所（The New York Stock Exchange）

O

欧文·苏奥（Irwin Suall）

欧文信托公司（Irving Trust）

P

普雷斯布瑞协会（Presbrey Associates）

平流层研究咨询委员会（The Stratospheric Research Advisory Committee）

普罗克斯迈尔（Proxmire）

Q

乔治·M. 斯库拉（George M. Skurla）

汽车制造商协会（Motor Vehicle Manufacturers Association）

全美防务交通协会（National Defense Transportation Association）

全美技术服务业理事会（National Council of Technical Service Industries）

乔治·洛（George Low）

R

瑞士投资与信贷银行（Bank of Investment and Credit）

S

死亡经济（The Economy of Death）
试飞员学会（The Society of Experimental Test Pilots）
商业—政府关系协会（Business-Government-Relations Council）
苏伊士金融公司（Compagnie Financiere de Suez）
圣弗朗西斯科联邦储备银行（Federal Reserve Bank of San Francisco）
斯金纳（Skinner）
塞缪尔·斯特拉顿（Samuel Stratton）
商业周刊（Business Week）

T

托马斯·里德（Thomas Reed）
唐尼（Downey）
太平洋人寿保险（Pacific Mutual Life Insurance）
太平洋国民银行（Pacific National Bank）
投资公司（Investment Houses）
唐纳德·R. 比尔（Donald R. Beall）

W

威廉·O. 道格拉斯（William O. Douglas）
五角大楼主义（Pentagonism）
武装力量月刊（Armed Force Journal）
沃伦·纳尔森（Warren Nelson）
沃尔夫（Wolff）
威廉·克莱门茨（William Clements）
魏尔霍伊泽（Weyerhaeuser）

威廉·西蒙（William Simon）
威廉·斯潘赛（William Spencer）
威廉·巴腾（William Batten）
威廉·普罗克斯迈尔（William Proxmire）
威廉姆·巴尔豪斯（William Ballhaus）
威利斯·霍金斯（Willis Hawkins）

X

西摩·马丁·李普赛特（Seymour Martin Lipset）
西雅图邮讯报（Seattle Post-Intelligencer）
仙童公司（Fairchlild）
休·凯里（Hugh Carey）
喜万年（Entertainment Products Group Sylvania，GTE Sylvania）
西部电子制造商协会（Western Electronic Manufacturers Association）
肖（Shaw）
希勒（Hiller）
西科斯基直升机（Sikorsky helicopter）

Y

亚历山大·M. 黑格（Alexander M. Haig）
阳光石油公司（Sun Oil Company）
伊利诺伊大陆银行（Continental Illinois）
伊万·格廷（Ivan Getting）
银行家信托银行（Bankers Trust）
银行信托部门（Bank Trust Departments）
永道会计师事务所（Coopers & Lybrand）
宇航公司（Aerospace Corporation）
宇航现状与数据（Aerospace Facts and Figures）
宇航与导弹系统组织顾问委员会（Space and Missile Systems Organization Advisory Group）
约翰·麦卡锡（John McCarthy）
约翰·斯韦林根（John Swearingen）

Z

众议院商业、消费和货币事务小组委员会（House Subcommittee on Commerce, Consumer and Monetary Affairs）

战略空军司令部轰炸大队（Strategic Air Command Bomb）

战略空军司令部（Strategic Air Command）

智威汤逊广告公司（J. Walter Thompson，JWT）

政治行动委员会（Political Action Committee）

众议院书记官（Clerk of the House of Representatives）

总务管理局（General Services Administration）

直布罗陀金融集团（Gibraltar Financial Corp.）

芝加哥第一国民银行（First Chicago Corp.）

后　记

本书是我的博士学位论文。毕业已 15 年，回过头来再读和修改论文，结合工作经验，对美国军工复合体及美国自由民主制度有了更深入的思考和认识。欣慰的是，本书对军工复合体发展脉络和运作机制有了比较清晰的描述和分析，只是囿于本人能力有限，军工复合体对美国自由民主体制的支撑和破坏作用有待深入探讨和研究。

提起美国"旋转门"尽人皆知，但对军工复合体总有种神秘感，一个"旋转门"概念无法涵盖军工复合体的全貌，其发展脉络和运作机制深嵌在美国自由民主制度之中，不抽丝剥茧很难区分。写作时没有去美国做第一手调研，于是找遍了国内几乎所有研究军工复合体的著作，大部分都来自国家图书馆，这为写作该题目提供了原始资料。该题目致力于揭示美国军工复合体的全貌，进而认识当代美国政治。

博士学位论文和本书的写作得益于导师倪锋教授的启迪、教诲和支持。从选题、开题、写作、答辩和出书，都浸透着老师的心血。老师豁达、大度、包容和乐观的心态对我影响颇深。每每在失落和彷徨之际，老师的点拨总是那么及时而又中肯，总有一种重拨云雾见青天之感。在该书出版之际，向老师致谢，感谢老师一直以来的教诲和支持！

答辩委员会中国人民大学国际关系学院副院长金灿荣教授、现代国际关系研究院袁鹏教授、国防大学战略研究所原所长杨毅、北京大学国际关系学院王勇教授、中国社会科学院亚非研究所张晓东教授和中国社会科学院原美国所所长黄平教授的建议对本书的修改完善发挥了重要作用，在此一并感谢！

博士三年基本在中国社会科学院研究生院原望京 37 亩地和张自忠路 3 号院美国所两地学习和生活，两地的老师和同学在精神和物质上给了我大力支持，恕不一一列举，唯有在此表达深深的谢意！同时此书也送给我的

后 记

家人，是他们一直以来的支持才有了我今天的进步！

此书在出版过程中，中国社会科学出版社编辑张湉给了大力推荐和帮助，张湉认真负责，对照书中逐字逐句进行审核校阅，其精益求精的工作态度给我留下深刻印象，在此一并表示感谢！

限于本人才疏学浅，该书稚嫩、粗陋之处在所难免，错误和不当概由本人负责。

苑基荣

2024 年 9 月北京朝阳三里屯

第八批《中国社会科学博士后文库》专家推荐表1

《中国社会科学博士后文库》由中国社会科学院与全国博士后管理委员会共同设立，旨在集中推出选题立意高、成果质量高、真正反映当前我国哲学社会科学领域博士后研究最高学术水准的创新成果，充分发挥哲学社会科学优秀博士后科研成果和优秀博士后人才的引领示范作用，让《文库》著作真正成为时代的符号、学术的标杆、人才的导向。

推荐专家姓名	倪峰	电 话	
专业技术职务	正高	研究专长	美国政治
工作单位	中国社会科学院美国研究所	行政职务	所长兼党委书记
推荐成果名称	美国军工复合体：帝国的支柱与坟墓		
成果作者姓名	苑基荣		

  持续40多年时冷战是20世纪世界历史的重大事件，而这一事件对其中的主角之一——美国的国内政治生态及社会结构均产生了深远影响。军工复合体作为美国社会的特殊而隐秘势力兴起于冷战年代，是一种特殊的国际政治环境作用于美国社会产生的一个重要结果，对这一问题进行深入研究有助于我们更全面地了解当前美国政治的运作，透视美国对外政策隐含的各种深层次原因。

  事实上，军工复合体现象的研究即便在美国也是高度敏感的问题。人们总是在叙述美国各种内外政策时提到它，但似乎总是躲躲闪闪、闪烁其词，自始至终被一件神秘的外衣所包裹。令人欣慰的是，通过作者艰辛的努力，这股神秘力量终于跃然纸上，盘根错节的网络政治和利益链条，变化多端的运作方式逐渐显现出来。在此基础上，作者着重研究分析了这特殊利益集团对美国对外政策产生的各种影响。最后，作者在分析和研究基础上，从国家安全和个人自由关系的视角，对军工复合体现象做了许多具有理论意义的探讨。

  该论文结构完整，层次清晰，逻辑严密，材料扎实，结论恰当，达到了博士毕业论文水平。该论文政治立场正确，具有较高出版价值，推荐出版。

  由于军工复合体是美国社会中相对隐秘的力量，作者可以在一些案例细节上做进一步探讨，会使读者对这现象的认识更加全面、深入和直观。

签字：倪峰
2019年1月10日

说明：该推荐表须由具有正高级专业技术职务的同行专家填写，并由推荐人亲自签字，一旦推荐，须承担个人信誉责任。如推荐书稿入选《文库》，推荐专家姓名及推荐意见将印入著作。

第八批《中国社会科学博士后文库》专家推荐表 2

《中国社会科学博士后文库》由中国社会科学院与全国博士后管理委员会共同设立，旨在集中推出选题立意高、成果质量高、真正反映当前我国哲学社会科学领域博士后研究最高学术水准的创新成果，充分发挥哲学社会科学优秀博士后科研成果和优秀博士后人才的引领示范作用，让《文库》著作真正成为时代的符号、学术的标杆、人才的导向。

推荐专家姓名	金灿荣	电话	
专业技术职务	正高	研究专长	美国政治
工作单位	中国人民大学国际关系学院	行政职务	副院长
推荐成果名称	美国军工复合体：帝国的支柱与坟墓		
成果作者姓名	苑基荣		

美国政治制度和政治过程中存在大量"铁三角"，这是美国政治研究中长久以来的一个难点。其中，"军工复合体"是一个最引人关注的话题，正如作者所言，这一问题很重要，但也若隐若现，虽然美国学界有不少研究，但总是觉得说不透。所以，对这一问题的探讨是饶有兴趣的，兼具现实意义和理论意义。

军工复合体是美国政治经济中的一个重大独特现象，在中国鲜有系统研究者。该论文从军工复合体的特征、原因、演化，到政治网络和政治影响，以及对美国内政外交关系的影响，其分析之全面在国内尚属难得。

该论文参阅了大量原始材料和专著，在相关研究中是比较突出的。创新之处在于较好把握了军工复合体的两面性，既是美国民主的支柱，也是其破坏性力量。相对于美国，国内对这一问题的研究非常薄弱，所以本论文一定会加深国内读者对此问题的理解。

该论文布局合理，材料比较翔实，论证有据，文字通顺，达到了博士学位论文要求。该论文政治立场正确，具有出版价值，推荐出版。同意作者对本论文不足之处的认知，军工复合体对美国民主工反影响在理论上有待进一步 探索。

签字：金灿荣

2019 年 1 月 12 日

说明：该推荐表须由具有正高级专业技术职务的同行专家填写，并由推荐人亲自签字，一旦推荐，须承担个人信誉责任。如推荐书稿入选《文库》，推荐专家姓名及推荐意见将印入著作。